취학 전 아동의 문법 능력 발달

취학 전 아동의 문법 능력 발달

장경희 외

역락

머리말

어린아이들이 언어를 습득해 가는 과정은 매우 신비롭다. 체계화된 문법 구조나 형태를 학습하지 않아도 아이들은 저절로 언어를 배워 나간다. 물론 언어를 배워 가는 과정에서 실수도 하고 오류도 범하지만 결국은 모국어 직관을 가진 화자로 성장한다. 그렇다면 과연 아이들은 어떠한 발달 과정을 거쳐서 언어를 습득해 나가는 것일까?

아이들은 일반적으로 생후 12개월을 전후하여 첫 단어를 말한다. 대부분의 아이들은 첫 단어를 사용하기 시작한 후에 수개월 동안은 단어의 습득이 천천히 이루어지지만, 50개 정도의 단어를 알게 되면서부터는 점차 빠른 속도로 단어를 습득해 나간다. 생후 18개월경이 되는 시기에는 단어가 급격히 증가하는 단어 폭발이 일어난다. 24개월 즈음이 되면 아이들은 성인과 같은 품사 체계를 사용하고, 여러 문법 발달이 이루어지면서 문장을 형성해 나간다. 발달의 속도 면에서 보면 아이들마다 개인차가 있지만, 발달 과정은 순차적으로 진행된다. 가령, 오직 몇 개의 형태만을 사용하는 아동은 모든 아동에게서 처음 나타나는 형태만을 가지고 있는 경우가 일반적이며, 늦은 단계에 출현하는 형태를 사용하는 아동들은 이른 시기에 습득되는 형태 또한 모두 사용하고 있는 것을 관찰할 수 있다.

이러한 사실은 아동의 언어 발달에는 일반적이고 순차적인 습득 과정이 존재함을 말해 준다. 아동의 신체 발달은 표준화된 발달 지표가 있어서 전문가가 아니더라도 신체 발달 지표를 통하여 아동의 신체 발달을 어느 정도 가늠해 볼 수 있다. 그러나 언어 발달 영역에서는 표준화된 발달 지표가 아직까지 마련되지 않고, 아동의 언어 발달 단계를 진단하는 것은 전문가에게도 어려운 일이다. 아동의 언어 발달에 대한 연구는 우리들에게 매우 관심을 끄는 것이고 아동 발달을 총체적으로 설명하기 위해서도 매우 중요한 부문이다.

특히 아동의 문법 발달은 아동의 문장 구성 능력과 연관되기에 더욱 중요하다. 문장은 인간의 사고를 완전히 담을 수 있는 언어 단위로, 인간의 사고는 어떤 사건이나 현상에 대한 인식을 나타낸다. 하나의 문장은 하나의 사태를 표현하는 최소 문법 단위라고 할 수 있다. 인간이 일상에서 경험하고 인식한 것을 문장으로 제대로 구사하는지를 파악하는 일은 아동의 언어 발달에서 핵심이 되는 부분이다.

언어 발달에 관한 연구는 우선 분석 대상 자료를 수집하는 단계부터 어려움이 있다. 어린아이들이 언어를 습득해 가는 과정은 몇 번의 관찰로는 파악되지 않는다. 겉으로 드러나는 언어 사용 현상을 관찰하고 녹음하여 충분한 분석 대상 자료를 수집하고 이를 바탕으로 발달 과정을 분석하는 귀납적 방법이 주가 된다. 또한 언어 발달 단계를 연구하기 위해서는 인위적인 환경이 아닌 자연스러운 일상 대화가 바람직하고 대상자들을 일정한 기간 동안 지속적으로 관찰하여야 한다.

이 책의 첫 출발은 아동의 언어 자료 수집부터 시작되었다. 12개월~43개월 아동들의 언어를 1년간 관찰 수집하여 말뭉치 자료를 구축하였다. 대상 아동을 성별, 월령, 주거 지역, 부모 조건 등의 기준에 따라 균형 있게 선별하고, 각 가정에서 부모와 아동이 자연스럽게 대화하는 상황에서 부모에 의해 매주 녹음이 이루어졌다. 만 4세~6세 아동의 언어는 서울 지역 9개 기관의 유치원과 어린이집에 방문하여 자료를 수집하였다. 아동이 빈 교실에서 두 명씩 40분 동안 자유롭게 놀이를 하며 대화한 자료를 녹음하였다. 녹음한 언어 자료는 연구자들이 연구에 활용 가능하도록 가공하여 말뭉치를 구축하였고 이를 토대로 아동의 문법 능력 발달 과정을 살펴보았다.

아동의 문법 능력을 관찰할 수 있는 주제를 기획하고 각 주제별로 세미나 팀을 구성하여 자료를 분석하고 결과를 추출하였으며, 이러한 결과물을 학술 발표, 연구 논문 등으로 발표하고 종합하면서 한 권의 책으로 엮게 되었다. 이 책이 출간되기까지 관련된 작업과 연구들은 개인 연구자 혼자서는 접근이 어려운 복잡하고도 힘든 일이었다. 연구자들이 아동 언어의 문법 발달에 공동의 관심을 지니고 있었고, 이들이 동시에 집중적으로 연구를 수행함으로써 아직은 많이 미흡하지만 이 책을 낼 수 있었다.

이 책의 내용은 3장으로 구성되었다. 제1장은 어말어미, 접속어미, 명사형 어미, 보조 용언, 보조사 등을 중심으로 한 문법 기능 형태의 발달, 제2장은 시제·상, 시간 부사어, 인식 양태, 높임 표현 등을 중심으로 한 문법 범주의 발달, 마지막으로 제3장은 문장 구성 요소 및 구조, 호응 표현 등 각 문장 성분들의 결합 관계를 중심으로 한 문장 구성의 발달에 대한 연구로 이루어졌다.

이 책은 아동의 언어 발달에 대한 다양한 분야에 참조될 수 있을 것이다. 언어 습득 및 언어 발달, 국어 교육, 유아 교육, 언어 진단과 치료, 언어 검사 도구 개발, 기타 언어학, 심리학, 사회학 분야에서도 다양하게 활용될 수 있을 것으로 본다. 이 연구를 계기로 언어 발달 연구가 활발히 이루어져 언어 습득의 비밀을 밝히는 데 기여할 수 있기를 기대하며, 소중한 글들을 좋은 책으로 만들어 주신 역락 출판사에도 고마움을 전한다.

2015년 8월
저자 일동

차 례

제3장 문장 구성의 발달

제1장
문법 기능 형태의 발달

어말어미의 습득 과정(12개월~35개월) | 이삼형 · 이필영 · 임유종

접속어미 형태 습득(24개월~43개월) | 장경희 · 전은진 · 이우연 · 권미정

명사형 어미 '-기'의 습득(24개월~6세) | 김정선 · 이필영

보조 용언 습득(24개월~35개월) | 장경희 · 전은진 · 김수현

보조사 사용에 관한 종적 연구(31개월~43개월) | 이필영 · 김정선 · 심민희

연령별 · 성별 보조사 사용(4세~6세) | 이필영 · 김정선 · 이상숙

이삼형 · 이필영 · 임유종

어말어미의 습득 과정*
(12개월∼35개월)

1. 서론

이 연구의 목표는 한국의 영·유아 초기(36개월 이전)의 어미 습득 양상 및 과정을 살피는 데에 있다. 한국어는 다른 언어들에 비해 어미류가 비교적 많이 발달되어 있는 언어로서, 그 범주 유형도 많을 뿐 아니라 그 구체적인 형태들의 수가 많다. 이렇게 복잡하고 많은 어미 체계나 형태들을 아동들이 어떤 과정으로 습득해 가는지를 검토해 보려는 것이다. 36개월 이전 시기는 문장 구성 능력의 관점에서 볼 때 단순문 구성의 기본 능력이 갖추어지고 복합문 구성 능력이 본격적으로 발달하기 시작하는 시기이다. 이러한 과정에서 다양한 어미 발달 양상을 보이는데, 이 연구는 단순문 구성과 연관되는 종결어미는 물론이고 접속어미, 전성어미 등 여러 어미 형태들의 출현 양상을 살펴봄으로써 초기 문장 구성 능력 발달의 일면을 밝혀 보려고 한다.

---

* 이 글은 <국어교육학연구> 18호(2003)에 "어말어미의 습득 과정에 관한 연구"라는 제목으로 게재된 논문임.

이 논의에서는 두 가지 측면을 중심으로 어미의 발달 양상을 살필 것이다. 첫째는 어미 형태 수의 증가 면이다. 어미 형태의 수적인 증가는 그만큼 어미에 대한 습득이나 발달이 이루어지고 있음을 보여주는 것이다. 새로이 출현하는 어미 형태들에 대한 검토를 통하여 어미 범주별 습득 순서를 알 수 있을 것이다. 둘째, 어미 출현 빈도이다. 어미의 출현 빈도는 어떤 어미 형태가 본격적으로 발달하고 있는 것인지 여부나 어떤 어미 부류가 다른 것들에 비해 상대적으로 더 많이 발달하고 있는지에 관한 거시적인 기초 정보를 제공해 준다.

3세 이전 아동의 어말어미 습득 양상에 관한 연구는 미미하게 수행되어 왔다. 어미와 관련하여 36개월 이전의 어린 아동들을 대상으로 한 논의는 조명한(1982), 이인섭(1986), 이영자·이종숙·이정욱(1997), 이정민(1997) 등이 있다. 조명한(1982), 이인섭(1986)에서는 몇몇 아동에 관한 종적인 고찰에서 어미를 다른 문법 형태들과 비교하여 논의하고 있다. 그러나 모든 어말어미류를 대상으로 하고 있는 것도 아니고 어미를 세분화하지 않은 상태로 대체적으로 기술하고 있다. 이영자·이종숙·이정욱(1997)에서는 105명의 유아를 대상으로 1~3세의 문법 범주 및 문장 유형의 발달을 다루고 있는데, 복합문 관련 어미에 대한 논의를 찾아 볼 수 있으며, 종결어미는 따로 다루지 않고 있다. 이정민(1997)도 종적인 자료에서 발견되는 몇몇 어말어미에 관한 서술이 있을 뿐 어말어미 전체적인 체계를 대상으로 한 논의는 아니다. 그밖에는 유치원생이나 초등학생을 대상으로 접속과 내포와 같은 복합문 구성과 관련한 논의에서 연결어미나 전성어미의 발달 양상을 언급한 경우들이 있다(이순형/유안진 1982, 조명한 1982, 이인섭 1986, 김영주 1992).

이 연구에서 대상으로 삼은 자료는 두 가지이다. 하나는 24개월 이전 시기의 경우로써, 1주일에 1회씩 10개월 간 지속 녹음을 실시하고 있는

아동 총 22명 중 24개월 이전 아동 14명의 발화 자료를 50발화씩 전사
한 것이다<표 1>. 24개월 이전 시기는 한 시기로 묶어 더 나누지 않는
다. 다른 하나는 24~36개월 시기의 자료인데, 1주일에 1회씩 10개월 간
지속 녹음을 실시하고 있는 대상 아동 총 22명 중에서 24개월 이후의 녹
음 대상 8명의 발화 자료 중 일부를 대상으로 2,000어절씩 전사한 것이
다<표 2>. 여기에는 부모의 말도 포함되어 있어서 2,000어절 전체가 아
동의 발화는 아니라는 점을 밝혀 둔다. 24~35개월 시기를 6개월 단위로
나누어 총 40 파일을 대상으로 하였다. 곧 24~29개월 시기의 남녀 아동
각 10개, 30~35개월 시기의 남녀 아동 각 10명씩 하여 총 40개 파일을
대상으로 한 논의이다. 자료 현황을 표로 정리하여 보이면 다음과 같다.

〈표 1〉 24개월 이전 자료 현황

구분	24개월 이전												합계
개월	12	13	14	15	16	17	18	19	20	21	22	23	
대상 파일	9개	9개	7개	11개	14개	12개	9개	12개	14개	8개	9개	13개	127개

〈표 2〉 24~35개월 자료 현황

구분	24~29개월						30~35개월						합계
개월	24	25	26	27	28	29	30	31	32	33	34	35	
대상파일	6개	6개	2개	2개	2개	2개	1개	2개	6개	5개	4개	2개	40
합계	20						20						

24개월 이전 자료는 파일 수가 많은 대신 발화 수가 적고, 24개월 이후
의 자료는 파일 수가 적은 대신 발화 수가 많다. 24개월 이전과 이후의
자료 성격이 다소 다른 면이 있어서 직접적인 비교는 어렵지만 24개월
이전 자료가 많음에도 불구하고 출현 어미 형태는 그리 많지 않아서 점
진적인 어미 습득 과정을 살피는 데에는 큰 무리가 없다고 본다.

2. 종결어미의 습득 양상

35개월까지 아동 발화 자료에서 출현한 서술형 종결어미의 형태와 출현 빈도를 표로 정리하여 보이면 다음과 같다.

〈표 3〉 36개월 이전 영·유아의 서술형 어미의 출현 형태와 빈도

형태	24개월 이전	24~29개월	30~35개월
-어	151(81.18%)	479(67.28%)	1015(58.94%)
-다/는다	23(12.37%)	158(22.19%)	302(17.54%)
-지	6(3.23%)	10(1.40%)	70(4.07%)
-네	2(1.08%)	23(3.23%)	41(2.38%)
-ㄹ게	2(1.08%)	9(1.26%)	61(3.54%)
-ㅂ니다	1(0.54%)	2(0.28%)	30(1.74%)
-어야지	1(0.54%)	4(0.56%)	33(1.92%)
-ㄴ/은/는데	—	8(1.12%)	57(3.31%)
-잖아	—	7(0.98%)	49(2.85%)
-다고	—	6(0.84%)	8(0.46%)
-ㄹ래	—	5(0.70%)	15(0.87%)
-라고	—	1(0.14%)	4(0.23%)
-세요	—	—	20(1.16%)
-나	—	—	7(0.41%)
-(는)다니까	—	—	2(0.12%)
-라	—	—	4(0.23%)
-애	—	—	3(0.17%)
-더라	—	—	1(0.06%)
총계	186(100%)	712(100%)	1,722(100%)

위의 표에서 보듯이 서술형 어미 형태수의 증가 양상을 보면, 24개월 이전 7개의 서술형 어미가 출현한 이후, 지속적으로 목록이 추가되어 30~35개월 시기에는 18개의 어미 형태가 나타난다. 이러한 어미 추가 양상

은 표현의 다양성과 정확성을 기할 수 있게 해준다. 자신의 의사를 좀더 다양하고 정확하게 표현할 수 있는 기틀이 마련되고 있는 것이다. 가령 24개월 이전에는 "나 응가해"처럼 "-어" 형태로 자신의 의도를 드러내 다가 24개월 이후에는 "나 응가할래"처럼 "-ㄹ래"라는 좀더 분명하고 적절한 어미 형태로 자신의 의사를 표시할 수 있게 된다는 것이다. 이러 한 어미 형태들은 모두 서술형이라는 상위 범주에 속하는 것이지만 각 형태마다 의미 기능이 다소 다르기 때문에 이런 측면에서 보면 표현의 다양성과 정확성을 확보해 가는 발달 과정이라 할 수 있다.

빈도가 가장 높은 형태는 역시 "-어" 형태이다. 그 다음으로 "-는다/ 다", "지"의 빈도순을 보여준다. 빈도로만 보면 이 "-어, 는다" 형태를 제외하고는 빈도가 그리 높지 않은 편이다.

한편 괄호 안에 제시된 상대적인 비율은 상당히 불규칙한 양상을 드러 낸다. 가령 "-어"의 경우에는 개월 수가 늘어날수록 81%에서 24~29개 월 시기가 되면 67%, 30~35개월 시기가 되면 58%로 점차 감소하는 추 세이다. 초기에는 "-어" 형태만으로 다양한 의사 표현을 하다가 점차 어 미가 분화되면서 상대적으로 빈도가 감소하는 양상을 볼 수 있다. "-다/ 는다"의 경우에는 24개월 이전 12%에서 24~29개월이 되면 22%로 일 단 늘었다가 30~35개월 시기가 되면 17%로 감소하는 양상을 보여준다. 언어 발달의 관점에서 보면 빈도가 낮은 상태에서 높은 상태로 변하는 것이 정상일 것이나 형태 수가 증가하면서 상대적인 비율이 낮게 나타나 는 경우도 생기는 듯하다.

둘째로 감탄형 어미의 경우를 보면, 29개월까지는 전혀 나타나지 않다 가, "-는구나" 형태가 30개월 이후에 4회 출현을 한다. 학교문법에서 구 분하고 있는 어미 형태 중에서 가장 늦게 나타나는 어미 범주이다. 그 이 유는 의미의 복잡성 때문일 수 있다. "-는구나"의 의미는 "처음앎"의 의미를 지니고 있다(장경희 1985). 과거에 알고 있었던 사실 등을 표현할 때 "-는구나"를 사용할 수 없다는 것이다. 이러한 의미적인 유표성은 아동에게 복잡성을 안겨줄 소지가 다분하며, 이 때문에 감탄형 범주가 뒤늦게 발달하는 것으로 여겨진다.

셋째로, 의문형 어미의 출현 형태와 빈도를 보면 아래와 같다.

〈표 4〉 36개월 이전 영·유아의 의문형 어미의 출현 형태와 빈도

형태	24개월 이전	24~29개월	30~35개월
-어	11(52.38%)	57(59.38%)	175(45.45%)
-지	8(38.10%)	7(7.29%)	103(26.75%)
-ㄹ까	2(9.52%)	16(16.67%)	34(8.83%)
-니	—	5(5.21%)	6(1.56%)
-나	—	4(4.17%)	18(4.68%)
-고	—	4(4.17%)	2(0.52%)
-라고	—	1(1.04%)	5(1.30%)
-다고	—	1(1.04%)	2(0.52%)
-네	—	1(1.04%)	1(0.26%)
-게	—	—	11(2.86%)
-는가	—	—	7(1.82%)
-는데	—	—	6(1.56%)
-ㄹ래	—	—	5(1.30%)
-냐	—	—	3(0.78%)
-아야지	—	—	3(0.78%)
-잖아	—	—	3(0.78%)
-세요	—	—	1(0.26%)
총계	21(100%)	96(100%)	385(100%)

위의 표에서 보듯이 24개월 이전 3개의 의문형 어미가 나타나는데, 개월 수가 증가하면서 형태도 점점 추가 되어 30~35개월 시기가 되면 17개 형태가 나타나서 많은 어미 형태의 습득이 지속적으로 이루어지고 있음

을 보여준다.

 빈도가 가장 높은 형태는 서술형과 마찬가지로 "-어" 형태이다. 확인의 의미를 지닌 "-지" 형태도 이른 시기에 출현하여 비교적 높은 빈도를 보여준다. 대체로 "-어, -지, -ㄹ까" 형태가 높은 빈도를 보여주고 있다. 이러한 어미 형태들은 다른 범주 유형이나 어미 형태들에 비해 상대적으로 빨리 습득되는 범주들이라 할 수 있을 것이다. 특히 "-어"는 그 기능 부담량이나 의미 기능이 폭넓은 것으로 시사하는 바가 크다고 본다.[1] 이는 "-어" 형태가 그만큼 다른 형태들에 비해 일찍 습득되고 아동들이 즐겨 사용하고 있음을 보여주는 것이며, 그 이유는 이 어미 형태가 다른 형태들에 비해 상대적으로 무표적이고 기본적인 어미 형태이기 때문이라는 것이다. 곧, 어미 형태의 발달은 상대적으로 무표적인 어미 형태를 먼저 습득한 후 유표적인 어미 형태를 습득하는 순서로 발달이 이루어진다고 볼 수 있다.[2]

 넷째로, 명령형 어미의 경우를 보기로 하자. 36개월 이전 시기에 나타나는 명령형 어미의 형태와 빈도는 다음과 같다.

---

1) 성인의 문법에서는 가령 "-어"나 "-ㄹ까"나 모두 대등한 의문형 종결어미로 취급하고 있는데, 사실 좀더 무표적이고 기본적인 어미가 있는가 하면 다소 유표적인 어미 형태가 있다고 본다(장경희 1995). 가령, "-어" 형태의 경우는 서술, 의문, 명령, 청유의 의미 기능을 모두 드러낼 수 있는 어미 형태이다. 실제 사용 분포나 빈도를 보아도 다른 어미 형태들에 비해 월등히 높은 출현 빈도를 보여주고 있다.

2) 아동의 언어 습득 및 발달에 영향을 미치는 요인을 생각해 보아도 계층적으로 상위 범주를 먼저 습득할 가능성은 농후하다. 아동의 언어 발달에 영향을 미치는 요인은 언어적인 노출 정도, 의미 및 기능 파악의 용이성, 기능 부담량을 들 수 있는데, 이 세 가지 측면에서 상위 범주에 속하는 무표적인 형태들은 모두 유표적인 하위 범주에 속하는 형태들보다 조기 습득에 유리한 측면이 있다. 부모들은 아동들과 이야기할 때 문장 구조를 단순화하고 복잡한 표현을 피한다는 선행 연구의 결과에서도 알 수 있듯이, 기본적이고 대표적인 어미 형태를 더 많이 사용할 것이다. 의미 파악의 용이성 측면에서도 유표적인 형태들은 단순하게 생각해 보아도 그만큼 더 많은 의미 자질을 지닌 것들이기 때문에 상위 범주의 어미 형태에 비해 의미 파악에 어려움을 준다. 또한 기능부담량의 경우에도 상위범주가 하위 범주들보다 기능부담량이 더 높을 것임은 쉽게 예상해 볼 수 있다.

〈표 5〉 36개월 이전 영·유아의 명령형 어미의 출현 형태와 빈도

형태	24개월 이전 빈도(%)	24~29개월 빈도(%)	30~35개월 빈도(%)
-어	26(96.30%)	122(96.06%)	313(87.19%)
-세요	1(3.70%)	4(3.15%)	39(10.86%)
-라	—	1(0.79%)	6(1.67%)
-라니까	—	—	1(0.28%)
총계	27(100%)	127(100%)	359(100%)

위의 표에서 보듯이 명령형 어미의 경우에는 서술형 어미나 의문형 어미
에 비해 추가되는 목록 수가 많지 않은 편인데, 이는 명령형 어미 형태가
원래 많지 않은 결과이기도 하거니와 "주다"라는 보조용언이 24개월 이
전에 이미 습득된 상태이기 때문에 나타난 결과로 보인다. 빈도를 보면
역시 "-어" 형태가 압도적으로 많이 사용되고 있다. 전형적인 명령형 어
미인 "-라" 형태는 빈도가 그리 높지 않은 편이다. 청자 존대의 "-세요"
형태는 30개월 이후에 비교적 높은 빈도를 보여주고 있다. 존대법과 관
련된 발달 양상을 가늠해 볼 수 있다.

　다섯째, 청유형 어미의 경우에는 아래 표에서 보듯이 24개월 이전에
"-자" 형태가 나타나서 지속적으로 빈도수가 높아지는 양상을 보인다.

〈표 6〉 36개월 이전 영·유아의 청유형 어미의 출현 형태와 빈도

형태	24개월 이전 빈도(%)	24~29개월 빈도(%)	30~35개월 빈도(%)
-자	1(100%)	18(100%)	53(96.36%)
-어	—	—	2(3.64%)
총계	1(100%)	18(100%)	55(100%)

24~29개월 시기에 청유형 어미 형태가 추가되는 것은 없다. 30~35개월
시기에 이르러서야 "-어" 형태가 청유형으로 사용되는 예를 발견할 수
있다.

지금까지 살핀 종결어미 형태의 증가 수를 정리하면 다음과 같다.

〈표 7〉 36개월 이전 영·유아의 종결어미의 출현 형태 수

구분	24개월 이전 형태 수(%)	24~29개월 형태 수(%)	30~35개월 형태 수(%)
서술형	8(57.14%)	12(50.00%)	16(42.10%)
감탄형	—	—	1(2.63%)
의문형	3(21.42%)	9(37.50%)	16(42.10%)
명령형	2(14.28%)	2(8.33%)	3(7.89%)
청유형	1(7.14%)	1(4.16%)	2(5.26%)
총계	14(100%)	24(100%)	38(100%)

24개월 이전 시기에 감탄형을 제외한 서술형, 의문형, 명령형, 청유형이 출현을 하는데, 그 형태 수를 보면 서술형이 가장 많은 어미 형태가 출현한다. 대체로 서술형이 가장 앞서서 출현하며 그 다음 명령, 의문형이 나타나고, 제일 마지막으로 청유형이 나타난다.[3] 의문형과 명령형의 경우는 상대적으로 적은 수의 어미 형태만이 나타나고 청유형의 경우에는 1개 형태만 나타난다. 24~29개월이 되면 서술형 어미 12개, 의문형은 6개, 명령형 2개, 청유형 1개가 나타난다. 서술형과 의문형은 어미 목록이 추가되는 양상을 보이고 있는데, 의문형 어미가 더 많이 추가되고 있다. 명령형은 그 출현 형태는 일부 달라지지만, 숫자상으로 변함이 없어서 상

---

3) 본 연구에서 다룬 자료에 의하면 서술형의 경우는 15개월 정도에 처음 출현하고, 의문형의 경우는 17개월, 명령형의 경우는 18개월, 청유형의 경우는 23개월 정도에 출현을 한다. 그런데, 이정민(1997)에서는 요청의 "-어"가 제일 먼저 나타나고, 그 다음 평서문의 "-어", 청유의 "-자", 의문의 "-어"의 순으로 나타난다고 하였다. 자료 수집 방식의 차이일 수도 있고 대상 아동의 차이일 수도 있을 텐데 추후 좀더 정밀한 보완이 요구되는 부분이다. 이정민(1997)에서는 "윤정이의 경우 1: 1에 빨리와[요청]이 나타나고, 그 이전 11개월 무렵 거의 동시에 "아푸다, 아떠, 좋다"가 나타난다"고 서술되고 있다. 이 서술이 맞다면 서술형이 먼저 출현한 것으로 보아야 할 것이다. 또한 처음 요청 출현의 예로 제시한 "줘 봐"의 경우도 보조용언 구성이란 점을 감안하면 이것이 처음 나타나는 어미 형태는 아닐 가능성이 농후하다고 여겨진다.

대적으로 어미 추가가 덜 이루어진 모습이다. 청유형의 경우에는 변함이
없다. 감탄형은 여전히 나타나지 않고 있다. 30~35개월 시기에는 감탄
형 어미가 처음으로 출현하고 있으며, 서술형과 의문형 16개, 명령형 어
미 3개, 청유형 2개가 나타나고 있다. 의문형 어미가 가장 많이 추가되고
있으며, 서술형도 비교적 많은 목록이 추가되는 양상이다. 전반적으로 서
술형과 의문형의 목록이 많이 늘고 있음을 볼 수 있는데, 이 부류에 속하
는 어미 형태들이 다른 부류에 비해 원래 많기 때문이며, 명령형과 청유
형은 상대적으로 적은 수의 목록이 추가되고 있는데, 이는 이 범주류의
어미 형태가 적은 탓이다.[4)]

한편, 출현 종결 어미 범주의 빈도수를 보면 다음과 같다.

〈표 8〉 36개월 이전 영·유아의 명령형 어미의 출현 빈도

구분	24개월 이전 빈도수(%)	24~29개월 빈도수(%)	30~35개월 빈도수(%)
서술형	186(79.15%)	712(74.71%)	1,722(68.20%)
감탄형	—	—	4(0.16%)
의문형	21(8.94%)	96(10.07%)	385(15.25%)
명령형	27(11.49%)	127(13.33%)	359(14.22%)
청유형	1(0.43%)	18(1.89%)	55(2.18%)
총계	235(100%)	953(100%)	2,525(100%)

빈도수를 보면 개월 수가 높아질수록 빈도가 높아지는 양상을 볼 수 있
다. 개월 수가 많아질수록 발화도 늘어나고 습득되는 어미 형태들도 많아
지기 때문에 이는 당연한 결과라 할 수 있다. 24개월 이전 시기의 경우
에는 서술형의 빈도가 압도적으로 높은 양상을 보여주고, 의문, 명령도
비교적 높은 빈도수를 보여주는 반면에 청유형의 경우에는 1회만 출현하

---

4) 의문형 어미의 경우에는 유아들이 호기심이 강해지는 것과도 관련이 있을 것이다.·

여 상대적으로 늦게 습득되는 어미류임을 알 수 있게 해준다. 이러한 어미 형태들은 24~29개월, 30~35개월 시기가 되면서 점점 빈도수가 늘어나는 양상을 보이는데, 감탄형의 경우에는 30개월 이후에 출현하는 어미 형태이므로 빈도가 4회에 불과하다. 다른 어미류에 비해 상대적으로 늦게 습득되는 어미 형태라 할 수 있다.

각 범주별로 상대적인 분포를 보면, 서술형의 경우에는 다른 범주류들에 비해 상대적으로 비율이 감소하는 추세임을 알 수 있다. 종결어미 중에서 24개월 이전 시기에는 서술형 어미가 차지하는 비율이 79.14% 상당히 높은 편이었으나 점점 감소하여 24~29개월 시기에는 74.71%, 30~35개월 시기에는 68.2%로 비율이 줄고 있음을 볼 수 있다. 이는 다른 어미류들이 점차 비율을 높여가고 있는 것과는 정반대의 양상이다. 서술형 어미가 차지하고 있던 부분을 의문, 명령, 청유, 감탄형에 내주고 있는 형국이다. 서술문으로 다양한 의미를 전달하던 아동이 서술형 이외의 의문, 명령, 청유, 감탄형 어미 등을 사용하여 상황에 따라 적절하게 표현하는 능력을 갖추게 되는 과정을 보여주는 통계치라 할 수 있다.

3. 비종결어미의 습득 양상

3.1. 연결어미의 습득 양상

학교 문법에서 연결어미는 대등적, 종속적, 보조적 연결어미로 구분한다. 우선 대등적 연결어미의 경우에는 "-고" 형태만 나타난다. 출현 양상을 표로 정리하면 다음과 같다.

〈표 9〉 36개월 이전 영·유아의 대등적 연결어미의 출현 형태와 빈도

구분	형태	24개월 이전	24~29개월 빈도	30~35개월 빈도
나열	-고	0	25	77

대등적 연결어미는 35개월까지도 '고' 형태만 출현할 뿐, 아직 대조의 '지만'은 보이지 않는다. 이는 나열 관계가 대조 관계보다는 상대적으로 쉬운 의미 관계임을 암시해 준다고 본다.

그런데 뒤에서 다룰 종속적 연결어미로서의 '고'는 24개월 이전에 출현한다. 이처럼 대등적 연결어미 '고'가 종속적 연결어미 '고'에 비해 늦게 출현하는 것은 의외이다. 성인의 관점에서 생각하면 독립적인 사건이나 행위 등을 단순하게 나열하는 대등 관계가 상호 종속적으로 관련을 맺는 종속 관계에 비해 더 쉬울 듯도 하다. 그런데 오히려 종속 구성이 먼저 출현을 하고 대등 구성은 늦게 발달하고 있는 양상이다. 나열 관계는 굳이 연결어미를 빌지 않고도 표현할 수 있기 때문이 아닌가 한다. 대등 관계의 두 사건을 단순문으로 차례로 표현하면 그 뿐이다. 쉽게 말하자면 아동이 필요성을 덜 느꼈기 때문에 종속적 접속어미에 비해 상대적으로 늦게 발달하였다는 것이다.

둘째로 종속적 연결어미의 출현 양상을 정리하면 다음과 같다.[5]

---

5) 이영자·이종숙·이종욱(1997)에서는 연결어미의 경우 1-3세에 "-고, -나, -서, -면, -니까, -다가, -랑, -데"의 8종류가 나타난다고 하였다. 본 연구에 비해 연결 어미 형태가 적게 나타난다는 결과를 제시하고 있다. 또한 "고"와 "데"가 가장 먼저 나타나며(1;6-2;0) 사용 빈도가 가장 높다고 하였다. "-고"의 경우 1세에 2회, 2세에 20회, 3세의 경우 54회 나타나며 "-데"의 경우 1세 3회 2세에는 안 나타나고 3세에 7회 나타난다고 하였다. 본 연구에서는 "-고, -어서, -면"이 가장 먼저 나타나는데 반해 다소 다른 결과가 제시되고 있는 것이다. 또한 그 다음 "나, 서, 면"(2;0-2;6)인데, 1세에는 나타나지 않고 2세에 "-나"는 1회, "-서"는 3회, "-면"도 3회 나타나고, 3세에는 "-나, -서"가 5회, "-면"은 20회 나타난다고 하여 역시 본 연구와는 다소 다른 견해를 제시하고 있다. 어미의 유형을 세분화하지 않은 빈도이기 때문에 그 습득 양상을 정확히 파악하기 어려우나 대체로 본 연구에서 다룬 자료들에 비해 형태 수도 적고 빈도도 낮은 편이다.

〈표 10〉 36개월 이전 영 · 유아의 종속적 연결어미의 출현 형태와 빈도

구분	형태	24개월 이전 빈도(%)	24~29개월 빈도(%)	30~35개월 빈도(%)
조건	-면	1(20.00%)	10(18.52%)	59(16.43%)
계기동시	-고	3(60.00%)	11(20.37%)	81(22.56%)
	-어서	1(20.00%)	6(11.11%)	33(9.19%)
	-면서	—	1(1.85%)	
미침	-게	—	9(16.67%)	16(4.46%)
당위	-어야	—	5(9.26%)	56(15.60%)
상황	-ㄴ데	—	4(7.41%)	23(6.41%)
목적	-려고	—	3(5.56%)	9(2.51%)
	-러	—	2(3.70%)	7(1.95%)
원인이유	-어(서)	—	2(3.70%)	22(6.13%)
	-으니까	—	1(1.85%)	15(4.18%)
	-더니	—	—	1(0.28%)
양보	-어도	—	—	12(3.34%)
전환	-다(가)	—	—	25(6.96%)
총계		5(100%)	54(100%)	359(100%)

위의 표에서 보듯이 계기와 조건의 어미 형태만 출현했던 24개월 이전에
비해 24~29개월 시기에는 원인/이유(어서, 니까), 목적/의도(-러, -려고), 미
침(-게), 필연/당위(-어야), 상황(-는데)의 어미 범주들이 새롭게 출현을 하
고 있다. 이러한 어미 범주의 발달은 인지 발달과 관련하여 암시하는 바
가 크다. 원인/이유의 "-어서"가 출현하는 것은 사건의 원인과 결과를 구
분하기 시작했다는 의미가 된다. 목적, 의도의 "-러, -려고"는 자신의 의
도와 구체적인 행동을 구분하여 인지하고 그것을 적절히 표현할 수 있는
능력 발달이 이루어졌다고 하겠다. 당위의 "-어야"는 원하는 결과에 관
한 조건이나 행동의 당위성에 관한 인지 발달이 이루어졌음을 보여준다.
물론 인지 발달과 형식의 발달 시기가 일치하지 않겠지만, 인지 내용을
적절한 언어 형식으로 표현할 수 있다는 것은 상당히 중요한 능력 발달

국면이다.

　한편 24~29개월 시기에는 출현하지 않았던 양보(-어도), 전환(-다가)의 의미를 지닌 연결어미 범주가 30개월 이후에 출현하고 있다. "-게"의 경우는 24~29개월 시기에 보조적 연결어미인 "-게"는 나타나는데(상냥하게 해), 종속적 접속어미인 "-게"는 30개월 이후에 나타난다(사이좋게 같이 놀자). 이런 구분은 문법 이론상의 관점이고 그 의미 기능 등이 크게 다르지 않아 같은 범주에 속하는 것으로 볼 가능성도 있다. 이런 점을 감안하면 30~35개월 시기에 일어나는 새로운 범주 유형의 출현은 양보의 "-어도"와 전환의 "-다가"라고 할 수 있다. 이처럼 새로운 의미 범주 유형의 어미 출현은 인지 발달의 측면에서 중요한 발달 양상임은 앞서 언급한 바 있다.

　종속적 연결어미의 경우 동일 범주의 어미 형태 목록이 추가되는 경우는 많지 않다. 24개월 이전에는 계기/동시접속의 경우 "-고, -어서"만 나타났었는데, 24~29개월 시기에는 "-면서" 형태가 추가되고 있다. 한편, 30~35개월 시기에는 이전 시기에는 없던 "원인, 이유"를 나타내는 "-더니"라는 어미 형태가 추가되고 있다. 이처럼 동일한 의미 범주의 어미 형태 목록의 추가가 적은 이유는 이미 습득된 어미 형태로 의미를 전달하는 데에 별로 불편이 없기 때문일 것이다.

　빈도를 보면 24개월 이전에는 종속적 연결어미의 빈도가 최고 3회를 넘지 못하고 있어서 습득이 거의 이루어지지 않은 양상을 보이다가 24~29개월 시기를 거쳐 30~35개월 시기가 되면 대부분의 어미 형태가 비교적 높은 빈도를 보여주고 있다. 다만, "-면서"나 "-더니"와 같은 형태들은 빈도가 1에 불과한 것으로 보아 본격적으로 습득이 이루어지지 않았을 가능성이 높다.

　셋째, 보조적 연결어미의 경우에는 그 형태 수에 변화가 크지 않다. 표로 정리하면 다음과 같다.

〈표 11〉 36개월 이전 영·유아의 보조적 연결어미의 출현 형태와 빈도

형태	24개월 이전 빈도(%)	24~29개월 빈도(%)	30~35개월 빈도(%)
-어	26(66.67%)	70(62.50%)	140(59.57%)
-게	10(25.64%)	9(8.04%)	19(8.09%)
-고	3(7.69%)	24(21.43%)	32(13.62%)
-지	—	9(8.04%)	44(18.72%)
총계	39(100%)	112(100%)	235(100%)

위에서 보듯이 보조적 연결어미의 경우는 이미 24개월 이전에 비교적 높은 빈도를 보여주고 있다. 다른 종속적 연결어미나 전성어미에 의한 복합문 구성 능력이 생기기 전에 보조 용언 구성이 먼저 발달함을 보여주는 것이다. 2개 이상의 용언이 연이어 나오는 통사적 구성이 보조용언 구성과 복합문 구성이라는 점을 감안할 때 "본용언+보조용언" 구성이 "본용언+본용언" 구성보다 일찍 나타나기 시작한다는 것이다. 형태적으로만 보면 두 가지 경우 모두 용언이 반복되는 구성이라는 점을 적극적으로 고려하면 보조용언 구성 능력의 발달은 복합문 구성 능력 발달의 시발점으로 볼 수 있을 것이다.

한편, 24~29개월 시기를 거치면서 "-지"의 증가세가 두드러진 것을 볼 수 있다. "-지"는 장형 부정(-지 않다/못하다/말다)의 출현을 의미하는 것으로 언어 형식으로 볼 때는 단형 부정 시기에서 장형 부정 시기로 넘어가고 있음을 보여주는 것이다.6)

빈도수를 보면 24개월 이전에도 이미 비교적 높은 빈도를 보여주고 있

---

6) 단형부정이 먼저 습득되고 장형부정이 그 이후 시기에 습득된다는 점은 이인섭(1986)에서 언급된 바 있다.

음을 볼 수 있다. 위의 대등적, 종속적 연결어미가 24개월 이전에 빈도수
가 높지 않은 것과는 다른 양상이다. 앞서도 언급한 바와 같이 보조용언
구성이 복합문보다 일찍 출현하여 발달하기 때문인 것으로 여겨진다.

지금까지 살핀 바와 같이, 연결어미 중에서는 보조적 연결어미가 가장
빨리 습득되는 양상을 보여준다. 보조적 연결어미 "-아, -게, -지, -고"
중에서 24개월 이전에 이미 "-아, -게, -고" 형태가 나타나서 거의 모든
형태가 출현하는데 반해, 종속적 연결어미의 경우는 수많은 형태 중에서
3개 형태만이 나타난다. 24개월 이전에 대등적 연결어미의 경우에는 출
현조차 하지 않는 점을 감안하면 보조적 연결어미-종속적 연결 어미-
대등적 연결어미의 순으로 발달함으로 알 수 있다.[7]

3.2. 전성어미의 습득 양상

전성어미는 내포문 구성의 발달을 가늠해볼 수 있는 부분으로서, 그
출현 양상을 표로 정리하면 다음과 같다.

〈표 12〉 36개월 이전 영·유아의 전성어미의 출현 형태와 빈도

구분	형태	24개월 이전 빈도(%)	24~29개월 빈도(%)	30~35개월 빈도(%)
관형형	-은	4(66.67%)	28(45.90%)	235(72.53%)
	-을	2(33.33%)	28(45.90%)	73(22.53%)
	-던	─	─	3(0.93%)
명사형	-기	─	5(8.20%)	13(4.01%)
총계		6(100%)	61(100%)	324(100%)

---

7) 연결어미 중에서 보조적 연결어미가 가장 빨리 습득되는 범주임은 빈도수를 보아도 입증이
된다. 24개월 이전에 종속적 연결어미는 모두 합해서 5회 출현하는 데 반해서 보조적 연결
어미의 경우는 39회로 비교적 높은 빈도를 보여준다.

　첫째, 시기별로 보아 종결어미가 비종결어미에 비해 빨리 출현함을 알
수 있다. 이 연구에서 분석한 자료에 의하면, 종결어미의 경우는 15개월
정도에 처음 출현하는데, 비종결어미는 22개월 정도가 되어야 출현을 한
다.10) 문장 구성 능력의 발달이 단순문 구성 능력의 발달에서 복합문 구
성 능력의 발달로 나아간다는 점을 감안하면 당연한 결과라 하겠다.

　둘째, 형태 수를 비교해 보아도 종결어미가 먼저 발달한 후 비종결어
미가 발달함을 알 수 있다. 지금까지 살핀 모든 어말어미의 형태 수를 종
합하여 표로 정리하면 다음과 같다.

〈표 13〉 36개월 이전의 전체 출현 어말어미의 형태수

범주	24이전	24~29	30~35	비고
종결어미	14	24	38	서술, 감탄, 의문, 명령, 청유
연결어미	6	15	18	대등적, 종속적, 보조적 연결어미
전성어미	2	2	4	관형형, 명사형 어미
총합	22	41	64	

위의 표에서 보면 종결어미는 단순문 구성에 관련된 범주이고, 연결어미
와 전성어미 등은 복합문 구성과 관련된 범주이다.11) 그런데, 위의 표를
보면 24개월 이전 시기에는 비교적 많은 수의 종결어미가 출현하고 있는
데 반해서 연결어미나 전성어미의 수는 상대적으로 적은 수이다. 24개월
이전 시기에 단순문 구성 능력의 발달이 앞서고 이후 시기에 복합문 구
성 능력이 발달하고 있음을 엿볼 수 있다.

　셋째, 이러한 발달 양상은 출현 빈도의 측면에서도 입증이 가능하다.

---

10) 이러한 점에 관해서는 이필영/임유종(2003)을 참조하기 바란다.

11) 위의 표에서 보듯이 전체 어미 형태수가 24개월 이전에는 22개인데, 24~29개월 시기에는
　 45개, 30~35개월 시기가 되면 64개로 늘어나고 있어 거시적인 발달 양상을 엿볼 수 있다.

이 시기에 출현하는 전체적인 어미의 출현 횟수와 하위 범주별 출현 양
상을 표로 정리하여 보이면 다음과 같다.

〈표 14〉 36개월 이전 영·유아의 어말어미의 출현 빈도

구분		24개월 이전 빈도(%)	24~29개월 빈도(%)	30~35개월 빈도(%)
범주별 출현	종결어미	245(83.05%)	949(79.35%)	2,522(71.77%)
	연결어미	44(14.92%)	191(15.97%)	671(19.10%)
	전성어미	6(2.03%)	56(4.68%)	321(9.13%)
총 출현수		295(100%)	1,196(100%)	3,514(100%)

위의 표를 보면 단순문 구성 요소인 종결어미의 빈도가 24개월 이전에는
83.05%였던 것이 24개월 이후가 되면 79.35%, 30개월 이후가 되면
71.77%로 하향 곡선을 그리고 있다. 반면에 복합문 구성 요소인 연결어
미와 전성어미는 상대적으로 점점 상대 빈도가 높아지는 상향 곡선을 그
리고 있다. 연결어미의 경우는 24개월 이전 시기에 14.92%였으나 24개
월 이후에는 15.97%, 30개월 이후에는 19.10%로 늘고 있으며, 전성어미
의 경우는 24개월 이전 2.03%에 불과하던 것이 9.13%까지 늘고 있음을
볼 수 있다. 단순문 구성을 많이 사용하다가 복합문 구성의 사용 비율이
점점 높아지는 방향으로 발달하고 있음을 알 수 있다.

4.2. 연결어미와 전성어미의 습득 과정 비교

연결어미와 전성어미 중에서는 어느 범주가 빨리 발달할 것인가? 이에
관해서는 두 범주 형태의 출현 시기가 비슷하기 때문에 판단하기가 쉽지
않다. 또한 연결어미의 경우에는 하위 범주도 많을 뿐 아니라 어미 형태
도 많은 반면에 전성어미의 경우에는 범주 체계도 간단하고 어미 형태도

참고문헌

권재일(1985). 국어의 복합문 구성 연구, 집문당.

김기혁(1995). 국어 문법 연구, 박이정.

김영주(1992). "동사의 움직임 융합 유형과 공간어 습득," 인간은 언어를 어떻게 습득하는가, 아카넷.

김종록(1993). 국어 접속문의 통사론적 연구, 경북대 박사학위논문.

김진수(1987). 국어 접속조사와 어미 연구, 탑출판사.

남기심(1994). 국어 연결어미의 쓰임, 서광학술자료사.

남기심·고영근(1993). 표준 국어 문법론, 탑출판사.

서정수(1996). 국어문법, 한양대 출판부.

서태룡(1979). "내포와 접속," 국어학 8.

윤일선(1975). "문법의 측면에서 본 아동의 언어발달에 관한 연구," 서울대 석사학위논문.

이순형·유안진(1982). "한국아동의 언어 획득에 관한 연구," 서울대 가정대학 논문집 7권.

이영자·이종숙·이종욱(1997). "1, 2, 3세 유아의 의미-통사적 발달 연구," 유아교육연구 17-2.

이은경(1999). 2~4세 유아의 격조사발달에 관한 연구-대구·경북지역을 중심으로-, 대구대 석사학위 논문.

이익섭·임홍빈(1983). 국어문법론, 학연사.

이익섭·채완(1999). 국어문법론강의, 학연사.

이익섭·이상억·채완(1997). 한국의 언어, 신구문화사.

이인섭(1973). "유아어에서의 부정현상-현영(2;3)의 문법-," 노산 이은상 박사 고희기념 논문집.

이인섭(1986). 한국아동의 언어발달 연구, 고려대 박사학위논문.

이정민(1997). "언어 습득과 화용 규칙," 새국어생활 제7권 1호.

장경희(1985). 한국어 양태 범주 연구, 탑출판사.

장경희(1995). "국어 접속 어미의 의미 구조," 한글 227호, 한글학회.

조명한(1973). "초기아동의 언어획득에 관한 일 연구," 이의철 박사 화갑기념논총.

조명한(1982). 한국아동의 언어 획득 연구: 책략모형, 서울: 서울대출판부.
조숙환(1997). "언어 습득론," 새국어생활 제7권 제1호.
한   길(1991). 국어 종결어미 연구, 강원대 출판부.

장경희 · 전은진 · 이우연 · 권미정

접속어미 형태 습득*
(24개월~43개월)

1. 서론

이 연구에서는 유아들의 접속어미 습득에 대하여 살펴보고자 한다. 접속어미 습득을 설명하기 위해서는 접속어미의 형태가 처음 습득되는 시점을 찾아야 하고, 또한 접속어미의 습득 과정에 대해서도 설명할 수 있어야 한다. 따라서 이 연구에서는 유아들의 접속어미 사용 실태를 조사해 보고, 이 자료에 근거하여 접속어미의 출현 순서와 습득 단계를 살펴보고자 한다.

접속어미 습득에 관한 연구들은 여러 가지 관점에서 진행되어 왔다. 접속어미 형태 습득 자체를 목표로 진행된 연구도 있고, 접속어미가 조사나 전성어미 · 종결어미 등과 더불어 관찰되기도 하였다. 접속문의 통사 구조, 접속절 사이의 의미 관계 등의 관점에서 접속어미 습득이 논의되기

---

* 이 글은 <한국어 의미학> 30호(2009)에 "유아의 접속어미 형태 습득에 관한 연구"라는 제목으로 게재된 논문임.

도 하였으며, 이야기 산출 능력(배소영 · 이승환 1996)이나 언어 발달의 지체의 관점(김정아 2002, 김주환 2002, 박주현 2001)에서도 접근되고 있다.

유아의 언어 발달은 개인별 상당한 차이를 지닌다. 언어를 빨리 습득하는 유아도 있고, 언어 발달이 더딘 유아도 있다. 이러한 개인차에도 불구하고 흥미 있는 사실은, 유아의 언어 발달은 그 과정상으로는 상당한 동질성을 보인다는 것이다.[1] 이 연구에서도 유아별로 접속어미 발달에 어떠한 차이를 지니는지를 살펴보고, 나아가 보편적인 특징에는 어떤 것이 있는가를 고찰해 보기로 한다.

2. 연구 대상 및 연구 방법

2.1. 연구 대상

이 연구에서는 만 24개월부터 만 43개월까지의 유아 언어를 연구 대상으로 한다. 유아의 언어 자료 수집을 위하여 8개월의 월령 차이를 지닌 두 개의 조사 집단을 구성하였다. 이들 언어를 1년 동안 관찰하여 말뭉치를 구축하였으며, 이 말뭉치 자료를 분석 대상으로 삼았다.

유아의 언어 발달에 관한 연구는 대상 자료를 수집하는 방법에 따라,

---

1) Brown(1973)은 세 아동의 종단적 연구에서 14개의 문법 형태소의 출현을 추적하였는데, 아동은 세 단어를 조합할 때쯤 문법 형태소가 처음 나타났다. 그리고 14개의 형태소가 습득되는 순서가 여러 아동에게서 매우 비슷하게 나타났다. 즉, 각 아동이 발달 속도는 다르지만 14개의 형태소를 비슷한 순서로 습득한다는 것을 알 수 있었다. De Villiers와 de Villiers (1973)에서도 언어 발달 수준이 다른 21명의 아동이 같은 순서의 발달을 보인다는 것을 발견하였다. 즉, 오직 몇 개의 문법 형태소만을 사용하는 아동은 모든 아동에게서 처음 나타나는 형태소만을 가지고 있을 가능성이 있고, 늦게 나타나는 형태소를 사용하는 아동은 더 빨리 나타나는 형태소를 모두 가지고 있을 가능성이 있다는 것이다(이현진 외 2001: 251-254 재인용).

일기 연구, 대량 표본 연구(횡적 연구), 종적 연구로 구분해 볼 수 있는데, 이 연구는 종적 연구에 속한다. 종적 연구는 소수의 아동을 장기간 관찰하여 아동의 언어 발달 상황이나 아동 문법을 기술하는 데 역점을 둔다. 일기 연구나 종적 연구에서는 대상 언어에 대한 관찰과 자료 수집이 수개월 또는 일 년 이상의 긴 기간에 걸쳐 이루어지기 때문에 관찰 아동이 1명이나 2-3명 정도로 한정되는 경우가 일반적이다(박경자 1997: 7-51).[2] 이 연구에서는 성별과 형제 순위를 고려하여 남녀 각 2명, 총 4명으로 된 두 개의 조사 집단을 구성하였고, [조사 집단 1]과 [조사 집단 2]를 합하여 총 8명의 유아를 관찰 대상으로 삼았다.

이 연구의 조사 대상 집단은 다음과 같이 구분된다.

〈표 1〉 조사 대상 집단

집단 구분	월령	인원 수	인원 구성
조사 집단 1	만 24개월~35개월	4 명	남 2명: M1, M2 여 2명: F1, F2
조사 집단 2	만 32개월~43개월	4 명	남 2명: M3, M4 여 2명: F3, F4

위와 같이 관찰 월령이 중복되게 조사 집단을 구성함으로써 1년 동안에 24개월에서 43개월에 걸치는 유아 언어를 관찰할 수 있었다.

유아 언어의 녹음 파일 수는 [조사 집단 1]이 151개, [조사 집단 2]가 156개이며, 각 녹음 파일은 2,000어절 정도로 전사하여 분석 대상으로 삼았다.[3] 대상자별, 월령별 파일 수를 제시하면 다음과 같다.[4]

---

2) 일기 연구는 유아의 행동 배경을 잘 알고 있는 부모가 관찰자라는 장점이 있으나 부모의 언어학적 지식의 정도나 기준 등이 문제로 작용할 수 있다. 횡적 연구는 대량 표본을 대상으로 단기간에 자료 수집이 이루어지며, 그 결과가 표준적인 발달 규준 자료로 사용 가능하다는 장점이 있으나, 개별 아동의 언어 발달을 관찰하거나, 언어 습득 과정이나 습득 모형을 구축하는 데에는 어려움이 있다(박경자 1997: 7-51).

〈표 2〉 조사 집단의 월령별 자료 분포

집단	월령 대상자	24	25	26	27	28	29	30	31	32	33	34	35	36	37	38	39	40	41	42	43	계
조사 집단 1 (24~35개월)	F1	3	4	3	4	3	4	4	3	3	4	2	2									39
	F2	#	3	2	4	4	2	2	3	3	4	4	6									37
	M1	2	4	4	4	3	2	2	3	3	3	2	3									35
	M2	5	4	5	4	4	5	4	4	5	#	#	#									40
	합계	10	15	14	16	14	13	12	13	14	11	8	11									151
조사 집단 2 (32~43개월)	F3									2	4	4	3	5	4	4	2	6	5	#	#	39
	F4									4	1	2	3	5	5	5	3	5	3	1	#	37
	M3									2	2	1	5	4	5	4	2	3	5	5	2	40
	M4									#	#	3	3	3	4	3	4	5	4	4	7	40
	합계									8	7	10	14	17	18	16	11	19	17	10	9	156

2.2. 연구 방법

이 연구의 자료 수집과 분석은 코퍼스 언어학적 방법을 활용하였다. 자료 조사는 녹음 방식으로 이루어졌는데, 유아가 가정에서 자유롭게 놀이를 하면서 엄마와 나눈 대화를 엄마가 녹음하였고, 1주일에 1회 1시간 씩 12개월 동안 지속하였다.5) 이 수집된 녹음 자료로 먼저 구어 말뭉치를 구축하였고, 구축된 말뭉치를 중심으로 접속어미의 형태 습득 과정을 관찰할 수 있도록 자료 처리를 수행하였다. 자료 조사와 자료 처리는 다

---

3) 1회 1시간 동안 녹음한 것을 한 파일로 저장하였다.

4) 24개월부터 35개월까지의 [조사 집단 1]의 파일 중에서 F2 대상자의 24개월 파일과 M2 대상자의 33~35개월까지의 파일은 대상자의 사정으로 녹음이 이루어지지 못했다. 32개월부터 43개월까지의 [조사 집단 2]의 파일 중에서도 F3 대상자의 42, 43개월 파일과 F4 대상자의 43개월 파일, M4 대상자의 32, 33개월의 파일도 대상자 사정으로 녹음이 이루어지지 않았다. 따라서 각 표에서 파일이 없는 해당 부분은 '#'로 표시하였다.

5) 유아에 따라 10개월 이상을 녹음한 경우도 있다. 유아의 언어 외적 환경을 가능한 동질적으로 유지하기 위하여, 부모를 서울·경기 지역 거주자, 학력은 대졸 이상, 표준어 사용자로 한정하여 대상자를 선정하였다.

이 중복되는 종적 자료 조사를 수행하였다. 이러한 조사 방법으로 조사 대상자의 월령 범위를 확장하였고, 두 조사 집단의 접속어미 사용 현황을 연계지어 대비해 봄으로써 접속어미 습득 과정에 관한 일반 경향을 찾아보고자 하였다.

4. 유아들의 접속어미 사용 실태

이 장에서는 유아들의 접속어미 사용 실태를 살펴보기로 한다. 유아들이 사용하고 있는 접속어미들의 종류, 출현 순서, 유아별 사용 빈도 등을 정리해 보면서 조사 집단별 사용상의 특징을 분석해 보기로 한다.

4.1. 유아의 언어에서 관찰되는 접속어미 종류

4.1.1. [조사 집단 1]의 언어에서 관찰되는 접속어미

24개월에서 35개월에 걸쳐 관찰된 [조사 집단 1]에 속한 유아들의 언어를 관찰한 결과, 4명 중 3명의 언어에서 접속어미가 관찰되었다. 가장 많은 접속어미가 관찰된 F1을 예로 하여 접속어미의 용례를 제시해 보면 다음과 같다.

(1) ㄱ. 곰돌이 치카치카하고, 곰더리(곰돌이) 코- 자-? (F1, 24개월)
 ㄴ. 유빈이가 이꾜(이겨) 어홍이하고 싸우면. (F1, 24개월)
 ㄷ. 엎드려서 어푸어푸하구. (F1, 24개월)
 ㄹ. 자전거 갖다 노려고(놓으려고) 저기 가떠짜나(갔었잖아). (F1, 25개월)
 ㅁ. 이부(이불) 하니까 바(발)이 안 압= 안 아퍼. (F1, 26개월)
 ㅂ. 아 여기 올라가다가 죽었져(죽었어). (F1, 26개월)

    ㅅ. 이오 없눈데(없는데)-, 토끼가- 돌라(달라) 그랬더(그랬어). (F1, 27
       개월)

    ㅇ. 이렇게 많이 빠아뜨니(빨았으니), 너 아야 해떠(했어). (F1, 27개월)

    ㅈ. 브록(블록) 쌓기 하면서 노아(놀아). (F1, 28개월)

    ㅊ. 혼자, 아퍼두 잘 뚜(수) 있더(있어)-. (F1, 29개월)

    ㅋ. 거이가(거위를)-, 먹으려 그래. (F1, 30개월)

    ㅌ. 자전거 저기다 노러(놓으러) 가고-, (F1, 33개월)

이상에서 보는 바와 같이 F1에서는 12종류의 접속어미가 사용되었다. F2
에서도 8종류의 접속어미가 사용되었는데, [조사 집단 1]의 유아 4명 중
에서 남아인 M1, M2의 발화에서는 접속어미가 거의 사용되지 않았다.
M1의 경우, 35개월째에 접속어미 '-고'만이 관찰되었고, M2에서는 조사
기간 동안 접속어미가 관찰되지 않았다.

    [조사 집단 1]의 유아들의 접속어미 사용 현황을 종합해 보면 다음과
같다.

〈표 4〉 [조사 집단 1]의 유아들의 접속어미 종류

접속어미	F1	F2	M1	M2
-고	○	○	○	
-면	○	○		
-아서	○	○		
-려고	○	○		
-니까	○	○		
-다가	○	○		
-면서	○	○		
-러	○	○		
-는데	○			
-니	○			
-아도	○			
-려	○			

처 관찰된다. 32~34개월 사이에 출현하는 접속어미들은 대부분 [조사 집단 1]에서 이미 관찰된 어미들임이 흥미롭다. [조사 집단 2]에서만 관찰되는 접속어미들은 주로 35개월 이후에 출현하고 있다.

4.3. 유아들의 접속어미 사용 빈도

4.3.1. [조사 집단 1]에 속한 유아들의 접속어미 사용 빈도

[조사 집단 1]의 유아 4명 가운데 3명에게서 접속어미 사용이 관찰되었다. 이 중에 남아인 M1의 언어에서는 35개월째에 '-고'만이 관찰된다. 따라서 월령별 사용 빈도는 F1과 F2의 경우만을 제시하기로 한다.

〈표 8〉 유아 F1의 접속어미 사용 빈도

월령 접속어미	24	25	26	27	28	29	30	31	32	33	34	35	합계
-고	6.7	3.8	3.3	3.8	4.7	3.8	5.3	6.0	5.0	7.0	5.0	4.5	58.7
-면	1.3	0.3	0.3	0.3	2.3	3.3	2.3	1.0	1.3	3.0	2.0	1.5	18.8
-아서	0.3	2.5	1.3	1.8	1.7	2.3	1.8	3.0	2.3	3.0	2.5	2.0	24.4
-려고		0.5			0.7	0.3		0.7	1.0	0.3			3.3
-니까			2.7	1.0	1.3	1.3	1.5	2.0	3.3	6.5	10.5	5.0	35.1
-다가			0.3			0.3	0.5	0.3	0.3	0.3	0.5		2.5
-는데				0.5	0.3	0.3	0.8	1.7	3.0	4.8	2.0		13.3
-니				0.3									0.3
-면서					0.3		0.3						0.6
-아도						0.5		0.7		0.5			1.7
-려							0.3						0.3
-러											1.0		1.0
합계	8.3	7.0	8.0	7.5	11.3	11.8	12.5	15.3	16.3	26.3	22.5	13.0	159.8

* 수치는 누적 수치가 아니고 한 파일당 출현 빈도이다.[10]

---

10) 연구 방법과 관련하여 설명한 바와 같이, 이 연구에서는 각 월령별 파일 수가 대상자마다

〈표 9〉 유아 F2의 접속어미 사용 빈도

접속어미 \ 월령	24	25	26	27	28	29	30	31	32	33	34	35	합계
-고				2.8	1.3	0.5		6.0	2.3	2.5	2.8	2.3	20.4
-려고						0.5		0.7	0.3				1.5
-면서							0.5			0.3			0.8
-아서								0.3		0.3	2.3	0.5	3.3
-면								0.3		0.3	1.0	0.8	2.4
-니까									0.3			0.3	0.7
-다가										0.5		0.7	1.2
-러											0.3		0.3
합계				2.8	1.3	1.0	0.5	7.3	3.0	3.8	6.3	4.7	30.5

위의 유아 F1과 F2의 사용 빈도를 살펴보면, 사용 빈도에 있어서 다음과 같은 경향을 읽을 수 있다.

- 고빈도 접속어미는 이른 시기부터 출현하며, 지속적으로 사용되는 경향이 있다.
- 유아 F1과 F2는 접속어미 사용 빈도 순위에서 유사한 경향을 보인다.
- 사용 빈도 순위에서 각 접속어미들은 어느 정도 일정한 범위에 있다.

사용 빈도 합계를 토대로 F1과 F2의 빈도 순위를 대비해 보면 접속어미별 고빈도 순위 범위를 볼 수 있다.

조금씩 다르기 때문에 계량적 관찰은 한 파일당 출현 빈도(=출현횟수/파일수)로 환산하여 살펴보았다.

〈표 10〉 [조사 집단 1] 유아들의 고빈도순 접속어미 목록

고빈도 순위 ＼ 유아	F 1	F 2	M 1
1	-고	-고	-고
2	-니까	-아서	
3	-아서	-면	
4	-면	-려고	
5	-는데	-다가	
6	-려고	-면서	
7	-다가	-니까	
8	-아도	-러	
9	-러		
10	-면서		
11	-려, -니		

위의 표에서 보듯이, '-니까'의 경우를 제외하면, 유아 F1과 F2는 고빈도 순위에서 어느 정도 유사성을 보인다. '-고'가 세 유아에게서 모두 1순위로 나타나고, '-아서', '-면' 등이 다음 순위를 보이며, '-러', '-면서'는 보다 낮은 순위에 있다.

4.3.2. [조사 집단 2]에 속한 유아들의 접속어미 사용 빈도

[조사 집단 2]의 유아, F3, F4, M3, M4의 접속어미 사용 빈도를 월별로 나타내 보면 다음과 같다.

〈표 11〉 유아 F3의 접속어미 사용 빈도

접속어미 \ 월령	32	33	34	35	36	37	38	39	40	41	42	43	합계
-고	8.5	5.5	8.3	4.0	12.2	8.0	5.3	6.0	5.5	5.4	#	#	68.7
-면	4.5	4.0	6.3	1.3	7.4	9.3	0.5	3.0	6.5	6.0	#	#	48.8
-아서	2.0	1.8	2.5	3.0	5.0	1.8	1.8	1.0	4.0	1.4	#	#	24.3
-는데	2.0	0.3		0.7	1.8	0.5	1.3	0.5	0.3	0.6	#	#	8.0
-러	1.0	0.3	0.3						0.5	0.6	#	#	2.7
-다가	0.5	1.3		0.3	0.4	0.8	0.3		1.2	0.8	#	#	5.6
-려고	0.5	0.5	0.5	1.0	1.4	0.3			0.3	0.4	#	#	4.9
-니까		1.5	2.8	0.7	1.2	0.5	0.3	0.5	1.3	0.8	#	#	9.6
-아도		0.8			0.4	0.5	0.5		0.7	1.2	#	#	4.1
-면서					0.2	0.5				0.4	#	#	1.1
-아야					0.4	0.5					#	#	0.9
-려면					0.2				0.3		#	#	0.5
합계	19.0	16.0	20.7	11.0	30.6	22.7	10.0	11.0	20.6	17.6			179.2

〈표 12〉 유아 F4의 접속어미 사용 빈도

접속어미 \ 월령	32	33	34	35	36	37	38	39	40	41	42	43	합계
-고	6.5	14.0	5.0	5.7	1.6	6.0	3.6	7.3	3.0	8.7	3.0	#	64.4
-면	2.3	1.0	1.0		2.8	1.6	2.4	3.3	6.2	5.3	2.0	#	27.9
-아서	2.3	1.0	0.5	0.3	0.6	0.4	1.2	1.7	1.0	3.0		#	12.0
-는데	1.3			1.7	1.2	0.4	1.2	0.3	0.2	3.0		#	9.3
-려고	0.8		0.5		0.4	0.2		0.7	0.8	0.3		#	3.7
-러	0.3	1.0		0.7		0.6			0.8			#	3.4
-니까	0.3		1.0	0.3	0.2	0.2	0.4	0.3	0.4	0.7	1.0	#	4.8
-다가	0.3		0.5	0.3	0.8	0.4	1.0	3.7	1.2	0.3	1.0	#	9.5
-아도						0.2					1.0	#	1.2
-려								0.3				#	0.3
-자									0.4			#	0.4
-아야									0.4			#	0.4
-려면									0.2			#	0.2
-니										0.3		#	0.3
합계	14.1	17.0	8.5	9.0	7.6	10.0	9.8	17.6	14.6	21.6	8.0	0.0	137.8

〈표 13〉 유아 M3의 접속어미 사용 빈도

접속어미＼월령	32	33	34	35	36	37	38	39	40	41	42	43	합계
-고	4.0	1.5	2.0	6.2	6.8	4.4	2.3	1.5	7.0	2.2	4.4	2.5	44.8
-면	0.5	2.5	5.0	4.4	2.3	2.8	4.0	4.5	2.3	4.6	1.8	1.5	36.2
-다가	0.5			0.4	0.5	0.8				0.6			2.8
-려고	0.5			0.4		0.4	0.3		0.3	0.6	0.2		2.7
-아서		1.0	1.0	1.0	0.8	1.8	1.8	1.0	1.3	0.8	0.8	0.5	11.8
-는데			3.0	0.8	0.5	1.6	1.3	1.5		0.8	0.8	0.5	10.8
-아도			2.0	0.6	0.3	1.0	0.8		1.0	0.4			6.1
-니까			1.0	1.8	0.5	0.8	0.5	1.5		0.6	0.2		6.9
-러			1.0				0.3			0.2			1.5
-면서				0.2				0.5					0.7
-니				0.2									0.2
-고서							0.3	0.5					0.8
-아야							0.3			0.2	0.2		0.7
-더니							0.3				0.2		0.5
-지만									0.3				0.3
-려면											0.2		0.2
합계	5.5	5.0	15.0	16.0	11.7	13.6	12.2	11.0	12.2	11.0	8.8	5.0	127.0

〈표 14〉 유아 M4의 접속어미 사용 빈도

접속어미＼월령	32	33	34	35	36	37	38	39	40	41	42	43	합계
-고	#	#	4.0	6.7	5.3	4.5	5.0	3.0	2.2	4.5	0.5	1.9	37.6
-면	#	#	2.7	4.3	5.0	4.3	3.3	3.0	1.6	1.0	1.8	1.9	28.9
-아서	#	#	2.0	2.0	3.7	2.5	2.0	2.3	2.4	0.3	0.3	0.6	18.1
-는데	#	#	1.3	1.0	1.3	0.5	0.7	0.8	0.8	0.8	0.3	1.0	8.5
-아야	#	#	1.0	1.3	1.3		1.7	2.0	2.6	2.8	1.5	1.0	15.2
-니까	#	#	0.3	1.3	0.7	1.5	1.0	0.8	1.0	0.5	0.3	0.1	7.5
-아도	#	#		0.3	1.7	1.5	1.7		0.8		0.3	0.3	6.6
-더니	#	#		0.3	0.7			0.3					1.3
-려고	#	#		0.3		0.3	0.7	0.3	0.6	0.3		1.1	3.6
-다가	#	#			0.7		2.0			0.8		1.0	4.5
-려	#	#			0.3				0.2				0.5
-러	#	#				0.3		0.3	0.2			0.1	0.9
-니	#	#				0.3							0.3
합계	#	#	11.3	17.5	20.7	15.7	18.1	12.8	12.4	11.0	5.0	9.0	133.5

위의 표들을 보면, [조사 집단 2]에서는 [조사 집단 1]에서보다도 분명한 경향을 볼 수 있다.

- 고빈도 접속어미들은 이른 시기부터 출현하며, 관찰 기간 내내 지속적으로 사용된다.
- 4명의 유아들의 접속어미의 고빈도 순위가 상당히 유사성을 보인다.
- 고빈도 순위에서 접속어미들은 각각 일정한 범위에 있다.

이 경우도 빈도 순위 합계로 대비해 보면 빈도 순위의 범위가 파악된다.

〈표 15〉 [조사집단 2] 유아들의 고빈도순 어미 목록

고빈도 순위 ＼ 유아	F 3	F 4	M 3	M 4
1	-고	-고	-고	-고
2	-면	-면	-면	-면
3	-아서	-아서	-아서	-아서
4	-니까	-다가	-는데	-아야
5	-는데	-는데	-니까	-는데
6	-다가	-니까	-아도	-니까
7	-려고	-려고	-다가	-아도
8	-아도	-러	-려고	-다가
9	-러	-아도	-러	-려고
10	-면서	-아야, -자	-고서	-더니
11	-아야	-려, -니	-면서, -아야	-러
12	-려면	-려면	-더니	-려
13			-지만	-니
14			-려면, -니	

위의 대비표에 의하면, '-고', '-면', '-아서'는 4명의 아동 모두 1, 2, 3순위를 보인다. 나머지 접속어미들도 사용 빈도 순위가 일정한 범위에 한정되고 있음을 볼 수 있다. '-니까'와 '-는데'는 4-6순위, '-다가'는 4-8순위, '-려고'와 '-아도'는 6-9순위 안에 한정되고, 그 밖의 어미들은 대부분 10순

[조사 집단 1]의 관찰 시기인 24~35개월은 유아들이 접속어미를 습득하는 초기 단계로 파악된다. 그 이유는 다음과 같다. 첫째, 선행 연구들에서도 접속어미의 첫 출현이 23~24개월에서 관찰되고 있다(조명한 1982, 이인섭 1986).[12] 둘째, [조사 집단 1]의 유아들의 접속어미 사용 양상은 안정권에 들어 있지 않다. 유아 가운데 1명에게서는 접속어미 사용이 관찰되지 않았다. 또 다른 한 명에게서도 단 한 번 관찰되었고, 그 시점도 관찰 기간이 끝나는 35개월 지점이었다. 이러한 사실은 [조사 집단 1]의 유아들은 접속어미 습득의 초기 단계에 있다고 보게 한다.

[조사 집단 2]의 유아들은 접속어미의 습득이 상당히 진전된 단계로 볼 수 있다. 관찰이 시작된 첫 개월인 32개월에 '-고', '-면', '-려고', '-다가', '-아서', '-는데' 등의 여러 어미가 관찰되며 이들 어미가 관찰 기간 동안 내내 지속적으로 사용되고 있다. 관찰 대상 모두에게서 관찰되는 것도 습득의 정도 판단에서 중요한 점이다.

이상과 같이 접속어미의 사용 실태를 통하여 확인된 사실에 근거할 때 [조사 집단 2]의 유아들은 [조사 집단 1]의 유아에 비해 접속어미 습득의 정도가 높은 수준에 있음을 알 수 있다.

5.2. 유아의 접속어미 습득 단계

두 집단이나 아동 간의 대비에서는 앞에서 살펴본 바와 같은 접속어미의 종류의 수량적 크기, 첫 출현 시기, 고빈도 순위 등을 통하여 습득의 정도를 살펴볼 수 있지만, 유아의 언어 발달 과정 자체를 설명하기 위해

---

12) 이영자 외(1997)에서는 18개월에 관찰되기도 하였지만, 처음 습득되는 것으로 보이는 단 하나의 접속어미일 뿐이다.

서는 접속어미 습득의 단계가 몇 단계로 구분되는지, 단계별로 습득되는
접속어미에는 어떤 것이 있는지 등이 설명되어야 한다. 습득 단계 구분에
는 접속어미의 습득 시기, 언어 집단 내의 접속어미 사용자 분포, 출현
이후 지속적인 사용 분포 등의 요인이 참조될 수 있다.

습득이 이루어지는 시기별로 접속어미들을 구분함으로써 유아들의 습
득 단계를 설정해 볼 수 있다. 가장 이른 단계에 습득되는 접속어미는 조
사 대상 가운데 상대적으로 늦은 발달을 보이는 F2에게서 찾을 수 있다.
[조사 집단 1]의 F2에서 관찰되는 접속어미가 보다 이른 시기에 습득되
는 접속어미라 할 것이다. 이러한 습득 시기별 접속어미는 다음과 같은
접속어미들의 포함관계로 설명해 볼 수 있다.

[조사 집단 2]에서 사용된 어미 목록	⊃	[조사 집단 1]에서 사용된 어미 목록 (=F1의 사용 어미)	⊃	F2의 사용 어미 목록

이 연구의 자료 조사에 의하면, 32~43개월의 시기에 조사가 이루어진
[조사 집단 2]의 접속어미에는 24~35개월에 조사된 [조사 집단 1]의 접
속어미가 모두 포함되어 있었다. [조사 집단 1]에서도 많은 수의 접속어
미를 사용한 F1의 접속어미 목록에는 보다 적은 수의 접속어미를 사용한
F2의 접속어미 목록이 모두 포함되어 있었다. 그 결과 [조사 집단 1]의
접속어미 종류는 F1의 접속어미 목록과 동일하다. 단순히 양적인 수의
크기에 따른 포함관계가 아니고, 접속어미 종류가 포함되는 것이므로, 이
러한 포함관계는 발달의 정도, 발달 단계를 나타내는 것으로 해석할 수
있다.

이러한 포함관계에 근거하여 다음과 같이 접속어미의 습득 단계를 구

분해 볼 수 있다.

- 1단계 접속어미: [조사 집단 1]의 F2에서 관찰되는 접속어미
- 2단계 접속어미: [조사 집단 1]의 F1에서 관찰된 접속어미 가운데 F2의 어미를 제외한 접속어미
- 3단계 접속어미: [조사 집단 2]에서 관찰된 접속어미 가운데 [조사 집단 1]의 어미를 제외한 접속어미

위와 같은 습득 단계 구분은 우선, F1이나 F2와 같은 특정 개인이 기준이 되고 있다는 점에서 일반적인 발달 단계 설정으로서는 적절하다고 볼 수 없다. 만일 조사 대상이 다른 사람이었다면 또 다른 결과를 보일 것이기 때문이다. 그뿐만 아니라, 가장 적은 수의 접속어미를 지닌 F2의 경우도, 그 접속어미가 8개에 달한다. 이 8개 모두를 동일 단계로 설정해야 하는가 하는 점도 설명하기 어렵다.

접속어미들의 습득 단계를 구분하는 데 있어서 개인별 요인을 제외하고 두 집단의 조사 시기와 관련지어 보는 것은 어느 정도 객관성을 지닌다. 즉, 두 집단에서 모두 관찰되는가, 아니면 [조사 집단 2]에서만 관찰되는가로 구분하는 것이다. 그리고 두 집단 모두에서 관찰되는 접속어미는 다시 사용자 분포로 하위 구분해 볼 수 있다. 이러한 기준에 따르면, 다음과 같은 단계 구분이 가능하다.

- 1단계 접속어미: 두 집단에서 관찰되며, 모든 조사 대상자에게서 관찰됨.
- 2단계 접속어미: 두 집단에서 관찰되며, 일부 대상자에게서만 관찰됨.
- 3단계 접속어미: [조사 집단 2]에서만 관찰됨.

위의 기준과 단계 구분으로 습득 단계를 도식화해 보면 다음과 같다.

〈표 17〉 유아의 접속어미 습득 3단계

집단		접속 어미 \ 월령	F1	F2	F3	F4	M3	M4
두 집단에서 관찰된 접속어미	1 단계	-고	24(1)	27(1)	32(1)	32(1)	32(1)	34(1)[13]
		-면	24(1)	31(4)	32(1)	32(1)	32(1)	34(1)
		-아서	24(1)	31(4)	32(1)	32(1)	33(2)	34(1)
		-려고	25(2)	29(2)	32(1)	32(1)	32(1)	35(2)
		-니까	26(3)	32(5)	33(2)	32(1)	34(3)	34(1)
		-다가	26(3)	33(6)	32(1)	32(1)	32(1)	36(3)
	2 단계	-는데	27(4)		32(1)	32(1)	34(3)	34(1)
		-아도	29(6)		33(2)	37(2)	34(3)	35(2)
		-니	27(4)			41(5)	35(4)	37(4)
		-면서	28(5)	30(3)	36(3)		35(4)	
		-려	30(7)			39(3)		36(3)
		-러	33(8)	34(7)	32(1)	32(1)	34(3)	37(4)
[조사 집단 2] 에서만 관찰된 접속어미	3 단계	-아야			36(3)	40(4)	38(5)	34(1)
		-려면			36(3)	40(4)	42(7)	
		-자				40(4)		
		-고서					38(5)	
		-더니					38(5)	35(2)
		-지만					40(6)	

1단계에 속하는 형태는 6명의 대상자가 모두 사용한 접속어미이며, 2단계에 속하는 접속어미는 두 집단에서 관찰되기는 하지만, 조사 대상자별로 볼 때, 사용하지 않는 아동이 존재한다. 따라서 1단계보다는 늦은 단계에 습득되는 어미로 볼 수 있다. 3단계에 속하는 접속어미는 [조사 대상 2]에서만 관찰되므로 만 3세(36개월) 이후에 습득되는 형태들이라고 할수 있다.

---

13) 유아 M4는 32개월과 33개월이 녹음이 이루어지지 않아 34개월부터 관찰된 것이다. 이 이전 시기에 사용되었을 가능성이 크다.

조사 집단과 조사 대상자의 사용 분포를 기준으로 한 이러한 단계 구분은 앞의 경우에 비해 객관성을 지니는 장점이 있다. 그러나 이 경우의 취약점은 접속어미의 사용자 분포만 고려되었고, 사용 시기의 분포, 즉 사용의 지속성이 참조되지 않았다는 것이다. 도표에 나타난 바와 같이 조사 대상자의 사용 여부가 처음 출현한 시점만으로 산정되고 있다.

접속어미의 사용 분포는 접속어미의 습득 단계를 결정하는 가장 중요한 기준이 될 수 있다. 그러므로 사용 빈도가 아니라 사용하는 사람의 비율, 그리고 출현 이후 지속적인 사용의 정도 등을 살펴보아야 한다. 사용자 분포로는 조사 집단 가운데 접속어미 사용자 비율을 백분율로 산정하였다. [조사 집단 1]에서 단 1회만 접속어미가 관찰되었고 어휘, 문법 등의 영역에서 매우 낮은 발달 수준을 보여 관찰이 불가능한 남아 두 명은 제외하였고, [조사 집단 2]에서도 첫 2개월 관찰이 이루어지지 않은 M4를 제외하였다. 따라서 [조사 집단 1]에서는 2명을 대상으로 하여 사용자 비율을 산정하였고, [조사 집단 2]에서는 3명을 대상으로 비율을 산출하였다. 관찰 시기가 중복되는 32~35개월의 경우, [조사 집단 1]의 백분율은 위쪽에 적었고, [조사 집단 2]의 것은 아래쪽에 적었다.

〈표 18〉 사용자 비율에 따른 유아의 접속어미 습득 4단계

월령 접속어미		24	25	26	27	28	29	30	31	32	33	34	35	36	37	38	39	40	41	42	43
1 단 계	-고	50	50	50	100	100	100	50	100	100	100	100	100								
										100	100	100	100	100	100	100	100	100	100	100	100
	-면	50	50	50	50	50	50	50	100	50	100	100	100								
										100	100	100	67	100	100	100	100	100	100	100	100
	-아서	50	50	50	50	50	50	50	100	50	100	100	100								
										67	100	100	100	100	100	100	100	100	100	50	100

따라서 이 연구에서는 유아들의 개인별 접속어미 습득의 양상을 살펴보고, 이를 토대로 하여 유아의 접속어미 습득의 단계를 설정해 보았다.

이를 위해 유아들의 접속어미 사용 실태를 접속어미 종류, 출현 순서, 사용 빈도 등의 관점에서 조사하였다. [조사 집단 1]에서는 사용되는 접속어미 수가 유아별로 상당한 차이가 있었고, [조사 집단 2]에서는 유사한 수의 접속어미가 사용되고 있음을 볼 수 있었다. 접속어미 출현 순서에서도 [조사 집단 1]에서는 처음 출현하는 시점에서 차이가 크게 났고, [조사 집단 2]에서는 관찰이 시작되는 첫 개월부터 여러 종류의 어미가 동시에 관찰되었다. 사용 빈도의 경우, 두 집단 모두 고빈도 접속어미의 특징, 고빈도 순위, 접속어미별 순위의 범위 등에서 일정한 경향을 보여 주었는데, [조사 집단 2]가 보다 분명한 경향을 보여 주었다.

본 연구는 실태 조사를 기반으로 접속어미의 습득의 정도와 단계를 살펴보았다는 데에서 그 의의를 찾을 수 있다. 이를 통해 월령에 따른 두 집단의 습득 정도를 설명하였고, 유아의 접속어미 습득 단계를 출현의 시기와 사용 빈도, 사용자 분포, 사용 지속도 등과 관련하여 4단계로 구분해 볼 수 있었다.

김정선 · 이필영

명사형 어미 '-기'의 습득*
(24개월~6세)

1. 서론

본 연구의 목적은 만 24개월부터 6세까지 아동을 대상으로 하여 아동의 구어에 나타난 명사형 어미 '-기'의 발달 양상을 살펴보는 데에 있다. 명사형 어미 '-기'는 '-음'과 함께 국어의 대표적인 명사형 어미로, 이들 둘의 통사 · 의미적인 차이를 밝히는 연구 성과들이 많이 축적되었다. 상위문 술어 제약, 술어 동사의 특징, 조사와의 결합, 선어말 어미 결합 등을 중심으로 여러 연구에서 '-기'와 '-음'의 차이를 밝혔다.[1]

명사형 어미 '-기'를 포함하여 복문을 구성하는 능력은 하나의 명제와 다른 명제를 연결하기 위해 더욱 복잡하고 다양한 사고를 필요로 하는것이어서 아동의 언어 발달 연구에서 그 시기와 형태에 관해 관심이 높았

---

* 이 글은 <한국언어문화> 55호(2014)에 "아동의 명사형 어미 '-기'의 습득 연구"라는 제목으로 게재된 논문임.
1) '-음'과 '-기'에 대한 대표적인 연구로는 최현배(1961)을 시작으로 장석진(1966), 임홍빈(1974), 심재기(1979), 채완(1979), 권재일(1981, 1982), 홍종선(1983), 우형식(1987), 김일환 · 박종원(2003) 등이 있다.

다(조명한 1981, 이인섭 1986, 권도하·정분선 1999). 이들 연구에서는 문장구성의 측면에서 접근하여 아동의 내포문 발달을 '-(으)ㅁ', '-기', '-는 것'의 출현 시기와 빈도를 주요 논의 대상으로 삼았다. 이인섭(1986)에서는 2~3세 아동에게서는 명사화의 내포문이 발견되지 않았다고 하였으며, 2~5세 정상 아동 총 170명의 자발화를 대상으로 분석한 권도하·정분선(1999)에서도 명사형 어미 '-(으)ㅁ'과 '-기'는 나타나지 않았다고 보고하였다.2) 그러나 이와는 달리 이삼형·이필영·임유종(2003)에서는 '-기'가 24~29개월부터 출현하고, 35개월까지의 자료에서 '-(으)ㅁ'은 나타나지 않았다고 주장하여 상이한 결과를 보여주고 있다.

이러한 결과는 연구 대상과 연구 방법의 차이에 기인한 것으로 추측되므로, 본 연구에서는 연구 대상 아동의 범위를 만 24개월부터 만 6세까지의 아동으로 비교적 많은 연령대를 살펴보고자 한다. 또한 실험을 통한 아동 발화 추출이 아닌 자연스러운 발화를 추출하여 분석하고자 한다.

본 연구에서는 명사형 어미 '-기'의 출현 시기와 통사적인 특징을 파악하는 데에 초점을 둔다. 따라서 '-음'과 대비되는 '-기'의 의미 파악은 다루지 않는다.3) 선행 연구들이 대부분 문어와 구어의 구별 없이 논의가 전개되었는데, 본 연구는 구어만을 대상으로 하여 구어에서의 명사형 어미 '-기'의 특성을 파악하는 데에 주력하고자 한다.4)

본 연구의 자료 수집 방법은 종적 자료 수집과 횡적 자료 수집을 모두 사용하였다.5)6) 종적 자료 수집 대상 아동은 주 생활 공간이 가정이고 양

---

2) 이필영(2009)에서도 '것(이-)' 명사구 보문 구성이 25~30개월 사이에 습득된다고 하였다.

3) 선행 연구에서도 '-음'은 극히 제한적인 출현을 보이고 있다는 점을 지적한 바 있다(조명한 1981, 이인섭 1986, 권도하·정분선 1999, 이삼형·이필영·임유종 2003).

4) 이필영(1998)에서는 '"-음'과 '-기'가 각각 어떤 상위 동사와 결합할 수 있는가 하는 것은 반드시 문체(문어체 또는 구어체)를 고려하여서 판단하여야 할 것인데, 지금까지는 이에 대해 크게 관심을 갖지 않은 듯하다.'고 지적하였다.

육자와 가장 활발한 대화를 나누며, 개인차가 있어 지속적인 관찰이 필요하다. 따라서 이 시기의 아동에 대해서는 종적 자료를 수집하였으며, 어느 정도 의사소통이 가능한 시기인 유치원 시기의 아동은 기관을 통한 횡적 자료 수집을 실시하였다.

〈표 1〉 연구 대상 집단

자료 수집 방법	월령/연령
종적 자료 수집	만 24개월~36개월
	만 31개월~43개월
횡적 자료 수집	만 3세~6세

종적 자료 수집은 조사 대상 아동의 성별 분포를 동일하게 구성하였고, 아동의 언어 외적 환경을 가능한 동질적으로 유지하기 위하여, 아동의 부모는 서울·경기 지역 거주자, 학력은 대졸 이상, 표준어 사용자로 한정하여 선정하였다. 자료 수집은 가정에서 아동이 엄마와 자유롭게 놀이를 하면서 나눈 대화를 엄마가 녹음하는 방식으로 이루어졌다. 녹음은 1주일에 1회씩 1시간 동안 하였고, 10개월 동안 지속하였다.[7] 종적 자료의 현황을 개월별 파일 수로 보이면 <표 2>, <표 3>과 같다.[8]

---

5) 본 연구는 <연령별 대화 말뭉치>(한양대학교 교육문제연구소)의 자료를 사용하였다.
6) 종적 자료 조사를 두 유형으로 구분한 것은 자료 조사 연구 기간이 1년으로 한정되어 있었고, 정해진 1년에 가능한 종적 관찰을 많이 하기 위해서였다.
7) 아동에 따라 10개월 이상을 녹음한 경우도 있다.
8) 1회 1시간 동안 녹음한 것을 한 파일로 저장하였다.

〈표 2〉 종적 조사 자료의 개월별 자료 분포(만 24개월~36개월)[9]

개월 대상자	24	25	26	27	28	29	30	31	32	33	34	35	36	합계
F1	3	4	3	4	3	4	4	3	3	4	2	2		39
F2		3	2	4	4	2	2	3	3	4	4	6	1	38
M1	2	4	4	4	3	2	2	3	3	3	2	3	2	37
M2	5	4	5	4	4	5	4	4	5					40
합계	10	15	14	16	14	13	12	13	14	11	8	11	3	154

〈표 3〉 종적 조사 자료의 개월별 자료 분포(만 31개월~43개월)

개월 대상자	31	32	33	34	35	36	37	38	39	40	41	42	43	합계
F3		2	4	4	3	5	4	4	2	6	5			39
F4	2	4	1	2	3	5	5	5	3	5	3	1		39
M3		2	2	1	5	4	7	2	2	3	5	5	2	40
M4				3	3	3	4	3	4	5	4	4	7	40
합계	2	8	7	10	14	17	20	14	11	19	17	10	9	158

횡적 자료 수집은 만 3세에서 만 6세의 언어 능력과 인지 능력이 정상인 아동으로 서울 지역의 9개 기관의 유치원과 어린이집에 방문하여 이루어졌다. 녹음 환경은 빈 교실에 두 명씩 짝을 지어 40분 동안 자유롭게 놀이를 하며 대화를 나누도록 하였으며, 디지털 녹음기로 녹음하였다. 조사원은 대화 현장에 참여하여 아동의 이름을 확인하면서 이를 녹음하여 자료 분석 시에 아동별 구분이 원활히 이루어질 수 있도록 하고, 녹음 관련 주의 사항을 알려준 다음, 대화 현장에서 물러나 있도록 하였다. 그러나 조사 대상자의 연령이 낮아 아동들만으로는 언어적인 상호작용이 거의 이루어지지 못하거나, 녹음 시작 전부터 대상자들이 긴장하여 대화 나누기를 꺼려하는 경우에는 조사원이 참여하여 대화를 유도하였다. 횡적 자료 조사를 수행한 아동의 연령별, 성별 분포는 다음 〈표 4〉와 같다.

---

9) 음영 처리된 부분은 해당 개월의 조사 파일이 없는 것을 표시한다.

〈표 4〉 횡적 조사 자료의 아동 분포

나이	여자	남자	합계
만 3세	8	12	20
만 4세	48	46	94
만 5세	58	64	122
만 6세	41	42	83
합계	155	164	319

조사 수집된 대화 자료는 3차에 걸쳐 파일당 2,000어절씩 전사하였다.[10] 본 연구는 이와 같이 전사된 파일을 분석 대상으로 삼아 출발하였다.

2. 명사형 어미와 명사 파생 접미사

본 연구에서는 명사형 어미를 분석하기 위해 일차적으로 자료에 나타난 형태 '-기'를 모두 추출하여 명사형 어미와 명사 파생 접미사로 구분한다. 이들의 구분은 문장에서의 서술 기능 유무와 사전에의 등재 여부를 근거로 판단한다. 그러나 문장에서의 서술 기능은 아동 발화의 경우 판단이 쉽지 않다. 이러한 경우, 일단은 명사형 어미로 간주하고, 명사형 어미 내에서의 기능을 세부적으로 살펴보는 것으로 진행한다.[11]

---

10) 어린 유아들의 언어 자료를 전사하는 일은 성인의 언어 전사보다도 어려움이 많다. 따라서 국어학 전공자들이 참여하여 전사하였고 일정한 전사 원칙에 따랐다. 유아의 1차 전사는 발화자 표시와 발화 내용으로 이루어져 있는데, 대화 내용을 그대로 문자화한 가장 기초적인 자료이다. 2차 전사는 발화자 정보, 녹음 시간, 날짜, 전사 시간 등에 대한 정보를 표시한 헤더를 부착하였으며, 표준어 표기, 말겹침이나 군말, 비언어적 음성, 휴지 등 발화 상황을 이해하는 데 도움이 되는 정보, 발화자의 특이한 어조 등의 정보를 표시하였다. 3차 전사는 자료의 익명성을 보장하기 위한 마크업 작업이다.

11) 시정곤(1994: 129)에서는 어휘적 접사 '-기'와 동명사형 어미(명사화어미) '-기'는 모두 통사적 접사이며, 통사부에서 형성된 후에 단어화될 수 있다고 보았다.

먼저, 종적 자료와 횡적 자료의 출현 빈도를 각각 정리해 보기로 한다. 종적 자료에 나타난 '-기'의 출현 빈도와 사용자 분포를 개월에 따라 보이면 다음 <표 5>, <표 6>과 같다.

<표 5> 월령별 명사형 어미와 명사 파생 접미사의 출현 빈도(만 24개월~36개월)

| 아동 | 구분 | 개월(만) | | | | | | | | | | | | | 합계 |
		24	25	26	27	28	29	30	31	32	33	34	35	36	
F1	어미				3	3	1	2	6	3	1				19
	접미사								1						1
F2	어미											1			1
	접미사					1			1		1				3
M1	어미											1			1
	접미사														0
M2	어미														0
	접미사														0
사용자 분포[12]	어미	0/3	0/4	0/4	1/4	1/4	1/4	1/4	1/4	1/3	2/3	1/3	0/3	0/2	
	접미사	0/3	0/4	0/4	0/4	1/4	0/4	0/4	2/4	0/3	1/3	0/3	0/3	0/2	

<표 6> 월령별 명사형 어미와 명사 파생 접미사의 출현 빈도(만 31개월~43개월)

| 아동 | 구분 | 개월(만) | | | | | | | | | | | | | 합계 |
		31	32	33	34	35	36	37	38	39	40	41	42	43	
F3	어미		5	3	1	2	3	2			3				19
	접미사		1												1
F4	어미	3				1	1	2	4		2	1			14
	접미사				2				5		1				8
M3	어미			1		5	4		1			3	1		15
	접미사		3			1							1		5
M4	어미					1		1			2	1	4	3	12
	접미사					1	1					4			6
사용자 분포	어미	1/1	1/3	2/3	1/4	4/4	3/4	3/4	2/4	1/4	3/4	3/4	2/3	0/2	
	접미사	0/1	2/3	0/3	2/4	2/4	0/4	0/4	1/4	0/4	1/4	1/4	1/3	0/2	

---

12) <표 5>의 사용자 분포는 조사 대상 아동 4명 중 몇 명의 자료에서 출현하였는지를 표시한 것이다. <표 6>도 동일하다.

종적인 조사 대상자 여덟 명 중 일곱 명의 아동에게서 명사형 어미 '-기'와 명사 파생 접미사 '-기'가 총 105회 출현한다. 앞선 시기인 만 24개월~36개월 아동의 자료에서는 명사형 어미 '-기'가 21회, 명사 파생 접미사가 4회 출현하며, 이 가운데 F1 아동의 자료에서만 20회의 출현 빈도를 보여 이 시기 아동에게서 빈번하게 출현하는 현상이 아님을 알 수 있다. 이후 시기인 만 31개월~43개월 아동의 자료에서는 4명의 아동 모두에게서 총 80회의 출현 빈도를 보이는데, 명사형 어미 '-기'는 60회, 명사 파생 접미사는 20회로 나타난다. 특히 명사형 어미 '-기'는 대체적으로 꾸준한 사용 빈도를 보여 명사형 어미 '-기'의 발달 시기를 30개월 이후인 것으로 추정할 수 있겠다.

    (1) 브록(블록) 쌓기 하면서 노아(놀아). (만 28개월, F1)
    (2) 줄넘= 이게 줄넘기지-. (만 32개월, M3)

(1)은 만 24개월~36개월 아동 중 한 명인 F1의 자료 중 명사형 어미로 사용된 '-기'의 예이고, (2)는 만 31개월~43개월 아동인 M3의 자료 중 명사 파생 접미사로 사용된 '-기'의 예이다.

다음은 만 3세에서 6세에 이르는 유치원 단계의 횡적 자료에 나타난 '-기'의 출현 빈도와 사용 화자 수를 살펴보도록 한다.

〈표 7〉 연령별 명사형 어미와 명사 파생 접미사의 출현 분포(만 3세~6세)

구분		나이(만)				총합계
		3세	4세	5세	6세	
명사형 어미	빈도	7회	47회	83회	101회	238회
	화자 수	5명(25%)	25명(27%)	46명(38%)	47명(57%)	
파생 접미사	빈도	5회	13회	58회	28회	104회
	화자 수	3명(15%)	11명(12%)	27명(22%)	18명(22%)	

<표 7>을 보면, 명사형 어미 238회, 명사 파생 접미사 104회로 종적 자료와 동일하게 명사형 어미의 출현 빈도가 더 높은 것으로 나타난다. 사용 화자 수를 살펴보면, 명사형 어미 '-기'를 사용하는 화자 수가 연령이 증가함에 따라 점차 비율이 높아지는 것을 알 수 있다. 즉 만 6세 조사 대상자 가운데는 57%가 명사형 어미 '-기'를 1회 이상 사용하고 있다. 이에 비해 파생 접미사는 만 6세가 되어도 조사 대상자의 22% 정도만이 사용하고 있다.

지금까지의 내용을 정리해 보면, 명사형 어미가 내포문 구성을 위한 문법 형태라고 할 때 명사형 어미 '-기'를 사용한 내포문 발달은 30개월 이후에 이루어진다고 할 수 있다. 그러나 아동의 발화는 완전한 문장이 아닌, 단어나 구의 형태가 많아 (3)에서 보듯이 이들을 구분하여 판단하기가 쉽지 않다.[13]

  (3) ㄱ. 블록쌓기 만들자.
　　　ㄴ. 블록쌓기하면서 놀아. (이삼형 외 2003 예문 재인용)

(3)은 이삼형 외(2003)에서 성인 문법의 관점에서 보면 접미사로 인정할 수도 있지만 사전에 없기 때문에 명사형 어미로 볼 수도 있다고 지적한 예이다.

본 연구의 자료에서도 사전에 등재되어 있지 않아 명사형 어미 '-기'의 결합으로 분석한 예 가운데에 명사형 어미로 보기 어려운 예들이 있다. 이들은 명사 파생적 쓰임이 두드러지게 드러난다.

---

13) 시정곤(1994: 130)에서는 '-기'를 어휘적 접사와 통사적 접사로 구분하기는 매우 힘들다고 주장하였다.

(4) ㄱ. 블록쌓기 놀이 해요. (만 35개월, 남자)
　　ㄴ. 블록쌓기 어따(없다). (만 31개월, 여자)
(5) 엄마: 친구집에 ((가면)) ○○이는 무슨 장난감이 제일 좋아?
　　아동: 음─, 모래성 만들기. (만 36개월, 여자)

(4)의 '블럭쌓기'는 '블럭을 쌓는 행위'의 개념보다는 행위를 하는 대상으로 인식되는 경향이 있다. '있다, 없다'의 대상으로 인식하는 물건의 개념인 것이다. (5)에서도 '모래성 만들기'는 행위가 아닌 장난감이라는 명사로 개념화되어 있다.

　이와 같이 행위를 명사로 표현하는 예는 아동의 언어 습득 과정에서는 흔히 볼 수 있다.

　(6) 아빠 어부바[14] (27개월) (조명한 1981: 54 재인용)

(6)은 행위자와 행위의 관계를 보여주고 있는 것으로 이때 행위는 명사로 실현되고 있다. '업어 줘'라는 동사구 대신에 '어부바'라는 명사가 사용된 것이다. 이처럼 아동의 언어 습득 과정에서 보이는 명사형 어미 '-기'는 내포문 구성이라는 통사적 구성 차원에서의 쓰임과 사물 이름을 일컫는 명사 파생적 쓰임이 함께 발달하는 것으로 파악된다.

　'-기'로 실현되는 명사형 어미가 통사적 구성 차원에서 쓰이는 첫 출현 시기를 아동별로 정리해 보면 아래 <표 8>, <표 9>와 같다.

---

14) 어린아이의 말로, 업거나 업히는 일을 이르는 말(국립국어원 1999).

〈표 8〉 종적 자료의 명사형 어미의 첫 출현 시기(만 24개월~36개월)[15]

아동	개월(만)												
	24	25	26	27	28	29	30	31	32	33	34	35	36
F1				○					◎				
F2										○	◎		
M1										◎			

〈표 9〉 종적 자료의 명사형 어미의 첫 출현 시기(만 31개월~43개월)

아동	개월(만)												
	31	32	33	34	35	36	37	38	39	40	41	42	43
F3		○ ◎											
F4	○					◎							
M3			○		◎								
M4				○	◎								

<표 8>, <표 9>를 보면, 대체로 32개월 이후부터 명사형 어미로 기능
하는 발화가 처음으로 출현하는 것을 알 수 있다. 종적 자료의 분석 대상
8명 가운데 M2 아동을 제외한, 나머지 7명의 아동에게서는 명사형 어미
'-기'가 나타난다. 명사형 어미 형태 자체의 출현 시기와 비교해 보면,
약간씩 뒤에 출현하거나 동시에 출현하고 있다. 비교적 이른 시기에 명사
형 어미 형태가 출현한 F1 아동의 경우 총 19회 중 15회가 '블럭쌓기'여
서 실제 명사형 어미 '-기'의 출현 시기는 다른 아동과 비슷하다.

(7)은 이들 아동들의 발화에서 명사형 어미로 기능하는 첫 출현 발화
를 모은 것이다.

---

15) ○은 명사형 어미 형태의 첫 출현 시기를 표시한 것이고, ◎은 명사형 어미의 기능을 하는
첫 출현 시기를 표시한 것이다.

(7) ㄱ. 안 ((쪼을게)) 그어면(그러면) 놀기만 하께(할게). (만 32개월, F1)

　　ㄴ. 수에바끼(수레바퀴) 끼우기? (만 33개월, F2)

　　ㄷ. 어, 미끔(미끄럼틀) 타기, (만 33개월, M1)

　　ㄹ. 네 아가는 자꾸 울기만 해. 나는 안 우는데. (만 32개월, F3)

　　ㅁ. 잼 발라 주기-. (만 36개월, F4)

　　ㅂ. 예. 색종이 접기를 해. 아따 몇 개, 아니다. (만 35개월, M3)

　　ㅅ. 엉. 세기 싫은가 봐. (만 35개월, M4)

(7ㄹ), (7ㅅ)은 내포문 구성의 명사형 어미로 볼 수 있는 예들이다. 그러나 '수에바끼 끼우기, 미끔 타기, 잼 발라주기, 색종이 접기' 등은 명사형 어미로서 기능하는 첫 발화들이지만 여전히 명사적 쓰임으로 볼 수도 있는 예들이다.

횡적 자료의 만 3세 아동의 발화에서도 이러한 특징이 발견된다.

(8) ㄱ. 어? 집에? 나도 갈래. ((-)) 돌리기 하까? (만 3세, 여자)

　　ㄴ. 공룡 찾을라구 했지, 공룡 만들기 안 하구-. (만 3세, 남자)

　　ㄷ. 응. 난 이거 맞치기 해야지. (만 3세, 여자)

　　ㄹ. 난 이거 맞치기(맞추기) 해야지. (만 3세, 여자)

　　ㅁ. 만들기 싫어. 너도 이거 못 만들지롱. 에! (만 3세, 남자)

　　ㅂ. 가위바위보 이긴 사람이 이거, 찾기로 해주고 빨리 시작하자. (만3세, 여자)

　　ㅅ. 안 돼-! 내 거 줘-! 남의 것 빼어가기 없음. (만 3세, 남자)

횡적 자료인 (8)의 예도 종적 자료와 유사한 양상을 보인다. (8ㄴ), (8ㄷ), (8ㄹ)의 '만들기, 맞추기'와 같이 놀이명으로 사용되는 '-기' 형태와 (8ㅂ), (8ㅅ)과 같이 명사형 어미로 기능하는 예들이 고루 발견된다.

이상의 내용을 정리해 보면, 명사형 어미의 형태는 27개월부터 출현하지만, 명사형 어미로서의 기능은 32개월 이후에 발달하고, '-기'가 출현하는 초기에는 내포문 구성이라는 통사적 차원의 명사형 어미 본연의 기능보다는 어휘 차원의 명사 파생적 기능이 먼저 나타났다.

3. 명사형 어미 '-기'의 발달

이 장에서는 명사형 어미 '-기'의 발달을 '-기' 결합형이 문장 내에서 출현하는 위치에 따라 나타나는 특징을 중심으로 살펴보도록 한다. 문장 내의 출현 위치는 주어, 목적어, 서술어, 관형어, 부사어로 구분하고, 상위문 술어, 조사 결합 양상, 선어말 어미 출현 등을 중심으로 발달 양상을 분석한다.

3.1. 주어

명사화 구문에서 상위문 술어는 명사형 어미 '-음'과 '-기'의 차이를 밝히고자 하는 관점에서 주로 논의되었다.[16] 이필영(1998)에서 '-기'는 주절일 경우, '어렵다, 힘들다' 등의 심리적 상태 동사나 '마련이다, 일쑤이다, 짝이 없다, 그지없다' 등과 같은 관용적인 표현들과 쓰인다고 정리한 바 있다.

종적 자료와 횡적 자료에 나타난 주어의 '-기'와 공기하는 상위문 술어 목록을 정리해 보면 다음 <표 10>, <표 11>과 같다.

---

16) 우형식(1987)에서는 '상위문 술어'를 '내포문 술어 동사'라 부른다.

〈표 10〉 주어의 '-기'와 공기하는 상위문 술어 목록(종적 자료)

만 24개월~36개월			만 31개월~43개월		
상위문 술어	빈도	화자 수	상위문 술어	빈도	화자 수
보이다	1회	1명	싫다	5회	3명
싫다	1회	1명	있다	1회	1명
없다	1회	1명	재미있다	1회	1명
			짜증나다	1회	1명

〈표 11〉 주어의 '-기'와 공기하는 상위문 술어 목록(횡적 자료)

만 3세~6세					
상위문 술어	빈도	화자 수	상위문 술어	빈도	화자 수
없다	15회	11명	나오다	3회	1명
싫다	14회	14명	늦다	1회	1명
쉽다	6회	3명	무겁다	1회	1명
힘들다	6회	4명	안되다	1회	1명
어렵다	4회	4명	좋다.	1회	1명
있다	4회	3명			

종적 자료에서는 주어 위치에서 6개의 술어가 총 11회 출현하고 있으며, 횡적 자료에서는 11개의 술어가 총 56회 출현하고 있다.[17] 두 자료에서 공통적으로 발견되는 술어는 '싫다'로 만 24개월~36개월 자료부터 꾸준히 나타나고 있다. 특히 사용 화자 수에서도 만 31개월~43개월 대상 아동 4명 중 3명이 사용하고, 횡적 자료에서는 14명이 사용하고 있어 주어 위치에서 공기하는 상위문 술어 중 가장 넓은 사용 분포를 보인 술어로 파악된다.

---

17) 횡적 자료의 주어 위치에는 총 58회의 '-기' 결합형이 나타나는데, 이 가운데, 아래의 두 발화는 상위 술어가 분명하지 않았다.
   (예) 나 이거 안 할래-, 이거 맞추기가 ((너무)) ((-)). (만 4세, 남자)
   (예) 뽑기가 ((-)). (만 4세, 여자)

'싫다'를 포함한 '좋다, 힘들다, 재미있다, 짜증나다' 등의 감정적 평가 표현 술어와 '쉽다, 어렵다' 등의 주관적 심리 상태를 나타내는 술어가 아동 자료에서는 주어 위치에서 '-기'와 공기하는 술어 목록에서 나타나고 있다.[18] 구체적인 발화를 보이면 다음과 같다.

(9) ㄱ. 먹기 싫어. (만 35개월, F3)
　　ㄴ. 걸어가기 짜증나. (만 37개월, M4)
(10) ㄱ. 우린 여기가 살기 좋대 그지? (만 5세, 남자)
　　ㄴ. 만들기 쉬워요! 그냥 이거만 붙이면 (만 6세, 여자)
　　ㄷ. 야, 이름 짓기도 힘들다. (만 6세, 여자)
　　ㄹ. 심장 맞추기도 어렵네. (만 6세, 남자)

다음으로 <표 10>, <표 11>에서 출현 빈도가 높은 술어는 '없다'이다.[19] 본 자료에 나타난 '없다'는 선행 연구에서 지적한 '짝이 없다, 한이 없다, 그지없다, 이를 데 없다'가 아니라,[20] 아래 예와 같이 '금지', '부재'의 의미로 사용되는 '없다'이다. (11)의 '없다'는 행위를 금지하는 의

18) 우형식(1987)에서는 '-기' 명사화 내포문이 주어가 되는 술어 동사에는 감정적 평가 표현의 상태 동사류(좋다, 편하다, 괴롭다, 쉽다, 무섭다, 어렵다, 싫다, 두렵다, 슬프다), 개연성 표현의 상태 동사류, 'N-이다'류, 'N-이/가 없다'류가 있다고 하였다. 그리고 '-기' 명사화 내포문이 목적어가 되는 상위문 술어 동사에는 감정 표현의 동사류(좋아하다, 싫어하다, 두려워하다, 찬성하다, 반대하다), 소망 표현의 동사류: 기대하다, 바라다, 원하다, 기다리다), 종지표현의 동사류(생략하다, 포기하다, 막다, 그만두다, 멈추다), 착수 표현의 동사류(시작하다, 계속하다, 명령하다)가 있다고 분석한 바 있다.

19) '-기'의 의미를 '-음'과 비교할 때, 상위문 술어와의 결합을 통해 설명하는데, '-음'과 결합하는 상위문 술어가 '있다, 없다, 아니다, 분명하다' 등의 존재하는 상태와 관련되는 술어이고, '-기'는 '어렵다, 쉽다, 힘들다' 등 주로 존재하지 않는 가상적인 사건과 관련되는 술어와 공기한다고 주장한다(박일환 2003). 그러나 아동 발화 자료에서 보면, '있다, 없다'가 '-기'와 공기하고 있는데, 이때의 '-기'는 성인의 쓰임과는 다른 특징을 보인다.

20) 우형식(1987)에서는 '-기' 명사화 내포문이 주어가 되는 술어 동사 중 'N-이/가 없다'류 동사구로 '짝이 없다, 한이 없다, 그지없다, 이를 데 없다'가 있다고 분석하였고, 김일환·박종원(2003)에서는 말뭉치를 분석한 결과를 제시하며 '기'와 공기하는 상위문 술어에 '그지없다'가 사용된다고 지적하였다.

미이고, (12)는 블록쌓기 장난감이 없다는 의미이다.

> (11) ㄱ. 야, 빨리, 빨리 하기 없기-? (만 4세, 여자)
> ㄴ. 그렇게 하기 없어. (만 4세, 남자)
> ㄷ. 야 그렇게 반칙이 하게(하기) 없다니까. (만 4세, 남자)
> ㄹ. 발차기하기 없어. (만 4세, 남자)
> ㅁ. 내 거 부시기 없다! (만 5세, 남자)
> ㅂ. 하*지*만* 그냥 막~, 막~ 먼저 쳐들어가기는 없어. (만 6세, 남자)
> ㅅ. 야 모래던지기 없어. 앗싸! 우리 왕. (만 6세, 남자)
> ㅇ. 그런다고 지나? 너 진짜 하기 없어. 이제. (만 6세, 남자)
> ㅈ. 야! 이거 반칙 쓰기 없-어! (만 6세, 여자)
> (12) 짐보야 근데 블록 쌓기 어때(없다). (만 31개월, 여자)

'없다'는 '있다'의 반의어로 '사물, 동물, 물체, 사실, 현상 따위가 존재하지 않는다'로 뜻풀이된다.[21] 즉, 행위를 나타내는 동사가 명사형 어미 '-기'에 의해 존재와 부재를 따질 수 있는 사물이나 사실로 인지되고 있다. 이러한 '-기 없다'는 상대방에게 어떤 행동 지시('금지')를 의미하는 굳어진 표현으로 보인다.

'없다'의 반의어 '있다'도 '-기 있다'의 구성으로 (13)에서와 같이 '행위나 규칙에 대한 약속, 허락' 등의 의미를 지닌 굳어진 표현으로 사용되

---

21) <표준국어대사전>(국립국어원, 1999)에 있는 '없다'의 뜻풀이 중 일부를 가져오면 다음과 같다.
　「1」 사람, 동물, 물체 따위가 실제로 존재하지 않는 상태이다.
　　¶ 그는 귀신이 없다고 믿었다./눈이 셋인 사람은 없다./각이 진 원은 없다.
　「2」 어떤 사실이나 현상이 현실로 존재하지 않는 상태이다.
　　¶ 이제 그런 기회는 없다./우리가 그런 일을 한 적이 결코 없다.
　「3」 어떤 일이나 현상이나 증상 따위가 생겨 나타나지 않은 상태이다.
　　¶ 범죄 없는 사회/암은 심해지기까지 아무런 증세도 없어 조기 발견이 어렵다./사고 없는 공사가 되도록 안전에 유의하시오.

3.2. 목적어

목적어 위치에서 명사형 어미 '-기'는 종적 자료는 총 24회, 횡적 자료는 총 58회 나타난다. 목적어에 출현하는 명사형 어미 '-기'의 상위 술어에는 '싫어하다, 두려워하다'나 '기대하다, 원하다, 청하다, 명령하다'와 같은 심리적 상태 동사나 미래적 행위 동사들이 있다(이필영 1998). 아동 자료의 목적어 위치에서 명사형 어미 '-기'와 공기하는 술어 목록을 정리해 보면 <표 13>, <표 14>와 같다.

〈표 13〉 목적어 '-기'와 공기하는 상위문 술어 목록(종적 자료)

만 24개월~36개월			만 31개월~43개월		
상위문 술어	빈도	화자 수	상위문 술어	빈도	화자 수
하다	8회	1명	하다	11회	4명
만들다	2회	1명	가지다	1회	1명
완성하다	1회	1명	좋아하다	1회	1명

〈표 14〉 목적어의 '-기'와 공기하는 상위문 술어 목록(횡적 자료)

만 3세~6세					
상위문 술어	빈도	화자 수	상위문 술어	빈도	화자 수
하다	42회	35명	못하다	1회	1명
시작하다	9회	5명	시합하다	1회	1명
위하다	2회	1명	알다	1회	1명
돕다	1회	1명	좋아하다	1회	1명

<표 13>을 보면, 종적 자료에서는 '하다'가 다른 술어에 비해 월등히 높은 빈도로 나타나고 있으며, <표 14>의 횡적 자료에서도 동일한 양상을 보인다. 더욱이 횡적 자료에서는 35명이라는 사용 화자 수를 보여 전체 조사 대상자의 10% 정도가 사용하고 있다.

(18) 블록 찾기 해. (만 41개월, M4).
(19) 야 우리 핸드폰 숨기기 하자. (만 6세, 여자)

(18)은 종적 자료의 예이고, (19)는 횡적 자료의 예이다. '하다'는 구어에서 사용 빈도가 높은 어휘인데, 목적어 위치에서의 '-기' 내포문의 상위 술어로 가장 생산적으로 사용되고 있음을 확인할 수 있다.25) 이러한 결과는 성인의 문어를 분석한 김일환·박종원(2003)의 결과와는 차이가 나는 지점이다.26)

'하다' 다음으로 출현한 상위문 술어를 보면, <표 13>의 종적 자료에서는 '만들다, 완성하다, 가지다, 좋아하다'가 있었지만 이들의 출현 빈도는 매우 낮다. <표 14>의 횡적 자료 결과를 보면, '하다' 다음으로 '시작하다, 위하다, 돕다, 못하다, 시합하다, 알다, 좋아하다'가 출현하고 있는데, 구체적인 행위의 출발을 의미하는 '시작하다'는 총 9회로 5명의 아동이 사용하여 1명의 사용 화자 수를 보인 다른 술어에 비해 빈번히 나타났다.

(20) 이제 어~ 점점 싫증나기 시작했대. (만 6세, 남자)
(21) 그래? 그럼 깨우기 위해서 먹여볼게. (만 6세, 여자)

아동의 대화에서 나타나는 목적어 위치에서의 상위문 술어는 성인과 비교해 보면 차이가 있다. '시작하다'가 높은 빈도인 점은 유사하고, '위

---

25) 유아를 대상으로 한 구어 어휘 빈도 조사가 없는 관계로, 초등학교 저학년 구어의 용언 사용 빈도 조사 결과를 살펴보면, '하다'가 전체 용언 중 13.3%의 비율로 가장 높은 빈도를 차지하고 있다(장경희 외 2012).

26) 김일환·박종원(2003)에서의 결과를 보면, 목적절에서 가장 고빈도로 사용되는 상위문 술어는 '위하다'로 60%를 차지하였고, 그 다음이 '시작하다'가 21%이며, '하다'는 0.8%에 그쳐 아동의 결과와는 차이가 있다.

하다'의 빈도가 낮은 점은 차이가 난다.

다음은 목적격 조사 출현에 대해 살펴본다. 목적격 조사가 출현한 경우는 종적 자료 4회, 횡적 자료 1회, 생략한 경우는 종적 자료 19회, 횡적 자료 57회로, 주격조사와 마찬가지로 조사 생략이 조사 출현에 비해 빈번한 것을 확인할 수 있다.

〈표 15〉 목적격 조사 출현 여부

위치	구분	종적 자료		횡적 자료	
		빈도	화자 수	빈도	화자 수
목적어	조사 출현	4회	3명	1회	1명
	조사 생략	19회	5명	57회	44명

이들의 구체적인 예를 보이면 다음 (22), (23)과 같다.

(22) ㄱ. 색종이 접기를 해. 아따 몇 개, 아니다. (만 35개월, M3)
     ㄴ. 우리 스티커 붙이기 하자. (만 40개월, F3)
(23) ㄱ. 여기 여기 굴뚝에서 지금 까막잡기를 하구 있어. (만 6세, 여자)
     ㄴ. 이제 난꽃이 피기 시작했어요. (만 6세, 여자)

(22)은 종적 자료, (23)은 횡적 자료로, (22ㄱ), (23ㄱ)은 목적격 조사 '-를'이 결합된 예이고, (22ㄴ), (23ㄴ)은 조사 '-를'이 생략된 예이다.

3.3. 서술어

자료에 나타난 명사형 어미 '-기' 결합형이 서술어를 형성하는 경우는 서술격 조사 '-이다'와 결합하는 것, '-이다'가 생략된 것, '-기는/기도/기만/기나 하다'의 보조 용언 구성을 갖는 것으로 구분해 볼 수 있다.[27]

명사형 어미 '-기'와 서술격 조사 '-이다'가 결합한 '-기이다' 구문은
화자와 청자 사이의 공통적인 일반화된 앞으로의 가상적 사태가 '-이다'에
의해 지정됨으로써 강조적 다짐의 뜻을 내포하게 된다(우형식 1987: 33).[28]

> (24) 아동1: 야 우리 자리 바꾸자.
>   아동2: 그래. 자리 바꾸기다-. (만 4세, 여자)

(24)에서 아동2는 아동1의 제안에 '그래'와 함께 '-기이다' 구문으로 수
락하고 있다. 이때 '자리 바꾸자'와 같이 청유형이 아닌 '-기이다' 종결
형을 사용해 행위 수행에 대한 강조적 다짐의 느낌을 전달하고 있다.

명사형 어미 '-기이다' 구성의 이러한 기능은 서술격 조사 '-이다'가
생략되어도 그대로 유지된다.[29]

> (25) 아동1: 야, 이렇게 뛰기.
>   아동2: 요쪽에서 뛰는 사람이 일등이야. (만 4세, 여자)
> (26) 아동1: 응. 마법사야 난.
>   아동2: 너는 마음대로 나쁜 얘를 어~ 혼내주기. (만 6세, 남자)
> (27) 아동1: 나 네 개.
>   아동2: 야 그만 하라 그랬잖아. 너 그럼 그만하기! (만 5세, 여자)

(25)-(27)의 명사형 어미 '-기'는 모두 대화 상대방의 행위를 요구하거나

---

27) '-기는/기도/기만/기나 하다'을 보조 용언 구성으로 구분한 것은 고영근·구본관(2009:
    103)에서 '-기는 하다'를 보조 용언으로 파악한 관점에 기댄 것이다.
28) 우형식(1987: 33)에서 제시한 예문은 다음과 같다.
    (예) 이번에는 정말 잘 하기에요. / 내일 두시까지 꼭 나오기다. / 정말 이러기야?
29) 명사형 어미 '-기'가 결합하여 명사화된 것이 그대로 하나의 문장으로 종결되는 경우로,
    이때에는 명사화된 것을 내포하는 상위문을 설정할 수 없고, 그 자체로 독립되어 의미상
    완결 기능을 지니고 있으므로 명사형 종결어미라 부르기도 한다(우형식 1987: 38).

금지하는 기능을 수행하는데, 명령형 어미가 아닌 명사형 어미 '-기'가 사용되었다. 명령형 어미가 현장에서의 구체적인 행위를 지시하는 느낌이 들도록 하는 것에 비해 명사형 어미 '-기'로 종결하는 것은 규칙, 방법을 기술하는 것으로 보다 객관적인 느낌이 들게 한다. 이러한 명사형 어미 '-기'는 아동의 대화에서는 특히 놀이 상황에서 놀이 규칙을 언급하며 자주 사용된다.

언어 습득 과정에 있는 아동의 자료에 나타난 서술어에서의 명사형 어미 '-기'는 (28)에서와 같이 표어나 속담이 지닌 불특정인에게 권유하는 기능과 유사하다.

(28) ㄱ. 거짓말 하지 않기
ㄴ. 일찍 자고 일찍 일어나기
ㄷ. 누워서 떡 먹기
ㄹ. 소귀에 경 읽기 (우형식 1987 재인용)

(28ㄱ, ㄴ)은 공공 표어의 예이고, (28ㄷ, ㄹ)은 속담의 예이다. 이때 사용된 명사형 어미 '-기'는 불특정인에게 권유하거나, 어떤 특정한 사건이 아닌 일반화된 사실을 기술할 때 쓰이는데, 이는 '-기'가 '어떤 행위에 대한 일반적 인식'의 성격을 지녔기 때문이다(우형식 1987, 홍종선 1983).

또한 '-기이다' 구성은 자신이 현재 수행하고 있는 행위를 기술하는 기능을 한다.[30] 이러한 특성은 아동 발화의 특징적인 현상 중의 하나이다.

---

30) 김명희 · 김정선(2004)에서는 이러한 기능을 '표출 · 표현 기능'이라 명명하였다. 이 기능은 세상에 대한 정보를 하나씩 구축해 가는 과정에 있는 아동들에게는 의미 있는 기능이라고 생각된다. 인지한 정보에 대해 스스로 언어화하는 과정을 통해 아동은 인지 발달뿐만이 아니라 언어 능력 또한 발달해 가는 것이기 때문이다.

(29) 쭈-욱! {쭈욱, 그림을 그리면서} (21개월) (김명희·김정선 2004 재
     인용)
(30) 아동: 엄마, 줄긋기야. 줄긋기.
     엄마: 어- 줄긋기하고 있어?

(29)의 아동과 엄마의 대화에서 '쭈-욱!'이라는 발화는 (30)의 표현 기능
과 동일한 것으로 자신의 행위를 기술하는 기능을 하고 있다. 자신이 현
재 수행하고 있는 행위에 대해 '줄 긋고 있어'라는 용언을 통한 표현이
아닌 명사형 '-기'와 서술격조사 '-이다'를 결합해 표현하고 있다. 이러
한 표현은 동작성보다는 명사성이 보다 강하게 느껴진다.
   '-기(이다)'가 지닌 명사 파생적 기능은 다음 발화에서도 확인할 수 있다.

(31) 아동: 응-, 응, 이건 커피 타기야.
     엄마: 응. 그러면 이건 뭘까?
(32) 엄마: 음-, 이거는 뭐예요?
     아동: 이거?
     엄마: 응.
     아동: 잼 발라 주기-. (만 36개월, F4)
(33) 엄마: 미끄럼 탈까, 아울렛에서?
     아동: 어, 미끔(미끄럼틀) 타기. (만 33개월, M1)

(31)은 단어 학습 맥락에서의 발화로 어휘 차원의 명사성이 강한 '-기'의
쓰임으로 볼 수 있는 예이다. (32)는 자신의 행위에 대한 질문에 명사형
어미 '-기'로 종결하며 미래의 행위에 대해 설명하고 있다. (33)에서는
앞으로 행할 행위에 대해 표현하며 명사형 어미 '-기'를 사용하고 있는
데, '미끔 타자'라는 표현 대신에 '미끔 타기'라고 하여 명칭으로 볼 수도
있다.

이상의 명사형 어미 '-기이다' 구성은 종적 자료에서는 6회, 횡적 자료에서는 12회 출현하여 그리 높지 않은 출현 빈도를 보인다. 더욱이 종적 자료에서는 만 24개월~36개월 단계, 횡적 자료에서는 3세 아동에게서는 나타나지 않는다. 서술격 조사가 생략된 서술어에서의 명사형 어미 '-기'는 종적 자료에서는 30회, 횡적 자료에서는 46회 출현하여 명사형 어미 '-기이다' 구성에 비해 활발한 사용을 보인다. '-이다'를 생략한 명사형 어미 '-기'는 '-기이다' 구성에 비해 명사적 성격이 보다 강하게 느껴진다. 이는 아동이 서술성이 있는 문장보다는 명사적 기능이 있는 '-이다' 생략 구문을 선호하는 것이라 해석해 볼 수 있다.

〈표 16〉 '-기(이다)' 구성의 출현 빈도와 화자 수

구분	종적 자료		횡적 자료	
	빈도	화자 수	빈도	화자 수
'-기이다' 구성	6회	4명	12회	8명
'-이다' 생략 구성	30회	7명	46회	34명

서술어 위치에서는 명사형 어미 '-기' 뒤에는 보조사 '-는, -도, -만, -나'가 붙어 보조 용언 구성을 이룬다. 이때 술어 동사가 반복되거나 '하다'가 붙는 구성을 이루기도 한다(우형식 1987: 30). 본 연구 자료에서는 술어 동사가 반복되는 경우는 (34)밖에 없고, 모두 '하다'가 붙는 구성이다.

(34) 재미있기는 재밌는데. (만 6세, 남자)
(35) ㄱ. 괴롭히기는 하죠-. (만 4세, 여자)
    ㄴ. 선생님이 틀어 주기도 하나봐. (만 5세, 여자)
    ㄷ. 나 안 만들 거야. 그냥 보기만 할 거야. (만 4세, 남자)
    ㄹ. 비켜. 비켜. 비켜. 오기만 해 봐. (만 5세, 여자)

서술어 위치에서의 '-기는/기도/기만/기나 하다' 구성은 종적 자료에서는 5회, 횡적 자료에서는 38회 출현한다.[31]

<표 17> '-기는/기도/기만/기나 하다' 구성의 출현 빈도와 화자 수

구분	종적 자료		횡적 자료	
	빈도	화자 수	빈도	화자 수
'-기는/기도/기만/기나 하다' 구성	5회	3명	38회	31명

'-기는/기도/기만/기나 하다'의 보조 용언 구성에서는 명사형 어미 '-기'에 결합한 보조사가 생략이 가능한 경우와 그렇지 않은 경우 있다.

(36) ㄱ. 우와 창문 같기도 하다! (만 5세, 여자)
    ㄴ. 야 쫌 유치하기도 하다. 그치? (만 6세, 여자)
    ㄷ. 아가는 자꾸 울기만 해. 나는 안 우는데. (만 32개월, F3)
    ㄹ. 넌 이렇게 이렇게 이렇게 넌 나한테 하나씩 주기만 해라. 난 맞
       치께. (만 5세, 남자)
    ㅁ. 야 나 이거나 보기나 해. (만 6세, 남자)
(37) 나 집 만들기두 했는데. (만 4세, 남자)

(36)에서는 '-도, -만, -나'를 생략하면 어색한 문장이 되지만, (37)에서는 생략해도 '-도'의 의미만 문장에서 제거될 뿐 문법성에는 문제가 없다. 이러한 현상을 보면 보조사가 결합되는 경우, 단순히 의미 추가의 기능을 하는 보조사 사용이 있고, 한편으로는 '-기+보조사'가 통사적으로 긴밀하게 연관된 사용이 있는 것으로 보인다.[32]

---

31) 같은 말을 반복하여 강조 효과를 내는 이러한 표현은 동사적 성격이 많은 '-기'는 동사적 의미가, 외형적인 격어미를 건너 서술 동사에 연결된다. 따라서 비록 '-기'가 명사형된 형태이며 격어미를 갖고 있지만 주술 관계가 아닌, 관용적인 강조 구문이 형성된다. 이때 앞에 가는 '기'형은 현장의 상황을 그리는 의미를 갖는 것이 아니라 의미 개념이 일반화된 단순한 명사형이다.(홍종선 1983: 269-270)

3.4. 관형어

관형어 위치에서 명사형 어미 '-기'의 출현은 자료에서 명사 '때문, 전' 앞에 명사형 어미 '-기'가 선행하여 수식하는 구성을 말한다.[33] 본 자료에서 관형어 위치에서의 명사형 어미는 총 10회 출현하여 그리 높은 빈도를 보이지는 않는다. 종적 자료에서는 '-기' 명사형 어미가 '때문'을 수식하는 예가 2회, '전'을 수식하는 예가 2회, 횡적 자료에서는 '때문'을 수식하는 예가 2회, '전'을 수식하는 예가 4회 출현하여 두 집단 사이의 빈도와 화자 수에서 차이가 크지 않다.

〈표 18〉 '-기 때문/전에' 구성의 출현 빈도와 화자 수

구분	종적 자료		횡적 자료	
	빈도	화자 수	빈도	화자 수
'-기 때문' 구성	2회	1명	2회	2명
'-기 전에' 구성	2회	2명	4회	4명

이들의 구체적인 예문을 보이면 다음과 같다.

(38) ㄱ. 떨어지기 때문에 못 해. (만 37개월, F3)

---

32) 우형식(1987: 30)에서도 '-기' 명사화소 뒤에 붙는 보조 조사가 그 본래의 기능인 특정한 의미를 첨가해 주기만 하는지에 의문이 있다고 지적한 바 있다. 우형식(1987)에서는 '-기' 다음의 '는, 이야, 도, 만'을 빼면 문장이 성립되지 않을 뿐 아니라 다른 이른바 격조사로 대치시킬 수도 없기 때문이다. 따라서 이러한 예를 통해서 본다면 보조조사가 문법적 기능 없이 단순한 의미 첨가의 기능만 한다고 일률적으로 처리하기에는 설명의 부족한 점이 있는 것이라고 하였다.

33) '-기'는 '때문, 전' 등의 특정 명사 앞에 나타나기도 하는데, 권재일(1981)에서는 부사어 형성의 한 유형으로, 우형식(1987)에서는 명사 앞이라는 위치로 설명하고 있다. 김일환·박종원(2003)에서는 특정한 어휘와 밀접한 공기 관계를 보인다고 하여 연어적 구성이라 칭하여 다루고 있다. 특히, 김일환·박종원(2003)에서 제시한 '-기'와 주로 결합하는 연어 관계 표현들을 조사한 결과에 의하면 '때문이다'(20%)와 '전'(이전, 직접)(3%)이 높은 비율을 차지하는 것으로 나타났다.

       ㄴ. 신발 안 신기 때매(때문에). (만 36개월, F3)
(39) ㄱ. 밥 먹기 전, 밥 먹= 먹= 밥 먹으면서 물먹지 말= (만 37개월, F3)
       ㄴ. 엄마, 자기 전에 만화 좀 ((-)). (만 37개월 F4)
(40) ㄱ. 선생님 오시기 전에 빨리 좀 하자. (만 5세, 여자)
       ㄴ. 내가 이사 오기 전에 여기 다닌 거예요. (만 5세, 남자)
(41) ㄱ. 이렇게 넣어서- 하나도 안 되기 때문에-, (만 5세, 여자)
       ㄴ. 사자가 이제 없어졌어요. 누가 먹였기 때문이죠. (만 6세, 여자)

(38), (39)는 종적 자료, (40), (41)은 횡적 자료의 예이다. 이들 자료에서 '때문'은 내포 동사가 '떨어지다, 신다, 먹다' 등 동작 동사와 '되다'의 상태 동사 모두가 가능하고, '전'은 내포 동사가 '먹다, 자다, 오다' 등 동작 동사만 가능하다.[34] 시간의 지점을 나타내는 '전'은 아동 발화에서는 구체 행위, 그 중에서도 '먹다, 자다, 오다'와 같이 일상생활과 관련된 동작에 대한 동사와 주로 나타난다.

   횡적 자료에 나타난 '때문, 전'은 내포 동사에 선어말 어미가 결합한 형태가 사용되고 있다.[35]

(42) ㄱ. 누가 먹였기 때문이죠. (만 6세, 여자)
       ㄴ. 나는 닿아 이제. 키가 컸기= (만 38개월, F3)
(43) 선생님 오시기 전에 빨리 좀 하자. (만 5세, 여자)

(42)은 과제 시제 선어말 어미 '-었-'이 나타난 예이다. 과거 시제 선어말 어미는 만 2세에 발달하는 것으로 보고되었는데(배소영 2006: 38), 내포문 구성에서는 만 38개월에 나타난다. 주체 존대 선어말 어미 '-시-'는

---

34) '때문'은 내포 동사가 행동 동사와 비행동성 동사 모두 가능하지만, '전'은 술어동사는 상태 동사나 명사 서술어는 불가능하고 동작 동사에 제한된다(우형식 1987: 31, 권재일 1981: 59).
35) 선어말 어미가 출현한 예는 다음 두 경우가 더 있다.
   (예) 데리러 오시기두 하구요, (만 6세, 남자)

〈표 21〉 아동별 명사형 어미 '-기'의 문장 내의 위치 첫 출현 시기(만 24개월~36개월)

구분	개월(만)							
	27	28	29	30	31	32	33	34
F1	목적어 서술어		주어					
F2								서술어
M1							서술어	

<표 20>을 보면, 24개월~36개월 시기에는 주로 F1 아동의 발화에서 대부분 나타나고, 33개월 이후 M1과 F2의 발화에서 나타난다. <표 21>에 정리한 첫 출현 위치를 보면, F1 아동의 경우 목적어 위치와 서술어 위치에서 먼저 나타나고 그 다음 주어 위치에서 출현하고 있으며, F2와 M1도 서술어 위치에서 명사형 어미 '-기'가 가장 먼저 출현하고 있다.

이후 단계인 31개월~43개월 아동의 종적 자료는 <표 22>, <표 23>에 정리하였다.

〈표 22〉 명사형 어미 '-기'의 문장 내의 위치별 출현 양상(만 31개월~43개월)

구분		개월(만)												합계
		31	32	33	34	35	36	37	38	39	40	41	42	
주어	빈도				1	2		2	1	1		1		8
	화자				F3	F3, M4		F3, F4	F4	M4		M3		
목적어	빈도		2	4		3					2	2		13
	화자		F3	F3 M3		M3					F3, F4	F4, M4		
서술어	빈도	3	3			4	7		4	1	4	5	3	34
	화자	F4	F3			F3, F4, M3	F3, F4, M3		F4, M3	M4	F3, F4	M3, M4	M3, M4	
관형어	빈도						1	3						4
	화자						F3	F3, F4						
부사어	빈도											1		1
	화자											M4		

장경희 · 전은진 · 김수현

보조 용언 습득*
(24개월~35개월)

1. 서론

이 연구는 24개월부터 35개월의 유아에게서 나타나는 보조 용언을 종적
으로 관찰하여 보조 용언의 습득 과정을 살펴보는 데 그 목적이 있다. 언
어 습득은 아동별로 차이를 보이기 때문에 보편적인 습득의 특정 시점을
파악하기는 쉽지 않다. 이 연구에서는 조사 대상인 4명의 아동 언어를 24
개월에서 35개월까지 관찰하여 아동들의 보조 용언 사용에 나타나는 특징
을 살펴보고 이를 토대로 보조 용언 습득에 관한 경향을 살펴보기로 한다.

생후 12개월을 전후하여 유아들은 의미 있는 첫 단어를 산출하고, 24
개월이 되면 성인과 같은 품사 체계를 보여 준다. 품사 확립기에 접어든
유아들은 용언 사용이 급격히 증가하는데, 한국어를 사용하는 유아는 2
세와 3세경에 용언의 폭발적 증가 현상을 보이는 것으로 나타났고(Choi &
Gopnik 1995),[1] 이는 아동의 자발화를 수집하여 어휘를 분석한 연구(이필영

---

* 이 글은 <국제어문> 63호(2014)에 "유아의 보조 용언 습득 경향에 관한 연구"라는 제목으
로 게재된 논문임.

외 2004)에서도 확인된 바 있다. 용언의 증가 시기에 있는 아동들의 보조 용언 사용 양상을 살펴보는 것은 언어 습득의 과정을 면밀히 살펴볼 수 있는 의미 있는 일이라 하겠다.

보조 용언 연구의 출발은 통사·의미론적 관점에서 접근되었고 실제 사용된 발화보다는 문어 중심으로 분석되었다. 보조 용언의 개념이나 보조 용언의 의미 본질을 다루는 연구(서정수 1980: 손세모돌 1991 외)에서 나아가 최근에는 보조 용언의 상적·양태적 의미 기능을 밝히는 연구가 이루어졌고(한송화 2000: 이호승 2001: 장미라 2006 외), 권순구(2007)에서는 화용론적 접근도 이루어졌다.2) 이 연구에서는 기존의 통사·의미적인 연구 결과들에 근거하여 보조 용언 체계를 정리하고 이에 따라 조사된 자료를 분석하여 유아들의 보조 용언 습득 경향을 살펴보기로 한다.

2. 연구 방법

2.1. 초기 자료와 분석 대상 자료 구축

이 연구는 만 2세 아동 4명을 대상으로 하여 종적 관찰의 방법을 취하였다. 종적 연구는 한 아동에게서 얻는 표본의 수가 방대한 만큼, 대규모 아동을 대상으로 하는 것이 현실적으로 불가능하여 기존 연구에서는 1~2명을 대상으로 한 경우가 많았다. 그러나 종적 연구가 객관성과 타당성을 갖추기 위해 요구되는 대상자의 수는 일반적으로 3명 이상이라고

---

1) 영어권 유아의 언어 발달 연구에서도 3세부터 문장의 85%가 동사를 포함할 정도로 동사의 사용 빈도가 높게 나타났다(Menyuk 1995).
2) 권순구(2007)에서는 대학생 남녀 166명의 발화를 대상으로 보조 용언의 표현 방식과 그 의미를 분석하여 성별에서 나타나는 언어 인식 차이를 고찰하였다.

알려져 있다(박경자 1997).

조사 대상 아동의 언어 자료는 이미 구성된 <연령별 대화 말뭉치>를 사용하였다. 먼저 일정한 기준(월령, 성별 등)에 따라 조사 대상 아동 4명을 선정하였다.3) 4명의 대상 아동은 성별 대비를 위하여 남녀 각각 2명씩 선정하였고, 선정된 아동의 언어 자료는 말뭉치에서 추출하여4) 아동의 발화만으로 <초기 자료>를 구축하였다.5) 이 <초기 자료>에 처리 절차를 거쳐 보조 용언 분석을 수행할 수 있는 <분석 대상 자료>를 구축하였다.

본 연구의 대상이 된 아동의 월령별 자료 분포를 표로 정리하면 다음과 같다.

<표 1> 조사 대상 아동들의 월령별 자료 분포

대상자	24개월	25개월	26개월	27개월	28개월	29개월	30개월	31개월	32개월	33개월	34개월	35개월	계
F1	3	4	3	4	3	4	4	3	3	4	2	2	39
F2		3	2	4	4	2	3	3	4	4	4	6	37
M1	2	4	4	4	3	2	2	3	3	3	2	3	35
M2	5	4	5	4	4	5	4	4	5	0	0	0	40
계	10	15	14	16	14	13	12	13	14	11	8	11	151

네 명의 대상자는 각 F1, F2, M1, M2로 지칭하는데, F1과 F2가 여아, M1과 M2가 남아이고, 조사된 전체 파일 수는 151개이다.

---

3) 대상 아동의 부모에 대해서도 가능한 동일 조건으로 선정하였는데, 대졸 이상 학력의 표준어 사용자로 하였다.

4) 말뭉치에서 추출된 자료에는 아동 이외에 아동의 부모 등 대화 참여자 모두의 발화가 포함되어 있으나 이 연구에서는 아동의 발화 자료만 활용하였다.

5) 초기 자료 구축 시, 자료 조사를 위한 대상 아동은 기준에 따라 미리 선정되었다. 조사 시작 시점에, 생후 24~25개월에 속한 정상 발달 아동으로서 서울·경기 지역에 거주하고 있는 아동들을 대상으로 선정하였고, 아동들의 언어 자료는 일상생활 속에서 관찰된 자발화를 1년에 걸쳐 수집한 것이다. 각 가정에서 부모와 아동이 자연스럽게 대화하는 상황에서 부모에 의해 녹음이 이루어지도록 하였고, 매회 녹음이 끝난 직후에 녹음 날짜와 녹음 상황, 아동의 발달과 관련한 중요한 변화 등을 녹음을 위탁받은 부모가 녹음일지에 기록하게 하였다. 조사 기간 및 횟수는 1년 동안 일주일 간격으로 이루어졌고, 1회 녹음 분량은 60분간 지속된 대화이다.

2.2. 보조 용언 분석 체계

<초기 자료>의 발화에 보조 용언 관련 주석 작업을 하여 <분석 대상 자료>를 구축하여야 하는데, 이 주석 작업을 위해서는 보조 용언 체계가 필요하다. 이를 위해 보조 용언에 관한 기존 논의들을 종합하여 정리하였고 그 결과를 다음과 같이 체계화하였다.

<표 2> 선행 연구에 나타난 보조 용언의 범주와 형태

범주	형태	최현배 (1937)	서정수 (1980)	김용석 (1983)	김명희 (1984)	김기혁 (1987)	옥태권 (1988)	김성화 (1990)	이관규 (1992)	김석득 (1992)	고영근 남기심 (1993)	이기동 (1993)	손세모돌 (1993)
진행/ 지속	(-어) 가다	○		○	○	○		○	○	○	○	○	○
	(-어) 오다	○		○	○	○		○	○	○	○	○	○
	(-고) 있다	○	○			○	○	○ (지속/ 종결)		○ (지속/ 정태 지속)	○	○	○
	(-고) 계시다											○	
	(-곤) 하다							○					
	(-어) 나가다									○			
종결/ 완결/ 완료	(-고) 나다	○	○			○		○		○			
	(-고) 내다	○	○	○	○	○ (-어 내다)	○	○	○			○	○
	(-어) 버리다	○	○	○	○	○		○	○	○		○	○
	(-고/-고야) 말다					○		○	○				
	(-다가) 말다							○					
	(-어) 먹다							○				○	
	(-어) 치우다							○				○	
봉사	(-어) 주다	○	○	○		○		○	○	○ (섬김)	○	○	○ (수혜)
	(-어) 드리다	○	○			○	○			○			○(수혜)
	(-어) 바치다	○	○							○			
시행	(-어) 보다	○	○	○		○				○	○		○
시도	(-고) 보다								○	○			
보유/ 지님	(-어) 두다	○	○	○	○	○	○	○ (종결)	○ (지속)	○	○	○	○ (결과 지속)
	(-어) 놓다	○	○	○	○	○		○ (종결)	○ (지속)	○	○	○	○ (결과 지속)
	(-어) 가지다	○				○	○			○			
사동	(-게) 하다	○				○	○		○	○		○	
	(-게) 만들다	○					○			○			

범주	형태	최현배(1937)	서정수(1980)	김용석(1983)	김명희(1984)	김기혁(1987)	옥태권(1988)	김성화(1990)	이관규(1992)	김석득(1992)	고영근·남기심(1993)	이기동(1993)	손세모돌(1993)
피동	(-어) 지다	○	○	○		○	○			○	○	○	○(변화)
	(-게) 되다						○	○		○	○		
부정 (보조동사)	(-지)아니하다	○					○			○	○		
	(-지) 말다	○					○			○			
	(-지) 못하다	○					○			○			
강세/ 강조	(-어) 대다	○	○	○	○(반복)	○	○	○	○	○	○	○	○
	(-어) 쌓다	○	○	○	○(반복)	○	○	○	○	○			
	빠지다							○(의사 상형태)	○				
	제치다									○			
	붙이다									○			
짐작	(-어) 보이다										○		
당위	(-어야) 하다	○				○	○			○	○		
	(-어야) 되다					○							
시인	(-기는) 하다	○								○(부분 시인)	○	○	
희망	(-고) 싶다	○	○			○		○	○(원망)	○	○		○
	(-어) 지다	○											
부정 (보조형용사)	(-지) 아니하다	○								○	○		
	(-지) 못하다	○								○	○		
추측/ 추정	(ㄴ가, 는가, 나…) 보다	○	○										
	(ㄴ가, 나, (으)ㄹ까…) 싶다	○	○							○	○		
	듯하다	○					○			○			
	듯싶다	○								○			
	법하다	○								○			
	-으면 싶다									○			
	-는성싶다									○			
	-은상싶다									○			
상태	(-어) 있다	○	○				○	○(종결상)				○	
	(-어) 계시다										○		
가식	체하다	○								○			
	척하다	○											
	양하다	○											
과기	번하다/뻔하다	○								○			
가치	만하다	○								○			
	직하다	○											

〈표 4〉 F1 아동의 보조 용언 사용 양상[7]

형태	범주	A24	A25	A26	A27	A28	A29	A30	A31	A32	A33	A34	A35	합계
주다	양태(봉사)	7.3	6.5	6.0	10.0	4.0	6.8	4.8	5.3	1.7	3.3	5.5	2.5	63.7
보다	양태(시행)	1.0	1.0	2.0	1.3	2.0	0.8	2.5	4.0	3.7	4.5	6.0	2.5	31.3
있다	상(진행)	4.3	7.3	1.3	1.0	0.3	3.5	2.0	1.7	2.3	1.0	1.5		26.2
지다	피동		0.3	2.0		0.3	1.0	1.3	1.0	1.0	1.8	1.5	4.5	14.7
되다	양태(당위)	1.3	1.3				0.5	1.3	1.3	0.3	1.8		2.0	9.8
말다	부정	1.0	0.5	0.7	0.5		0.3	0.8	2.0	2.0		1.5		9.3
있다	상(상태)		0.5		1.0	1.0	1.5	0.3	0.3	2.0	1.5			8.1
싶다	양태(희망)		0.5	0.3	1.0		1.0	0.3	0.7		0.3	1.5	1.5	7.1
아니하다	부정				0.3	0.3					1.0	2.5	1.5	5.6
버리다	상(종결)		1.0		2.3	0.3		0.3			0.5		1.0	5.4
놓다	양태(유지)				1.0			1.3		1.0			1.5	4.8
오다	상(진행)		0.3											0.3
하다	사동	0.3												0.3
말다	상(종결)								0.3					0.3
합계		15.3	19.2	12.3	18.1	8.2	15.7	14.9	16.6	14.0	15.7	20.0	17.0	187.0

위의 도표에서 보조 용언들이 처음 관찰되는 시기를 알 수 있고 그 후의 사용 지속 여부와 전체적인 사용 빈도를 파악할 수 있다. 먼저 보조 용언이 처음 관찰되는 시점에 대하여 살펴보기로 한다. F1 아동의 보조 용언 초출 발화는 다음과 같다.

(1) F1 아동의 보조 용언 초출 발화
　　가. 곤돌이(곰돌이) 애이(얘기) 해 줘-. (24개월 F1)
　　나. 목옥(목욕)하구 있어요. (24개월 F1)
　　다. 엄마가 아가 수-건 가져가야 돼? (24개월 F1)
　　라. 엄마가 이거(읽어) 봐. (24개월 F1)
　　마. 어~ 가지 마, (24개월 F1)

---

7) 표의 제한된 공간으로 인해, 개월은 'A'로 표시하여 나타내었다.

한편, 처음 출현한 보조 용언은 이후에도 지속적인 사용 경향을 보인다는 점에서, F2 아동의 경우에서도 사용이 관찰되는 시기가 습득의 시기와 상관성을 지닌다고 할 수 있겠다. 다만 초출 이후의 지속적인 사용 경향을 보면, F2 아동은 보조 용언의 수와 빈도에서 F1에 비해 낮은데 이는 습득 시기의 차이를 보여 주는 것으로 추측된다.

3.3. M1 아동의 보조 용언 사용 양상

남자 아동 M1의 보조 용언 사용 양상을 월별, 고빈도순으로 제시하면 다음과 같다.

〈표 8〉 M1 아동의 보조 용언 사용 양상

형태	범주	A24	A25	A26	A27	A28	A29	A30	A31	A32	A33	A34	A35	합계
주다	양태(봉사)			0.3					1.0	4.3	1.3	3.0	3.7	13.6
말다	부정								5.3		0.3	0.5		6.1
보다	양태(시행)											0.5	1.3	1.8
지다	피동						0.5				0.5	0.3		1.3
아니하다	부정								0.3	0.3	0.3			0.9
싫다	양태(희망)								0.3					0.3
합계				0.3	0.0	0.0	0.0	0.5	6.9	4.6	1.9	4.5	5.3	24.0

위의 도표에서도 보조 용언들이 처음 관찰되는 시기와 그 후의 사용이 지속되는가의 여부와 전체적인 사용 빈도를 알 수 있다. M1은 남자 아동인데, 앞의 여자 아동 두 명과 비교했을 때 보조 용언의 출현 빈도가 낮고, 출현 형태의 수도 적다.

보조 용언별로 처음 관찰되는 시점에 대하여 살펴보기로 한다. 먼저 M1 아동의 보조 용언 초출 발화를 제시해 보면 다음과 같다.[9]

(3) M1 아동의 보조 용언 초출 발화

　　가. 엄므 으으-, 엄마 해저여(해 줘요), 흐 엄마. (26개월 M1)

　　나. 엄마 집이 안 만들어 져 다시. (30개월 M1)

　　다. 엄마 자지 마. (31개월 M1)

　　라. 후띠(춥지) 안너(않어). (31개월 M1)

　　마. 나 사지미(사슴이) 보고 찌뽀(싶어). (31개월 M1)

　　바. 엄마, 빨리 와 봐! (34개월 M1)

　M1에서도, 26개월에 '주다'가 가장 먼저 관찰되었고, 이후 30개월이 되어서야 새로운 보조 용언의 사용이 관찰되었다. M1 아동의 보조 용언별 초출 관찰 시기는 다음과 같다.

〈표 9〉 M1 아동의 보조 용언 초출 발화 관찰 시점

	26개월		30개월		31개월		34개월
부정					말다, 아니하다		
사동·피동		→	지다	→		→	
상							
양태	주다				싶다		보다

　M1 아동은 부정 표현에서 '말다, 아니하다'가 동시에 출현하고 있었고, 사동·피동에서는 피동 표현 '지다'만 관찰되었다. 양태 표현은 '주다'(26개월) > '싶다'(31개월) > '보다'(34개월)의 순서로 관찰되었다. 처음 관찰된 보조 용언들은 이후에도 지속적인 용법이 관찰된다. 그러나 여자 아동들의 경우와는 달리 M1에게서는 '주다'가 26개월에 처음 쓰이고 31개월이 되어서야 다시 쓰이는 것을 볼 수 있다. 또한 조사 기간 동안 상 표현은 관찰되지 않았다.

---

9) M1 아동은 '말다'가 25개월에 '((하지 마)).'라는 발화로 처음 사용되었는데, 발화가 명확하게 들리지 않아서 자료에서는 제외하였다.

관찰된 보조 용언 형태가 많지 않고, 빈도 수도 적고, 처음 사용 시기가 거의 30개월에 이르러 이루어지며, 상 등의 범주 사용은 관찰되지 않는 점 등을 종합해 볼 때, M1 아동은 앞의 F1, F2 아동에 비해 보조 용언의 습득이 늦는 것으로 볼 수 있다.

3.4. M2 아동의 보조 용언 사용 양상

M2 아동의 보조 용언 사용 양상을 월별로 정리해 보면 다음과 같다.

〈표 10〉 M2 아동의 보조 용언 사용 양상

형태	범주	A24	A25	A26	A27	A28	A29	A30	A31	A32	A33	A34	A35	합계
말다	부정				0.5						###	###	###	0.5
보다	양태(시행)						0.4	0.3	0.5	2.4	###	###	###	3.6
주다	양태(봉사)							0.5		5.2	###	###	###	5.7
되다	양태(당위)								0.3		###	###	###	0.3
싶다	양태(희망)									0.4	###	###	###	0.4
합계		0.0	0.0	0.5	0.0	0.4	0.8	0.8	8.0	0.0	0.0	0.0	10.5

위의 도표에서 보듯이, M2 아동은 보조 용언의 수와 사용 빈도 면에서 다른 아동에 비해 사용이 저조하다. 그럼에도 불구하고 앞의 아동들의 언어에서 이른 시기에 관찰되었던 보조 용언들이 M2에게서도 사용되고 있음을 볼 수 있다.

M2 아동의 보조 용언 초출 발화를 살펴보기로 한다.

    (4) M2 아동의 보조 용언 초출 발화
        가. 하지 마, 하지 마. (27개월 M2)
        나. 어, 이어(이거) 바바(봐 봐). (29개월 M2)
        다. 누나 바꺼죠(바꿔 줘). (30개월 M2)

라. 차 고쳐야 대(돼). (31개월 M2)

마. 누나 보구시퍼떠(보고 싶었어). (32개월 M2)

M2 아동의 언어에서는 보조 용언 '말다, 보다, 주다, 되다 싶다'가 사용되고 있다. 이들 보조 용언은 '싶다'의 경우를 제외하면 앞의 아동들의 경우에서 매우 이른 시기에 관찰되는 보조 용언들임을 알 수 있다.

M2 아동의 언어에서 보조 용언이 처음 관찰되는 시점을 도표로 나타내 보면 다음과 같다.

〈표 11〉 M2 아동의 보조 용언 초출 발화 관찰 시점

	27개월	29개월	30개월	31개월	32개월
부정	말다				
사동/피동		→	→	→	→
상					
양태		보다	주다	되다	싶다

위 표를 보면, 부정 표현 '말다'가 27개월에 가장 먼저 나타나며 그 이후 양태 표현 '보다(시행)'가 29개월, '주다(봉사)'가 30개월, '되다(당위)'가 31개월, '싶다(희망)'가 32개월에 나타나고 있다. 이들 보조 용언들은 F1 아동에게서는 24개월에 동시에 관찰되는 것들이다. F2에게서도 '주다, 보다, 말다'는 25개월에 처음 사용되고 있었고, '되다'는 27개월에 처음 관찰되었다. 이 점을 참조해 볼 때, M2 아동은 보조 용언의 습득이 늦다고 볼 수 있다.

4. 아동의 보조 용언 사용 특징과 습득의 단계

이 장에서는 4명의 아동들의 보조 용언 사용을 종합해 보고 조사 대상 아동들의 보조 용언 사용에 나타나는 특징을 분석해 보기로 한다. 그리고 이를 토대로 아동들의 보조 용언 습득의 단계와 순서를 설명해 보기로 한다.

4.1. 전체 아동의 보조 용언 사용 특징

이상에서 살펴본 네 아동의 보조 용언의 사용 현황을 종합해 보기로 한다. 사용 빈도는 우선 제외하고, 월별 4회를 기준으로 조사된 파일에서 보조 용언이 사용되었는가의 여부를 종합하였다.

〈표 12〉 전체 아동의 보조 용언 사용 종합

형태	의미	A24	A25	A26	A27	A28	A29	A30	A31	A32	A33	A34	A35	보조 용언 출현 파일수	
														남아	여아
주다	봉사	●	●○	●○■	●○	●	●	●○□	●○■	●○■□	●○	●○■	●○	23	8
보다	시행	●	●○	●○	●○	●	●	●○□	●○□	●○□	●○□	●○■	●○■	23	6
말다	부정/종결	●	●○	●	●□	○	●	●	●○■	●	○■	●■	○	14	4
지다	피동		●	●		●	●	●■	●○	●○	●○	●○■	●○■	15	3

형태	의미	A24	A25	A26	A27	A28	A29	A30	A31	A32	A33	A34	A35	보조 용언 출현 파일수	
														남아	여아
싫다	희망		●	●	●		●	●	●○■	○□	●○	●○	●○	14	2
되다	당위	●	●		○		●	●	●○□	●	●○		●○	14	1
아니하다	부정					●	●		○■	■	●○■	●○	●○	9	3
고 있다	진행	●	●	●	●○	○	●○	●	●	●	●○	●○	○		17
아 있다	상태		●○		●		●	●	●	●		○	○		12
하다	당위/사동	●										○			2
버리다	종결		●		●	●		●			●		●○		7
놓다	유지				●		○	●		●○			●○		7
오다	진행		●								○	○	○		4
가지다	보유								○			○			2
가다	진행										○				1
계시다	진행										○				1
못하다	부정										○				1

(아동 F1은 ●, F2는 ○, M1은 ■, M2는 □로 나타내었음.)

위의 도표에서 자료 제시는 보조 용언 사용 아동 수를 주된 기준으로
삼았다. 하얀 바탕의 자료는 4명 또는 3명의 아동이 사용한 적이 있는
보조 용언이고, 회색 배경색을 지닌 자료는 2명 이하의 아동이 사용한

보조 용언이다. 그리고 각 영역의 제시 순서는 사용 파일의 총수에 따랐
다. 위의 도표에서 우리는 상당히 일관성 있는 경향을 찾아볼 수 있다.

첫째, 아동별로 보조 용언의 습득에 상당한 차이가 있음을 알 수 있다.
도표에서 보듯이, 다양한 보조 용언을 조사 기간 내내 사용하는 경향을
보이는 아동이 있는가 하면, 5개의 보조 용언만을 사용하고 그것도 사용
빈도가 매우 낮은 아동도 있다.

둘째, 남녀 아동들이 보조 용언의 사용에 있어 상당한 차이를 보인다
는 점이다. 위의 도표에서 볼 수 있듯이, 도표의 '있다'에서부터 '못하다'
에 이르는 보조 용언들이 남자 아동에게서는 사용되지 않고 있다. 이는
발달상의 경향이라고 보는 편이 타당하다고 본다. 보조 용언이 사용되는
경우일지라도, 남자 아동들은 조사 후반인 30개월 이후에 사용하는데 이
러한 현상도 남자 아동의 보조 용언 발달이 여자 아동보다 늦는 데 기인
하는 것으로 볼 수 있다.

셋째, 보조 용언의 의미와 관련해서도 특징이 분석된다. 조사 대상 아
동의 언어에서 그 시기나 사용 빈도로 공통점을 보이는 보조 용언의 의
미 영역이 존재한다. 이것도 보조 용언의 습득 경향과 관련되는 특징이라
하겠다.

아동들의 보조 용언 사용에서 특징적인 사실이 분석될 수 있다는 것은
도표에서 종합된 사용 양상이 습득의 과정을 반영해 주는 것으로 이해될
수 있다. 분석된 특징을 중심으로 아동들의 보조 용언 습득을 살펴보기로
한다.

4.2. 아동별, 성별 보조 용언의 습득 단계

지금까지 관찰한 바에 따르면, 조사 기간 동안 4명의 아동에게서 모두

관찰되는 보조 용언도 있고, 특정 아동에게서만 관찰되는 보조 용언도 있다. 여기서 출현하는 보조 용언의 아동 분포를 살펴보기로 한다. 아동들이 사용한 보조 용언을 살펴보면, 월마다 새로운 보조 용언이 출현하지는 않는다. 초출 보조 용언이 관찰된 후 상당 기간이 지나서 또 다른 보조 용언이 출현하는 방식으로 나타난다. 아동별 초출이 관찰되는 순차별로 그 시기를 정리하여 보면 다음과 같다. 개월 다음에 초출 보조 용언의 형태 수를 괄호 안에 넣었다.

〈표 13〉 아동별 보조 용언의 초출 순차와 형태 수

보조 용언 초출 관찰 순서	F1	F2	M1	M2
1차	24(6)	25(4)	26(1)	27(1)
2차	25(5)	27(2)	30(1)	29(1)
3차	27(1)	29(1)	31(3)	30(1)
4차	28(1)	31(4)	34(1)	31(1)
5차	31(1)	32(1)		32(1)
6차		33(3)		
7차		34(1)		
8차		35(2)		

위의 도표에서 보듯이, F1 아동은 보조 용언의 초출이 5차례 발생하였고, 총 14개의 보조 용언을 사용하였다. F2는 8차에 걸쳐 초출이 발생하였으며 18개의 보조 용언을 사용하였다. 두 아동의 언어에서는 여러 유형의 보조 용언이 관찰되고 사용 빈도도 높다. 조사 아동 가운데 습득의 단계가 높은 수준이라고 보겠다. F1 아동은 F2에 비해 사용 보조 용언의 수는 적으나 1~2차 초출이 24, 25개월에 발생하였고 그 시기에 11개의 형태를 사용하고 있었다. F2에게서 1차인 25개월과 2차인 27개월에 관찰되는 '말다, 있다, 주다, 보다, 되다' 등의 형태들이 F1에게서는 1차의 초

출에서 사용되고 있어서 F1은 습득 수준이 가장 높다고 볼 수 있겠다.

M1은 초출이 4번 이루어졌고 6개의 보조 용언이 관찰되었으며, M2는 초출이 5차에 걸쳐 이루어졌고 총 5개의 보조 용언이 관찰되었다. 아동별로 관찰되는 보조 용언의 수로 볼 때, 남자 아동인 M1과 M2는 여자 아동에 비해 보조 용언의 습득이 아직 활발하게 진행되지 않았다고 볼 수 있다.

출현한 보조 용언의 형태 관점에서도 살펴볼 수 있는데, M1 아동의 언어에서 관찰된 보조 용언은 '주다, 지다, 말다, 아니하다, 싶다, 보다'이고 M2의 경우는 '말다, 보다, 주다, 되다, 싶다'가 관찰되었다. M1과 M2 두 아동이 사용한 보조 용언 형태는 F1, F2의 경우 관찰 초기인 24~25개월에 관찰되는 형태들이다. 따라서 M1과 M2는 보조 용언의 습득이 F1, F2보다 늦다고 보겠다.

아동 사이의 습득 단계의 차이는 아동의 성별과도 관련을 보인다. 지금까지의 관찰 내용을 종합해 볼 때, 남자 아동과 여자 아동은 습득 시기에 차이가 있다. 본 연구의 조사 결과에 따르면 여자 아동이 남자 아동에 비해 좀 더 빨리 보조 용언을 습득하는 것으로 추정된다. 그 이유는 4명의 아동들이 사용한 보조 용언은 18가지로 정리되는데, 남자 아동들은 이 가운데 10가지가 전혀 사용되지 않았기 때문이다. 사용된 보조 용언의 유형은 그것의 습득과 관련된다고 볼 수 있으므로 남자 아동의 보조 용언 습득의 단계가 시기적으로 여자 아동과 차이를 지닌다고 본다.

남자 아동과 여자 아동들이 동시에 사용하는 보조 용언도 그 초출의 시기와 지속의 상태에 차이가 있다. 전체 아동의 보조 용언 사용을 종합한 <표 12>에서 남녀 아동의 언어에서 모두 관찰되는 보조 용언에 한정하여 살펴보자.

〈표 14〉 남녀 아동에게서 공통으로 관찰되는 보조 용언

형태	의미	A24	A25	A26	A27	A28	A29	A30	A31	A32	A33	A34	A35	보조 용언 출현 파일수	
														남아	여아
주다	봉사	●	●○	●○■	●○	●	●○	●○□	●○■	●○■□	●○■	●○■	●○	23	8
보다	시행	●	●○	●	●	●	●	●□	●	●○	●○■	●○■	●○	23	6
말다	부정/종결	●	●○	●	●□		○	●	●	●■	●○■	●■	○	14	4
지다	피동		●	●		●	●	●■	●○	○	●○■	●○■		15	3
싶다	희망		●	●		●	●		●○■	○■□	●	●○		14	2
되다	당위	●	●		○			●□	●○	●	●○	●	●○	14	1
아니하다	부정					●	●		○■	■	●○■	●○	●	9	3

(아동 F1은 ●, F2는 ○, M1은 ■, M2는 □로 나타내었음.)

위의 보조 용언들은 여자 아동과 남자 아동 모두에게서 관찰되지만, 남자 아동들의 초출 시기는 대체로 여자 아동에 비해 늦다. 여자 아동들은 '주다'가 24~25개월 자료에서 관찰되는 데 비해, M2는 30개월에 이르러서야 처음 사용하였다. '보다', '말다', '싶다'의 경우도 초출 시기에 있어서 남자 아동이 상당히 늦다.

보조 용언의 초출 이후의 지속성을 볼 때도 남자 아동들의 경우는 월
별 출현 빈도도 낮다. 여자 아동들은 '주다', '보다'가 매월 사용되지만,
남자 아동들은 초출 후 지속적으로 사용되지 않는 경우가 많다.

이상과 같은 사실에 따르면 보조 용언의 발달은 아동의 성별에 따라
시기적으로 차이가 있다고 볼 수 있다.

4.3. 보조 용언의 습득 순서

보조 용언의 습득 단계는 여러 관점에서 접근해 볼 수 있는데, 먼저
의미 범주별로 살펴보기로 한다. 조사 대상 아동들이 사용한 보조 용언을
의미 범주별로 정리하면 다음과 같다.

〈표 15〉 의미 범주별 보조 용언 출현 순서

부정	F1: 말다 → 아니하다 F2: 말다 → 아니하다 → 못하다 M1: 말다, 아니하다 M2: 말다
사동·피동	F1: 지다 F2: 지다 M1: 지다 M2: ø
상	F1: 있다(진행) → 버리다, 있다(상태), 오다 → 말다 F2: 있다(상태) → 있다(진행) → 오다 → 가다, 계시다 → 말다, 버리다 M1: ø M2: ø
양태	F1: 주다, 보다, 되다 → 싶다 → 놓다 F2: 주다, 보다 → 되다 → 놓다 → 싶다, 가지다 → 하다 M1: 주다 → 싶다 → 보다 M2: 보다 → 주다 → 되다 → 싶다

4명의 아동 언어에서 조사된 보조 용언 출현 양상을 의미의 관점에서 종

합해 보면, 부정 표현에서는 청유형과 명령형에 사용되는 '말다'의 습득이 가장 빠른 것으로 파악된다. 그리고 F1, F2, M1, M2의 부정 표현 초출 순서를 볼 때, 부정을 나타내는 보조 용언은 '말다 → 아니하다 → 못하다'의 습득 양상을 보인다.

사동·피동을 나타내는 보조 용언의 경우는, 4명 가운데 3명의 언어에 '지다'가 사용되었다. 사동 보조 용언의 용례가 관찰되지 않아 사동·피동 영역에서는 피동 보조 용언이 사동보다 이른 시기에 습득되는 것으로 추측할 수 있고 피동의 '지다'는 상당히 이른 시기에 습득된다고 보겠다.

상을 나타내는 보조 용언은 성별에 따라 큰 차이를 보인다. 여자 아동 언어에는 여러 가지 형태의 상적 보조 용언이 사용되는데, 남자 아동의 경우는 상 관련 보조 용언이 사용되지 않고 있다. 여자 아동들의 언어에서는 '있다'가 가장 먼저 습득되는 것으로 파악되고, 그 다음으로 '오다, 버리다, 말다' 등이 습득되는 것으로 추정된다.

마지막으로 양태를 나타내는 보조 용언은 4명의 아동에게서 모두 관찰된다. 그 출현 시기에 근거할 때 '주다, 보다'가 가장 이른 시기에 습득되는 것으로 추측되고, 그 다음에 '되다, 싶다' 등이 차례로 습득된다고 볼 수 있다.

다음으로는 보조 용언별 습득 시기를 살펴보기로 한다. 보조 용언의 초출 시기, 그리고 사용 분포와 빈도를 기준으로 하여 습득 순서를 설명해 볼 수 있다. 초출 시기는 아동의 언어 습득에서 제외될 수 없는 특징이다. 그리고 초출이 습득 단계에 있음을 파악하는 데에는 초출 후 사용의 지속성이 중요한 요인이 된다. 또한 보조 용언 사용 빈도도 아동들의 보조 용언 습득 단계를 보여 주는 중요한 특징이다.

따라서 4명의 아동이 모두 사용하고 있고, 사용한 형태들이 이른 시기에 관찰된 것이면, 이들 보조 용언은 이른 시기에 습득된다고 볼 수 있다.

〈표 16〉 대상자별 월령에 따른 보조 용언 초출 시기

단계	형태	의미	A24	A25	A26	A27	A28	A29	A30	A31	A32	A33	A34	A35
1 단 계	주다	봉사	●	○	■				□					
	말다	부정/종결	●	○		□				■				
	보다	시행	●	○				□					■	
	싶다	희망		●						○■	□			
2 단 계	되다	당위	●			○				□				
	지다	피동		●					■	○				
	아니하다	부정					●			○■				
3 단 계	있다	상태/진행	●	○										
	하다	당위/사동	●										○	
	버리다	종결		●										○
	오다	진행		●							○			
	놓다	유지				●		○						
4 단 계	가지다	보유								○				
	가다	진행										○		
	계시다	진행										○		
	못하다	부정										○		

(아동 F1은 ●, F2는 ○, M1은 ■, M2는 □로 나타내었음.)

아동별로 습득 정도에 차이가 있지만 사용 아동 수에 따라 보조 용언을 정리하여 보기로 한다.

- 습득 1단계(4명의 아동이 사용): 주다, 보다, 말다, 싶다
- 습득 2단계(3명의 아동이 사용): 되다, 지다, 아니하다
- 습득 3단계(2명의 아동이 사용): 있다, 하다, 버리다, 오다, 놓다
- 습득 4단계(1명의 아동이 사용): 가지다, 가다, 계시다, 못하다

아동별로 상이한 습득 수준을 보이고, 습득의 과정에도 차이가 있을

것이므로 보조 용언의 습득 순서를 정하는 것은 상당히 어려운 일이다. 예를 들면, '싫다'의 경우 4명의 아동에게서 관찰되기는 하였지만, F1은 25개월에 출현하였고, 나머지 아동들에게서는 31, 32개월에 출현하고 있다. 3명의 아동이 모두 조사 기간의 끝 시기에 사용한 '싫다'가 '되다, 지다'보다 이른 시기에 습득된다고 볼 수 있을지 의문이다.

그러므로 다른 관점에서도 생각해 볼 필요가 있다. 아동 가운데, F1과 F2가 좀 더 높은 수준의 발달을 보이고 안정권에 드는 것으로 파악되므로, 이 두 아동의 언어를 대상으로 보조 용언의 습득 순서를 찾아보고 이를 전체 아동 사이의 분포에 근거한 것과 대비하여 보기로 한다.

〈표 17〉 F1과 F2의 보조 용언 초출 시기

단계	형태	의미	A24	A25	A26	A27	A28	A29	A30	A31	A32	A33	A34	A35
1단계	주다	봉사	●	○										
	말다	부정/종결	●	○										
	보다	시행	●	○										
	있다	상태/진행	●	○										
	되다	당위	●			○								
2단계	싫다	희망		●						○				
	지다	피동		●						○				
	놓다	유지				●		○						
	아니하다	부정					●			○				
3단계	하다	당위/사동	●										○	
	버리다	종결		●										○
	오다	진행		●							○			
4단계	가지다	보유							○					
	가다	진행										○		
	계시다	진행										○		
	못하다	부정										○		

(아동 F1은 ●, F2는 ○로 나타내었음.)

- 습득 1단계(초출이 이르고 두 아동의 초출 시기가 인접): 주다, 보다, 말다, 있다, 되다
- 습득 2단계(초출이 늦고 두 아동의 초출 시기가 인접하지 않음): 싶다, 지다, 놓다, 아니하다
- 습득 3단계(초출이 늦고 두 아동의 초출 시간차가 큼): 하다, 버리다, 오다
- 습득 4단계(1명의 아동이 사용): 가지다, 가다, 계시다, 못하다

두 가지 분석을 대비하여 보기로 한다.

〈표 18〉 집단 구분에 따른 습득 단계 대비

	전체 아동의 초출 기준	F1, F2의 초출 기준
1단계	주다, 보다, 말다, 싶다	주다, 보다, 말다, 되다, 있다
2단계	되다, 지다, 아니하다	싶다, 지다, 아니하다, 놓다
3단계	놓다, 있다, 하다, 버리다, 오다	하다, 버리다, 오다
4단계	가지다, 가다, 계시다, 못하다	가지다, 가다, 계시다, 못하다

위의 표에서 보는 바와 같이 전체 아동의 사용 분포를 기준으로 한 것과, F1과 F2 두 아동의 초출 시기를 근거로 설정해 본 습득 시기가 비슷한 경향을 지닌다고 본다. 따라서 발달의 정도는 아동별로 차이가 있지만, 보조 용언의 습득 순서는 일관성이 있음을 알 수 있다.

5. 결론

이 연구는 24개월부터 35개월의 유아에게서 나타나는 보조 용언을 종적으로 관찰하여 보조 용언의 습득 과정을 살펴보았다. 먼저 개별 아동들의 언어 자료를 분석하였는데, 여기서는 보조 용언들의 초출 시기와 지속적인 사용 여부, 월별 사용 빈도, 보조 용언의 출현 순서 등의 사용 양상

을 살펴볼 수 있었고, 사용 양상을 토대로 아동들의 보조 용언 습득의 정도를 비교해 볼 수 있었다. 4명의 아동들에게서 관찰된 사용 양상을 비교해 봄으로써 보조 용언의 습득이 아동별로 차이가 있고 남녀 성별의 관점에서도 차별화되는 것을 볼 수 있었다.

개별 아동들의 보조 용언 사용에 대한 설명에서 더 나아가 아동들의 보조 용언 습득의 단계와 순서에 대해서도 살펴보았다. 분석 결과, 24개월에서 35개월 사이에 이루어지는 아동들의 보조 용언 습득은 크게 네 단계로 구분해 볼 수 있었다. 1단계는 4명의 아동이 모두 사용하는 보조 용언이 처음 출현하는 시기이다. 이 시기의 출현 형태에는 '주다, 말다, 보다, 싶다'가 있었다. 2단계는 3명의 아동만이 사용하는 보조 용언의 형태가 출현하는 시점이다. '되다, 지다, 아니하다'가 이에 속한다. 3단계는 두 아동에게서만 사용되는 보조 용언 형태가 출현하는 시점이다. '있다, 하다, 버리다, 오다, 놓다'가 이에 속한다. 4단계는 1명의 아동 언어에서만 관찰되는 형태들이 출현하는 시기로 '가지다, 가다, 계시다, 못하다'가 이에 속한다. 3단계와 4단계에 출현한 보조 용언은 모두 여자 아동에게서만 관찰되었다. 따라서 아동들의 보조 용언의 습득은 단계적으로 이루어질 뿐만 아니라 습득의 시기가 성별에 따라 차이가 있고 여자 아동의 습득이 더 **빠름**을 추정해 볼 수 있다.

아동들의 보조 용언 사용 양상을 의미의 관점에서도 정리해 보았다. 부정 표현은 '말다 → 아니하다 → 못하다'의 습득 양상을 보였고, 사동·피동의 영역에서는 피동 표현이 먼저 습득되는 것으로 파악되었으며, 피동 표현은 '지다'의 습득이 가장 빠른 것으로 분석되었다. 상적 보조 용언은 성별에 따른 차이가 매우 크게 나타났는데, 여자 아동은 다양한 형태를 사용하였고 남자 아동들은 상적 표현을 전혀 사용하지 않았다. 따라서 여자 아동의 언어만을 분석하게 되었는데, 상적 보조 용언은 '있다'가

가장 먼저 습득되고 그다음으로 '버리다, 말다, 오다' 등이 습득되는 것
으로 추정되었다. 마지막으로 양태 표현은 4명의 아동에게서 '주다, 보
다'가 가장 먼저 출현한 것으로 미루어 볼 때, '주다, 보다'가 가장 이른
시기에 습득되는 것으로 보이고, 그다음으로 '되다, 싶다'가 습득되는 것
으로 추정해 볼 수 있었다.

참고문헌

강기진(1982). "국어 보조동사의 통사적 특성," 한국문학연구 5, pp. 47-63.

강흥구(2000). "국어 보조동사의 의미론적 고찰," 교육연구 16, pp. 93-109.

고영근·남기심(1993). 표준국어 문법론, 탑출판사.

곽금주·성현란·장유경·심희옥·이지연(2005). 한국영아발달연구, 학지사.

국립국어원(2002). 현대국어 사용빈도 조사, 국립국어원.

권순구(2003). "보조용언 '있다'에 관한 연구," 인문학연구 30-2, pp. 23-39.

권순구(2007). "언어 표현과 인식에 있어서의 남녀 차이 – 보조용언의 사용을 중심으로," 인문학연구 34, pp. 7-30.

김기혁(1983). "보조동사의 생산성," 연세어문학 16, pp. 137-160.

김기혁(1985). "국어보조동사의 구조," 원우론집 13, pp. 1-17.

김기혁(1987). 국어 보조동사 연구, 연세대학교 박사학위논문.

김명희(1984). 국어 동사구 구성에 나타나는 의미 관계 연구, 이화여자대학교 박사학위논문.

김민수(1971). 국어문법론, 일조각.

김석득(1992). 우리말 형태론, 탑출판사.

김성화(1990). 현대국어의 상 연구, 한신문화사.

김영태(1992). "종결 보조동사의 의미와 통사적 특성," 우리말글 10, pp. 83-105.

김영태(1993). "보조동사의 중출에 관한 연구," 우리말글 11, pp. 1-26.

김영태(1994). "보조용언의 중출과 그 의미," 우리말글 12, pp. 63-80.

김영태(1997). "보조용언과 서술 전개 단계," 우리말글 15, pp. 37-60.

김용석(1983). "한국어 보조동사 연구," 배달말 8.

류현미(1991). "보조동사의 의미분석," 어문연구 21, pp. 487-500.

박경자(1997). 언어습득연구방법론, 고려대 출판부.

박재연(1999). "종결어미와 보조용언의 통합 구문에 대한 재검토," 관악어문연구 24, pp. 155-182.

박진호(2007). "보조용언 전산 처리에 있어서의 몇 가지 문제," 한국어학 35, pp. 49-63.

서정수(1980). "보조용언에 관한 연구(Ⅰ)," 한국학논집 1, pp. 63-87.

손세모돌(1991). "보조동사 주다의 결합 제약과 의미," 한국학논집 19, pp. 33-61.

손세모돌(1993). 국어 보조용언에 대한 연구, 한양대학교 박사학위논문.

옥태권(1988). 국어 상조동사의 의미 연구, 부산대학교 박사학위논문.

유승섭(1997). "국어 보조동사 구문의 통사구조 재론," 국어국문학 연구 19, pp. 271-296.

이관규(1992). 국어 대등구성 연구, 서광학술자료사.

이기동(1993). A Korean Grammar, 한국문화사.

이영자(2002). 유아언어교육, 양서원.

이영자·이종숙·이정욱(1997). "1, 2, 3세 유아의 의미-통사적 발달 연구," 유아교육연구 17-2, pp. 55-75.

이인섭(1986). 아동의 언어 발달, 개문사.

이필영·이준희·전은진(2004). "유아의 품사 범주 발달에 관한 연구," 이중언어학 25, pp. 285-308.

이필영·임유종(2004). "유아 초기의 문장 구조와 구성 요소에 관한 연구," 국제어문 31, pp. 31-62.

이필영·전은진·안정호(2009). "영아의 시제·상 형태 습득에 관한 연구," 한국어학 44, pp. 295-326.

이현진 역(2001). 언어발달(Erika Hoff, Language Development, 2001), 시그마프레스.

이호승(2001). "국어의 상 체계와 보조용언의 상적 의미," 국어학 38, pp. 209-239.

장경희·전은진·이우연·권미정(2009). "유아의 접속어미 형태 습득에 관한 연구," 한국어의미학 30, pp. 257-288.

장미라(2006). "한국어 보조 용언의 상적 양태적 의미기능과 통사적 특징," 배달말 38, pp. 33-61.

조명한(1982). 한국아동의 언어획득연구: 책략모형, 서울대학교 출판부.

조성문·전은진(2004). "남녀 유아의 어휘 발달 연구," 한국언어문화 25, pp. 157-181.

최해주(2006). "한국어 교육을 위한 보조 용언의 의미 범주 설정과 그 활용 방안," 새국어교육 74, pp. 125-159.

최현배(1937). 우리말본, 김민수/하동호/고영근(공편).

최현배(1980). 우리말본, 정음사.

키타무라 타다시(1998). "보조용언의 판별 기준에 대한 고찰," 한국어교육 9, pp. 201-218.

한국교육개발원(1979). 한국 아동의 구문 발달, 한국교육개발원.

한송화(2000). "한국어 보조 용언의 상적 기능과 양태 기능, 화행적 기능에 대한 연구," 한국어교육 11, pp. 189-209.

허철구(1991). 국어의 보조동사 연구, 서강대학교 석사학위논문.

Choi. S. & Gopnik. A. *Early acquisition of verbs in Korean.* A cross-linguistic study. *Journal of Child Language,* 22, 1995, 497-530.

Kim, Young-Joo, "The acquisition of Korean(first draft)." In D. I. Slobin(Ed.), *The Crosslinguistic study of language acquisition,* Vol. 4, Lawrence Erbaum Associates. 1992.

Menyuk. P. *Early development of hearing and language acquisition.* In R. Schoonhoven, T. Kapteyn & J. de Laat (Eds.) Proceedings of European Conference on Audiology. European Federation of Audiological Societies: Leiden. 1995.

이필영 · 김정선 · 심민희

보조사 사용에 관한 종적 연구*
(31개월~43개월)

1. 서론

본 연구에서는 유아의 자연스러운 대화에서 출현하는 보조사의 사용 양상을 종적으로 분석하여 보조사의 발달 과정을 살펴보고자 한다. 보조사는 특정한 격 기능을 담당하지 않고 의미를 담당하는 것을 주임무로 한다(이익섭 1999). 동일한 내용이라도 보조사를 사용하여 전달하는 경우에는 보다 풍부한 화자의 의도를 표현할 수 있어 표현 언어 능력을 보여주는 표지로 볼 수 있다.

유아의 보조사 발달에 대한 연구는 격조사와 구분하지 않고 조사 발달이라는 큰 범주에서 함께 다루어지거나(배소영 1997, 황미하 2003),[1] 일부

---

* 이 글은 <청람어문교육> 40호(2009)에 "유아의 보조사 사용에 관한 종적 연구"라는 제목으로 게재된 논문임.

1) 배소영(1997)은 1세에서 7세 아동을 대상으로 '가, 이, 는, 도, 를'의 다섯 가지 조사에 대한 아동의 발달 과정 고찰하였는데 '가, 이, 는>를>도'의 발달순서를 나타낸다고 하였다. 황미하(2003)는 2 ; 6~3 ; 5세의 언어습득에 관한 종단적 연구로 8품사별 어휘 습득 양상을 살펴보면서 조사 중 보조사 산출 빈도를 '은/는>도>요>만>밖에' 순으로 제시하였고, 주격조사

보조사에 한정되어 이루어졌다(이승희·황민아 2002, 이희란 2004).[2] 그러나 보조사는 격조사와는 엄연히 구별되는 것으로 언어 능력의 각기 다른 측면의 발달을 보여준다. 격조사의 발달은 문장 구성의 틀을 이해하고 사용하는 능력의 발달이지만, 보조사는 표현을 다양하게 할 수 있는 능력의 발달이다.[3] 따라서 두 범주를 통합하여 분석하기보다는 각각의 발달 양상을 살펴본 후, 두 범주의 발달 순서를 고찰하는 것이 더 타당하다고 본다. 아울러 유아 시기에 습득하는 보조사의 전체 목록과 이들의 출현 순서를 밝히는 것이 필요하다.

유아가 습득한 보조사의 출현 목록, 출현 시기와 더불어 보조사 발달에서 관심을 가져야 하는 부분은 보조사와 선행 요소와의 결합 양상이다. 보조사는 명사구, 어미, 부사 등 선행 요소의 제한 없이 두루 결합할 수 있는 것으로 알려져 있다. 언어 습득기의 유아가 어떤 선행 요소와 보조사를 결합하여 사용하는지, 이때 결합하는 보조사는 무엇인지에 대한 연구는 문법 형태소의 형태 습득에서 나아가 문법 형태소들을 조합하여 사용하는 능력을 보여주는 부분으로 이에 대한 고찰이 필요하다.

본 연구에서는 유아의 보조사 발달 과정을 종적으로 관찰하였다. 조사 대상 자료는 <연령별 구어 말뭉치>(한양대학교 교육문제연구소) 중 일부로, 31개월~43개월에 속하는 총 4명의 아동을 대상으로 1년 동안 수집한

'이/가'보다 보조사 '은/는'을 더 많이 사용한다고 하였다.

2) 이승희·황민아(2002)의 3세에서 6세 아동의 보조사 발달에 관한 연구에서는 보조사 '은, 도, 만'의 이해 및 산출은 연령 증가에 따라 증가하지만 보조사의 이해와 산출에는 정도 차이가 있다고 하였다. 이희란(2004)은 2세 아동의 보조사 '은/는' 산출에 관한 종단 연구로 주제보조사 '은/는'의 습득 과정을 연구하였는데 2세 초기에는 타동사보다 계사, 자동사와 빈번하게 표현하지만 뒤로 가면서 타동사 표현 빈도가 증가하면서 타동사와 함께 사용하는 '은/는'의 표현 빈도도 증가하는 것으로 분석하였다.

3) 문현아(2007)에서는 보조사는 단순한 자격 표시 이외에 특수한 뜻을 더하는 조사로, 문법적인 기능보다는 의미를 담당하고 있어 생략되면 완전한 메시지 전달과 이해에 장애가 생길 수 있다고 하였다.

것이다.4) 조사 대상은 서울·경기 지역에 거주하며, 정상 발달을 보이고, 부모가 표준어를 사용한다. 조사 대상 아동의 개월별 자료 분포는 다음 <표 1>과 같다.

〈표 1〉 개월별 파일 수5)

대상	개월별 파일 수													합계
	31	32	33	34	35	36	37	38	39	40	41	42	43	
SJ(F)		2	4	4	3	5	4	4	2	6	5			39
YJ(F)	2	4	1	2	3	5	5	5	3	5	3	1		39
DU(M)		2	2	1	5	4	7	2	2	3	5	5	2	40
SB(M)				3	3	3	4	3	4	5	4	4	7	40
합계	2	8	7	10	14	17	20	14	11	19	17	10	9	158

SJ와 YJ는 여아이고, DU와 SB는 남아이다. YJ는 31개월부터, SJ와 DU는 32개월, SB는 34개월부터 자료 수집이 이루어졌다. 조사 대상 아동의 개월별 파일수와 조사 기간은 지속 자료 수집의 특성상 녹음 가정의 사정에 따라 차이가 있었다.

한글 전사 파일을 기초 자료로 하여 보조사 연구를 위한 분석은 다음의 절차에 의해 진행되었다.

---

4) <연령별 구어 말뭉치>(한양대학교 교육문제연구소)는 만 1세 미만의 영아부터 성인까지의 대화 음성 자료와 전사 자료를 구축한 것으로, 영유아 단계는 종적 자료와 횡적 자료로 구성되어 있다. 종적 자료는 조사 시작 시점에서 0~36개월 사이의 영유아를 6개월 단위로 나누어 수집하였으며, 12개월 미만의 유아는 2주 1회 120분, 12개월 이상의 유아는 1주 1회 60분 연속으로 녹음하였다. 녹음 장소는 각 가정으로 하고, 자연스러운 상황에서 양육자가 녹음을 담당하도록 하였다. 횡적 자료는 기관을 방문하여 또래끼리의 대화를 수집한 것이다. 녹음 자료는 국어 전공자에 의해 3차에 걸쳐 각각의 전사 지침에 따라 1파일당 2,000어절씩 한글 파일로 전사하였다.

5) 대상 파일이 없는 경우는 '▨'으로 표시하였다. 대상 파일이 없는 경우는 조사 시작 시점이 달라서 발생한 것이다. <연령별 구어 말뭉치>는 설계 단계에서 6개월 단위로 아동의 집단을 구분하였으며 이때 조사 시작 시점에서의 개월이 아동별로 차이가 있는 것이다.

1) 한글 파일에서 보조사가 포함된 유아 발화를 표시하는 1차 태깅을 실시하였다.

2) 1차 태그 파일에서 보조사 발화만을 추출한 후 엑셀 파일로 변환하여 2차 태깅을 실시하였다. 2차 태깅 정보는 출현 보조사 형태, 대표형, 선행 결합 요소의 항목이다. 태깅의 실제 형식을 보이면 다음과 같다.[6]

개월	대상자	말차례번호	발화	형태	대표형	결합	비고
40	YJ	466	이거는 오빠꺼야?	는	은	명사구	

'형태'에는 발화에 출현한 실제 형태 정보를 기입하였고, '대표형'은 실제 발화에서 출현한 다양한 형태 가운데 대표형을 지정하여 표시하였다. 예를 들어 'ㄴ', '은', '는'으로 실제 출현한 형태는 대표형 '은' 하나로 통일하여 기입하였다. '결합'은 보조사가 어떤 선행 요소와 결합하는지를 표시하였다.

3) 분석은 보조사의 첫 출현 시기와 파일당 출현 빈도를 조사하여 이루어졌다. 첫 출현 시기는 해당 보조사가 관찰 자료에서 처음으로 출현한 개월로 보조사 습득 시기를 논의하기 위해서이다. 파일당 출현 빈도는 개월별로 파일수가 일정하지 않기 때문에 한 파일에 출현하는 빈도로 계산하여 제시한 것이다. 파일당 출현 빈도는 유아의 보조사 사용 양상을 보여준다.

본 연구에서는 유아의 보조사 사용 양상에 대한 분석에 초점을 맞추었다. 아동들이 실제 사용하는 보조사의 목록과 출현 시기에 대한 분석은 아동의 표현 언어 평가 도구 개발에 바탕이 될 수 있는 것으로 의미 있는 작업이라고 생각한다.

---

6) 제시된 정보 외에 파일명 정보가 추가로 기록되어 있다.

2. 형태의 출현 양상

2.1. 형태의 출현 빈도

유아가 대화하며 보조사를 얼마나 사용하는지 전체 발화 가운데 보조사가 출현하는 빈도와 비율을 조사하였다. 본 연구의 대상 아동별 출현 빈도와 비율을 정리해 보이면 다음 <표 2>와 같다.

<표 2> 전체 발화수 대비 보조사 출현 빈도와 비율7)

대 상	보조사 출현 빈도	전체 발화 수	비 율
SJ	1289	7929	16.3
YJ	939	9299	10.1
DU	748	7731	9.7
SB	945	9451	10.0
전체	3921	34410	11.4

<표 2>를 보면, 조사 대상 아동의 전체 평균은 11.4%로 나타났다. 네 명의 아동 가운데 SJ가 16.3%로 다소 높게 나타났고, 나머지 세 명의 대상자는 9~10%대로 비슷한 비율을 보이고 있다. 보조사는 격조사와는 달리 화자의 추가적인 의미 정보를 표현하기 때문에 보조사 사용 빈도가 높다는 것은 의미 정보를 보다 풍부하게 표현한다고 해석할 수 있다. 조사 대상 아동 중 SJ는 다른 아동에 비해 높은 비율로 보조사를 사용하고 있는데 사용하는 보조사의 형태 수에서는 어떤지 보조사 목록과 빈도를 살펴보기로 한다.

---

7) 보조사 출현 빈도를 전체 발화 수로 나누어 100을 곱한 값이다. 이는 형태별 출현 양상을 살펴보기 전에 전체 아동과 아동별 보조사가 포함된 발화의 사용 정도를 알아보기 위하여 전체 발화수 대비 보조사의 출현 빈도가 계산된 것이다. 하나의 발화 안에 두 개 이상 보조사가 포함된 경우가 있어 보조사 출현 빈도로 계산하였다.

자료에서 출현하는 보조사의 목록과 보조사 발화 비율을 아동별로 조사하여 <표 3>에 정리하였다.[8]

〈표 3〉 출현 보조사 목록과 빈도[9]

대표형	전 체	대 상			
		SJ	YJ	DU	SB
은	15.05	21.08 (1)	15.51 (1)	10.75 (1)	13.03 (1)
도	6.77	7.77 (2)	6.56 (2)	5.03 (2)	7.75 (2)
만	1.72	2.46 (3)	1.44 (3)	1.93 (3)	1.05 (3)
다(가)	0.47	0.51 (4)	0.03 (9)	0.48 (4)	0.85 (4)
까지	0.23	0.23 (6)	0.10 (6)	0.15 (6)	0.45 (5)
들a	0.20	0.51 (4)	0.05 (8)	0.18 (5)	0.08 (9)
밖에	0.16	0.18 (7)	0.15 (4)	0.15 (6)	0.15 (6)
부터	0.11	0.13 (8)	0.13 (5)	0.05 (8)	0.13 (8)
(이)나	0.09	0.13 (8)	0.08 (7)		0.15 (6)
대로	0.02	0.05 (10)	0.03 (9)		

<표 3>을 보면, 전체 출현 보조사는 총 10개로, '은'이 가장 높은 빈도로 출현하였고 '도', '만'이 그 뒤를 이었다. 이는 황미하(2003)에서와 동일한 결과로 고빈도로 출현하는 상위 보조사 목록은 '은, 도, 만'임을 확인할 수 있었다. 그리고 '만' 다음에 '다(가), 까지, 들a, 밖에, 부터, (이)나, 대로'의 순으로 나타나 황미하(2003)의 '만' 다음에 '밖에'가 출현하는 것과 차이를 보였다.[10]

---

8) '사람들이 많이 모였다.'와 같이 체언에 후행하는 경우에는 '들a'로, '너희나 가서들 만나들 봐라.'와 같이 용언에 후행하는 경우에는 '들b'로 구분하여 태깅하였다. 자료에서 '들b'는 출현하지 않았다.

9) 표 안의 숫자는 해당 보조사가 출현한 형태 빈도를 대상 파일 수로 나눈 값이고, 괄호 안의 숫자는 대상자별 보조사 출현 순위이다. 형태별로 한 파일 당 어느 정도 출현하는지 알아보기 위한 것으로, 대상별 파일수가 차이가 나기 때문에 한 파일 당 출현 빈도를 알아본 것이다. <표 3>의 결과는 한 파일당 해당 형태가 출현한 빈도를 보인 것으로, <표 2>에서 보인 전체 발화 수 가운데 보조사 형태별 출현 빈도를 추출한 결과와는 차이를 보이고 있다.

대상자별로는 보조사 출현 목록과 순위에서 차이가 있었는데 여아인 SJ와 YJ는 총 10개의 보조사가 출현하였고, 남아인 DU는 8개, SB는 9개의 보조사가 출현하였다. DU에게서는 '(이)나, 대로'가 출현하지 않았고, SB에서는 '대로'가 출현하지 않았다. 조사 대상자 모두 '은, 도, 만'까지는 순위가 동일하게 나타났으나 그 이후에는 차이가 있었다. SJ와 DU의 경우 전체 출현 순위와 크게 다르지 않았지만, YJ의 경우 다른 대상자들에게는 고빈도로 출현하는 '다(가)'가 저빈도로 출현하였고, SB의 경우 '들a'가 상대적으로 저빈도로 출현하였다.

2.2. 형태의 출현 시기

다음은 대상자별로 월령에 따라 보조사의 출현 양상이 어떻게 변하는지를 살펴보기로 한다. 대상자별로 출현 보조사 형태가 파일당 몇 발화에서 출현하였는지를 정리하였다. 결과는 <표 4>와 같다.

---

10) 황미하(2003)에서는 2 ; 6~3 ; 5세 아동 1명을 1년간 종단 연구하였는데, 3세 이전과 이후 모두 보조사의 산출 빈도는 '은/는>도>요>만>밖에'의 순으로 나타났다.

〈표 4〉 개월별 보조사 출현 빈도[11][12]

대상	대표형	개월(만)												
		31	32	33	34	35	36	37	38	39	40	41	42	43
SJ	은		24.5	33.0	29.3	9.3	15.4	34.8	14.0	10.5	20.2	16.4		
	도		11.0	9.8	14.0	7.0	10.0	9.5	6.5	4.0	4.3	3.4		
	만		6.0	2.0	2.5	1.7	1.8	0.8	3.3	1.5	2.5	3.6		
	다(가)		1.0	0.5	0.5	0.3	0.4	0.8	0.3	1.0		1.0		
	들a						0.2	0.3	1.0		1.8	0.6		
	까지				1.8		·		0.3		0.2			
	밖에			0.5			0.2	0.5				0.4		
	부터						0.6		0.5					
	(이)나		0.5				0.2				0.5			
	대로										0.3			
YJ	은	14.0	16.8	9.0	31.5	19.0	6.2	26.0	12.6	14.3	12.0	10.7	22.0	
	도	2.0	2.5	3.0	6.5	7.0	7.8	4.6	9.2	3.7	10.2	9.0	8.0	
	만	0.5	0.3	2.0	0.5		0.8	2.8	2.6	2.0	1.4	1.7	2.0	
	밖에					0.3					0.6	0.7		
	부터			1.0				0.2			0.2	0.7		
	까지					0.3					0.6			
	(이)나							0.4			0.2			
	들a					0.3					0.2			
	다(가)												1.0	
	대로										0.2			
DU	은		8.5	14.5	11.0	15.8	14.3	10.3	19.0	6.5	6.0	9.4	6.2	9.0
	도		7.0	10.5	6.0	5.4	5.5	3.0	9.5	5.0	4.7	4.0	3.8	4.0
	만		2.5	3.5	2.0	2.0	1.5	1.4	1.5	0.5	2.7	3.2	1.2	1.5
	다(가)					0.2	0.5	0.1	2.0	1.0	0.7	1.0	0.4	
	들a					1.0		0.3						
	까지					0.4							0.4	1.0
	밖에							0.3	0.5		0.3			1.0
	부터										0.5		0.2	

---

11) 해당 개월에 파일이 없는 경우는 '▨'으로 표시하였고 해당 보조사가 출현하지 않은 경우는 공란으로 두었다.

12) 표 안의 숫자는 개월별로 해당 형태가 출현한 빈도를 파일 수로 나눈 것으로, 한 파일 당 해당 형태의 출현 빈도를 보여준다. 대상자 별로 대표형의 배열 순서는 출현 순위를 나타낸다.

대상	대표형	개월(만)											
		31	32	33	34	35	36	37	38	39	40	41	42	43
SB	은				12.7	15.0	17.0	11.3	13.0	19.5	13.4	10.3	11.3	13.3
	도				8.3	7.0	11.3	5.5	8.0	10.3	11.4	8.3	7.7	5.4
	만				0.7	1.3	1.0	1.3	2.0	1.3	1.2	1.3	0.3	0.9
	다(가)				1.3	1.0	2.7	1.3	1.0	0.5	0.4	0.7		0.7
	까지						2.0	1.3		1.0			0.7	0.1
	밖에				0.3	0.3	0.3	0.3						0.3
	(이)나								0.3	0.3		1.0	0.3	
	부터				0.7			0.3					0.3	0.1
	들a								1.0					

<표 4>를 보면, 조사 대상자 모두 관찰이 시작된 개월부터 '은, 도, 만'
이 출현하고 있으며, 이후 꾸준히 출현하고 있어 30~33개월 이전에 이
미 습득한 것으로 보인다. '은, 도, 만' 이외의 형태 중 '다가, 밖에, 까지,
부터, 들a'가 다음으로 출현하고 있다. SJ의 경우 32개월에 '(다)가', 33개
월에 '밖에', 34개월에 '까지', 36개월에 '부터, 들a'가 출현하고 있고, 유
사한 순서로 DU에게서 35개월에 '다(가), 까지, 들a', 37개월에 '밖에',
39개월에 '부터'가 출현하고 있다. SB의 경우는 34개월에 '다가, 밖에,
부터'가 모두 나타나고 있어 이전에 습득된 것으로 보이고, '까지'는 36
개월에, '들a'는 38개월에 출현하고 있다. YJ의 경우는 '밖에, 까지, 들a,
(다)가'보다 '부터'가 먼저 출현하고 있었고, '(다)가'가 다른 아동에 비해
비교적 늦게 출현하는 특징을 보이고 있다. 이들 외에 '대로'는 SJ와 YJ
에게서 40개월에 나타나고, DU와 SB에게서는 나타나지 않고 있어 비교
적 늦게 출현하는 형태로 보인다. 또 하나 '(이)나'가 SJ는 32개월에, YJ
는 37개월에, SB는 39개월에 출현하고 있어 출현 시기에서 큰 차이를 보
이고 있었다. 지금까지 논의한 형태별 습득 시기를 아동별로 보조사 형태
가 처음 출현한 시기를 중심으로 정리하면 <표 5>와 같다.

〈표 5〉 보조사의 형태별 초출 시기

대상	개월(만)												
	31	32	33	34	35	36	37	38	39	40	41	42	43
SJ		은, 도, 만, 다 (가), (이) 나	밖에	까지		부터, 들a				대로			
YJ	은, 도, 만		부터		까지, 밖에, 들a		(이) 나			대로		다 (가)	
DU		은, 도, 만			까지, 다(가), 들a		밖에		부터				
SB				은, 도, 만, 다(가), 밖에, 부터		까지		들a, (이) 나					

　이상의 개별 아동들의 보조사 초출 형태를 종합해 보면, 다음과 같이 세 개의 집단으로 구분해 볼 수 있다.

〈표 6〉 유아의 보조사 발달 순서

1집단	2집단	3집단
은, 도, 만	부터, 밖에, 까지, 들a, 다(가)	대로, (이)나

1집단은 네 명의 아동 모두에게서 출현하고 관찰 시작 시점부터 꾸준하게 출현한 목록들로 보조사 가운데 가장 먼저 발달하는 형태라고 볼 수 있다.[13) 2집단은 네 명의 아동 모두에게서 출현하였지만 출현 시기에서는 아동별로 차이가 있고, 출현 빈도도 1집단에 비해 낮은 형태들이다. 3

집단은 조사 대상 가운데 1, 2명의 아동에게서만 출현하고 첫 출현 이후 간헐적으로 나타나는 형태들이다.

지금까지 보조사의 형태 발달을 살펴보았는데, 앞서 출현한 형태 가운 데에는 하나의 형태에 둘 이상의 의미를 지닌 것이 있다. '까지'와 '(이) 나'가 그것인데, 이들 형태는 의미에 따라서도 발달 시기가 다르게 나타 나고 있다. 먼저 '까지'의 의미는 다음 예와 같이 '최종'과 '역동(亦同)'으 로 구분된다.

   (1) 칠일 구일까지 아! (DU, 43개월) (최종)
   (2) 아니, 우유까지 먹었잖아. (DU, 42개월) (역동亦同)

'까지'의 의미별 초출 시기를 정리해 보면 다음 <표 7>과 같다.

<표 7> '까지' 의미별 초출 시기

대상	개월(만)												
	31	32	33	34	35	36	37	38	39	40	41	42	43
SJ				최종									
YJ					최종								
DU					최종							역동	
SB						최종						역동	

'까지' 형태는 네 명의 아동 모두에게서 나타났으며, '최종'의 의미는 네 명 모두 나타났고 시기는 34~36개월에 해당한다. 그러나 '역동'의 의미 는 DU와 SB 두 명에게서만 출현하였고 출현 시기도 42개월로 '최종'보 다는 늦은 것으로 나타났다. 따라서, '까지'의 의미는 '최종'보다 '역동' 의미를 더 늦게 습득하는 것으로 볼 수 있겠다.

---

13) 위의 각각의 집단 내에서의 형태별 발달 순서는 추후 연구가 필요하다.

다음은 '(이)나'를 살펴보기로 한다. '(이)나'는 의미를 '정도의 강조, 일반 선택, 차선의 선택'의 세 가지로 세분해 볼 수 있다.[14]

    (3) 이거 딸랑이 두-개나 갖다조떠(갖다줬어)? (SB, 38개월) (정도의 강조)
    (4) 아무데나 붙이는 거야. (SJ, 40개월) (일반 선택)
    (5) 응, 어. 엄마 요거나 사. (YJ, 40개월) (차선의 선택)

'(이)나'의 의미별 초출 시기를 보면 <표 8>과 같다.

〈표 8〉 '(이)나' 의미별 초출 시기

대상	개월(만)												
	31	32	33	34	35	36	37	38	39	40	41	42	43
SJ		정도의 강조				일반 선택							
YJ							일반 선택			차선의 선택			
DU													
SB								정도의 강조					

<표 8>을 보면, 세 가지 의미가 모두 나타나는 아동은 없고, SJ와 YJ는 두 가지 의미가 나타났고, SB는 하나의 의미만 나타났다. 조사 기간 중 '(이)나'는 낮은 빈도로 출현하고 있어 일반화하기는 어렵지만 대체로 '정도의 강조 > 일반 선택 > 차선의 선택' 순으로 발달한다고 정리해 볼 수 있겠다.

---

14) '정도의 강조'는 주로 수량 표현 뒤에 쓰이며, '일반 선택'과 '차선의 선택'은 그러한 제약이 없다. 다만 의미적으로 '일반 선택'은 선택항이 둘 이상 나타나야 한다(예: '아무데서나', '학교에서나 집에서')는 점이 '차선의 선택'과 다르다.

3. 선행 요소와의 결합 양상

3.1. 선행 요소와의 결합 유형과 그에 따른 출현 양상

보조사가 결합할 수 있는 선행 요소의 유형은 명사구, 어미, 격조사, 부사, 보조사로 구분해 볼 수 있다. 보조사의 특성이 선행 요소의 제한 없이 결합 가능하다는 점인데, 유아의 언어 발달 과정에서는 이들 결합 유형 간에도 순서가 있을 것으로 예상된다. 본 조사 대상 자료에서 관찰된 보조사의 결합 유형별 출현 양상을 정리해 보이면 <표 9>와 같다.

〈표 9〉 보조사 결합 유형별 출현 빈도15)

결합 유형	전 체	대 상			
		SJ	YJ	DU	SB
명사구	23.4	31.5 (1)	22.7 (1)	17.3 (1)	22.2 (1)
격조사	0.7	1.2 (2)	0.2 (3)	0.8 (2)	0.8 (2)
어 미	0.5	0.1 (4)	1.0 (2)	0.6 (3)	0.4 (3)
부 사	0.1	0.2 (3)	0.1 (4)	0.1 (4)	0.1 (4)
보조사	0.1	0.1 (4)	0.1 (4)		0.1 (4)

<표 9>에 따르면, 전체 순위는 '명사구, 격조사, 어미, 부사 및 보조사'의 순으로 나타났다. DU와 SB는 전체 순위와 동일하고 DU는 보조사와의 결합이 출현하지 않았으며, SJ는 부사와의 결합이 다른 대상자들보다 높게, 어미와의 결합은 낮게 나타났다. YJ는 격조사와의 결합이 어미와의 결합보다 낮게 나타난 점이 다른 대상자들과 다른 점이다.

---

15) 결합 유형은 명사구, 격조사, 어미, 부사, 보조사 뒤에 보조사가 결합하는 경우를 살펴본 것이다. 표 안의 숫자는 한 파일당 결합 유형의 출현 빈도수를 알아보기 위하여 해당 결합 유형이 나타난 출현 빈도 수를 전체 파일 수로 나눈 것이고, 대상자별로는 대상자별 전체 파일 수로 나누어 계산한 것이다. 괄호 안의 숫자는 대상자별 결합 유형 순위를 나타낸다.

조사 대상 아동의 개월별 보조사 결합 유형의 출현 빈도와 시기를 살펴보기로 한다.

〈표 10〉 개월별 보조사 결합 유형별 출현 빈도[16]

대상	결합유형	개월(만)												
		31	32	33	34	35	36	37	38	39	40	41	42	43
SJ	명사구		42.5	44.8	47.8	17.0	26.2	44.0	23.3	14.0	28.8	24.4		
	격조사			1.0	0.3	0.7	2.2	1.8	2.3	2.5	0.5	0.6		
	부사		0.5				0.2	0.5	0.3		0.2	0.2		
	어미					0.7		0.3		0.5		0.2		
	보조사						0.2				0.3			
YJ	명사구	16.5	19.3	13.0	38.5	26.3	13.8	32.4	22.6	18.3	23.6	21.0	28.0	
	어미		0.3				1.0	1.4	1.2	1.3	1.4	1.3	4.0	
	격조사					0.7		0.2	0.6		0.4	0.3		
	부사			1.0						0.3			1.0	
	보조사			1.0							0.2			
DU	명사구		17.5	28.0	18.0	22.4	20.0	14.1	29.0	12.0	11.7	17.0	11.4	16.0
	격조사			0.5		1.0	1.0	0.7	1.5	0.5	1.7	0.4	0.6	0.5
	어미				1.0	1.2	0.8	0.6	2.0	1.0	0.3	0.2		
	부사		0.5			0.2					0.7		0.2	
	보조사													
SB	명사구				23.0	24.0	32.3	19.3	21.3	30.8	24.8	21.0	20.7	19.7
	격조사				1.0	0.3	0.7	1.3	1.0	1.3	0.8	0.3		1.0
	어미					0.3	0.3	0.3	2.0	0.8	0.6	0.3		0.1
	보조사						1.0	0.3						
	부사									1.0		0.2		

〈표 10〉을 보면, 보조사와 결합하는 다섯 가지의 유형 중 명사구와의 결합은 네 명의 아동에게서 조사 시작 초기부터 지속적으로 출현하고 있

---

16) 표 안의 숫자는 개월별로 해당 결합유형의 출현 빈도를 파일 수로 나눈 것으로, 한 파일 당 해당 결합유형이 출현한 빈도를 보여준다. 대상자 별로 대표형의 배열 순위는 결합유형 출현 순위를 나타낸다.

다. 격조사와의 결합은 SJ는 32개월부터, YJ는 35개월부터, DU는 33개월부터, SB는 34개월부터 조사 기간 동안 꾸준히 출현하고 있고, 어미와의 결합도 YJ, DU, SB에게서 지속적으로 출현하고 있었다. 이에 반해 부사와 보조사와의 결합은 낮은 빈도로 드물게 나타나고 있고, DU에게서는 보조사와 보조사와의 결합은 보이지 않고 있어, 이들 두 선행요소와의 결합은 발달 시기가 늦은 것으로 파악된다.

지금까지 논의한 보조사의 선행 요소 결합 유형별 초출 시기를 정리해 보이면 다음 <표 11>과 같다.

<표 11> 보조사 결합 유형별 초출 시기

대상	개월(만)												
	31	32	33	34	35	36	37	38	39	40	41	42	43
SJ		명사구, 부사	격조사		어미	보조사							
YJ	명사구	어미	격조사, 보조사						부사				
DU		명사구, 부사	격조사	어미									
SB				명사구·격조사	어미	보조사		부사					

<표 10>과 <표 11>을 종합해 보면, SJ, DU, SB에게서 공통적으로 보조사와 결합하는 선행 요소는 '명사구 > 격조사 > 어미'의 순으로 첫 출현을 보였고, 이후 꾸준한 출현 빈도를 보이고 있었다. YJ는 명사구 다음으로 '어미 > 격조사'의 첫 출현 순서를 보였지만, <표 10>에서와 같이 32개월에 어미가 첫 출현한 이후 35개월까지 보이지 않다가 36개월부터 파일당 1회 이상 꾸준히 나타나고 있어 격조사보다 후에 발달했다고 볼 수 있겠다.

명사구를 제외한 격조사와 어미는 문법적 기능을 수행하는 것들로 추가적 의미를 표현하는 보조사와의 결합이 활발하게 일어나는 것을 볼 수 있었다. 이에 반해 보조사가 결합하는 선행 요소로 보조사와 부사가 올 경우는 문법적 형태와 결합하는 경우보다 출현 빈도도 낮고 출현 간격도 큰 것을 볼 수 있다. 그리고 부사에 결합하는 보조사는 출현 시기도 아동 별로 매우 불규칙한 양상을 보이고 있다.[17] 이러한 결과는 보조사, 부사가 대화 주제에 영향을 많이 받는 내용어이기 때문인 것으로 보인다.

3.2. 격조사와의 결합 양상[18]

자료에서 관찰된 보조사가 결합하는 격조사에는 '에, 한테, 에서, 로, 랑, 하고' 등이 있다. 이들이 사용된 구체적인 예를 살펴보기로 한다.

(1) 아동: 엄마 삼춘(삼촌) 방에도 있는데. (SJ, 36개월)
(2) 아동: 엄마한테도 있는데 찌덩이 있는데, 울었어. (SJ, 35개월)
(3) 아동: 엄마 목욕탕에서는, 물을 써야 돼. (YJ, 38개월)
(4) 아동: 엄마하고 누나하고 아빠랑은 안 가봐서 내가 혼자 가 봤어.
　　　 (DU, 37개월)
(5) 아동: 이거하구 요거하구는 뭐하지? (SJ, 36개월)
(6) 아동: 이거 팽이로도 가려야지. (SB, 40개월)

(1)-(6)은 '도, 는'의 보조사가 선행하는 부사격 조사 '에, 한테, 에서, 랑, 하고, 로'와 결합하는 예들이다.

다음은 격조사와 결합하는 보조사가 개월에 따라 출현하는 양상으로

---

17) 초출 시기에 보조사가 결합하는 부사에는 '조금, 보다, 이렇게, 빨리' 등이 있었다.
18) 결합양상이 개방적인 명사구와 부사를 제외하고, 결합양상이 폐쇄적인 어미, 격조사, 보조사와의 결합을 더 자세히 살펴보도록 하겠다.

살펴보기로 한다.

⟨표 12⟩ 격조사와 결합하는 보조사의 개월별 출현 빈도[19]

대상	격조사	개월(만)												
		31	32	33	34	35	36	37	38	39	40	41	42	43
SJ	에			1.0	0.3		2.2	1.5	2.0	2.5	0.5	0.4		
	한테					0.7			0.3					
	에서											0.2		
	로													
	랑													
	하고							0.3						
YJ	에					0.7		0.2	0.4		0.4	0.3		
	에서								0.2					
	한테													
	로													
	랑													
	하고													
DU	에			0.5		0.8	1.0	0.6	1.5	0.5	1.7	0.4	0.6	0.5
	한테					0.2								
	랑							0.1						
	에서													
	로													
	하고													
SB	에				1.0	0.3	0.7	1.3		0.8	0.6	0.3		0.9
	한테								0.7	0.5				
	에서								0.3					
	로										0.2			0.1
	랑													
	하고													

조사 대상자 네 명에게서 격조사 '에'는 모두 출현하며 전체 빈도에서도

---

19) 표 안의 숫자는 보조사와 결합하는 격조사의 개월별 한 파일당 출현 빈도를 보기 위한 것
으로, 출현 빈도를 개월별 파일수로 나눈 것이다.

가장 높게 나타났고 있는데, SJ는 33개월, YJ는 35개월, DU는 33개월, SB는 34개월부터 출현하기 시작하여 이후로도 지속적으로 나타나고 있다. 다음은 '한테'로, SJ와 DU는 35개월, SB는 38개월에 출현하기 시작하나 이후 꾸준한 출현을 보이지는 않고 있고, YJ에게서는 출현하지 않고 있다. '에서'는 SJ는 41개월, YJ는 38개월, SB는 38개월로 비교적 늦은 시기에 출현하고 있으며 이후 출현을 보이지 않고 있다. '로, 랑, 하고'는 각각 1명의 대상자에게서만 관찰되고 있다.

격조사와 결합하는 보조사의 첫 출현 시기를 살펴보기로 한다. <표 13>에서는 대상자별로 격조사와 결합하는 보조사의 형태와 이때 동시에 출현하는 격조사를 함께 정리하였다.

〈표 13〉 격조사와 결합하는 보조사의 초출 시기

대상	개월(만)												
	31	32	33	34	35	36	37	38	39	40	41	42	43
SJ			에+은	에+다(가)	한테+도	에+도	하고+은	한테+은			에서+은		
YJ					에+도 에+은			에서+은					
DU			에+도		에+다(가) 에+은 한테+은		랑+은						
SB				에+다(가) 에+도 에+은				에서+도 한테+도 한테+만		로+도			로+은

<표 13>에서 보면, 네 명의 아동에게서 공통적으로 격조사 '에'에 결합하는 형태가 가장 처음 출현하는 것을 관찰할 수 있다. '에' 다음으로 SJ와 YJ는 35개월 이후에 '한테'와 '에서'의 순으로 출현하고 있고, SB는 38개월에 '한테'와 '에서'가 동시에 출현하고 있다. 출현 빈도가 낮았던

‘하고’와 ‘랑’은 SJ와 DU에게서 37개월에 출현하고 있어 ‘에, 에서, 한 테’ 이후에 발달하는 것으로 추측된다.

<표 13>에서 알 수 있는 또 하나의 사실은, 격조사와 처음으로 결합 하는 보조사는 보조사 발달에서 가장 먼저 습득하는 ‘은, 도’인 점이다. 즉 습득이 빠르고 사용이 활발한 형태가 다른 선행 요소와의 결합에서도 활발하게 쓰이는 것으로 나타났다. ‘은’은 ‘에, 한테, 하고, 에서’의 4개의 격조사와 ‘도’는 ‘에, 한테, 에서, 로’의 4개의 격조사와 처음 결합하고 있었다.

3.3. 어미와의 결합 양상

보조사가 결합하는 어미에는 ‘-(으)니까, -(으)면, -고, -(으)ㄹ지, -지’ 등이 나타났으며, 이들이 사용된 예문을 보이면 다음과 같다.

> (7) 아동: 다- 자니깐, 싹이 나올라 그런다. (SB, 40개월)
> (8) 아동: 평소 때는 ((-)) 잘 이어나면은, 아빠가 맨날 맨날 쓰담아 주지.
>   (SJ, 39개월)
> (9) 아동: ((근데)) 갖고도 싶어요. (SJ, 41개월)
> (10) 아동: 눈사람이 움직일지도 몰라. (SJ, 35개월)
> (11) 아동: ((-)) 치면 눈사람이 움직이지도 못한다구. (SJ, 35개월)

(7)-(11)은 보조사 ‘은, 도’가 선행 어미와 결합한 예문들이다.

어미와 결합하는 보조사의 개월별 출현 빈도를 정리하면 <표 14>와 같다.

〈표 14〉 어미와 결합하는 보조사의 개월별 출현 빈도

대상	어미	개월(만)												
		31	32	33	34	35	36	37	38	39	40	41	42	43
SJ	-(으)니까							0.3						
	-(으)면									0.5				
	-고											0.2		
SJ	-(으)ㄹ지					0.3								
	-지					0.3								
YJ	-(으)니까		0.3				0.4	0.8	1.0	1.3	1.0	1.3	2.0	
	-(으)면						0.6	0.6	0.2		0.2		2.0	
	-고										0.2			
	-(으)ㄹ지													
	-지													
DU	-(으)니까				1.0	0.8	0.8	0.6	0.5	0.5				
	-(으)면					0.4			1.5	0.5	0.3	0.2		
	-고													
	-(으)ㄹ지													
	-지													
SB	-(으)니까					0.3		0.3	2.0	0.8	0.6	0.3		0.1
	-(으)면						0.3							
	-고													
	-(으)ㄹ지													
	-지													

<표 14>를 보면, SJ는 모두 5개의 어미가 출현하고 있지만 이들 어미와 의 결합 빈도가 조사 기간 동안 지속적으로 유지되지는 않고 있었다. YJ 와 DU는 '-(으)니까'와 '-(으)면'이 각각 36개월, 34개월부터 꾸준히 출 현하고 있어 안정된 습득 양상을 보여주고 있다. SB는 '-(으)니까'는 35 개월부터 지속적으로 출현하고 있지만 '-(으)면'은 36개월에만 나타나고 있었고, '-고, -(으)ㄹ지, -지'는 보이지 않고 있다.

다음은 어미와 결합하는 보조사의 초출 시기를 살펴보기로 한다.

〈표 15〉 어미와 결합하는 보조사의 초출 시기

대상	개월(만)												
	31	32	33	34	35	36	37	38	39	40	41	42	43
SJ					-(으)ㄹ지 +도, -지+도		-(으)니까 +은		-(으)면 +은		-고 +도		
YJ		-(으)니까 +은				-(으)면 +은				-고 +은			
DU				-(으)니까 +은	-(으)면 +은								
SB					-(으)니까 +은	-(으)면 +은							

SJ에게서만 출현한 '-(으)ㄹ지, -지'를 제외하면은 조사 대상 아동 네 명에게서 '-(으)니까, -(으)면'의 순으로 초출하였고, 결합하는 보조사는 모두 '은'이다. SJ와 YJ에게서만 나타나는 '-고'는 41개월에 '-(으)면' 다음에 출현하였는데, SJ는 보조사 '도'와 결합하였고, YJ는 40개월에 '은'과 결합하였다. 이들을 종합해 보면, '-(으)면, -(으)니까, -고'의 순으로 보조사와 결합하였고, 어미와 처음으로 결합하는 보조사는 격조사와 결합하는 첫 보조사와 동일한 '은'과 '도'로 나타났다.

3.4. 보조사와의 결합 양상

보조사와 결합한 보조사는 '까지', '대로', '만', '부터' 네 개로 이들은 보조사 '은, 도'와 결합하는 형태로 나타난다.

(12) 아동: 여기까지도 넣을 수 있지? (SB, 37개월)
(13) 아동: 똑바로 순서대로요? (SJ, 40개월)
(14) 아동: 잠깐만은 말구. (YJ, 33개월)
(15) 아동: 이제부터는 안 그러께요-(그럴게요). (SJ, 36개월)

(12)-(15)는 자료에서 관찰된 보조사와 보조사가 결합한 예이다. (12)는 '까지'와 '도', (13)은 '대로'와 '는', (14)는 '만'과 '은', (15)는 '부터'와 '는'이 결합하고 있다.

보조사와 결합하는 보조사의 개월별 출현 빈도를 정리해 보면 다음 <표 16>과 같다.

〈표 16〉 보조사와 결합하는 보조사의 개월별 출현 빈도

대상	보조사	개월(만)												
		31	32	33	34	35	36	37	38	39	40	41	42	43
SJ	까지													
	대로										0.3			
	만													
	부터						0.2							
YJ	까지										0.2			
	대로													
	만			1.0										
	부터													
DU	까지													
	대로													
	만													
	부터													
SB	까지						1.0	0.3						
	대로													
	만													
	부터													

<표 16>을 보면, 아동별로 출현 빈도가 지속적으로 나타나는 양상은 볼 수 없었다. SJ, YJ, SB 모두 형태별로 특정 개월에만 1회 미만의 빈도로 출현하고 있고, DU는 보조사와 보조사가 결합하는 예가 조사 기간 동안 한 차례도 나타나지 않고 있다. 이들 보조사와 보조사의 결합은 출현 빈

도가 극히 낮게 나타나고 있고, 보조사 목록도 아동별로 각각 다르게 나타나고 있어 아직은 습득 초기 단계인 것으로 파악된다.

보조사와 보조사 결합의 초출 시기와 형태를 살펴보기로 한다.

〈표 17〉 보조사와 결합하는 보조사의 초출 시기

대상	개월(만)												
	31	32	33	34	35	36	37	38	39	40	41	42	43
SJ						부터+은				대로+은			
YJ			만+은							까지+도			
DU													
SB						까지+은	까지+도						

〈표 17〉을 보면, SJ는 36개월에 '부터', 40개월에 '대로'가 처음 나타났고, YJ는 33개월에 '만', 40개월에 '까지', SB는 36개월과 37개월에 '까지'가 출현하였다. 그러나 앞서 〈표 16〉에서 본 바와 같이 이들의 출현 빈도가 지속적으로 관찰되고 있지 않아 첫 출현 이후 습득이 완성되기까지는 더 시간이 걸릴 것으로 추측된다.

SJ와 SB는 '은, 도'와 결합하는 보조사가 형태별 초출 시기와 일치하는데 초출 시기에 초출 형태가 단독 출현과 결합 출현이 모두 나타난다. 하지만 형태의 초출 시기에 이미 결합된 형태로 발화하는 것으로 보아, 보조사의 결합 가능성을 인지하고 있는 것으로 볼 수 있다.

4. 결론

본 연구에서는 31개월부터 43개월의 아동 네 명을 종적으로 관찰하여 유아의 보조사 발달 양상을 살펴보았다. 유아의 보조사 목록과 출현 빈도, 초출 시기를 중심으로 사용 양상을 살펴보았고, 보조사가 결합하는 선행 요소에 따른 분포적 양상을 분석하였다. 결과를 정리하면 다음과 같다.

1) 유아들의 보조사 사용 발화 비율은 평균 약 11.4%였고 출현한 보조사 목록은 총 10개였다. 출현 보조사 목록과 출현 순위는 고빈도로 출현하는 상위 3위 '은, 도, 만'을 제외하고는 유아별로 차이가 있었다. 전체 출현 목록의 4위부터 10위까지는 '다(가)', '까지', '들a', '밖에', '부터', '(이)나', '대로'의 순이었는데 유아별로 '(이)나'나 '대로'가 출현하지 않는 경우도 있었다. 형태별 초출 시기는 '은, 도, 만'은 31개월 이전에 습득된 것으로 보이고, '다가, 밖에, 까지, 부터, 들'의 순서로 나타났다.

2) 보조사에 선행하는 요소의 유형을 크게 명사구, 어미, 격조사, 부사, 보조사와의 결합으로 나누어 살펴보았다. 전체적으로는 명사구, 격조사, 어미, 부사 및 보조사 순으로 많이 나타났는데 유아별로 결합 유형의 출현 목록 및 순위는 차이가 있었다.

3) 격조사와의 결합은 모두 6개의 격조사와 결합하였는데 '에', '한테', '에서' 순으로 출현하였고 '로', '랑'과 '하고'도 출현하였다. 어미 결합에서 출현하는 어미는 '-(으)니까', '-(으)면'이 고빈도로 출현하였고 전체 대상자에게 모두 나타났다. '-고'는 두 명의 유아에게만 출현하였으나 세 가지 연결 어미가 모두 출현하는 경우 '-(으)니까', '-(으)면', '-고'의 순이었다. 마지막으로 보조사와 결합하는 경우는 출현 빈도 자체가 높지 않았고 한 번도 출현하지 않은 유아도 있었다. 출현한 경우에는 '까지, 만,

대로, 부터'의 보조사가 '은, 도'와 결합한 형태였고 결합 유형의 초출 시
기는 '은'이 '도'보다 앞섰다.

참고문헌

金南敎(2006). "學習者 말뭉치에 기반한 國語知識의 計量的 硏究 方案－初等學校 일기 말뭉치에서 助詞를 중심으로," 語文硏究 34-4, 한국어문교육연구회.

문현아(2007). 단순언어장애 아동과 일반아동의 보조사 이해 및 산출 비교, 단국대 석사학위 논문.

박석준·남길임·서상규(2003). "대학생 구어 텍스트에서의 조사·어미의 분포와 사용 양상에 대한 연구," 텍스트언어학 15, 한국텍스트언어학회.

배소영(1997). "한국 아동의 문법 형태소 습득에 관한 연구," 언어청각장애연구 2.

배승애(1968). "兒童의 言語發達," 心理硏究 9, 이화여대 사범대학 교육심리학과.

서태룡 (편)(1998). 문법 연구와 자료, 태학사.

이승희·황민아(2002). "3~6세 한국 아동의 보조사 발달에 따른 연구: 은/는, 만, 도," 언어청각장애연구 7-2, 한국언어청각임상학회.

이익섭(1999). 국어문법론 강의, 학연사.

이희란(2004). "2세 한국 아동의 보조사 '은/는' 산출에 관한 종단 연구," 언어청각장애연구 9-3.

임동훈(2004). "한국어 조사의 하위 부류와 결합 유형," 국어학 43.

장미화(1987). 2세아의 어휘 사용에 관한 사례 연구, 이화여대 석사학위 논문.

황미하(2003). 2 ; 6~3 ; 5세 한국아동의 언어습득에 관한 종단적 연구, 단국대 석사학위 논문.

이필영·김정선·이상숙

연령별·성별 보조사 사용*
(4세~6세)

1. 서론

본 연구에서는 만 4~6세 유아들을 대상으로 하여 연령과 성별에 따른 보조사의 사용 양상을 살펴보고자 한다.

유아의 보조사 연구는 아동의 자발어, 그림선택법 등 다양한 자료 수집을 통해 연구가 진행되어 왔다(이연섭·권경안·김성일 1979, 권도하·정분선 2000, 배소영 1997, 이순형 1983, 황미하 2003).[1] 이들 연구는 보조사의 산출

---

* 이 글은 <한국언어문학> 71호(2009)에 "유아의 연령별·성별 보조사 사용에 관한 연구: 4세~6세 아동을 대상으로"라는 제목으로 게재된 논문임.

1) 유아의 보조사에 대한 연구는 횡적 연구와 종적 연구로 구분해 볼 수 있다. 이연섭·권경안·김성일(1979)은 3~6세 아동 22명에 대한 횡적연구를 통해 아동의 자발어에서 조사의 사용빈도를 조사하였는데 '는(대조)'과 '도'의 사용이 3세부터 4세까지는 증가하지만 4세에는 사용비율이 급속히 낮아졌고, 이후 4세 후반부터 다시 증가하기 시작하는 경향을 보였다고 하였다. 권도하·정분선(2000)은 2~5세 아동 190명을 대상으로 한 횡적 연구를 통해 아동의 자발어에서 조사의 사용을 관찰하였다. 이 연구에서는 '는'이 2세 6개월~3세 5개월, '도'는 3세 6개월~3세 11개월, '만'은 4세 이후에 대상 아동 중 50-80%의 아동이 1번 이상 사용했음을 언급하면서 보조사의 사용이 활발히 이루어지는 시기를 보여주었다. 배소영(1997)은 2~7세 아동 60명을 대상으로 그림선택법을 이용해 '가, 이, 는, 도, 를'의 이해에 관해 살펴보았다. 이 연구에 포함된 보조사는 '는'과 '도'인데 '는'이 '도'보다 더 빨리 습득

빈도와 사용 비율을 중심으로 하여 발달 순서와 사용 양상을 조사하였으며, 몇몇 연구는 언어 장애 아동의 판별 기준을 마련하기 위한 것이었다 (김수영·배소영 2002).[2]

이들 보조사 연구에서는 유아가 산출하는 보조사 목록 전체에 대한 고찰이 부족하였으며, 연령에 따른 차이만을 밝히고 있어 언어 발달의 주요 변인인 성별에 따른 차이가 있는지 밝혀지지 않았다. 또한 선행 요소와의 결합이 자유로운 보조사의 특성을 고려한 보조사의 결합 분포적 양상에 대한 논의도 빠져 있다. 이에 본 연구에서는 만 4세~6세 아동을 대상으로 하여 연령 및 성별에 따른 보조사의 출현 목록과 사용 양상을 살펴보고, 보조사와 결합하는 선행 요소와의 분포적 양상을 고찰하고자 한다.

본 연구의 대화 자료는 만 4세~6세 아동을 대상으로 서울 지역 9개 기관의 유치원과 어린이집에 방문하여 수집하였다.[3] 녹음 환경은 빈 교실에 두 명씩 짝을 지어 40분 동안 자유롭게 놀이를 하며 대화를 하도록 하였다. 조사원은 대화 현장에 참여하여 아동의 이름을 확인하면서 이를 녹음하여 자료 분석 시에 아동별 구분이 원활히 이루어질 수 있도록 하고, 녹음 관련 주의 사항을 알려준 다음, 대화 현장에서 물러나 있도록 하였다. 그러나 조사 대상자의 연령이 낮아 아동들만으로는 언어적인 상호작용이 거의 이루어지지 못하거나, 녹음 시작 전부터 대상자들이 긴장

되었다고 하였다. 이순형(1983)은 종적연구로 2세 8개월부터 2세 11개월 사이에 '도'와 '만'이 빈번히 산출되지만 대조를 나타내는 '는'은 2세 11개월부터 4세 3개월 사이에 관찰되었다고 하였다. 황미하(2003)는 1명의 아동을 대상으로 하여 30개월에서 41개월 동안 언어 습득 양상을 살펴보았는데, 보조사 습득에서는 '은/는'이 가장 많이 산출되었고, '도', '요', '만', '밖에'의 순으로 많이 나타났으며 3세 이전과 이후를 비교했을 때 전체 보조사 산출 빈도에 있어서 특별한 차이는 보이지 않았다.

2) 김수영·배소영(2002)에서는 보조사의 사용 빈도는 정상 아동과 단순 언어 장애 아동의 차이가 없으며 정상 아동은 하지 않는 보조사 첨가나 탈락 실수를 단순 언어 장애 아동이 보인다고 하였다.

3) 본 연구는 한양대학교 교육문제연구소의 <연령별 구어 말뭉치>의 자료를 사용하였다.

하여 대화나누기를 꺼려하는 경우 등에는 조사원이 참여하여 대화를 유
도하였다. 조사 대상 아동의 연령별, 성별 분포는 다음 <표 1>과 같다.

<표 1> 조사 대상자의 연령별·성별 분포

나이(만)	4세		5세		6세		총합계
성별	여자	남자	여자	남자	여자	남자	
대상자수	44	41	58	55	39	40	277

조사 수집된 대화 녹음 자료는 3차에 걸쳐 파일 당 2,000어절씩 한글
파일로 전사하였다.[4] 한글 전사 파일을 기초 자료로 하여 보조사 연구를
위한 분석은 다음의 절차에 의해 진행되었다.

1) 한글 파일에서 보조사가 포함된 유아 발화를 표시하는 1차 태깅을
실시하였다.

2) 1차 태그 파일에서 보조사 발화만을 추출한 후 엑셀 파일로 변환하
여 2차 태깅을 실시하였다. 2차 태깅 정보는 조사 대상자 정보, 출현 보
조사 형태, 대표형, 선행 결합 요소의 항목이다. 태깅의 실제 형식을 보
이면 다음과 같다.

나이	성별	대상자번호	말차례 번호	발화	형태	대표형	결합	비고
4	F	B59	127	난 경찰서 해야지	ㄴ	은	명사구	

---

4) 전사는 국어학 전공자들이 참여하였고 일정한 전사 원칙에 따랐다. 유아의 1차 전사는 발화
자 표시와 발화 내용으로 이루어져 있는데, 대화 내용을 그대로 문자한 가장 기초적인 자료
이다. 2차 전사는 발화자 정보, 녹음 시간, 날짜, 전사 시간 등에 대한 정보를 표시한 헤더를
부착하였으며, 표준어 표기, 말겹침이나 군말, 비언어적 음성, 휴지 등 발화 상황을 이해하
는 데 도움이 되는 정보, 발화자의 특이한 어조 등의 정보를 표시하였다. 3차 전사는 자료의
익명성을 보장하기 위한 작업이었다.

‘나이, 성별, 대상자 번호’는 조사 대상 아동에 대한 정보이고, ‘말차례 번호’는 해당 발화가 한글 파일에서 출현한 말차례 번호이다. ‘형태’에는 발화에 출현한 실제 형태 정보를 기입하였고, ‘대표형’은 실제 발화에서 출현한 다양한 형태 가운데 대표형을 지정하여 표시하였다. 예를 들어 ‘ㄴ’, ‘은’, ‘는’으로 실제 출현한 형태는 대표형 ‘은’ 하나로 통일하여 기입하였다. ‘결합’은 보조사가 어떤 선행 요소와 결합하는지를 표시하였다.

3) 분석은 보조사의 출현 빈도와 비율, 사용 화자 수와 비율을 조사하여 이루어졌다. 연령별·성별 조사 대상자 수가 동일하지 않기 때문에 출현 빈도와 함께 비율도 제시하였다. 그러나 대화의 주제 등에 따라 동일한 보조사가 반복적으로 사용될 수 있기 때문에 단순 빈도만으로는 사용 분포를 정확히 파악할 수 없어, ‘사용 화자 수’를 기준으로 한 결과도 함께 산출하였다. 조사 집단에서 몇 명의 화자가 사용하는지를 조사함으로써 사용 분포를 살펴본 것이다. 사용 화자 수도 출현 빈도와 마찬가지로 연령별·성별 조사 대상자 수가 다르기 때문에 해당 보조사를 사용한 화자 수를 조사 집단 전체 대상자 수로 나누어 사용 화자 수 비율을 산정하여 제시하였다.

2. 연령별·성별 변인에 따른 형태의 출현과 사용 양상

만 4세~6세 아동의 보조사 사용 빈도를 알아보기 위해 연령별·성별로 전체 발화 수 대비 보조사 출현 빈도와 비율을 <표 2>와 같이 정리해 보았다.

〈표 2〉 전체 발화수 대비 보조사 출현 빈도와 비율5)

나이(만)	성별	전체 발화수(회)	보조사 출현 빈도(회)	보조사 출현 비율(%)
4세	여자	6060	1376	22.71%
	남자	6036	1265	20.96%
5세	여자	8236	2374	28.82%
	남자	9364	2025	21.63%
6세	여자	6297	1951	30.98%
	남자	6127	1427	23.29%
총합계		42120	10418	24.73%

〈표 2〉를 보면, 만 4세~6세 조사 아동 전체의 보조사 출현 비율은 24.73%이고, 연령에 따라 증가하는 추세를 보이고 있었고, 모든 연령에서 남자보다 여자의 보조사 출현 비율이 높게 나타났다. 이필영·김정선·심민희(2009)에서 조사한 만 31개월~43개월 아동의 보조사 출현 비율은 11.4%로 나타나 만 4~6세 아동이 보다 높은 비율로 보조사를 사용하는 것을 알 수 있다.

이제 연령별·성별 변인에 따라 출현하는 보조사의 목록과 사용 양상을 출현 빈도와 사용 화자 수를 중심으로 살펴보도록 하겠다.

2.1. 연령별 형태의 출현 및 사용 양상6)

2.1.1. 보조사의 출현 빈도와 비율

만 4세~6세 아동의 자료에서 출현한 보조사 목록은 총 12개로 이들

---

5) 보조사 출현 비율은 보조사 출현 빈도를 전체 발화 수로 나누어 100을 곱한 값이다.
6) 보조사의 습득은 개별 보조사가 지닌 의미 특성에 따라 결정되기보다는 성인의 언어에서 많이 사용하는 것들부터 차례로 습득하는 것으로 보인다. 또한 보조사의 의미 특성을 범주화하는 것이 매우 까다로운 작업이어서 본 연구에서는 형태 발달을 중심으로 살펴보기로 한다.

을 연령별, 성별 출현 빈도와 비율을 보이면 다음 <표 3>과 같다.

〈표 3〉 연령에 따른 보조사의 출현 빈도와 비율[7]

형태	만 4세		만 5세		만 6세		총합계	
	빈도	비율	빈도	비율	빈도	비율	빈도	비율
은	1363	11.27%	2390	13.58%	1845	14.85%	5598	13.29%
도	678	5.61%	1024	5.82%	698	5.62%	2400	5.70%
만	258	2.13%	409	2.32%	291	2.34%	958	2.27%
들a	131	1.08%	229	1.30%	209	1.68%	569	1.35%
다(가)	54	0.45%	99	0.56%	136	1.09%	289	0.69%
까지	69	0.57%	87	0.49%	58	0.47%	214	0.51%
밖에	25	0.21%	49	0.28%	30	0.24%	104	0.25%
부터	24	0.20%	47	0.27%	22	0.18%	93	0.22%
(이)나	7	0.06%	25	0.14%	37	0.30%	69	0.16%
대로	8	0.07%	18	0.10%	31	0.25%	57	0.14%
씩	19	0.16%	15	0.09%	15	0.12%	49	0.12%
마다	5	0.04%	7	0.04%	6	0.05%	18	0.04%

<표 3>을 보면, 4세, 5세, 6세의 출현 목록이 모두 동일하게 나타났다. 이들 목록에서는 만 31~43개월 아동과 마찬가지로 만 4~6세 아동의 자료에서도 '은'이 가장 고빈도로 출현하고 있었으며, 다음으로 '도, 만, 들a, 다(가), 까지, 밖에, 부터, (이)나, 대로, 씩, 마다' 순으로 나타나고 있었다.[8] 또한 '은, 만, 들a, 다(가), (이)나, 대로, 마다'는 연령이 높아질수록 출현 비율도 높아지고 있었다.

---

7) 총합계 비율은 보조사 출현 빈도를 전체 발화수로 나누어 100을 곱한 값이고, 연령별 비율은 보조사 출현 빈도를 각 연령별 발화수로 나누어 100을 곱한 값이다.

8) '사람들이 많이 모였다.'와 같이 체언에 후행하는 경우에는 '들a'로, '너희나 가서들 만나들 봐라.'와 같이 용언에 후행하는 경우에는 '들b'로 구분하여 태깅하였다. 자료에서 '들b'는 출현하지 않았다.

2.1.2. 보조사의 사용 화자 수와 비율

다음은 출현한 보조사를 연령별로 조사 대상자 가운데 몇 명의 화자가 사용하였는지를 조사하였다. 전체 화자 수에 대비해 해당 보조사 형태를 사용한 화자 수와 비율을 정리해 보이면 다음 <표 4>와 같다.

〈표 4〉 연령에 따른 보조사의 사용 화자 수와 비율[9]

형태	만 4세		만 5세		만 6세		총합계	
	화자 수	비율	화자 수	비율	화자 수	비율	화자 수	비율
은	84	98.82%	111	98.23%	79	100.00%	274	98.92%
도	82	96.47%	110	97.35%	77	97.47%	269	97.11%
만	67	78.82%	104	92.04%	69	87.34%	240	86.64%
들a	46	54.12%	70	61.95%	52	65.82%	168	60.65%
다(가)	23	27.06%	42	37.17%	45	56.96%	110	39.71%
까지	25	29.41%	46	40.71%	31	39.24%	102	36.82%
밖에	20	23.53%	34	30.09%	20	25.32%	74	26.71%
부터	13	15.29%	21	18.58%	19	24.05%	53	19.13%
(이)나	5	5.88%	14	12.39%	23	29.11%	42	15.16%
대로	7	8.24%	12	10.62%	16	20.25%	35	12.64%
씩	7	8.24%	11	9.73%	12	15.19%	30	10.83%
마다	4	4.71%	5	4.42%	5	6.33%	14	5.05%

<표 4>를 보면, '은, 도, 만, 들a'이 50% 이상의 화자가 사용하는 것으로 나타났다. 특히 '은'과 '도'는 조사 대상 아동 중 95% 이상의 아동이 사용하고 있었다. '(이)나, 다(가), 대로, 마다, 씩'은 연령이 높아질수록 사용 화자 수가 많아졌고, '까지, 들a, 만, 밖에, 은'은 4세보다 5세 또는 6세의 사용 화자 수가 많아졌음을 알 수 있다. 즉 연령이 높아질수록 보

---

9) 총합계 비율은 보조사 사용 화자 수를 전체 화자 수로 나누어 100을 곱한 값이고 연령별 비율은 보조사 사용 화자 수를 각 연령별 사용 화자 수로 나누어 100을 곱한 값이다.

조사 형태별 사용 화자 수의 비율은 증가하는 것을 볼 수 있었다. 특히, <표 4>에서 눈여겨 볼 형태는 '다(가)'와 '(이)나'이다. 이 두 형태는 4세와 6세 사이에 큰 폭의 변화 비율을 보이고 있는데, '다(가)'는 4세에 27.06%를 보이던 사용 화자 수 비율이 6세에 이르러서는 56.96%의 비율을 보여 만 4세~6세 시기에 습득이 활발히 이루어지는 형태임을 알 수 있었다. '(이)나'도 4세에 5.88%의 비율이던 것이 6세에 29.11%를 보여 이 시기부터 본격적인 습득이 시작되는 것이라 볼 수 있겠다.

연령별로 보조사 출현 빈도와 사용 화자 수의 비율을 비교해 보면, 두 결과 모두 '은, 도, 만, 들a, 다(가), 까지, 밖에, 부터, (이)나, 대로, 씩, 마다'의 순으로 나타났고, 연령이 높아질수록 보조사의 사용 비율도 높아졌다.

2.2. 성별 형태의 출현 및 사용 양상

2.2.1. 보조사의 출현 빈도와 비율

만 4세~6세 아동의 성별에 따른 보조사 출현 빈도와 비율을 정리해 보이면 다음 <표 5>와 같다.

<표 5> 성별에 따른 보조사의 출현 빈도와 비율

형태	여자		남자		총합계	
	빈도	비율	빈도	비율	빈도	비율
은	3115	15.13%	2483	11.53%	5598	13.29%
도	1263	6.13%	1137	5.28%	2400	5.70%
만	540	2.62%	418	1.94%	958	2.27%
들a	317	1.54%	252	1.17%	569	1.35%
다(가)	189	0.92%	100	0.46%	289	0.69%
까지	85	0.41%	129	0.60%	214	0.51%

형태	여자		남자		총합계	
	빈도	비율	빈도	비율	빈도	비율
밖에	44	0.21%	60	0.28%	104	0.25%
부터	41	0.20%	52	0.24%	93	0.22%
(이)나	31	0.15%	38	0.18%	69	0.16%
대로	32	0.16%	25	0.12%	57	0.14%
씩	30	0.15%	19	0.09%	49	0.12%
마다	14	0.07%	4	0.02%	18	0.04%

총 12개의 형태 목록 가운데 '은, 도, 만, 들a, 다(가), 대로, 씩, 마다'의 8개 형태에서 여자가 남자보다 출현 빈도와 비율이 높게 나타났고, '까지, 밖에, 부터, (이)나'의 4개 형태에서 남자가 여자보다 높게 나타났다. 고빈도 순위는 여자와 남자 모두 동일하게 '은, 도, 만, 들a'의 순으로 출현하였지만, 그 이외의 보조사는 남자와 여자가 조금 다르게 나타났다. 여자는 '다(가), 까지, 밖에, 부터, 대로, (이)나, 씩, 마다' 순으로 나타난 것에 비해서 남자는 '까지, 다(가), 밖에, 부터, (이)나, 대로, 씩, 마다'의 순으로 나타나 차이를 보이고 있다. 그러나 '은, 도, 만, 들a'를 제외한 형태들은 출현 빈도가 극히 낮아 성별에 따른 차이라고 보기에는 무리가 있다.

2.2.2. 보조사의 사용 화자 수와 비율

성별 변인에 따른 보조사의 형태별 사용 화자 수와 비율을 살펴보기로 한다.

〈표 6〉 성별에 따른 보조사의 사용 화자 수와 비율

대표형	여자		남자		총합계	
	화자 수	비율	화자 수	비율	화자 수	비율
은	141	100.00%	133	97.79%	274	98.92%
도	135	95.74%	134	98.53%	269	97.11%
만	125	88.65%	115	84.56%	240	86.64%
들a	90	63.83%	78	57.35%	168	60.65%
다(가)	64	45.39%	46	33.82%	110	39.71%
까지	49	34.75%	53	38.97%	102	36.82%
밖에	33	23.40%	41	30.15%	74	26.71%
부터	27	19.15%	26	19.12%	53	19.13%
(이)나	21	14.89%	21	15.44%	42	15.16%
대로	18	12.77%	17	12.50%	35	12.64%
씩	15	10.64%	15	11.03%	30	10.83%
마다	13	9.22%	1	0.74%	14	5.05%

〈표 6〉을 보면, 여자 화자는 모두 '은'을 사용하였지만, 남자는 '도'를 사용한 화자가 약간 높았다. 성별로 보조사 사용 화자 수의 비율을 살펴보면 '은, 만, 들a, 다(가), 부터, 대로, 마다'는 여자가 남자에 비해서 더 높게 나타났는데 그 중에서 '다(가), 마다'는 눈에 띄게 여자가 남자보다 사용 화자의 비율이 높았다. 반면 '도, 까지, (이)나, 씩'은 남자가 여자보다 더 높게 나타났다.

성별로 보조사 출현 빈도 비율과 사용 화자 수의 비율 결과를 정리해 보면, 두 결과 모두 '은, 도, 만, 들a, 다(가), 까지, 밖에, 부터, (이)나, 대로, 씩, 마다' 순으로 나타났다. 출현 빈도에서는 총 12개 보조사 중 '은, 도, 만, 들a, 다(가), 대로, 씩, 마다'의 8개가 여자가 높았고, 사용 화자 수에서는 '은, 만, 들a, 다(가), 부터, 대로, 마다'의 7개가 여자가 높게 나타나 전반적으로 여자가 남자보다 보조사를 더 많이 사용한다고 할 수 있겠다.[10)]

3. 연령별·성별 선행요소의 분포에 따른 출현과 사용 양상

보조사는 명사구 이외에도 격조사, 어미, 부사, 보조사 등과의 결합도 가능하여 선행 성분과의 결합이 자유로운 편이다. 여기에서는 만 4세~6세 아동의 자료에 출현한 보조사의 선행 요소의 분포적 양상을 살펴보고자 한다.

3.1. 연령별 선행요소의 분포에 따른 출현 및 사용 양상

3.1.1. 보조사 선행요소의 분포별 출현 빈도와 비율

보조사의 연령 변인에 따른 선행요소의 분포별 사용 빈도와 비율을 정리해 보면 <표 7>과 같다.

<표 7> 연령 변인에 따른 보조사 선행요소의 분포별 사용 빈도와 비율[11]

형태	만 4세					만 5세					만 6세				
	격조사	어미	명사구	보조사	부사	격조사	어미	명사구	보조사	부사	격조사	어미	명사구	보조사	부사
은	13	14	1303	30	3	51	22	2262	47	8	51	34	1725	31	4
	0.11	0.12	10.77	0.25	0.02	0.29	0.13	12.85	0.27	0.05	0.41	0.27	13.88	0.25	0.03
도	26		634	6	12	35	4	938	17	30	23	2	635	24	14
	0.21		5.24	0.05	0.10	0.20	0.02	5.33	0.10	0.17	0.19	0.02	5.11	0.19	0.11
만	2		119	3	134	11	1	190	6	201	7	1	147	3	133
	0.02		0.98	0.02	1.11	0.06	0.01	1.08	0.03	1.14	0.06	0.01	1.18	0.02	1.07
들a	0		129		2			229					209		
	0.00		1.07		0.02			1.30					1.68		

---

10) 전체 발화수 대비 형태별 발화수 비율(= 보조사 형태별 발화수/전체 발화수 × 100)도 위 결과와 같게 나타났다. '은(11.85%), 도(5.32%), 만(2.15%), 들a(1.22%), 다(가)(0.66%), 까지 (0.47%), 밖에(0.24%), 부터(0.21%), (이)나(0.15%), 대로(0.14%), 씩(0.11%), 마다(0.04%)' 순으로 나타났다.

11) 비율은 보조사 선행요소의 분포별 사용 빈도를 각 연령별 발화수로 나누어 100을 곱한 값이다.

형태	만 4세					만 5세					만 6세				
	격조사	어미	명사구	보조사	부사	격조사	어미	명사구	보조사	부사	격조사	어미	명사구	보조사	부사
다(가)	20		34			23		76			72		64		
	0.17		0.28			0.13		0.43			0.58		0.52		
까지	3		61		5	1		86			2	1	54		1
	0.02		0.50		0.04	0.01		0.49			0.02	0.01	0.43		0.01
밖에			19		6			41		8			22		8
			0.16		0.05			0.23		0.05			0.18		0.06
부터	1		22	1		12		33		2	2		20		
	0.01		0.18	0.01		0.07		0.19		0.01	0.02		0.16		
(이)나			7					24	1				37		
			0.06					0.14	0.01				0.30		
대로			8					18					31		
			0.07					0.10					0.25		
씩			19					14		1			12		3
			0.16					0.08		0.01			0.10		0.02
마다			5					7					6		
			0.04					0.04					0.05		

<표 7>을 보면 출현한 보조사 12개는 모두 명사구와 결합이 이루어졌다. '은'은 4세부터 6세까지 모두 격조사, 어미, 명사구, 보조사, 부사와 결합이 이루어졌고, 연령이 높아질수록 결합 비율도 높아졌다. '도'와 '만'은 4세에는 어미와 결합하지 않다가 5세부터는 결합이 이루어졌다. 그러나 연령에 따른 결합 비율의 규칙성은 보이지 않았다. '들a'는 4세에서는 명사구와 부사와 결합이 이루어졌지만 5세와 6세에서는 명사구와만 결합하였다. 명사구와의 결합 비율은 연령이 높아질수록 비율도 높아졌다. '다(가)'와 '밖에'는 각각 격조사와 명사구, 명사구와 부사와 결합하였는데 결합 비율이 연령이 높아질수록 단계적으로 높아지지는 않았지만 4세와 비교했을 때 6세의 결합 비율이 높게 나타났다. '까지'는 결합 유형이 연령에 따라 단계적으로 많아지지는 않았지만 4세와 비교하였을 때 6

세가 더 많이 나타났다. 하지만 결합 비율은 4세와 6세를 비교하였을 때 같거나 낮았다. '부터'는 4세에서는 격조사와 명사구, 보조사와 결합하였고 5세에서는 격조사, 명사구, 부사와 결합하였으며 6세에서는 격조사, 명사구와 결합하였고, 연령에 따른 결합 비율의 규칙성은 나타나지 않았다. '대로'와 '마다'는 명사구와 결합하였고, 연령이 높아질수록 결합비율도 높아졌다. '(이)나'는 4세와 6세에서는 명사구와 5세에서는 명사구와 보조사와 결합하였는데 명사구와의 결합 비율을 연령이 높아질수록 비율도 단계적으로 높아졌다. '씩'은 4세에서는 명사구와 5세, 6세에서는 명사구와 부사와 결합하였는데 연령에 따른 결합 비율의 규칙성은 나타나지 않았다.

종합해 보면, 격조사, 어미, 명사구, 보조사와의 결합은 연령이 높아질수록 결합비율이 단계적으로 높아졌고 부사와의 결합은 결합 비율이 4세와 5세에는 높아졌다가 6세에 낮아졌다.

3.1.2. 보조사 선행요소의 분포별 사용 화자 수와 비율

연령 변인에 따른 보조사의 선행요소의 분포별 사용 화자 수와 비율을 보이면 다음 <표 8>과 같다.

〈표 8〉 연령 변인에 따른 보조사 선행요소의 분포별 사용 화자 수와 비율[12]

형태	만 4세					만 5세					만 5세				
	격조사	어미	명사구	보조사	부사	격조사	어미	명사구	보조사	부사	격조사	어미	명사구	보조사	부사
은	9	10	84	20	3	33	20	111	27	5	30	20	79	20	4
	10.6	11.8	98.8	23.5	3.5	29.2	17.7	98.2	23.9	4.4	38.0	25.3	100.0	25.3	5.1
도	21		82	6	9	25	3	110	15	19	19	1	77	16	12
	24.7		96.5	7.1	10.6	22.1	2.7	97.4	13.3	16.8	24.1	1.3	97.5	20.3	15.2

---

12) 비율은 보조사 선행요소의 분포별 사용 화자 수를 각 연령별 화자 수로 나누어 100을 곱한 값이다.

형태	만 4세					만 5세					만 5세				
	격조사	어미	명사구	보조사	부사	격조사	어미	명사구	보조사	부사	격조사	어미	명사구	보조사	부사
만	2		53	3	45	10	1	82	4	78	6	1	52	2	48
	2.4		62.4	3.5	52.9	8.9	0.9	72.6	3.5	69.0	7.6	1.3	65.8	2.5	60.8
들a			45		1			70					52		
			52.9		1.2			62.0					65.8		
다(가)	11		16			15		35			32	0	31		
	12.9		18.8			13.3		31.0			40.5	0.0	39.2		
까지	1		23		4	1		46			2	1	29		1
	1.2		27.1		4.7	0.9		40.7			2.5	1.3	36.7		0.0
밖에			16		5			26		8			16		8
			18.8		5.9			23.0		7.1			20.3		10.1
부터	1		12	1		9		17		1	2		18		
	1.2		14.1	1.2		8.0		15.0		0.9	2.5		22.8		
(이)나			5					13	1				23		
			5.9					11.5	0.9				29.1		
대로			7					12					16		
			8.2					10.6					20.3		
씩			7					10		1			10		3
			8.2					8.9		0.9			12.7		3.8
마다			4					5					5		
			4.7					4.4					6.3		

위 <표 8>을 보면, '은'은 4세부터 6세까지 모두 격조사, 어미, 명사구, 보조사, 부사와 결합하였고 연령이 높아질수록 사용 화자 수의 비율도 늘어났다. 특히 6세 명사구와의 결합에서는 모든 화자들이 다 사용하였다. '도'와 '만'은 4세에서 어미와의 결합이 나타나지 않았다. '도'는 격조사와의 결합에서 사용 화자 비율이 낮아졌고 나머지는 모두 비율이 올라갔다. '만'은 보조사와의 결합에서 사용 화자 비율이 내려갔고 나머지는 단계적으로 올라가지는 않았지만 4세와 비교했을 때 비율이 늘어났다. 나머지 보조사들의 결합도 연령이 높아질수록 화자 비율도 높아졌는데 연

령이 높아질수록 결합 유형이 다양해지지는 않았다.

3.1.3. 보조사 선행요소와의 결합 양상13)

앞서 보조사의 분포적 양상을 보조사 형태를 중심으로 살펴보았는데, 다음은 결합하는 선행 요소를 중심으로 하여 살펴보고자 한다.

가. 격조사와의 결합14)

격조사와의 결합을 살펴보면, '에', '에서', '(으)로', '한테', '하고', '보다'의 격조사가 보조사에 선행하는 것을 볼 수 있다.

> (1) ㄱ. 야, 그거 우리 집**에**도 있는데, 이게 잊어버렸다? (4세, 여자)
> ㄴ. 선생님 저는요, 따랑(사랑)유치원**에서**도 그렇게 했어요. (4세, 여자)
> ㄷ. 나 이걸**로**도 계단 만들 수 있는데. (5세, 여자)
> ㄹ. 히- 오빠한테도, 형**한테**도, 무슨 짓이야. (5세, 여자)
> ㅁ. ○○이**하고**는 엄청 친해요, 나보다 더 친해요. (5세, 남자)
> ㅂ. 바이엘**보다**는 조금 더 재밌는 거. (6세, 남자)
> ㅅ. 애**랑** 애**랑**은- 맨날 사랑에 빠졌어. (5세, 여자)
> ㅇ. 나**에게**는 우주인. (5세, 남자)

(1ㄱ)-(1ㅇ)은 자료에서 관찰된 격조사와 보조사의 결합이 이루어진 예들이다. 보조사 '도, 는'이 주로 격조사와 결합하였다.

다음은 연령별로 격조사와 결합하는 보조사의 연령별 사용 화자 수와

---

13) 보조사와 선행요소와의 결합양상에서 출현 빈도는 각주로 처리하도록 하겠다. 출현 빈도 비율은 전체 발화 수로 나눈 것이기 때문에 출현 빈도가 높지 않으면 0.00%으로 나타난다. 따라서 출현 빈도로 연령별·성별 특징을 살펴보기에는 어려움이 있다.

14) 명사구, 부사, 격조사, 보조사, 어미 이상 5가지 분포 유형 가운데서 선행하는 구성이 폐쇄적 집합의 성격을 지닌 격조사, 어미, 보조사와의 결합 양상을 구체적으로 논의하고, 개방적 집합인 명사구와 부사와의 결합 양상은 논외로 하기로 한다.

비율을 살펴보기로 한다.

〈표 9〉 격조사와 결합하는 보조사의 연령별 사용 화자 수와 비율[15]

격조사	만 4세		만 5세		만 6세		총합계	
	화자 수	비율	화자 수	비율	화자 수	비율	화자 수	비율
에	34	40.00%	52	46.02%	47	59.49%	133	48.01%
에서	7	8.24%	17	15.04%	10	12.66%	34	12.27%
(으)로	1	1.18%	4	3.54%	8	10.13%	13	4.69%
한테	3	3.53%	4	3.54%	5	6.33%	12	4.33%
하고	1	1.18%	2	1.77%	0	0.00%	3	1.08%
보다	0	0.00%	1	0.88%	1	1.27%	2	0.72%
에게	0	0.00%	1	0.88%	0	0.00%	1	0.36%
랑	0	0.00%	1	0.88%	0	0.00%	1	0.36%

〈표 9〉를 보면, '에'가 40% 이상의 아동에게서 보조사와 결합하는 것으로 나타났고, 그 다음으로 '에서'가 10% 내외의 화자 비율을 보이면서 보조사와 결합하고 있었다. 이필영·김정선·심민희(2009)에서 조사한 31~43개월 유아의 경우도 '에'와의 결합은 대상 아동 모두에게서 나타났고, 이른 시기에 나타났다. '(으)로'와 '한테'의 경우는 연령이 증가함에 따라 약간의 증가 추세를 보이기는 하지만 사용 화자 수의 비율이 매우 낮은 수준이었다. '하고, 보다, 에게, 랑'과 보조사의 결합은 각 연령에서 한두 화자에게서만 출현하고 있었다.[16]

보조사와 결합하는 격조사 가운데 '에'가 가장 높은 비율의 사용 화자 수를 보였는데 이때 결합하는 보조사는 '도'와 '은'이 높은 출현 빈도를

---

15) 위 비율은 해당 격조사가 결합된 결합 유형 화자 수를 전체 화자 수로 나눈 것이다.

16) 연령별 전체 격조사와의 결합을 살펴보면 화자 수와 동일한 순으로 출현하였고 연령별도 별다른 차이 없이 '에, 에서, (으)로, 한테, 하고, 보다, 랑, 에게' 순으로 나타났다. 격조사 '보다, 에, (으)로, 한테'는 화자 수 결과와 마찬가지로 연령이 높아질수록 사용 화자가 많아졌다.

보였고, '까지, 다(가), 만, 부터' 등 여러 보조사와 결합이 가능하였다. '에서'는 '도, 만, 부터'와 결합하였고, '으로'는 '도, 만', '한테'는 '다(가), 도, 만과 결합하고 있으나 출현 빈도는 매우 낮은 편이었다.

나. 어미와의 결합

만 4~6세 아동의 자료에서 관찰된 보조사와 결합하는 어미에는 '-(으)니까, -(으)면, -고, -(으)ㄹ지, -어, -어라' 등이 있었다.

(2) ㄱ. 제가요, 예뻐서요, 잘 돌봐주**니깐** 친해졌어요. (6세, 여자)
　　ㄴ. 잠깐만 만들**면**은 돼요-? (4세, 남자)
　　ㄷ. 나쁜 놈이다, ((-)), 넌 그래서 당하**고**만 있었지, (5세, 남자)
　　ㄹ. ((-))로 우리가 죽**을지**도 몰라-. (5세, 남자)
　　ㅁ. 똑같이- 바**꿔**만 하자. (6세, 여자)
　　ㅂ. 아들부터 일어**나라**까지 & 여긴 이렇게 돼 있어. (6세, 남자)

(2ㄱ)-(2ㅂ)은 어미와 보조사한 결합한 예들이다. '-(으)니까, (으)면, -고' 등의 어미가 '은, 만, 도, 까지' 등의 보조사와 결합하는 것을 볼 수 있다. 이제 연령에 따라 어미와 결합하는 보조사의 사용 화자 수와 비율을 살펴보기로 한다.

〈표 10〉 어미와 결합하는 보조사의 연령별 사용 화자 수와 비율

어미	만 4세		만 5세		만 6세		총합계	
	화자 수	비율	화자 수	비율	화자 수	비율	화자 수	비율
-(으)니까	9	10.59%	10	8.85%	11	13.92%	30	10.83%
-(으)면	1	1.18%	11	9.73%	9	11.39%	21	7.58%
-고	0	0.00%	3	2.65%	0	0.00%	3	1.08%
-(으)ㄹ지	0	0.00%	1	0.88%	1	1.27%	2	0.72%
-어	0	0.00%	0	0.00%	1	1.27%	1	0.36%
-어라	0	0.00%	0	0.00%	1	1.27%	1	0.36%

<표 10>을 보면, 4세에는 어미 '-(으)니까'만이 10% 정도의 비율로 출현하고 있었고, '-(으)면'은 1명의 화자만이 사용하고 있었다. 5세에는 '-(으)면'이 9.7%, '-고'가 2.6%의 비율로 보이고 있었고, '-고'와 '-(으)ㄹ지'가 매우 낮은 비율로 출현하고 있었다. 6세는 5세와 비교해 보면, '-고' 대신에 '-어'와 '-어라'와 결합하는 경우가 보이고 있지만 사용 화자 수는 1명에 지나지 않고 있었다.[17]

보조사와 결합하는 어미 가운데에는 '-(으)니까'가 '은'과 결합하는 비율이 가장 높았지만 비율로 볼 때는 0.11%로 매우 낮았고, 그밖의 어미와 보조사가 결합하는 형태를 사용한 화자 수의 비율은 더욱 낮은 비율로 나타나고 있었다.

다. 보조사와의 결합

보조사와 결합한 보조사는 '까지, 들, 만, 부터' 등이 있었다. (3ㄱ)-(3ㄹ)이 구체적인 예들이다.

> (3) ㄱ. 그래, 니네**들**도 잘했구나. (4세, 여자)
> ㄴ. 여기 ((-))**까지**만 좀 띠어 줘. (5세, 남자)
> ㄷ. "아웅. 이번**만**은 살려주겠다." (5세, 여자)
> ㄹ. 여기, 여기**부터**는 이렇게 따야(쌓아야) 돼. (4세, 남자)

위의 예들을 보면, '까지, 들, 만, 부터' 등의 보조사가 '도, 만, 은'의 보조사와 결합하는 것을 확인할 수 있다.

---

17) 연령별 어미와 보조사의 결합 비율은 어미 결합 출현 빈도를 전체 발화 수로 나눈 것이다. 전체 발화 수에 비해서 어미와의 결합 출현 빈도가 너무 낮기 때문에 그 비율이 두드러지게 나타나지 않았지만 4세(0.12%), 5세(0.15%), 6세(0.31%)로 연령이 높아질수록 어미와의 결합 비율도 조금씩 높아졌다.

연령에 따라 보조사와 보조사의 결합 양상이 어떤지 사용 화자 수를 중심으로 정리해 보면 <표 11>과 같다.

<표 11> 보조사와 결합하는 보조사의 연령별 사용 화자 수와 비율

보조사	만 4세		만 5세		만 6세		총합계	
	화자 수	비율	화자 수	비율	화자 수	비율	화자 수	비율
들	23	27.06%	37	32.74%	32	40.51%	92	33.21%
까지	1	1.18%	2	1.77%	0	0.00%	3	1.08%
만	0	0.00%	2	1.77%	0	0.00%	2	0.72%
부터	1	1.18%	1	0.88%	0	0.00%	2	0.72%

<표 11>을 보면, 보조사 '들'과 결합하는 비율이 29.41%, 37.17%, 40.51%로 연령이 증가함에 따라 높아지고 있었다. '까지, 만, 부터'는 사용 화자 수가 극히 적었고, 연령에 따라 증가 추세를 보이지 않고 있었다.[18]

보조사 '들'은 '도, 만'과 결합하는 빈도가 높게 나타났으며, 그밖의 보조사들은 매우 낮은 출현 빈도 비율을 보이고 있었다.

3.2. 성별 선행요소의 분포에 따른 출현 및 사용 양상

3.2.1. 보조사 선행요소의 분포별 출현 빈도와 비율

다음은 성별 변인에 따른 보조사 선행요소의 분포 양상을 살펴보기로 한다. 사용 빈도와 비율을 정리하면 다음 <표 12>와 같다.

---

18) 연령별 보조사와의 결합 비율은 보조사 결합 출현 빈도를 전체 발화 수로 나누어 100을 곱한 값이다. 결과는 위 화자 수와 동일하게 '들'(0.37%), '까지'(0.02%), '부터'(0.01%), '만'(0.00%) 순으로 나타났다. '만'이 2번 출현했음에도 불구하고 0.00%로 나타난 것은 '만'의 출현 빈도가 너무 낮아서 값으로 나타나지 않았기 때문이다.

〈표 12〉 성별 변인에 따른 보조사 선행요소의 분포별 사용 빈도와 비율

형태	여자					남자				
	격조사	어미	명사구	보조사	부사	격조사	어미	명사구	보조사	부사
은	75	42	2930	59	9	40	28	2360	49	6
	1.32	0.74	51.39	1.03	0.16	0.85	0.59	50.03	1.04	0.13
도	52	5	1162	26	18	32	1	1045	21	38
	0.91	0.09	20.38	0.46	0.32	0.68	0.02	22.15	0.45	0.81
만	12	1	249	5	273	8	1	207	7	195
	0.21	0.02	4.37	0.09	4.79	0.17	0.02	4.39	0.15	4.13
들a			317					250		2
			5.56					5.30		0.04
다(가)	72		117			43		57		
	1.26		2.05			0.91		1.21		
까지	1		82		2	5	1	119		4
	0.02		1.44		0.04	0.11	0.02	2.52		0.08
밖에			36		8			46		14
			0.63		0.14			0.98		0.30
부터	5		34		2	10		41	1	
	0.09		0.60		0.04	0.21		0.87	0.02	
(이)나			30	1				38		
			0.53	0.02				0.81		
대로			32					25		
			0.56					0.53		
씩			27		3			18		1
			0.47		0.05			0.38		0.02
마다			14					4		
			0.25					0.08		

〈표 12〉를 보면, '은'은 여자와 남자 모두 격조사, 어미, 명사구, 보조사, 부사와 결합하였고, 보조사와의 결합을 제외하고는 모두 여자가 남자보다 결합 비율이 높게 나타났다. '도'와 '만'도 격조사, 어미, 명사구, 보조사, 부사와의 결합이 이루어졌는데 '도'와 '만'은 격조사, 어미, 부사와

의 결합에서는 여자가 남자보다 결합 바율이 높았고 명사구, 보조사와의 결합에서는 남자가 여자보다 결합 비율이 높게 나타났다. '들a'는 여자에서는 명사구와의 결합만 나타났고 남자에서는 명사구와 부사와의 결합이 나타났는데, 명사구와의 결합에서는 여자가 남자보다 결합 비율이 더 높게 나타났다. '다(가)'는 격조사와 명사구와 결합되었고, 여자가 남자보다 결합 비율이 더 높았다. '까지'는 여자에서는 격조사, 명사구, 부사와 결합하였고 남자에서는 격조사, 어미, 명사구, 부사와 결합하였는데 공통으로 나타난 격조사, 명사구, 부사와의 결합을 살펴보면 남자가 여자보다 출현비율이 더 높았다. '밖에'는 여자와 남자 모두 명사구와 부사와 결합하였는데 남자가 여자보다 출현 비율이 더 높게 나타났다. '부터'는 여자에서는 격조사, 명사구, 부사와 결합하였고 남자에서는 격조사, 명사구, 보조사와 결합하였는데 공통으로 나타난 격조사, 명사구와의 결합을 살펴보면 남자가 여자보다 결합 비율이 더 높았다. '(이)나'는 여자에서는 명사구와 보조사와 결합하였고 남자에서는 명사구와 결합하였다. 명사구 결합 비율 역시 남자가 여자보다 더 높았다. '대로'와 '마다'는 여자와 남자 모두 명사구와 결합하였는데 여자가 남자보다 높게 나타났다. '씩'은 여자와 남자 모두 명사구와 부사와 결합하였는데 여자가 남자보다 비율이 높게 나타났다.

종합해 보면, 격조사, 어미, 부사와의 결합은 여자가 남자보다 출현 비율이 높았고 명사구, 보조사와의 결합은 남자가 여자보다 출현 비율이 높게 나타났다.

3.2.2. 보조사 선행요소의 분포별 사용 화자 수와 비율

보조사 선행요소의 분포별 사용 화자 수를 성별 변인에 따라 정리해 보면 다음 <표 13>과 같다.

〈표 13〉 성별 변인에 따른 보조사 선행요소의 분포별 사용 화자 수와 비율

형태	여자					남자				
	격조사	어미	명사구	보조사	부사	격조사	어미	명사구	보조사	부사
은	46	31	139	36	6	26	19	135	31	6
	32.62	21.99	98.58	25.53	4.26	19.12	13.97	99.26	22.79	4.41
도	38	3	135	19	16	27	1	134	18	24
	26.95	2.13	95.74	13.48	11.35	19.85	0.74	98.53	13.24	17.65
만	10	1	99	5	93	8	1	88	4	78
	7.09	0.71	70.21	3.55	65.96	5.88	0.74	64.71	2.94	57.35
들a			90					77		1
			63.83					56.62		0.74
다(가)	35		51			23		31		
	24.82		36.17			16.91		22.79		
까지	1		46		2	3	1	52		3
	0.71		32.62		1.42	2.21	0.74	38.24		2.21
밖에			28		8			30		13
			19.86		5.67			22.06		9.56
부터	5		25		1	7		22	1	
	3.55		17.73		0.71	5.15		16.18	0.74	
(이)나			20	1				21		
			14.18	0.71				15.44		
대로			19					16		
			13.48					11.76		
씩			12		3			15		1
			8.51		2.13			11.03		0.74
마다			12					2		
			8.51					1.47		

<표 13>을 보면, 사용 빈도에서와 마찬가지로 '은'은 여자와 남자 모두 격조사, 어미, 명사구, 보조사, 부사와 결합이 이루어졌는데, 격조사, 어미, 보조사와의 결합은 여자가 높았고 명사구와 부사와의 결합은 남자가 더 높게 나타났다. '도'와 '만'에서도 결합이 모두 나타났는데 '도'는 명

사구와 부사와의 결합에서 남자가 사용 화자 수가 더 많았고 '만'은 어미와의 결합에서 남자가 여자보다 사용 화자 수가 더 많이 나타났다. '들a'는 여자에서는 명사구와의 결합만 나타났고 남자에서는 명사구와 부사와의 결합이 나타났는데 공통으로 나타나는 명사구와의 결합에서는 여자가 사용 화자 수가 더 많았다. '다(가)'는 격조사와 명사구와 결합하였는데 여자가 남자보다 사용 화자 수가 더 많았다. '까지'는 여자에서는 격조사, 명사구, 부사와 결합하였고 남자에서는 격조사, 어미, 명사구, 부사와 결합하였는데 공통으로 나타난 격조사, 명사구, 부사와의 결합에서는 남자가 결합 비율이 더 높게 나타났다. '밖에'는 모두 명사구와 부사와 결합하였는데 남자가 여자보다 결합 비율이 더 높았다. '부터'는 여자에서는 격조사, 명사구, 부사와 결합하였고 남자에서는 격조사, 명사구, 보조사와 결합하였는데 공통으로 나타난 격조사, 명사구와의 결합에서 여자가 남자보다 사용 화자 수가 더 많았다. '(이)나'는 여자에서는 명사구와 보조사와 결합하였고 남자에서는 명사구와 결합하였는데 공통으로 나타난 명사구와의 결합에서 남자가 여자보다 사용 화자 수가 더 많았다. '대로'와 '마다'는 남자와 여자 모두 명사구와만 결합하였는데 모두 여자가 남자보다 사용 화자 수가 더 많았다. '씩'은 남자와 여자 모두 명사구와 부사와 결합하였는데 명사구 경우에는 남자가 사용 화자 수가 더 많았고 부사 경우에는 여자가 남자보다 사용 화자 수가 더 많았다.

3.2.3. 보조사와 선행요소와의 결합 양상

성별에 따른 보조사의 분포적 결합 양상에 대해 보조사에 선행하는 요소들을 중심으로 살펴보기로 한다.

가. 격조사 결합

격조사와 결합하는 보조사의 성별 변인에 의한 결과를 살펴보기로 한다.

〈표 14〉 격조사와 결합하는 보조사의 성별 사용 화자 수와 비율

격조사	여자		남자		합계	
	화자 수	비율	화자 수	비율	화자 수	비율
에	77	54.61%	56	41.18%	133	48.01%
에서	19	13.48%	15	11.03%	34	12.27%
(으)로	9	6.38%	4	2.94%	13	4.69%
한테	8	5.67%	4	2.94%	12	4.33%
하고	2	1.42%	1	0.74%	3	1.08%
보다	1	0.71%	1	0.74%	2	0.72%
랑	1	0.71%	0	0.00%	1	0.36%
에게	0	0.00%	1	0.74%	1	0.36%

성별 변인에 의한 결과를 보면, 연령 변인에 의한 결과와 마찬가지로 여자와 남자 모두 '에, 에서'가 각각 40-50%, 10% 내외의 사용 화자 수 비율을 보였고, 여자가 남자에 비해서 격조사와의 결합 비율이 더 높았다. 격조사별로 살펴보면 '보다'와 '에게'만 남자가 더 높게 나타났으며, 여자에서는 '에게'와의 결합이 한 번도 나타나지 않았고 남자에서는 '랑'과의 결합이 한 번도 나타나지 않았다.[19)]

나. 어미와의 결합

어미와 결합하는 보조사의 성별 변인에 의한 결과를 정리해 보면 〈표 15〉와 같다.

---

19) 성별 격조사와의 결합을 출현 빈도로 살펴보면 화자 수와 동일한 순으로 출현하였고 전체적으로 여자가 남자에 비해서 출현 빈도가 높았다.

〈표 15〉 어미와 결합하는 보조사의 성별 사용 화자 수와 비율

어미	여자		남자		합계	
	화자 수	비율	화자 수	비율	화자 수	비율
-(으)니까	20	14.18%	10	7.35%	30	10.83%
-(으)면	11	7.80%	10	7.35%	21	7.58%
-(으)ㄹ지	2	1.42%	0	0.00%	2	0.72%
-고	1	0.71%	2	1.47%	3	1.08%
-어	1	0.71%	0	0.00%	1	0.36%
-어라	0	0.00%	1	0.74%	1	0.36%

'-(으)니까, -(으)면, -(으)ㄹ지, -어'의 어미와 결합하는 비율은 여자가 높게 나타났는데 특히 '-(으)니까'의 경우는 2배 정도의 차이가 있었다. '고'와 '어라'는 남자가 높게 나타났지만, 사용 화자 수가 낮아 성별에 의한 차이라고 보기에는 무리가 있다.[20]

다. 보조사와의 결합

성별 변인에 따른 보조사와 보조사의 결합 양상을 정리해 보면 연령 변인의 결과와 큰 차이가 없다.

〈표 16〉 보조사와 결합하는 보조사의 성별 사용 화자 수와 비율

보조사	여자		남자		합계	
	화자 수	비율	화자 수	비율	화자 수	비율
들	50	35.46%	42	30.88%	92	33.21%
만	2	1.42%	0	0.00%	2	0.72%
부터	1	0.71%	1	0.74%	2	0.72%
까지	0	0.00%	3	2.21%	3	1.08%

---

20) 어미와의 결합을 출현 빈도로 살펴보면 전체적으로는 화자 수 결과와 동일하게 여자 (0.23%)가 남자(0.14%)보다 결합 비율이 더 높았다. 그러나 개별 어미와의 결합 비율은 출현 빈도가 너무 낮아 0.00%으로 표시되어 값으로 나타낼 수 없었다.

<표 16>에서 보듯이 보조사 '들'과 결합하는 비율이 남녀 모두 30% 이상을 보이고 있고, 여자가 남자에 비해 높게 나타나고 있었다. 그밖의 보조사는 화자 수가 1-3명으로 매우 적게 나타나고 있어 남녀 차이를 논하기에는 무리가 있다.[21]

4. 결론

본 연구는 만 4세~6세 아동의 보조사 사용에서 나타나는 연령별·성별 특징을 형태의 출현 및 사용 양상과 선행요소의 분포에 따른 출현 및 사용 양상으로 나누어서 살펴보았다. 본 연구에서는 출현 빈도와 사용 화자 수를 조사하여 분석하였으며, 결과를 정리하면 다음과 같다.

1) 만 4세~6세 아동은 연령이 높아질수록 보조사를 사용하는 비율이 높아졌다. 연령별로 보조사 출현 빈도와 사용 화자 수의 비율을 보면, 두 결과 모두 '은, 도, 만, 들a, 다(가), 까지, 밖에, 부터, (이)나, 대로, 씩, 마다'의 순으로 나타났고, 연령이 높아질수록 보조사의 사용 비율도 높아졌다.

2) 성별로 보조사 출현 빈도 비율과 사용 화자 수의 비율 결과를 정리해 보면, 두 결과 모두 '은, 도, 만, 들a, 다(가), 까지, 밖에, 부터, (이)나, 대로, 씩, 마다' 순으로 나타났다. 출현 빈도에서는 총 12개 보조사 중 '은, 도, 만, 들a, 다(가), 대로, 씩, 마다'의 8개가 여자가 높았고, 사용 화자 수에서는 '은, 만, 들a, 다(가), 부터, 대로, 마다'의 7개가 여자가 높게

---

21) 보조사와의 결합을 출현 빈도로 살펴보면 사용 화자 수 결과와 마찬가지로 여자(0.44%)가 남자(0.36%)보다 결합 비율이 더 높게 나타났다.

나타나 전반적으로 여자가 남자보다 보조사를 더 많이 사용한다고 할 수 있겠다.

　3) 연령별 선행요소의 분포에 따른 출현 양상에서는 '은'이 빈도 비율과 화자 수 비율에서 가장 높게 나타났고, 격조사, 어미, 명사구, 보조사와의 결합은 연령이 높아질수록 결합 비율이 단계적으로 높아졌고 부사와의 결합은 결합 비율이 4세와 5세에는 높아졌다가 6세에 낮아졌다.

　4) 성별에 따른 선행요소의 분포적 특성을 종합해 보면, 격조사, 어미, 부사와의 결합은 여자가 남자보다 출현 비율이 높았고 명사구, 보조사와의 결합은 남자가 여자보다 출현 비율이 높게 나타났다.

　본 연구에서 분석한 만 4~6세 아동의 보조사 사용에 대한 결과는 유아의 교육 자료 및 평가 도구 개발에 기초 자료로 활용 가능하다. 동일한 내용이라도 보다 풍부한 전달 의도를 표현할 수 있는 보조사는 표현 언어 능력을 기르고 평가할 수 있는 지표로 삼을 수 있을 것이다.

참고문헌

권도하 · 정분선(2000). "2-5세 아동의 조사 발달 연구," 언어치료연구 9-1.

김수영 · 배소영(2002). "언어발달 지체 아동의 문법 형태소 사용 특성," 음성과학 9-4.

문현아(2007). 단순언어장애 아동과 일반아동의 보조사 이해 및 산출 비교, 단국대 석사학위 논문.

박석준 · 남길임 · 서상규(2003). "대학생 구어 텍스트에서의 조사 · 어미의 분포와 사용 양상에 대한 연구," 텍스트언어학 15, 한국텍스트언어학회.

배소영(1997). "한국 아동의 문법 형태소 습득에 관한 연구," 언어청각장애연구 2.

이순형(1983). "한국 아동의 언어 획득에 관한 연구 II," 덕성여대 논문집 12, pp. 183-203.

이승희 · 황민아(2002). "3-6세 한국 아동의 보조사 발달에 따른 연구: 은/는, 만, 도," 언어청각장애연구 7-2, 한국언어청각임상학회.

이연섭 · 권경안 · 김성일(1979). 한국 아동의 구문발달(I), 한국교육개발원.

이필영 · 김정선 · 심민희(2009). "유아의 보조사 사용에 관한 종적 연구: 31-43개월 아동을 대상으로," 청람어문교육 40.

이희란(2004). "2세 한국 아동의 보조사 '은/는' 산출에 관한 종단 연구," 언어청각장 애연구 9-3.

장미화(1987). 2세아의 어휘 사용에 관한 사례 연구, 이화여대 석사학위 논문.

황미하(2003). 2;6-3;5세 한국아동의 언어습득에 관한 종단적 연구, 단국대 석사학위 논문.

제2장
문법 범주의 발달

이필영·전은진·안정호

시제·상 형태 습득*
(24개월~35개월)

1. 서론

어린 아이들이 언어를 학습해 나가는 과정은 매우 신기하다. 체계화된 문법 구조나 형태를 학습하지 않아도 어린 아이들은 저절로 언어를 배워 나간다. 물론 언어를 배워 가는 과정에서 실수도 하고 오류도 범하지만 결국은 모국어 직관을 가진 화자로 성장한다. 그렇다면 과연 어떠한 과정을 통해서 어린 아이들이 모국어 체계를 습득해 나가는 것인가?

아이들의 문법 발달을 살펴보면, 어떤 아이는 이른 시기부터 여러 개의 단어로 구성된 발화를 산출하지만, 어떤 아이는 2세가 되어서야 비로소 단어를 조합하기 시작한다. 이처럼 문법 발달의 속도에서 보면 개인차가 크기 때문에 연령은 아동의 문법 발달 수준에 대한 정확한 지표를 제시하기 어렵다. 따라서 24개월 아동이 한 단어를 발화하는 것도, 완벽한

---

* 이 글은 <한국어학> 44호(2009)에 "영아의 시제·상 형태 습득에 관한 연구"라는 제목으로 게재된 논문임.

문장을 구사하는 것도 큰 문제는 아니다. Brown(1973)은 세 아동의 종단적 연구에서 14개의 문법 형태소의 출현을 추적하였는데, 아동은 세 단어를 조합할 때쯤 문법 형태소가 처음 나타났다.[1] 그리고 14개의 형태소가 습득되는 순서가 여러 아동에게서 매우 비슷하게 나타났다. 즉 각 아동이 발달 속도는 다르지만 14개의 형태소를 비슷한 순서로 습득한다는 것을 알 수 있었다. De Villiers와 de Villiers(1973)에서도 언어 발달 수준이 다른 21명의 아동이 같은 순서의 발달을 보인다는 것을 발견하였다. 즉, 오직 몇 개의 문법 형태소만을 사용하는 아동은 모든 아동에게서 처음 나타나는 형태소만을 가지고 있을 가능성이 있고, 늦게 나타나는 형태소를 사용하는 아동은 더 빨리 나타나는 형태소를 모두 가지고 있을 가능성이 있다는 것이다(이현진 외 2001: 251-254 재인용).

이 연구에서는 위와 같은 문법 형태소 습득의 일환으로 유아의 시상 표현 발달을 고찰하기로 한다. 생후 12개월을 전후하여 유아들은 의미 있는 첫 단어를 산출하고, 24개월 정도가 되면 일반적으로 성인과 같은 통사적 규칙 사용이 시작되기 때문에, 이 연구에서는 24개월부터 약 1년간 4명의 대상자의 발화를 종적으로 관찰하여 시제·상 표현의 발달을 고찰해 보기로 한다.[2]

---

1) 14개의 문법 형태소는 '현재진행(+ing), in, on, 복수(+s), 불규칙 과거(예, came, went), 소유격(+'s), 축약되지 않은 계사(am, is, are, was, were), 관사(a, the), 규칙 과거(+d), 3인칭 규칙(+s; 예, she talks), 3인칭 불규칙(예, does, has), 축약되지 않은 조동사(am, is, are, has, have), 축약된 계사('m, 's, 're), 축약된 조동사(+ing과 결합될 때 'm, 's, 're; has been과 같은 과거 분사와 결합될 때 've, 's)'이다.

2) 지금까지 언어 습득과 관련된 종적인 연구는 많이 이루어지지 않았다. 그 이유에는 여러 가지가 있겠지만 현실적인 이유가 가장 클 것이다. 먼저 어린 아이들이 언어를 습득해 가는 과정은 눈에 보이지 않기 때문에 겉으로 드러나는 현상을 연구 자료로 삼아 발달 과정을 분석하는 귀납적 연구 방법을 활용해야 한다. 그래서 다수의 언어 자료를 수집하고 그것을 일정한 기준을 세워 분석하는 과정이 필요하지만 문어 자료에 비해서 구어 자료를 수집하는 데에는 몇 배 이상의 시간과 노력이 요구된다. 왜냐하면 구어 자료에는 우리가 예상할 수 없는 수많은 변이형들과 비문법적 형태들이 존재하기 때문에 일관되고 정확한 기준으로 전

2. 자료 처리와 범주 구분

2.1. 연구 대상 및 자료 분석

이 연구는 24개월부터 35개월까지 유아들의 발화에 나타나는 시제와 상 형태를 분석하였다. 본 연구의 분석 대상이 된 자료는 <연령별 대화 말뭉치> 가운데 일부이다. 이 말뭉치 자료에서 남녀와 형제 순위를 고려하여 4명의 대상자를 선정하였는데, 이 대상자의 자료는 대상자와 엄마의 대화를 매주 1회 60분 연속으로 일 년 이상 녹음하여 전사한 종적인 자료이다.

이 연구에서 활용한 네 명의 대상자는 각 F1, F2, M1, M2로 지칭하는데, F1과 F2가 여아, M1과 M2가 남아이다. 분석한 전사 파일은 24개월부터 35개월까지의 자료이고, 각 파일은 2000어절 정도까지 전사되었으며, 전체 파일 수는 151개이다. 대상자별, 월령별 파일 수를 제시하면 다음과 같다.

<표 1> 자료 현황

개월	24	25	26	27	28	29	30	31	32	33	34	35	계
F1	3	4	3	4	3	4	4	3	3	4	2	2	39
F2	0	3	2	4	4	2	2	3	3	4	4	6	37
M1	2	4	4	4	3	2	2	3	3	3	2	3	35
M2	5	4	5	4	4	5	4	4	5	0	0	0	40
계	10	15	14	16	14	13	12	13	14	11	8	11	151

사하는 것도 어려울 뿐만 아니라 그 자료를 가지고 합리적으로 항목을 나누어 분석하는 것도 어렵기 때문이다. 또한 이러한 자료 수집 및 연구가 일회적으로 끝난다면 의미가 없을 것이다. 언어 발달 과정을 연구해야 하는 것이기 때문에 특정 대상자를 일정한 기간 동안 지속적으로 관찰하고 자료를 수집해야 하는데 이것 또한 연구의 현실적인 어려움이라고 할 수 있다.

월령별 파일 수는 위에 제시한 바와 같이 다소 차이가 있기 때문에 3, 4
장의 통계 자료에서는 한 파일당 출현 빈도수(=출현횟수/파일수)로 환산하
여 제시하였다.3) 유아의 경우는 형태의 습득이 매우 빠른 속도로 이루어
지기 때문에 각 개월에 따라서 발달차가 크게 나타난다. 따라서 이 연구
에서는 세밀한 관찰을 위해 월령별로 자료를 분석하였다.

자료 처리 과정은 다음과 같다. 먼저 울트라에디터 프로그램을 이용하
여 151개의 파일에 나타난 시제, 상 형태에 {시상} 태그를 붙여서 1차
가공하였다. 1차 가공이 끝난 자료에서 울트라에디터 프로그램을 이용하
여 시상 표현이 들어 있는 유아 발화만을 추출하였다. 그다음 문장 필터
프로그램을 이용하여 {시상} 형태가 있는 발화를 엑셀 프로그램에 정렬
하여 2차 가공을 하였다. 2차 가공에서는 시제, 상의 큰 범주를 하위 범
주로 세분화하여 시상 형태를 정리하였다.4) 마지막으로 정리된 형태들을
피벗테이블을 이용하여 범주별, 월령별, 대상자별로 3차 가공하였다. 이
때 월령별 파일 수에 차이가 있기 때문에 한 파일당 출현 빈도수로 환산
하여 제시하였고 소수 첫째 자리까지 일관되게 나타냈다.

---

3) 이 연구에서는 출현 형태를 출현 횟수(token)로 계산하여 살펴보았다. 시제 형태와 결합되는
   용언의 다양성(type)을 통해 시제 형태가 다양하게 활용되는 것을 관찰함으로써 발달 과정을
   살펴볼 수도 있지만, 이 연구에서는 이 시기가 시제·상 형태가 점차 늘어나는 시기이므로
   형태의 첫 출현에 주목하여 고찰하였다.

4) 아동이 각 시상 형태를 인식한 것인지의 여부를 판단하는 것은 매우 어려운 일이다. 여기서
   관심을 두는 것은 '인식' 여부가 아니라 '습득' 여부이다. 이 둘의 개념 차이를 정의하는 것
   은 간단한 일이 아닐 것이나, '습득'이라 함은 앞에서도 언급했듯이 단순한 형태의 습득에서
   부터 그 형태의 기능에 이르기까지 다양한 단계를 포함한다. 어떤 형태와 기능을 인식했는
   가를 올바로 측정하려면 이보다는 훨씬 더 많은 관찰 자료들과 기준이 필요할 것이다. 그렇
   게 보면 모방 발화도 일종의 습득 과정이라고 할 수도 있을 것이다. 이에 대한 논의 역시
   간단치 않다고 본다. 본 연구에서는 이 문제에 대한 여러 차례의 논의를 거친 결과 모방 발
   화는 일단 습득 단계로 간주하지 않기로 하고, 출현 사례에서 제외하였다. 즉, 모방 발화와
   형태적 오류는 제외하였고, 축약형이지만 문맥상 시제·상 형태를 사용한 경우로 판단되는
   것은 자료에 포함시켰다.

2.2. 시제·상 형태의 범주 구분

시제·상 형태의 범주 구분을 위해서는 먼저 시제·상과 관련된 선행 연구를 살펴볼 필요가 있다. 아동의 시제와 상 습득과 관련된 기존 연구를 살펴보면 다음과 같다.

먼저 다른 언어의 습득에 관한 연구를 보면, Major(1974)는 아동들이 미래 의미를 나타내기 위해 사용한 'will'과 완료형 'have'를 포함하고 있는 'John will have talked to his teacher.'의 문장을 변형시키는 데 많은 어려움을 느꼈다고 한다. Major는 이 문장이 의미적 (그리고 인식적)으로 복잡하기 때문에 어려운 것 같다고 보았다. Smith(1980)는 아동이 초기에는 현재 이외의 시간 개념을 사용할 수 있지만, 현재는 그 이후에야 사용할 수 있다는 가설을 제기하였다. 예를 들어, Smith는 diPaola와 Smith (1978)의 실험을 기술하면서, 영어를 모국어로 하는 네 살 이상된 아동들이, 행위를 묘사할 때 전적으로 과거 시제 ; 단순 과거(예 He walked)와 과거 진행(He was walking)을 사용하는 것이 밝혀졌다고 설명하고 있다(정동빈 외 1995: 162-164 재인용). 하길종(2001)에서는 영어를 모국어로 하는 유아의 시제 습득 순서는 현재분사 '-ing'를 제일 먼저 습득하고, 규칙과거형 /t/, /d/를 습득한다고 보았다.

한국어의 시상 습득과 관련해서 살펴보면, 곽금주 외(2005)에서는 25개월~30개월 유아들은 동사의 과거 시제와 미래 시제를 사용할 수 있다고 하였다. 이 시기의 유아들은 시간을 나타내는 초보적인 말을 사용하기 시작하고, 25개월에는 31.3%, 27개월에는 55.8%, 29개월에는 64.1%의 유아가 시간을 표현하는 말을 사용한다고 설명하고 있다.

조숙환(2000)에서는 과거 의미의 전달이 활발한 유아(1;9-1;11)의 과거 시제 습득 자료는 아동이 초기에 <과거>라는 추상적인 시제의 의미보다는 상의 의미에 가까운 <완성> 또는 <완성된 결과>를 좀 더 일찍 습득한다는 기존 연구 예측에 반증이 된다고 하였다. 따라서 조숙환(2000)의 연구 결과는 과거 시제가 상보다 더 일찍 습득된다는 견해를 나타내고 있다.

하길종(2001)에서는 시제어의 습득에서 대체로 현재형을 먼저 습득한다고 하였다. 유아가 과거형을 습득하는 시기는 현재형을 습득하는 시기보다는 조금 늦은 3~4세 때이고, 미래형을 습득하는 연령은 5~6세라고 하였다.

Kim(1992)에서는 시제, 시상, 서법, 조동사, 접속사 그리고 발화 계층 등을 표현하는 다양한 술어 굴절어미를 2세 이전에 많이 사용하며 이 술어 굴절어미 사용에서의 실수율은 매우 적은 것으로 보았다. 2세경 유아가 사용하는 굴절어미 중에는 '았/었'의 과거 시제가 포함된다.

선행 연구를 검토한 결과, 과거 시제를 먼저 습득한다는 견해와 현재 시제를 먼저 습득한다는 견해가 상충되고, 시제와 상 습득 순서도 상반된 논의들이 이루어지고 있다. 습득 시기 면에서도 각 연구자마다 차이를 보이고 있다. 또한 형태적인 측면에서 기존 연구는 '-었-' 이외에 다른 형태는 거의 다루지 않고 있고, '-었-'에 대해서도 시제와 상을 통합해서 보기도 하고 분리해서 보기도 하였다. 이에 대해 이 연구에서는 시간 표현을 크게 시제 형태와 상 형태로 구분하고, 24~35개월 아동이 사용한 시제와 상 형태를 모두 분석하여 시간 표현 발달 과정을 살펴보기로 한다.

먼저 시제는 종결형, 연결형, 관형형에 나타날 수 있는데, 연결형의 시제는 어미에 따라 복잡한 양상을 띠므로 본 연구에서는 종결형과 관형형의 시제만을 살펴보기로 한다.5) 그리고 이들 각각을 과거, 비과거로 나누

---

5) 연결어미의 시제는 주지하다시피 복잡한 양상을 지니고 있어서 처리하기가 어렵다. 게다가

었다.6) 상은 크게 완결상과 미완결상으로 분류하는데, 미완결상은 다시 진행상, 반복상, 습관상으로 나누어 분석하기로 한다. 이상에서 언급한 시제·상 형태의 범주 분류표를 작성하면 다음과 같다.

〈표 2〉 시제·상 형태의 범주 분류표

시제	관형형	과거	-던, -었을, -(으)ㄴ7), -었던
		비과거	-(으)ㄴ8), -는, -(으)ㄹ
	종결형	과거	-었-, -었었-, -더-, -었더-
		비과거	-ㄴ/는-, ∅
상	완결상		-어 있다, -어 버리다, -어 나다, -어 내다, -고 말다, -어 먹다, -어 치우다, -어 놓다, -어 두다, -다가 말다, -고 있다(지속)
	미완결상	진행상	-고 있다, -는 중이다, -는 중에 있다, -어 가다, -어 오다, -어 나가다
		반복상	-어 쌓다, -어 대다
		습관상	-곤 하다

다음 장에서는 위에 제시한 범주를 기준으로 하여 시제와 상 형태의 출현 양상을 살펴보기로 한다.

이 시기의 아동들은 아직 연결어미를 자주 사용하지 않기 때문에 연결어미에 결합되는 시제 형태의 수가 그리 많지 않다. 따라서 본 연구에서는 다소 불완전하나마 종결형과 관형형만을 통해서 시제의 발달을 살펴보고자 한다. 연결어미에 대한 연구는 따로 진행중이다.

6) 시제 범주는 학교문법에서는 '과거, 현재, 미래'의 3가지로 나누기도 하지만 일반적으로는 '과거, 비과거'의 이분 대립으로 파악하므로 이 연구에서는 '과거'와 '비과거'로 구분하기로 한다.

7) 동사 어간에 붙는 '-(으)ㄴ'을 가리킨다.

8) 형용사 어간에 붙는 '-(으)ㄴ'을 가리킨다.

3. 시제 형태

이 장에서는 시제 형태를 '종결형'과 '관형형'으로 구분하고 그것을 각각 과거형과 비과거형으로 나누어 살펴보기로 한다. 이 시기는 시제 형태가 점차 하나둘씩 늘어나는 시기이므로, 이 연구에서는 처음 출현하는 형태를 중심으로 시제 형태의 습득 양상을 살펴보기로 한다.

3.1. 종결형

3.1.1. 과거형

먼저 종결형 중 과거의 출현 빈도는 다음과 같다.

〈표 3〉 종결형 과거의 출현 빈도

범주		형태	대상자	24	25	26	27	28	29	30	31	32	33	34	35	총계
종결형	과거	었	F1	41.7	29.5	19.7	21.0	22.7	22.3	17.3	19.0	12.3	19.3	25.0	19.5	269.3
			F2	#9)	9.0	5.6	12.3	11.0	5.2	3.0	14.0	15.6				75.7
			M1						21.0	13.0	26.0	12.0	20.8	14.0	20.0	126.8
			M2	1.0	0.5	1.5		1.3		3.0	0.7	20.0	#	#	#	28.0
		었었	F1	0.3	0.3		0.5	1.0				0.3		0.5		2.9
			M1												0.3	0.3
		더었	F1		0.3		0.5			0.3			0.3			1.4
		었더	F1						0.3							0.3
	계			43.0	39.6	26.8	34.3	36.0	48.8	36.6	59.7	60.2	40.4	39.5	39.8	504.7

〈표 3〉의 수치는 한 파일당 출현 빈도를 제시한 것이다. 2장에서 언급

---

9) 24개월부터 35개월까지의 파일 중에서 F2의 24개월 파일과 M2의 33~35개월까지의 파일은 녹음이 이루어지지 못했다. 따라서 각 표에서 파일이 없는 해당 부분은 '#'로 표시하기로 한다.

한 바와 같이 각 월령별 파일 수가 대상자마다 조금씩 다르기 때문에 이 연구에서는 한 파일당 출현 빈도(=총 출현횟수/파일수)로 환산하여 제시하였다.10)

먼저 과거를 나타내는 종결형의 경우, 선어말 어미 '-었-'을 모든 대상자가 가장 먼저 발화한다는 것을 알 수 있다. F1, F2, M2는 24~25개월부터 사용하고 있다. M1의 경우는 29개월부터 발화하기 시작하였다.

> (1) ㄱ. 시장 갔져(갔어), 놀이토(놀이터) 갔더(갔어). (24개월 F1)
> ㄴ. 아빠 썼더(썼어). (25개월 F2)
> ㄷ. 우아, 차어따(찾았다). (29개월 M1)11)
> ㄹ. 됐다. (24개월 M2)

(1)은 각 대상자별로 과거형 선어말 어미 '-었-'을 발화한 예이다. 다른 형태들과 비교해 보아도 '-었-'의 사용 빈도가 월등히 높은 것으로 나타났다.

다음으로 '-었었-'의 사용은 <표 3>에 제시된 바와 같이 F1과 M1 두 대상자에게서만 나타났다. F1 대상자의 경우는 24개월부터 발화하였고, M1의 경우는 35개월에 처음 발화하였다.

---

10) 이 시기 유아는 개월별로 발달차가 매우 크기 때문에 개월별로 제시해 줄 필요가 있다. 그런데 대상자마다 각 개월별 파일 수에 차이가 있기 때문에 개월별 총 출현 횟수는 의미가 없을 것으로 예상된다. 따라서 이 연구에서는 한 파일당 출현 빈도로 환산하여 제시하였다. 따라서 개월별 출현 빈도를 제시하면서 개월별 파일 수와 개월별 총 출현 횟수까지 보여주기는 지면상 어렵기 때문에, 이 연구에서는 출현 형태의 습득 과정을 살펴보기 위해서 한 파일당 출현 빈도로 환산하여 일관되게 제시하였다.

11) 이 발화의 문맥을 제시하면 다음과 같다.
아동: 우아, 차어따(찾았다).
엄마: 응, 찾았어. 찾았다.
아동: 차따(찾았다).
엄마: 응, 엄마가 저기도 또 찾아갖고 올게.

(2) ㄱ. 공룡 집에 갔덨지(갔었지)? (24개월 F1)

    ㄴ. 집, 집에 와떠떠(왔었어)? (35개월 M1)

(2ㄱ)은 F1이 '-었었-'을 발화한 예이다. F1은 24개월부터 '-었었-'을 사용한 발화가 보이고, 그 이후에도 필요한 상황에서는 오류 없이 '-었었-'을 활용하였다.[12] M1의 경우는 '-었었-'을 35개월에 처음 사용하였다. '-었었-'의 전체 출현 빈도를 보면, F1의 경우는 12개월 동안 총 2.9회, M1은 0.3회 사용함으로써 '-었-'에 비해서 빈도가 현저히 떨어짐을 알 수 있다.

'-더-'의 활용은 F1 한 명만 나타났다.

(3) 온숭이(원숭이)는, 이렇게 않저서(앉아서) 까까를 먹구(먹고) 있드라(있더라). (25개월 F1)

(3)의 예에서 보는 바와 같이, F1은 25개월에 '-더라'의 형태로 '-더-'를 처음 발화하는데, 그 빈도는 12개월을 합쳐서 1.4회로 활용이 높지 않은 것으로 보인다. 그에 따라 과거형의 중첩 형태인 '-었더-'의 출현도 거의 보이지 않는다는 것을 알 수 있다.

(4) 이빈(유빈)이두 보니까, 지닌(지민)이 덩탱(동생)이 옷두 안 입었더라. (29개월 F1)

---

12) 아래 예문은 F1 대상자가 '-었었-'을 발화한 문맥을 제시한 것이다. 아래 예문에서와 같이 적절한 상황에서 오류 없이 활용하고 있는 모습을 볼 수 있다.

유아: 아까, 차 타고, 차 타고,

엄마: 응.

유아: 공룡 집에 갔덨지(갔어지)?

엄마: 언제?

유아: 응, 아까.

(4)는 F1이 '-었더-'를 활용한 예이다. 그러나 29개월에 한 번만 사용하고 있어서 한 파일당 빈도로 환산했을 때는 0.3회가 된다.

과거 종결형을 각 대상자별로 다시 살펴보면 먼저 F1의 경우 '-었-'과 '-었었-'이 가장 먼저 나타났고, 그다음으로 '-더-'의 형태가 보인다. 그리고 4개월 후에 '-었더-'가 나타났다. F2와 M2의 경우는 '-었-' 이외의 형태는 나타나지 않았으나 두 대상자 모두 첫 개월인 25개월, 24개월부터 '-었-'이 나타나서 그 전부터 사용한 것으로 추측된다. M1은 '-었-'이 다른 대상자들에 비해서 비교적 늦은 시기인 29개월에 처음 나타났고 35개월에 '-었었-'이 나타났다.

따라서 네 아동의 발화에 과거 시제 형태가 모두 출현한 것은 아니지만, 대체로 이 시기 아동들의 과거 시제 형태는 '-었- > -었었- > -더- > -었더-'와 같은 순서로 발달할 것으로 추정된다.

'-었었-'의 발달이 '-었-'보다 느린 것은 형태적으로도 전자가 후자에 비해 더 복잡한 형태이기도 하겠지만, 의미적으로도 '-었었-'은 '-더-'처럼 그 기준시가 인식시는 아니지만, 사건시가 심리적으로 상정한 어떤 기준시보다 과거임을 나타내는 시제 형태이기 때문이라고 추정해 본다.13) '-었-'처럼 단순하게 사건시를 발화시와 비교하여 과거임을 나타내는 것이 아니기 때문에 더 먼 과거(또는 대과거)처럼 느껴지거나 단절의 느낌을 주게 되므로 다른 형태보다 습득이 더딘 것으로 추측된다.

그리고 '-었-'보다 '-더-'의 습득이 늦은 것도 시간 개념의 인식의 발달 순서와 연결시켜서 생각해 볼 수 있다. '-었-'은 사건시가 발화시보다 과거임을 나타내 주지만 '-더-'는 사건에 대한 인식시가 발화시보다

---

13) 이를 그림으로 나타내면 아래와 같다.

사건시   심리적 기준시   발화시

과거임을 나타낼 때에 사용할 수 있는 선어말 어미이다. 결국 사건시와 발화시라는 두 가지 시간 개념에 인식시라는 또 하나의 시간 개념이 습득되어야 '-더-'를 사용할 수 있는 것이다. 그러므로 유아들의 언어 습득 과정에서 사건시와 발화시의 시간 관계가 발달한 단계에서 '-었-'을 활발하게 활용할 수 있다면 거기에 인식시까지 발달한 단계가 되어서야 '-더-'를 활용할 수 있을 것이라고 추정할 수 있다.

3.1.2. 비과거형

다음은 종결형의 비과거를 살펴보기로 한다.

〈표 4〉 종결형 비과거의 출현 빈도

범주	형태	대상자	24	25	26	27	28	29	30	31	32	33	34	35	총계
종결형	비과거	는 F1	2.3		1.3	3.5	0.3	1.0		2.0	2.0	3.0	0.5	2.0	17.9
		는 F2	#		0.8	1.0	0.5			1.5	1.2				5.0
		는 M1							1.0				1.0	3.0	5.0
		는 M2								18.7[14]	4.0	#	#	#	22.7
		∅ F1	69.0	50.5	61.3	51.0	58.7	55.0	62.5	73.7	74.0	62.8	75.5	65.0	759.0
		∅ F2	#	13.7	25.5	26.8	34.0	31.5	21.0	30.7	38.0	27.5	33.3	33.7	315.7
		∅ M1		0.5	0.8	4.0	3.0	10.5	26.0	35.0	11.3	28.0	33.0	22.3	174.4
		∅ M2	4.0	5.5	4.6	4.8	16.0	19.6	19.3	20.3	25.8	#	#	#	119.9
계			75.3	70.2	94.3	91.1	112.5	117.6	129.8	181.9	156.3	121.3	143.3	126	1,419.6

종결형에서 비과거를 표현할 경우에는 동사와 형용사, 명사가 각각 다르게 활용된다. 동사의 경우는 '-다, -구나' 등의 어말어미 앞에서 '-는/ㄴ-'이라는 유표적인 형태를 활용해서 비과거를 표현할 수 있지만, 그

---

14) M2의 31개월 자료에서 종결형 '-는/ㄴ-'이 파일당 18.7회의 빈도를 보였다. M2는 31개월부터 "기차 온다.", "기차 간다.", "집에 간다.", "할아버지 온다." 등의 현재형 종결문을 만들기 시작하였고 거기에서 종결형 '-는/ㄴ-'을 사용하였다. 그러나 같은 구조를 가진 문장을 한 화제 안에서 계속 반복하였기 때문에 빈도수에 큰 의미를 부여하지는 못할 듯하다.

밖의 어미 앞에서는 비과거 시제를 유표형으로 나타내지 않는다. 그리고 형용사나 명사의 경우는 아예 유표적인 형태 없이 비과거를 표현하게 된다. 따라서 종결형에서 비과거의 경우는 '-는/ㄴ-'의 빈도수와 'ø' 형태의 빈도수로 나누어서 발달 과정을 살펴보았다.15) 다음은 '-는/ㄴ-'을 사용한 발화를 제시한 것이다.

(5) ㄱ. 공 간다 했더(했어). (24개월 F1)
ㄴ. 신난다! (26개월 F2)
ㄷ. 다(자) 간다. (30개월 M1)
ㄹ. 안다, 아빠 안다. (31개월 M2)

(5)의 예에서 볼 수 있듯이 네 명의 대상자가 처음 '-는/ㄴ-'을 활용하는 연령이 조금씩 다른데, F1, F2는 각각 24개월, 26개월부터 활용을 하지만 M1, M2의 경우는 30개월이 지나면서 조금씩 활용이 보이기 시작한다. 파일당 빈도수의 총계가 대상자별로 각각 17.9회, 5회, 5회, 22.7회로 과거 표현의 유표적인 형태인 '-었-'에 비해서 많이 떨어지지만, '-는/ㄴ-'을 활용할 수 있는 환경이 동사 어간 뒤인 동시에 어미 '-다, -구나'의 앞이라는 제약을 받기 때문이라고 추측해 볼 수 있다.

'ø' 형태의 첫 출현 시점은 대부분의 아동들(F1, F2, M2)이 관찰 시작 개월부터 출현한다. 따라서 'ø'형의 비과거는 24개월 이전에 이미 습득한 것으로 추정된다.16) 전반적으로 'ø' 형태가 '-는-'보다 먼저 사용되었다고 볼 수 있다. 따라서 유아들이 비과거 종결형의 문장을 만들 때 먼

---

15) ø 형태는 '예쁘다, 예뻐, 먹어'처럼 시제 형태가 붙지 않는 무표형의 경우를 말한다. 그리고 '-겠-'은 시제보다는 서법과 관련되는 형태이므로 여기서는 논외로 한다.

16) 이필영·임유종(2004)에서는 비과거형이 서술어 문장을 사용하기 시작한 17개월부터 나타난다고 보았다.

저 형용사나 명사를 활용해서 문장을 만들거나 동사의 무표형을 사용하다가, 그 이후에 유표적인 형태인 '-는/ㄴ-'을 습득하는 것으로 보인다.

지금까지 종결형의 시제 형태를 살펴보았는데, 대상자별로 종결형의 시제 형태의 습득 순서를 정리해 보면 다음과 같다. 먼저 F1의 경우는 'ø, -었-, -는-, -었었-'이 먼저 나타났고, 그 이후에 '-더-'와 '-었더-'가 차례로 나타났다. 그리고 F2는 'ø, -었-'이 초기 자료부터 나타났고, 그다음으로 '-는-'이 나타났다. '-었었-, -더-, -었더-'는 나타나지 않았다. M1은 'ø, -었-, -는-, -었었-'의 순서로 나타났고, '-더-, -었더-'는 나타나지 않았다. M2의 경우는 'ø, -었-'이 초기 자료부터 나타났고, 그다음으로 '-는-'이 나타났다. '-었었-, -더-, -었더-'는 나타나지 않았다. 이러한 결과를 통해 종결형의 출현은 다음과 같은 순서로 나타남을 알 수 있다.[17)]

(6) ø > -었- > -는- > -었었- > -더- > -었더-

---

17) 24개월부터 35개월까지의 빈도(개월별 한파일당 빈도)를 합산해 보면 다음과 같다. 습득이 빠른 형태가 빈도수도 높게 나타났다.

범주		형태	총수	백분율
종결형	과거	었	499.8	25.97%
		었었	3.2	0.17%
		더	1.4	0.07%
		었더	0.3	0.02%
	소계		504.7	26.23%
	비과거	ø	1369	71.14%
		는	50.6	2.63%
	소계		1419.6	73.77%
합계			1924.3	100.00%

그리고 과거가 504.7(26.23%), 비과거가 1419.6(73.77%)로 거의 3배에 가까울 정도로 비과거형의 활용이 활발하였다.

종결형의 시간 표현에서 과거형보다 비과거형의 출현이 조금 빠르고
활용 빈도도 더 높은 편이다. 그런데 '-는-'이 '-었-'보다 뒤늦게 나타
나는 것은 현재로서는 분명하게 설명하기 어렵다. 다만, '-는-'은 비과거
시제 범주 안에서 무표형에 비해서 제한적 환경에서 쓰이는 형태인 데
비해서 '-었-'은 과거 시제 범주 안에서 모든 환경에서 두루 쓰이는 형
태이기 때문이 아닐까 하는 정도의 추정을 해 볼 뿐이다.[18]

3.2. 관형형

3.2.1. 과거형

관형형 과거의 출현 빈도를 살펴보면 다음과 같다.

〈표 5〉 관형형 과거의 출현 빈도

범주		형태	대상자	24	25	26	27	28	29	30	31	32	33	34	35	총계
관형형	과거	은[19]	F1	0.3	0.3	0.3	1.3	0.7	0.8	0.5	0.3	1.7	2.0	0.5	4.0	12.7
			F2	#										1.0	0.7	1.7
		던	F1										1.3			1.3
		었을	F1										0.3	0.5	1.0	1.8
		었던	F1												0.5	0.5
		계		0.3	0.3	0.3	1.3	0.7	0.8	0.5	0.3	1.7	3.6	2.0	6.2	18.0

---

18) 물론 아동에 따라서는 '-는-'의 제한적 환경인 '-다, -구나' 앞에서 '-는다'보다 '-었다'가
  더 먼저 발견되기도 한다(본문의 예 (1ㄷ-ㄹ)과 (5ㄷ-ㄹ) 참조). 이에 대해서 우리는 '-었-'
  이 이미 다른 환경에서의 쓰임을 통해서 충분히 습득된 상태이기 때문에 '-다'의 앞(사실
  이러한 환경이 '-었-'에게는 제한적 환경이 아니라 일반적 환경임)에서까지도 일찍이 쓰일
  수 있었던 것이 아닌가 하고 추정해 본다.
  (1) ㄷ. 우아, 차어따(찾았다). (29개월 M1)
  (5) ㄷ. 다(자) 간다. (30개월 M1)
  (1) ㄹ. 됐다. (24개월 M2)
  (5) ㄹ. 안다. 아빠 안다. (31개월 M2)
19) '-은'은 관형형에서 품사에 따라서 과거로 활용되기도 하고 비과거로 활용되기도 한다.

먼저 과거를 나타내는 관형형의 경우는 '-은'의 활용이 가장 두드러지지만 여아인 F1, F2에게서만 나타난다. F1의 경우는 24개월부터 꾸준히 사용하지만, F2의 경우에는 34개월에 와서야 처음 사용한다. 그 밖에 '-던', '-었을', '-었던'은 F1에게서만 나타나며, 그것도 33~35개월이 되어서야 나타난다. 관형형이 사용된 발화를 제시하면 다음과 같다.

(7) ㄱ. 미끄럼 탄 거야. (24개월 F1)
　　 ㄴ. <u>고자(고장)</u>난 것들은 버려야지. (34개월 F2)
(8) 이빈(유빈)이-, 집에 <u>이뜬(있던)</u> 팽이. (33개월 F1)
(9) 애기 <u>컸들(컸을)</u> 때는-, 꽉 잡으면(잡으면) 안 떨어져. (33개월 F1)
(10) 어~ 노래 그 날 세인(세린)이 언니가 <u>했던</u> 노래. (35개월 F1)

(7)은 과거형 '-ㄴ'이 처음 나타난 발화이다. (8)은 '-던', (9)는 '-었을', (10)은 '었던'이 각각 활용된 예이다.

관형형 과거의 경우는 F1 대상자를 제외하고는 거의 발화하지 못하였기 때문에 대상자별로 발달 순서를 비교하는 것은 불가능하다. 따라서 F1 대상자의 경우만 살펴보면 '-은', '-었을', '-던', '-었던'의 순서로 발달 양상을 보이고 있다.

3.2.2. 비과거형

다음으로 관형형 비과거의 출현 빈도를 살펴보면 다음과 같다.

'-은'이 동사에 활용되면 과거를 나타내지만 형용사에 활용되면 비과거를 나타낸다. 따라서 과거형의 '-은'은 동사에 활용된 예이고 비과거형의 '-은'은 형용사에 활용된 예라고 볼 수 있다.

〈표 6〉 관형형 비과거의 출현 빈도

범주	형태	대상자	24	25	26	27	28	29	30	31	32	33	34	35	총계
관형형	비과거	을 F1	4.0	5.3	3.0	3.5	5.0	2.3	4.3	2.0	2.3	2.5	5.0	3.5	42.7
		을 F2	#	0.7		3.0		3.0	4.0	3.3	6.0	5.0	0.5	4.7	30.2
		을 M1							0.7			2.7	4.0	1.3	8.7
		을 M2									0.4	#	#	#	0.4
		는 F1	2.3	4.3	4.3	1.8	5.0	4.8	6.0	5.3	5.3	6.0	5.0	6.5	56.6
		는 F2	#		0.4		0.5	0.4	1.0	0.5	2.0				4.8
		는 M1											0.3		0.3
		은 F1	1.0			0.8	2.7	3.8	2.0	4.0	2.7	7.3	1.5	7.5	33.1
		은 F2	#	0.7						0.7		0.5	2.0		3.8
		은 M1								1.3		2.0		3.3	6.7
		은 M2						0.5	0.5			#	#	#	1.0
계			7.3	11	7.7	9.1	13.2	14.3	17.8	17.6	19.4	25.5	16.5	29.1	188.3

관형형의 비과거를 살펴보면 '-을, -는, -은'의 형태가 모두 활용되기는 하지만 이 역시 F1, F2에게 집중되어 있으며 남아인 M1, M2는 출현 시기도 늦을 뿐 아니라 활용 빈도나 분포도가 현저히 낮은 것을 볼 수 있다.[20] 그래도 M1의 경우는 월령이 높아질수록 사용 빈도가 늘어나나 M2의 경우는 거의 관형형을 사용하지 못하고 있다.

먼저 비과거 '-을'의 활용을 보면 F1, F2는 초기 자료부터 활용하지만,

---

20) 언어 발달에서 보면, 여아가 남아보다 발달이 빠르다는 것을 알 수 있다. 조성문·전은진 (2004)에서도 여아는 체언, 용언, 관계언에서 남아보다 높은 분포를 보이고 있고, 남아는 수식언, 독립언에서 높은 분포를 보이고 있다. 그리고 체언, 용언, 관계언에서는 여아의 어휘수와 남아의 어휘수가 큰 차이를 보이고 있지만, 수식언, 독립언에서는 남녀 어휘차가 크지 않아서, 전체적으로 보면 여아의 어휘수가 남아의 어휘수보다 높은 분포를 보이고 있다. 이러한 분석 결과, 발달 차이가 두드러진 체언, 용언, 관계언과 관련된 품사들은 아동의 발화에서 '대상+행위'를 나타내는 주어, 서술어를 구성하는 필수 성분으로 기능하고 있는 단어들이고, 발달 차이가 거의 없는 수식언, 독립언으로 사용된 낱말들은 문장 발화에서 주요 성분을 꾸며주거나 감탄과 같은 부수적인 기능을 하고 있는 단어들임을 알 수 있다. 이처럼 필수 성분을 이루는 어휘에서 발달차가 크게 나타나는 것은 여아가 남아보다 어휘 습득과 사용에 있어서 발달이 빠르다는 것을 증명하여 준다.

M1, M2의 경우는 31개월 이후부터 활용하는 것으로 나타났다. 다음은 각 대상자들이 처음 비과거 '-을'을 활용한 예이다.

> (11) ㄱ. 응가할 거야. (24개월 F1)
> ㄴ. 볼 거다? (25개월 F2)
> ㄷ. 따때(싸게) 팔 때? (31개월 M1)
> ㄹ. 이거 안 먹을 거야. (32개월 M2)

(11ㄱ), (11ㄴ), (11ㄹ)의 경우는 1인칭 주어와 '-을 거'가 결합하여 주어의 의지를 나타내는 표현인데, 비과거 관형형 '-을'의 경우는 위와 같은 의미로 쓰인 경우가 전체의 80% 정도로 나타났다. 그리고 15% 정도는 (11ㄷ)과 같은 경우로 명사 '때'와 결합한 경우이다. 그 외의 경우는 '잘 시간이다, 갈 테니까, 세워줄 테니까' 등이 활용되고 있었다.[21]

다음은 비과거 '-는'의 활용이다. '-는'의 경우 역시 F1에게서 가장 활발하게 활용되는 것으로 보이며, M1은 35개월에, M2는 나타나지 않는 것으로 보아서 남아인 M1, M2는 거의 활용하지 못하는 것으로 보인다.

> (12) ㄱ. 문-을- 문 똑똑똑 하는 거-, 이거 보자-. (24개월 F1)
> ㄴ. 애벌레 꼬물꼬물하는-. (26개월 F2)
> ㄷ. 질(길) 찾는 거? (35개월 M1)

(12ㄱ)와 (12ㄷ)의 예처럼 '-는' 뒤에 '것'의 구어 표현인 '거'가 많이 쓰

---

21) '-을'이 '-을 것이-'나 '-을 때'에 주로 쓰이는 것으로 보아서 아동들이 이를 관형사형 어미로 습득(즉 어떤 절로써 뒤에 오는 말을 꾸미는 기능을 습득)하는 것이 아니라 위의 구성 전체(덩어리)의 일부로서 습득하는 것이 아닌가 하는 생각을 해 볼 수 있다. 그런데 '애가 컸을 때'와 같은 예도 발견되는 것은 이때의 '-을'이 관형사형 어미로서 습득되었을 가능성을 어느 정도 보여 준다. 이 문제는 앞으로 더 연구해 보아야 할 문제라고 보지만, 현재로서는 이를 일단 관형사형 어미 습득 과정에 있다고 처리하여 논의하고자 한다.

이고 있다.

마지막으로 형용사와 결합하는 비과거형 '-은' 역시 활발하게 활용되지는 못하였다. 다음은 비과거 '-은'이 처음 나타난 예이다.

> (13) ㄱ. 엄마, 유빈이 응가는, 작은- 거 응가했더요(응가했어요). (24개월 F1)
> ㄴ. 빨간 불이 왔다. (25개월 F2)
> ㄷ. 긴 거? (31개월 M1)
> ㄹ. 작은 거? (30개월 M2)[22]

관형형 비과거의 대상자별 발달 순서를 살펴보면 먼저 F1의 경우는 '-을, -는, -은'이 모두 초기 자료부터 발견된다. F2는 '-을, -은'이 초기 자료부터 나타나지만 '-는'은 1개월 후인 26개월 자료부터 나타난다. M1의 경우는 '-을'과 '-은'이 31개월에 처음 출현하였고, 35개월에 '-는'을 사용하였다. M2의 경우는 '-은(30개월)', '-을(32개월)'의 순서로 출현했으며 '-는'은 나타나지 않았다. 이러한 결과를 종합해 보면 대상자들의 자료에서 관형형 비과거의 경우 '-은', '-을', '-는' 순서로 발달하는 것으로 보인다.

이상으로 관형형의 시제 형태를 살펴보았는데, 관형형 시제 형태의 습득 순서를 대상자별로 정리해 보면 이렇다. F1의 경우는 비과거형인 '-은, -을, -는'의 경우는 모두 초기(24개월) 자료부터 나타나기 시작하지만 과거형에서는 '-은'만 초기(24개월) 자료부터 나타나고 '-던', '-었을'은 33

---

22) '작은'과 같은 관형어 전체를 덩어리로(마치 하나의 관형사를 습득하듯이) 습득했다고 볼 수도 있겠지만, '딱어(작어). 딱아(작아), 이렇게 엄마처럼 짝어(작어), 곰두이는(곰돌이는) 너무 딱아서(작아서) 잡아먹어.' 등이 다양하게 활용되는 것으로 보아서 관형형과 종결형을 구분하여 사용하고 있는 것으로 보인다.

개월부터, '-었던'은 35개월에 나타난다. F2의 경우에는 비과거의 '-은, -을'이 관찰 초기(25개월) 자료부터 나타나고, '-는'은 26개월째 나타난다. 그리고 과거 시제인 '-은'이 34개월부터 나타난다. M1의 경우에는 비과거의 '-은, -을'이 31개월부터, '-는'이 35개월째 나타나며, 과거 시제는 나타나지 않는다. M2의 경우에는 비과거의 '-은'이 30개월째, '-을'이 32개월째 나타나고 '-는'은 나타나지 않으며, 과거 시제 역시 일절 나타나지 않는다. 이상의 내용을 종합해 볼 때, 이 시기 아동들은 대체로 다음과 같은 순서로 관형사형 어미의 시제를 습득한다고 추정해 볼 수 있겠다.

(14) -은(비과거) > -을 > -는 > -은(과거) > -던/-었을 > -었던

이렇게 볼 때, 관형형 시제는 과거보다 비과거가 훨씬 앞서 습득된다고 볼 수 있다.[23]

---

23) 24개월부터 35개월까지 한 파일로 환산한 빈도를 합산해 보면 다음과 같다.

범주		형태	총수	비율
관형형	과거	은	14.4	6.98%
		었을	1.8	0.87%
		던	1.3	0.63%
		었던	0.5	0.24%
	소계		18.0	8.73%
	비과거	을	82	39.75%
		는	61.7	29.91%
		은	44.6	21.62%
	소계		188.3	91.27%
합계			206.3	100.00%

비과거와 과거의 총수에 있어서도 비과거형은 188.3(91.27%), 과거형은 18.0(8.73%)로 비과거형의 빈도가 절대적임을 알 수 있다.

3.3. 요약 및 정리

지금까지 유아들의 시제 형태 발달을 고찰해 본 결과, 종결형과 관형형 중에서는 종결형의 발달이 빠른 것으로 나타났다. 전체적인 발달 양상을 살펴보아도 현저한 차이를 보이고, 같은 형태인 종결형의 '-는-'과 관형형의 '-는'을 비교해 보아도 알 수 있다. 종결형의 '-는-'의 경우는 네 대상자에게서 모두 나타났을 뿐만 아니라 가장 발달이 느린 대상자 M2도 31개월에 나타났지만, 관형형의 '-는'의 경우는 F1, F2 두 대상자에게서는 일찍 나타나지만 M1은 35개월에, M2는 끝까지 나타나지 않았다.

그리고 종결형과 관형형에서 모두 과거 표현에 비해서 비과거 표현의 발달이 빠르고 활용이 활발함을 알 수 있었다.[24] 또한 이 시기에는 '-더-'나 '-었더-', '-던', '-었던' 등과 같이 발화시와 사건시 이외의 복잡한 시간 개념이 필요한 시제 표현은 그다지 발달하지 않은 것으로 보인다.

4. 상 형태

이 장에서는 상 형태를 '미완결상'과 '완결상'으로 구분하여 살펴보기로 한다.

---

24) 하길종(2001: 160-162)에서는 유아가 과거형을 습득하는 시기는 3~4세 때이고, 이때 유아가 사용하는 'ㅆ'이라는 음운을 과거 시제의 의미로 습득한다고 보았다. 또한 미래형을 습득하는 연령은 5~6세로 다른 시제어에 비해서 습득하는 시기가 다소 늦다고 하였다. 그러나 연구 결과 유아는 '었'의 경우 3세 이전에 습득하는 것으로 보이며, 미래에 할 행동에 대한 표현도 빠른 아동은 3세 전에 나타나고, 4세 이전에 습득하는 것으로 보인다.

4.1. 미완결상

이 절에서는 상 형태 중에서 미완결상을 살펴보기로 한다. 앞서 언급했듯이 이 연구에서는 상을 크게 미완결상과 완결상으로 나누고, 미완결상은 다시 진행상, 반복상, 습관상으로 나누어 분석하였다. 그러나 '-어 쌓다, -어 대다'와 같은 반복상, '-곤 하다'와 같은 습관상의 형태는 이 시기 유아에게서 나타나지 않았다. 먼저 미완결상의 한 파일당 출현 빈도를 제시하면 다음과 같다.

〈표 7〉 미완결상 형태의 출현 빈도

의미	형태	대상자	24	25	26	27	28	29	30	31	32	33	34	35	합계
미완결	고 있다	F1	3.0	7.0	1.3	1.0	0.3	4.3	1.5	0.7	2.7	0.8	0.5	1.5	24.5
		F2	#			2.0	2.5	1.0				3.5	1.0	2.7	12.7
		M1											1.0		1.0
		M2					0.5					#	#	#	0.5
		계	3.0	7.0	1.3	3.0	3.3	5.3	1.5	0.7	2.7	4.3	2.5	4.2	38.7

미완결상은 '-고 있다'의 진행상만 부분적으로 활용된 모습을 볼 수 있었다. F1의 경우는 24개월부터 활용하는 것으로 봐서 24개월 이전에 이미 습득한 상태라고 추정해 볼 수 있다. F2의 경우는 27개월에 사용하기 시작하여 줄곧 사용하는 것으로 나타난다. 그리고 M1, M2도 각각 34개월과 28개월에 '-고 있다'를 처음 사용하는데, 그 이후로는 사용 예가 나타나지 않는다.

이처럼 미완결상에서는 진행상 '-고 있다'가 가장 먼저 습득되는 것으로 보인다. 각 대상자에게서 나타난 '-고 있다'의 초출 형태를 제시하면 다음과 같다.

(15) ㄱ. 오리는-, 모욕(목욕)하고 있었져(있었어). (24개월 F1)

　　ㄴ. 보고 이찌(있지). (27개월 F2)

　　ㄷ. ((-)) 하고 있네. (34개월 M1)

　　ㄹ. 타고 있다. (28개월 M2)

(15)에서 F1은 그림을 보면서 엄마와 이야기를 하고 있는 상황이고, F2는 사진첩을 보면서 하는 발화이다. M1은 장난감을 보면서 발화한 것이고, M2는 자전거를 본인이 타고 있다고 표현한 것이다. '-고 있다'는 시제 표현과 함께 결합되어 나타나기도 하였다.

(16) ㄱ. 온숭이(원숭이)는, 이렇게 앉= 앉저-서(앉아서) 까까를 먹구 있드라. (25개월 F1)

　　ㄴ. 잉잉잉 얼고(울고) 있었대. (25개월 F1)

　　ㄷ. 노래하고 있는 거야. (31개월 F1)

(16ㄱ)은 '-고 있다'가 '-더-'와 결합된 경우이고, (16ㄴ)은 '-었-'과 결합된 경우이고, (16ㄷ)은 '관형형 '-는'과 함께 사용된 예이다.

4.2. 완결상

다음은 완결상을 살펴보기로 한다.

〈표 8〉 완결상 형태의 출현 빈도

의미	형태	대상자	24	25	26	27	28	29	30	31	32	33	34	35	합계
완결	어 있다	F1	0.7	0.8		1.0	0.3	1.0	0.5	0.3	2.3	1.5			8.4
		F2	#					1.0					0.5		1.5
	고 있다	F1	0.3	0.3		0.3	0.3		0.8	0.7		0.5	1.0		4.1
		F2	#											0.3	0.3

의미	형태	대상자	24	25	26	27	28	29	30	31	32	33	34	35	합계
완결	어버리다	F1		1.0		2.0	0.3		0.5	0.3		0.8		1.5	6.4
		F2	#								0.7	2.0		1.0	3.7
	고말다	F1								0.3					0.3
		F2	#											1.0	1.0
	어내다	F1				0.3									0.3
	어놓다	F1				1.0		0.3	2.0		1.0			0.5	4.8
		F2	#					1.0			0.7	0.5		1.3	3.5
		M1									0.7			0.7	1.3
	어두다	F1											1.5		1.5
		M1										0.7			0.7
	고나다	F1												0.3	0.3
계			1.0	2.0	0.0	4.5	1.0	3.3	3.8	1.7	5.3	6.0	3.3	6.3	38.1

완결상의 경우는 '-어 있다'와 '-고 있다'를 제외하고는 드물게 출현하지만, '-어 버리다, -고 말다, -어 내다, -어 놓다, -어 두다, -고 나다' 등 다양한 형태들이 나타나고 있었다. 먼저 '-어 있다'는 F1의 경우 24개월부터 나타났다. 그 형태가 나타나지 않은 다른 대상자와 비교할 때 형태가 꾸준히 나타나고 있다. 이에 비해 F2는 29개월부터 나타나지만, 그 이후에 사용하지 않다가 34개월에 다시 사용하는 모습을 볼 수 있다. 남아인 M1과 M2에게서는 나타나지 않았다. '-어 있다'가 사용된 예는 다음과 같다.

(17) ㄱ. 공이 숨어 있었더(있었어). (24개월 F1)
　　 ㄴ. 여우가 숨어 있다. (29개월 F2)

'-고 있다'의 경우도 F1과 F2에게서만 나타난다. F1의 경우는 24개월

부터 꾸준히 사용하는 것으로 보아서 이 이전에 이미 습득하였을 것으로
보인다.25) '-고 있다'가 사용된 발화를 제시하면 다음과 같다.

    (18) ㄱ. 공 안구 있더(있어). (24개월 F1)
        ㄴ. 제페트 할아버지가 모자 쓰고 계시네? (35개월 F2)

  F2의 경우는 35개월에 처음 나타나는데, 미완결 진행의 '-고 있다'를
27개월부터 사용하는 것에 비하면 완결상의 '-고 있다'는 그보다 훨씬
뒤늦은 셈이다. M1, M2의 경우에도 미완결 진행의 '-고 있다'는 각각
34개월과 28개월에 사용하였지만 완결상의 '-고 있다'는 이 기간 중에
한 번도 사용하지 않았다. 따라서 대체로 미완결상의 '-고 있다'가 완결
상의 '-고 있다'에 비해 더 이른 시기에 습득한다고 추정해 볼 수 있다.
  '-어 버리다'의 경우는 F1, F2 두 대상자에게서 나타나는데, F1은 25
개월부터 나타나고 F2는 32개월부터 사용하기 시작했다.

    (19) ㄱ. 꼬기(고기)가 이걸 가져가 버렸대. (25개월 F1)
        ㄴ. 아당(사탕)이 다 노까(녹아) 버렸짜나(버렸잖아). (32개월 F2)

  '-어 놓다'의 경우는 세 대상자에게서 나타나는데, F1의 경우 27개월,
F2의 경우는 29개월, M1의 경우는 32개월부터 '-어 놓다'를 활용하기
시작했다. '-어 놓다'가 사용된 예를 제시하면 다음과 같다.

---

25) 완결상의 '-고 있다'는 미완결상 중 진행상의 '-고 있다'와는 구별된다. 주로 착용 동사와
    결합하여 상태의 지속을 나타내거나 완결된 동작의 지속을 나타내기도 한다. 예를 들어서
    대상자들의 발화 중 "목욕하고 있었어."의 '-고 있다'는 미완결의 진행에 해당하지만 "빨
    간 옷을 입고 있는 곰이야.", "곰인형을 안고 있었어."의 '-고 있다'는 완결의 지속에 해당
    한다.

(20) ㄱ. 너(넣어) 놓구? (27개월 F1)

　　 ㄴ. 부텨(붙여) 놔떠(놨어). (29개월 F2)

　　 ㄷ. 너(넣어) 났어(놓았어)? (32개월 M1)

그 외에 '-고 말다'나 '-어 내다', '-어 두다', '-고 나다'의 경우는 빈
도수도 매우 낮고 지속적으로 나타나지 않지만, 그 용법이 정확한 것으로
보아서 대체로 습득한 상태라고 볼 수 있다.[26] 그 예들을 제시하면 다음
과 같다.

(21) ㄱ. 근데 상지가(생쥐가) 또르륵(쪼르륵) 달려왔더(달려와서), 고만(그
　　　만) 생지가(생쥐가) 건드리고 말았네? (31개월 F1)

　　 ㄴ. 떨어지고 말았어여. (35개월 F2)

(22) 아기들 다, 찾아 내서 먹었져(먹었어). (27개월 F1)

(23) ㄱ. 포도두쓰(포도주스) 놔 뚜고(두고) 나떠(나서) 또 먹구 또 먹구
　　　먹어-, 또 먹구 또 먹구 해야 대(돼)-. (34개월 F1)

　　 ㄴ. 빨리 놔 둬-. (33개월 M1)

(21)은 '-고 말다', (22)는 '-어 내다', (23)은 '-어 두다'의 발화 형태를
제시한 것이다. (23ㄱ)에는 '포도 주스 놔 두고 나서'에서 '-고 나다'의
형태도 나타나고 있다.[27]

---

26) 이러한 보조 용언 구성은 일반적으로 그리 자주 사용하는 것이 아니므로 사용 빈도만을 가
　 지고 습득 정도를 판단하기가 어렵지 않은가 한다. 이 연구에서는 보조 용언 중에서도 상
　 적 의미로 판단되는 것은 분석에 포함시켰다.

27) '-고 말다, -어 놓다, 어 버리다'도 '떨어지고 말았어여.(35개월 F2), 우리 우리 차 어디다
　 세워 놨어요?(35개월 F2), 꼬기(고기)가 이걸 가져가 버렸대.(25개월 F1)' 등 과거 시제 표
　 현과 함께 많이 나타났다.

4.3. 요약 및 정리

상 형태의 습득 시기를 대상자별로 살펴보면, F1은 '-고 있다(완결, 미완결), -어 있다 > -어 버리다 > -어 놓다, -어 내다 > -고 말다 > -어 두다, -고 나다'의 순서로 출현하고 있다. F2는 '-고 있다(미완결) > -어 있다, -어 놓다 > -어 버리다 > -고 말다, -고 있다(완결)'의 순서로 출현하고 있다. M1은 '-어 놓다 > -어 두다 > -고 있다(미완결)'의 순서로 출현하고 있다. M2는 '-고 있다(미완결)'만 나타나고 있다.

아동에 따라서 출현하지 않는 상 형태도 많고, 출현 순위도 조금 차이는 있지만, 전반적으로 가장 먼저 발달하는 형태는 미완결의 '고 있다'라고 볼 수 있다. 그다음이 완결상의 '-어 있다'와 '-고 있다'가 순서대로 습득되는 것으로 보인다.[28) 그다음으로는 '-어 놓다', '-어 버리다'의 순서로 보인다. 그리고 그 밖의 완결상 형태들은 출현 빈도가 높지도 않고 지속적인 출현 양상을 보이지 않아서 그 순서를 매기기가 어려워 보인다. 이상의 내용을 순서대로 배열하면 다음과 같다.

(24) -고 있다(미완결) > -어 있다 > -고 있다(완결) > -어 놓다, -어 버리다 > -어 두다, -고 말다

상 형태 전체를 놓고 볼 때, 남아와 여아 사이 혹은 개별 아동 사이에 차이가 다소 있기는 하지만 대체로 이 시기는 가장 널리 쓰이는 '-고 있다'나 '-어 있다'와 같은 것도 충분히 익히지 못한 단계가 아닌가 한다.

---

28) 완결상의 '-고 있다'는 F1과 F2에게만 나타나는데, F1은 초기부터 쓰이는 데 비해 F2는 '-어 놓다, -어 버리다'보다 뒤늦게 나타난다. 그렇지만 F1의 경우를 기준으로 하여 '-고 있다'(완결)가 '-어 놓다, -어 버리다'보다 이른 것으로 간주하고자 한다.

5. 결론

지금까지 유아의 시제와 상 형태 습득에 대해서 고찰해 보았다. 대체적으로 유아들마다 요소별 발달 순서의 미세한 차이는 있지만 개략적인 발달 순서는 비슷한 것으로 보인다. 각각의 범주에서 나타난 특징들을 정리해 보면 다음과 같다.

먼저 시제 형태는 과거형보다는 비과거형이 더 일찍 습득되는 것으로 보인다. 그리고 종결형 출현은 'ø, -었-, -는-, -었었-, -더-, -었더-' 순서로 나타남을 알 수 있었다. 관형형은 과거의 경우는 F1 대상자를 제외하고는 거의 발화하지 못하였기 때문에 F1 대상자의 경우만 살펴보면 '-은', '-었을', '-던', '-었던'의 순서로 발달 양상을 보이고 있다. 관형형 비과거의 경우는 '-은', '-을'이 비슷한 시기에 발달하고, '-는'은 조금 늦게 발달하는 것으로 보인다. 전체적으로는 '-은, -을, -는, -었을, -던, -었던'의 발달 순서를 보인다.

다음으로 상 형태의 경우 완결상에서는 '-어 있다, -고 있다, -어 버리다, -어 놓다' 등이 활용되고, 미완결상의 경우는 진행상의 '-고 있다'만 활용되고 있었다. 전체적인 발달 순서를 살펴보면 '-고 있다(미완결), -어 있다, -고 있다(완결), -어 놓다, -어 버리다, -어 두다, -고 말다' 등으로 나타났다. 이 시기의 상 형태는 가장 널리 쓰이는 '-고 있다'나 '-어 있다'와 같은 것도 충분히 익히지 못한 단계로 보인다. 따라서 다음 단계에 대한 연구도 계속될 필요가 있다고 본다.

어린 아이들의 모국어 습득 과정에 대한 연구는 여러 분야에서 매우 유용하게 활용될 수 있다. 이러한 연구는 아동들의 언어 능력 개발에 중요한 역할을 할 수 있다. 아동들을 위한 언어 교육 과정이나 교육 자료 개발에 기준을 마련해 줄 수 있을 것이다. 그뿐만 아니라 어린 아이들의 모국어 습득 체계는 언어 평가 도구 개발의 밑거름이 될 것이다. 다양한 문법 형태들의 연령별 출현 빈도 및 순서를 통해서 특정 연령대에서의 언어 발달 정도를 유목화하고 단계화하여 언어 능력 평가를 위한 지표를 마련할 수 있을 것으로 보인다.

참고문헌

곽금주·성현란·장유경·심희옥·이지연(2005). 한국영아발달연구, 학지사.

김선희(1987). 현대 국어의 시간어 연구, 연세대학교 박사학위논문.

남기심(1981). 국어문법의 시제문제에 관한 연구, 탑출판사.

문숙영(2009). "시제의 의미 및 사용과 관련된 몇 문제," 한국어학 43, pp. 1-27.

박덕유(1999). "현대국어의 상, 시제, 서법에 관하여," 선청어문 27, pp. 679-718.

박이도(2000). 모국어습득과 외국어학습, 한국문화사.

염선모(1995). "국어의 '상'과 시제 문제." 인문연구 17-1, pp. 1-19.

우인혜(1991). "우리말 시제/상 표현과 시간 부사," 한양어문 9, pp. 161-200.

이승복 역(2001). 언어발달(Robert E. Owens, Jr, *Language Development*, 1998), 시그마
프레스.

이영자(2002). 유아언어교육, 양서원.

이영자·이종숙·이정욱(1997). "1, 2, 3세 유아의 의미-통사적 발달 연구," 유아교
육연구 17-2, pp. 55-75.

이재성(2009). "시간 현상 관련 문법 범주 정립을 위한 몇 가지 개념에 대한 고찰,"
한국어학 43, pp. 29-50.

이필영·임유종(2003). "한국 아동의 문장 구성 능력 발달 단계," 한국어교육 14-2,
pp. 257-293.

이필영·임유종(2004). "유아 초기의 문장 구조와 구성 요소에 관한 연구," 국제어문
31, pp. 31-62.

이필영·이중희·전은진(2004). "유아의 품사 범주 발달에 관한 연구," 이중언어학
25, pp. 285-308.

이현진 역(2001). 언어발달(Erika Hoff, *Language Development*, 2001), 시그마프레스.

정동빈·안수웅·김남국·민찬규(1995). 언어습득, 한신문화사.

조성문·전은진(2004). "남녀 유아의 어휘 발달 연구," 한국언어문화 25, pp. 157-181.

조숙환(2000). 인간은 어떻게 언어를 습득하는가, 아카넷.

최동주(2009). "동적 관점에서의 시제 연구," 한국어학 43, pp. 51-68.

하길종(2001). 언어 습득과 발달. 국학자료원.

한국교육개발원(1979). 한국 아동의 구문 발달, 한국교육개발원.

홍종선(1991). "국어의 시간어 연구," 민족문화연구 24, pp. 223-245.

Kim, Young-Joo. 1992. The acquisition of Korean(first draft). In D. I. Slobin(Ed.), *The Crosslinguistic study of language acquisition*, Vol. 4, Lawrence Erbaum Associates. 17.

장경희 · 김태경 · 박샛별

인식 양태 습득*
(24개월~35개월)

1. 서론

이 연구에서는 한국 유아의 언어 발달 가운데 양태 범주 습득 과정을 살펴보려고 한다.[1] 양태 범주에는 전통적으로 진리 양태, 인식 양태, 행위 양태 등이 포함되어 왔는데,[2] 양태 범주 전체를 다루는 것은 방대한 작업이어서 이 연구에서는 우선 인식 양태에 한정하기로 한다. 지금까지 국어의 인식 양태 논의에서 많이 다루어지고 있는 '-겠-', '-네', '-더-', '-구나', '-지' 등의 양태소를 관찰 대상으로 삼았다.

지금까지 국어의 양태소 습득 과정은 주로 어미 습득에 관한 연구에

---

* 이 글은 <국어국문학> 47호(2009)에 "유아의 인지 양태 발달에 관한 종적 연구"라는 제목으로 게재된 논문임.

1) 양태는 '명제에 대한 화자의 태도'(장경희 1985: 9), '화자의 심리적 태도와 관련되는 의미 영역'(고영근 1986), '상황에 대한 화자의 평가'(Lee 1991: 1), '명제의 사실성을 화자의 주관적인 관점에서 표현하는 문법 범주'(장경희 1998: 266), '명제에 대한 화/청자의 주관적인 한정을 표현하는 문법 범주'(박재현 2004: 31) 등으로 정의되고 있다.

2) 이 밖에도 양태 범주는 인식 양태와 증거 양태, 의무 양태와 동적 양태 등으로 하위분류되기도 한다(임동훈 2008: 221-229).

포함시켜 다루어져 왔고, 양태에 한정하여 그 발달을 다룬 연구는 많지 않다. 이인섭(1986)에서는 접속문의 발달과 관련하여 양태소 일부를 다루었고, 조숙환(1997)에서도 아동의 의미나 화용, 문장 구조 발달 측면에서 양태와 시제 어미 등의 발달을 다루었다. 그리고 동사 굴절 또는 종결어미 등과 관련하여 양태의 사용 시기를 다루기도 하였다(조명한 1982, Choi 1991, Lee 1994 등).

본 연구에서는 유아의 인식 양태 발달에 대하여 양태소의 초출 시기와 사용 맥락의 관점에서 접근한다. 먼저, 각 양태소별로 처음 사용된 시기를 관찰하여 양태의 습득 시기를 논의한다. 언어 발달에서는 관찰하고자 하는 언어 표현의 첫 출현 시점이 발달 순서를 파악하는 데 중요한 의의를 지닌다. 본 연구에서는 아동별로 각 양태소의 초출 시기와 월령별 출현 빈도를 살핌으로써 양태소별 습득 순서와 발달 정도를 파악하고자 한다.

양태소 출현 시기에 대한 관찰에 이어, 아동의 양태 표현을 그 사용 맥락과 관련지어 살펴보고자 한다. 국어의 양태소는 대부분 맥락에 따라 상이한 해석을 지닌다. '-지'가 기지 진술로 해석되기도 하고 주장으로 해석되기도 하는 것이 그러한 예이다. 유아의 초기 양태소 사용 맥락에 어떤 특징이 있는지, 그리고 후기로 가면서 어떤 변화가 있는지를 분석해 봄으로써 유아의 양태 습득 과정을 좀 더 구체적으로 설명해 보기로 한다.

본 연구의 분석 대상이 된 자료는 <연령별 대화 말뭉치>3) 가운데 일부이다. 연구 방법은 만 2세 아동 4명을 대상으로 한 종적 관찰 방법을 취하였으며4) 다음과 같은 절차로 이루어졌다.

---

3) 이 말뭉치는 한양대학교 교육문제연구소에서 2002년도 한국학술진흥재단 기초학문육성지원 사업과제 <한국인의 의사소통능력 발달 단계에 관한 연구(074-AM1055)>를 통해 구축한 것이다.

4) 대규모 표본을 통한 횡적 연구는 다수의 아동을 대상으로 하여 연구자가 목표한 언어 자료만을 수집하여 이를 집중적으로 검토한다. 대량 표본 연구는 이와 같이 발달의 규준을 확립

1) 일정한 기준(월령, 성별 등)에 따라 대상 아동들을 선정하였다. 대상 아동의 연령은 조사 시작 시점에 생후 24~25개월에 속하고 정상 발달을 보이며 서울·경기 지역에 거주하는 아동으로 하였다. 성별에 따라서는 대상 아동 4명 가운데 2명이 남아, 2명이 여아로 구성되었다. 대상 아동의 부모는 대졸 이상 학력의 표준어 사용자이다.

2) 대상 아동들의 일상생활에서 나타나는 자발화를 1년에 걸쳐 수집하였다. 자연스러운 대화 상황에서 발화를 수집하기 위하여 각 가정에서 일상적인 패턴으로 부모와 아동이 상호작용하는 상황에서 부모에 의해 녹음이 이루어지도록 하였다. 녹음을 위탁받은 부모는 매회 녹음이 끝난 직후에 녹음 날짜와 녹음 상황, 아동의 발달과 관련한 중요한 변화 등을 녹음일지에 기록하도록 하였다. 조사 기간 및 횟수는 1년 동안 일주일 간격으로 1회 60분씩 녹음하는 것을 원칙으로 하였다.[5] 본 연구의 대상이 된 아동의 성별과 월령별 자료 분포를 표로 정리하면 다음과 같다.

〈표 1〉 피험 아동의 성별과 월령별 자료 분포

대상자(성별)	24	25	26	27	28	29	30	31	32	33	34	35	합
YB(여)	3	4	3	4	3	4	4	3	3	4	2	2	39
TY(남)	2	4	4	4	3	2	2	3	3	3	2	3	35
MK(남)	5	4	5	4	4	5	4	4	5				40
EB(여)		3	2	4	4	2	2	3	3	4	4	6	37
합	10	15	14	16	14	13	12	13	14	11	8	11	151

하기 위한 목적에서 이루어지며, 한 아동에게서 약 50~100발화 정도로 제한적인 자료를 수집한다. 이에 비해, 소수의 아동을 대상으로 오랜 기간 관찰하는 종적 연구는 한 아동에게서 얻는 표본의 수가 방대한 만큼, 대규모 아동을 대상으로 하는 것이 현실적으로 불가능하여 기존 연구에서는 1~2명을 대상으로 한 경우가 많았다. 그러나 종적 연구가 객관성과 타당성을 갖추기 위해 요구되는 대상자의 수는 일반적으로 3명 이상이라고 알려져 있다(박경자 1995).

5) 가정에서 이루어지는 자연 발화 수집의 특성상 아동 개인의 사정에 의해 녹음 시기가 1~2주 뒤로 미루어진 경우가 있었다.

3) 수집한 녹음 자료는 모두 3차에 걸쳐 각각의 전사지침[6]에 따라 한글로 전사되었다. 1차 전사는 발화자 표시와 발화 내용으로 이루어진 원시 전사 형태이며, 2차 전사는 1차 전사 결과물의 수정 보완 및 화자의 연령, 성별, 소속, 화자 간 관계 등 피험자 관련 정보와 녹음 시간, 날짜, 전사 분량 등에 대한 정보를 표시한 헤더, 말겹침이나 군말, 비언어적 음성, 휴지(休止) 등 발화 상황 관련 정보 표시로 이루어졌다. 3차 전사는 2차 전사 결과물에 대한 수정 보완 및 익명 처리 등을 위한 상세 정보 태그로 이루어졌다.

4) 전사 자료를 대상으로 본 연구에서 설정한 다섯 가지 양태소의 초출 시기 및 사용 빈도, 사용 맥락에 따른 의미 등을 분석하였다. 이를 위해 각각의 양태소가 나타난 발화에 태그를 부착하고, 태그가 부착된 발화를 엑셀로 옮겨 하위 의미 분류 및 빈도 계산을 하였다. 이때 노래 가사에 포함된 형태, 동화책에 나온 등장인물의 말을 인용한 경우는 분석에서 제외하였다.

---

6) 본 연구에서 사용한 주요 전사 기호를 표로 보이면 다음과 같다.

기호	설명
?	상승 억양
!	활기에 넘치는 기운찬 어조
,	약한 상승 또는 하강, 약간의 휴지 등
.	하강 억양
((-))	잘 들리지 않는 발화
[	말 겹침
-	의도적인 장음
< >	비언어적 음성(기침, 웃음 등)
( )	비표준 발화어의 표준어형
{ }	대화 상황 설명
~	군말 표시

2. '-겠-'의 출현과 사용 맥락

2.1 '-겠-'의 출현 시기

'-겠-'의 사용은 관찰 대상이 된 네 명의 아동 가운데 여아인 YB와 EB 두 명에게서만 나타났다. YB는 만 25개월에 첫 사용을 보였고, EB는 이보다 3개월 늦은 만 28개월에 첫 사용을 보였다.[7]

'-겠-'을 사용하는 두 아동은 양태소 '-겠-'을 단순히 모방했거나 우연히 사용했다기보다 습득의 단계에 들었다고 본다. 그 이유는 두 명의 아동들이 상당히 안정된 상태의 사용 양상을 보이고 있기 때문이다. 두 아동의 '-겠-'의 사용 빈도와 파일별 평균 사용 빈도를 참조하여 그러한 사실을 추정할 수 있다.

〈표 2〉 '-겠-'의 출현 빈도[8]

월령	YB			EB		
	파일 수	빈도	평균	파일 수	빈도	평균
24	3	0	0.0			
25	4	4	1.0	3	0	0.0
26	3	0	0.0	2	0	0.0
27	4	5	1.3	4	0	0.0
28	3	7	2.3	4	3	0.8
29	4	6	1.5	2	0	0.0
30	4	4	1.0	2	0	0.0
31	3	3	1.0	3	0	0.0
32	3	3	1.0	3	1	0.3

---

[7] 4명의 아동 가운데 '-겠-'의 사용을 보인 두 아동이 모두 여아인 점은 일반적으로 유아기의 언어 발달에서 남아에 비해 여아가 약간 앞서 있다는 기존의 연구 결과들과 일치한다.

[8] 월별 녹음 파일 수가 일정하지 않은 점을 감안하여 월별 총 출현 빈도와 한 파일 당 평균 출현 빈도를 함께 제시하였다. 이하 동일함.

월령	YB			EB		
	파일 수	빈도	평균	파일 수	빈도	평균
33	4	3	0.8	4	2	0.5
34	2	2	1.0	4	2	0.5
35	2	1	0.5	6	1	0.2

<표 2>에 보인 것과 같이 YB의 발화 자료에서는 만 25개월에 '-겠-'
이 처음 출현한 이후 만 26개월을 제외한 모든 월령에서 지속적으로 관
찰되었다. 출현 빈도는 한 회 녹음 자료에서 평균 1회 정도 출현하였고
이러한 출현 빈도는 관찰구간 내에서 월령에 따른 큰 변화 없이 유지되
고 있다. EB의 경우는 관찰 넉 달째인 만 28개월에 이르러서 '-겠-' 첫
사용이 관찰되었다. 그리고 다시 석 달 동안 '-겠-'이 사용되지 않다가
만 32개월부터 2-3회 녹음에 한 번꼴로 '-겠-'이 사용되었다. YB와 EB
가 '-겠-'의 일정한 사용 빈도를 보여 주고 있어 이들 아동은 이 시기에
'-겠-'이 습득된 상태라고 생각된다.

그러나 전반적으로 '-겠-'의 습득은 이 시기 아동에게 상당히 어려운
과제로 볼 수 있다. YB와 EB 두 아동을 제외한 나머지 두 명의 자료에
서는 '-겠-'이 전혀 출현하지 않았고, 두 명의 아동에서도 비교적 낮은
빈도로 사용되었기 때문이다.

2.2. '-겠-'의 사용 맥락

'-겠-'은 '사유 양태'(장경희 1995: 201-202, 1998: 285), '추측 양태'(임동훈
2008: 237) 등으로 파악되고 있고, 맥락에 따라서 추측, 의지, 의견, 가능
성, 공손성 등을 드러낸다. 이러한 '-겠-'의 사용맥락은 크게 보아 자신
의 행위에 대한 의도를 표명하는 맥락과 불확실한 사실에 대한 자신의

생각을 나타내는 맥락으로 대별해 볼 수 있다.

아동들의 '-겠-'의 습득은 양태소가 사용되는 맥락에 영향을 받을 것이므로, '-겠-'을 습득 과정을 이러한 사용 맥락과 관련하여 점검해 봄으로써 언어 습득의 일면을 관찰할 수 있다고 본다. '-겠-'은 두 아동(YB와 EB)의 언어에서 관찰되는데, 이들 맥락을 정리해보면, '-겠-'이 모두 '생각'을 나타내는 맥락에서 사용되고 있고, '의도' 표명의 예들은 보이지 않는다.

다음은 '-겠-'의 실제 사용 맥락을 보인 것이다.

(1) ㄱ. 엄마 여기 앉으면 되겠다.   (YB: 28개월)
       아퍼 죽겠더(죽겠어).   (YB: 27개월)
       어, 알겠더(알겠어).   (YB: 35개월)
    ㄴ. 지저분해, 모요(목욕) 해야겠다.   (EB: 28개월)
       이렇게 하면 되겠다.   (EB: 34개월)

(1)에서 보이듯이 유아들의 발화에서 '-겠-'은 모두 자신의 생각을 나타내는 발화에만 사용되고 있으며, '-겠-'의 사용맥락 가운데 하나인 '의도'를 표시하는 발화는 관찰되지 않았다. 관찰 결과, 이 시기의 아동들은 '의도'를 표명하는 맥락에서 '-겠-' 대신 '-ㄹ래'를 사용하는 것으로 나타났다.9)

---

9) '-ㄹ래'는 비교적 이른 시기에 출현하였으며, 네 명의 아동 모두에게서 볼 수 있었다. '-ㄹ래'는 자신의 의도를 표명하거나 청자의 의도를 확인하는 경우, 간접적인 제안을 하는 경우에 사용될 수 있다. 다음은 유아가 '의도'를 나타내기 위해 사용한 '-ㄹ래'의 예를 보인 것이다.

바나나 그양(그냥) 먹을래. (YB: 24개월)
엄마 뻬똥(빌딩) 안 할래. (TY: 31개월)
나 할래. (MK: 32개월)
책 볼래. (EB: 27개월)

요컨대, 아동은 양태소 '-겠-'을 주로 '생각'을 나타내는 데 사용하고, '-겠'의 사용 맥락 가운데 하나인 '의도'를 나타내는 데에는 사용하지 않았다. 즉, 성인에 비해 '-겠-'의 사용 맥락이 제한적임을 알 수 있다. 그리고 그러한 빈자리를 채우는 일을 '-ㄹ래'가 대신하고 있다고 하겠다.

3. '-네'의 출현과 사용 맥락

3.1. '-네'의 출현 시기

양태소 '-네'는 대상 아동 4명 모두에게서 관찰되었다. YB와 EB의 경우, '-네'의 초출 시기는 각각 관찰이 시작된 만 24개월과 만 25개월이었고, TY와 MK는 각각 만 30개월과 만 32개월에 '-네'를 처음으로 사용하였다. '-네'의 출현 시기에서 YB와 EB가 TY나 MK보다 선행하고 있는 점은 '-겠-'의 출현 양상과 동일하다.[10]

'-네'의 습득 시기에 대해서는 기존 연구에서도 언급된 바 있다. 이인섭(1986)에서는 생후 2년 3개월(만 27개월) 여아에게서 '-네'의 사용이 관찰되었고, 이정민(1997)에서는 아동 3명에 대한 부모 기록 일기를 바탕으로 분석하였는데, 각각 만 21개월, 만 23개월, 만 14개월에 '-네'가 처음으로 출현하는 것으로 파악되었다.

본 연구에서 관찰된 '-네'의 사용 빈도를 월별로 보이면 다음과 같다.

엄마 고만(그만)먹으래(먹을래)? (YB: 29개월)
엄마는 ((소바따))가 대애(될래)? (EB: 33개월)
우이(우리) 안칭(아이스크림) 먹을래? (YB: 28개월)

10) 2.1에서 살펴본 '-겠-'의 출현에서도 YB와 EB가 다른 두 아동에 비해 빠른 발달 양상을 보인 바 있다.

〈표 3〉 '-네'의 출현 빈도

월령	YB			TY			MK			EB		
	파일 수	빈도	평균	파일 수	빈도	평균	파일 수	빈도	평균	파일 수	빈도	평균
24	3	15	5.0	2	0	0.0	5	0	0.0			
25	4	10	2.5	4	0	0.0	4	0	0.0	3	6	2.0
26	3	14	4.7	4	0	0.0	5	0	0.0	2	13	6.5
27	4	5	1.3	4	0	0.0	4	0	0.0	4	25	6.3
28	3	18	6.0	3	0	0.0	4	0	0.0	4	12	3.0
29	4	14	3.5	2	0	0.0	5	0	0.0	2	2	1.0
30	4	18	4.5	2	4	2.0	4	0	0.0	2	2	1.0
31	3	27	9.0	3	3	1.0	4	0	0.0	3	15	5.0
32	3	10	3.3	3	7	2.3	5	16	3.2	3	10	3.3
33	4	21	5.3	3	5	1.7				4	23	5.8
34	2	7	3.5	2	2	1.0				4	6	1.5
35	2	14	7.0	3	7	2.3				6	6	1.0

<표 3>을 보면, **YB**와 **EB** 언어에서는 만 24개월과 만 25개월 때부터 각각 평균 5회와 2회씩 '-네'가 관찰된다. '-네'의 출현 빈도는 월령 변화에 따라 다소 증가하거나 감소하기는 했지만, 평균 1회 이상으로 '-네'가 꾸준히 사용되고 있다. **YB**와 **EB**가 관찰 초기부터 '-네'를 안정적으로 사용하는 사실로 볼 때, 이 두 아동이 관찰 이전 시기부터 '-네'를 이미 사용하고 있었을 가능성이 있다고 본다.

TY의 경우는 관찰 구간의 중반까지는 '-네'가 보이지 않다가 만30개월에 처음으로 평균 2회의 사용을 보이고, 그 이후 평균 1회 이상 '-네'가 관찰된다. **MK**의 경우는 만 31개월까지 '-네'가 전혀 출현하지 않다가 만 32개월에 이르러서 갑자기 높은 빈도(16회, 평균 3.2회)로 사용되고 있는데, 이는 **YB**와 **EB** 수준이다.

이러한 '-네'의 출현 양상을 앞에서 논의한 '-겠-'의 경우와 비교해보면, '-네'는 초출 시기가 '-겠-'보다는 이르고 출현 빈도도 높다.

3.2. '-네'의 사용 맥락

'-네'의 기본 의미는 주로 '현재 지각'(장경희 1985: 80-83, 박재연 2004: 164-168)으로 파악되고 있으며, Lee(1991: 403-413)에서는 '-네'가 '지각 시점에서 그것이 사실로 실현되었음'을 나타낸다고 기술하기도 하였다. 이들 논의에 의하면 '-네'는 '지각'을 핵심 자질로 지닌다고 본다. 지각 양태는 '명제 내용이 감각을 통한 앎임을 나타내는 문법 표지'이다. 인간의 지각 활동은 사물의 존재·범주·속성, 사건이나 사태의 발생 및 진행 등 다양한 대상에 대하여 이루어진다. 아동의 언어 발달을 개관해 볼 때, 지각의 의미를 지닌 '-네'의 용법은 사물에 관한 지각과 사태 지각으로 대별하여 관찰해볼 수 있다.

4명의 아동 가운데 빠른 언어 발달을 보이는 YB와 EB의 언어에서는 두 유형의 용법이 모두 관찰된다.

(2) ㄱ. ((-)) 없네?   (EB: 25개월)
    ㄴ. 오빠 안가(가방) 매네?   (EB: 25개월)
       아추 아추 끄= ((끝났네)).   (EB: 25개월)
       ○○이 가네?   (EB: 25개월)
(3) ㄱ. ○○이 공 있네-?   (YB: 24개월)
       어디 보자-, 책- 책에- 사과가 있네? (YB: 24개월)
    ㄴ. 떨어졌네.   (YB: 24개월)
       어? 똑같이 받았네.   (YB: 24개월)
       멀리두 굴러갔네.   (YB: 24개월)

(2)는 EB의 만 25개월에 발화된 자료이다. (2ㄱ)은 사물의 존재 지각 발화에 '-네'가 쓰인 예이고, (2ㄴ)에서는 사물의 움직임 등의 사태 지각 발화에 쓰였다. EB는 이와 같이 초기부터 두 가지 맥락에 '-네'가 사용

되고 있다. (3)의 자료를 보면 YB도 만 24개월부터 두 가지 명제 내용에 '-네'를 고루 사용하고 있다. 이와 같이 관찰 초기부터 '-네'의 활발한 사용을 보인 YB와 EB의 경우는 '-네'를 '사물 지각'과 '사태 지각'의 두 맥락에서 고루 쓰고 있다. EB와 YB가 관찰 초기부터 성인과 마찬가지로 두 가지 사용 맥락에서 사용하고 있는 이유는 양태소 '-네'의 습득이 이미 본 연구에서 수행된 관찰 이전 단계에 상당한 정도로 진전이 되었기 때문으로 보인다.

유아들의 '-네'의 사용 맥락상의 특징은, '없다, 이다, 아니다' 등을 사용하여 '사물의 존재나 범주에 관한 지각'을 드러내는 일이 빈번하다는 점이다. 사물의 존재나 범주에 대한 지각, 즉 사물 지각의 용법이 성인에 비해 빈번함을 볼 수 있다. 세계에 존재하는 사물과 사태가 모두 동등하게 유아에게 인식된다고 보기는 어렵다. 두 돌 무렵의 유아들은 성인들과 달리 세계에 존재하는 사물들의 범주를 확인하거나 사물을 유형화하는 데에 많은 관심과 노력을 기울인다. '-네'의 용법에 사물 지각이 두드러지는 것은 이러한 아동의 지각 특성이 언어에 반영된 것으로 볼 수 있다.

이러한 양상은, 만 30개월과 만 32개월에 이르러 처음으로 양태소 '-네'가 관찰된 TY와 MK의 언어에서 뚜렷하게 확인된다.

(4) 안네(없네)?   (TY: 30개월)
　　((으)) 없네.   (TY: 30개월)
　　((땅아지))네.   (TY: 30개월)
(5) ((-)) 있네-.   (MK: 32개월)
　　엄마 여깄네?   (MK: 32개월)
　　엄마 있네?   (MK: 32개월)
　　아빠-, 있네.   (MK: 32개월)

(4)는 TY 언어에서는 모두 '사물 존재 지각' 맥락에서 '-네'가 사용되고 있다.[11] (5)의 MK의 언어에서도 동일한 현상을 볼 수 있다. MK는 네 명의 아동 가운데 가장 늦게 '-네'를 사용하기 시작하여 만 32개월에서야 초출 형태를 보였는데, (5)에 보인 것처럼 모두 '사물의 존재 지각' 맥락에서 '-네'가 쓰였다.

이상과 같이, 유아는 '-네'를 습득할 때, '사태 지각'보다는 '사물 지각'의 맥락에서 먼저 습득할 가능성이 높다. 존재 확인이나 범주 확인 등의 발화는 성인들의 담화에서는 별로 나타나지 않는 발화인데, 유아들은 이러한 맥락에서 '-네'를 빈번하게 사용하고 있는 것이다. 이는 세계의 사물에 대한 지각 활동이 활발한 유아의 인지 발달 시기와 상관되는, 유아 언어의 특징으로 볼 수 있다.

4. '-더-'의 출현과 사용 맥락

4.1. '-더-'의 출현 시기

양태소 '-더-'는 네 명 가운데 한 명의 아동만이 사용하고 있다. '-더'의 사용을 보인 아동은 YB로, 양태소 '-겠-'의 경우에도 네 명 가운데 가장 빠른 사용을 보인 아동이다. 이러한 현상을 볼 때, '-더-'의 습득이 상당히 발달된 단계에서 이루어지는 것 같다.

YB 언어에서도 '-더-' 사용 빈도는 별로 높지 않았다. YB의 월령별 사용 빈도를 보면 다음과 같다.

---

11) 사태 지각 맥락에서는 1개월 후인 만 31개월에 이르러 그 쓰임을 볼 수 있다.(예. "아씨(아저씨) 어디 갔네."(TY: 31개월))

〈표 4〉 '-더-'의 출현 빈도

월령	YB		
	파일 수	빈도	평균
24	3	0	0.0
25	4	0	0.0
26	3	0	0.0
27	4	2	0.5
28	3	1	0.3
29	4	0	0.0
30	4	1	0.3
31	3	0	0.0
32	3	0	0.0
33	4	1	0.3
34	2	0	0.0
35	2	1	0.5

위 표에 제시된 바와 같이 유일하게 '-더-'를 사용하고 있는 YB 언어에서도 만 27개월에 처음으로 관찰되고 있다. YB 언어에서 양태소 '-겠-'이 만 25개월 시기부터 사용된 것에 견주어볼 때 다소 늦은 출현이라고 볼 수 있다. 그리고 앞의 〈표 2〉에서 볼 수 있듯이, '-겠-'이 매회 녹음 자료에서 평균 1회 정도로 꾸준히 나타난 데 비해 '-더-'의 출현 빈도는 0.5 이하로 낮으며 출현 여부도 일정하지 않다.

이와 같이 지각 양태 가운데 과거 지각의 '-더-'는 현재 지각의 '-네'에 비해 출현 시기도 늦고 사용 빈도도 낮다. 3장에서 살펴본 것처럼 현재 지각을 나타내는 '-네'는 이른 시기부터 4명의 아동 모두 사용되었고 그 쓰임도 상당히 활발하다고 할 수 있는데, 과거 지각의 '-더-'는 대상 아동 가운데 한 명의 아동에서만 관찰되었고 1년 동안 4회 관찰되었을 뿐이다. 이러한 현상은 각 형태소의 발달 순서를 보여주기도 하지만, 근본적으로는 양태의 발달이 — 언어 발달의 여러 측면에서 그러하듯이 — 유아의 인지 발달과 상관성을 지닌 데서 비롯된 사실로 보인다. 자신을 둘러싼 세계의 많은 사물과 많은 일들을 알 수 없는 상태에 놓여 있는 유아는 우선 현재 이루어지는 지각 정보 중심으로 의사소통을 하게 되므로 양태 범주의 발달 순서도 이에 부합하는 것으로 생각된다.

4.2. '-더-'의 사용 맥락

'-더-'는 '과거 지각 양태'(장경희 1983, 1985: 65, 박재연 2004: 111), '증거 양태'(Lee 1991: 281-326, 송재목 1998, 임동훈 2008) 등으로 파악되고 있다. 지각의 양태의 관점에 따르면, '-더-'의 과거지각으로, '-네'는 현재지각으로 구분된다.

앞선 '-네'의 논의에서 우리는 사물의 존재 여부나 사물의 범주 확인 등의 맥락에서 빈번하게 사용되는 것을 보았다. 이와 다르게, '-더-'의 경우는 사물의 존재 지각이나 범주 확인 등의 용법이 거의 관찰되지 않는다. '-더-'는 사물의 속성이나 사태의 지각을 말하는 맥락에서 쓰이고 있다. '-더-'의 사용 예를 제시하면 다음과 같다.

(6) 엄마: 까마귀가-, 커튼 속에 들어가서-,
　　유아: 어제는 딱았었는데(작았었는데)?
　　엄마: 응. {책장을 넘김}
　　유아: 어제는 쿠더라(크더라).
　　엄마: 어. 이렇게 커튼을 덮으니까 큰 것처럼 보였구나?

　　　　　　　　　　　　　　　　　　　　　　　　　(YB: 30개월)

(7) 오빠가 예쁜 동그아민데(동그라미인데) 빨간택이더라(빨간색이더라).

　　　　　　　　　　　　　　　　　　　　　　　　　(YB: 33개월)

(8) 여기는 안 아프드야아프더라). (YB: 27개월)

(6)에서 유아는 책의 그림을 보며 '어제'라는 과거시제 부사와 양태 '-더-'를 사용하여 '까마귀'가 가진 '크다'는 속성을 과거 시점에 지각했음을 나타내고 있다. (7-8)에서도 '-더-'는 '동그라미가 빨갛다'는 사물의 속성, '여기가 아프지 않았다'는 사태를 과거에 지각했음을 나타낸다.

이상에서 보듯이, 유아의 지각양태는 '-네'의 경우, 사물의 존재 지각 용법이 두드러지고 '-더-'의 쓰임에서는 사태 지각 용법이 두드러진다.

5. '-지'의 출현과 사용 맥락

5.1. '-지'의 출현 시기

양태소 '-지'는 4명의 대상 아동 모두에게서 관찰되었다. YB는 관찰이 시작된 만 24개월부터, EB 언어에서는 관찰이 시작된 지 1개월 후인 만 26개월부터 '-지'의 용법을 볼 수 있었다. TY와 MK는 초기 6개월 동안 '-지'를 사용하지 않다가 관찰 7개월째인 만 30개월에 처음으로 사용하였다. '-지'는 모든 아동에게서 이른 시기부터 관찰되고 있어서, 상대적으로 일찍 습득되는 양태소로 보인다. 이인섭(1986: 255)에서도 만 27개월의 아동 언어에서 '-지'의 출현이 보고된 바 있다.

월령별 출현 빈도를 통해서도 양태소 '-지'의 습득이 빠른 시기에 이루어짐을 볼 수 있다.

〈표 5〉 '-지'의 출현 빈도

월령	YB			TY			MK			EB		
	파일 수	빈도	평균	파일 수	빈도	평균	파일 수	빈도	평균	파일 수	빈도	평균
24	3	17	5.7	2	0	0.0	5	0	0.0			
25	4	41	10.3	4	0	0.0	4	0	0.0	3	0	0.0
26	3	22	7.3	4	0	0.0	5	0	0.0	2	3	1.5
27	4	24	6.0	4	0	0.0	4	0	0.0	4	8	2.0
28	3	32	10.7	3	0	0.0	4	0	0.0	4	27	6.8
29	4	37	9.3	2	0	0.0	5	0	0.0	2	5	2.5
30	4	40	10.0	2	1	0.5	4	6	1.5	2	5	2.5
31	3	57	19.0	3	5	1.7	4	3	0.8	3	11	3.7
32	3	35	11.7	3	1	0.3	5	3	0.6	3	29	9.7
33	4	77	19.3	3	4	1.3				4	31	7.8
34	2	51	25.5	2	18	9.0				4	20	5.0
35	2	34	17.0	3	18	6.0				6	26	4.3

'-지'의 출현 빈도는 다섯 가지 양태소 가운데 가장 높다. YB는 만 24개월부터 평균 5.7회의 높은 빈도를 보이다가 만 30개월 이후에는 평균 10회 이상의 사용되고 있다. TY의 경우는 '-지'가 처음 출현한 만 30개월에는 평균 0.5회 사용에 그쳤으나 만 34개월과 만 35개월에는 각각 평균 9회와 평균 6회로 사용되고 있다. MK의 경우에는 만 30개월에 평균 1.5회 사용하였고, 이후 2개월 동안에 각각 0.8회와 0.6회를 사용하여 사용 빈도가 크게 높아지지는 않았다. EB는 '-지'가 처음 출현한 만 26개월의 평균 1.5회 사용되었고, 만 28개월에는 평균 6.8회에 해당하는 상당히 높은 사용 빈도를 보인다.

이와 같이 '-지'는 양태소 가운데 비교적 일찍 출현하며, 월령이 높아짐에 따라 어느 시점까지는 그 사용 빈도가 높아지는 것으로 보인다.

5.2. '-지'의 사용 맥락

'-지'의 의미 자질은 '이미 앎'(장경희 1985: 110-116), '화자의 정보 진리성에 대한 화자의 믿음'(Lee 1991: 438) 등으로 파악된다. 박재연(2004: 147-150)에서는 '이미 앎'의 자질 이외에도 '旣知 假定' 등의 자질을 분석하였다. 양태소 '-지'는 종결 형태로 쓰이고 유아 언어에서도 그 출현이 빈번하여, 유아의 '-지'의 의 용법은 문장 유형 및 기능과 관련하여 관찰해 볼 수 있다.

유아의 언어에서는 진술문에 쓰인 '-지'는 자신이 이미 알고 있음을 나타내는 '기지 진술'의 맥락에서 주로 쓰이고, 의문문의 경우는 '확인 질문'의 맥락에서 먼저 관찰된다.

(9) ㄱ. 공 ((-)) 있지.	(YB: 24개월)
ㄴ. ○○이 붕붕이, 방에 있지-?	(YB: 24개월)
이거는 파랑 꽃이지?	(YB: 24개월)
이렇게 <웃음/히히> ○○이도 밖에 나갔지?	(YB: 24개월)
(10) ㄱ. 어, 엄마 가지?	(TY: 31개월)
ㄴ. 어 맞-지, 으!	(TY: 30개월)
아빠 담마찌(닮았지).	(TY: 31개월)
(11) 음-, 똑같지?	(MK: 30개월)
(12) ㄱ. 아빠 꺼-지(것이지).	(EB: 26개월)
트억아찌요-(트럭이었지요).	(EB: 26개월)
ㄴ. 이거 오빠야 오빠야. ○○이지?	(EB: 27개월)

위에서 (9)는 YB, (10)은 TY, (11)은 MK, (12)는 EB의 자료에 나타난 '-지'의 초출 형태를 보인 것이다. 위에 보인 예와 같이 '-지'는 사용 초기에는 주로 자신이 어떤 사실을 알고 있음을 상대방에게 알리거나, 자신이 지닌 정보가 사실임을 상대방에게 확인하는 맥락에서 사용되고 있다.

(9ㄱ), (12ㄱ)은 '기지 진술'에 해당하고 (9ㄴ), (10ㄱ,ㄴ), (11), (12ㄴ)은 '확인 질문'에 해당한다. MK의 언어에서는 '기지 진술' 맥락에서는 '-지'가 보이지 않고, '확인 질문'의 맥락에서만 관찰된다.

유아 언어에서도 수사의문이나 자문의 경우에 양태소 '-지'가 관찰된다. 성인들과 마찬가지로, 유아들도 수사의문에 사용된 '-잖-(-지 않-)'은, 상대방의 주장과 대립되는 상황에서 자신의 주장을 드러내는 경우에 사용하고 있고, 자문에 사용된 '-지'는 의문사를 지닌 설명의문문의 형태로 쓰여 자신의 머릿속에서 정보를 탐색하는 상황에서 사용되는 것을 볼 수 있다. 그런데 이들 수사의문이나 자문의 맥락에 쓰인 '-지'는 기지 진술이나 확인 질문 경우보다는 늦은 시기에 관찰된다.

MK를 제외한 나머지 세명 아동 언어에서 수사의문과 자문의 '-지'가 관찰된다.

> (13) ㄱ. 여기 ((-)) 있잖아.　　　　　　　(YB: 24개월)
>　　　 ㄴ. <웃음/히히> 어어? 공이 어디 갔지?　(YB: 24개월)
> (14) ㄱ. 아니-다, 쨱(책) 보구 있잖아-.　　　(EB: 27개월)
>　　　 ㄴ. 어특하지(어떡하지)?　　　　　　(EB: 28개월)
>　　　　 이게 뭐지?　　　　　　　　　　(EB: 28개월)
> (15) ㄱ. 앙겨(안경) 모자, 아니-, 있잖아-.　(TY: 34개월)
>　　　 ㄴ. 어딨지?　　　　　　　　　　　(TY: 35개월)

(13ㄱ)의 수사의문으로 '주장'을 나타내는 용법은 '기지 진술'과 '확인 질문'의 '-지'의 관찰 이후 일주일이 지나서 관찰되었다. (13ㄱ)과 같은 '주장'의 맥락에서 쓰이는 '-지'는 초기에는 보기 어렵지만, 관찰 후기로 가면서 사용이 빈번해지고 전체적으로는 큰 비중을 차지한다. (13ㄴ)은 자문의 경우인데 (13ㄱ)과 동일한 날에 관찰되었다. (13ㄴ)과 같은 자문은 관찰 후기에도 많지 않아서 '-지'의 네 가지 쓰임 가운데 가장 적은 비

중을 차지했다.

EB는 만 26개월에 '-지'를 처음 사용하였고 사용 초기 1개월 동안에는 '기지 진술'과 '확인 질문'에 맥락에서만 '-지'를 사용하다가 만 27개월에 (14ㄱ)에 보인 바와 같이 '주장'의 맥락에서 '-지'를 사용하였다. 자문'은 이보다 1개월 늦은 만 28개월에 관찰된다. 자문만을 보면 EB는 다른 아동에 비해 '자문'을 많이 사용하는 편이고, EB의 '-지'의 쓰임을 전체적으로 볼 때는, '기지 진술'과 '자문'이 비슷한 빈도로 나타났다.

만 30개월에 '-지'가 처음 관찰된 TY의 언어에서는 초기에는 '기지 진술'과 '확인 질문' 맥락에서만 '-지'를 볼 수 있고, (15ㄱ)와 같이 '주장'의 맥락에서 쓰인 '-지'는 만 34개월에 처음으로 관찰되었다. 자문에 사용된 '-지'는 (15ㄴ)에 제시한 것처럼 만 35개월에 단 1회 관찰되었다.

6. '-구나'의 출현과 사용 맥락

6.1. '-구나'의 출현 시기

양태소 '-구나'는 MK를 제외한 세 명의 아동에게서 관찰되었다. '-구나'의 가장 이른 출현은 YB의 만 26개월 자료에서 관찰되었고, 다음으로 TY는 만 30개월에, EB는 만 31개월에 처음으로 '-구나'를 사용하였다. MK는 관찰구간 내내 '-구나'를 1회도 사용하지 않았다. '-구나'는 출현 시기는 다른 양태소에 비해 늦지 않은 편이지만, 그 사용 빈도는 매우 낮은 특징을 보인다.

MK를 제외한 세 아동의 월령별 '-구나' 사용 빈도는 다음과 같다.

〈표 6〉 '-구나'의 출현 빈도

월령	YB			TY			EB		
	파일 수	빈도	평균	파일 수	빈도	평균	파일 수	빈도	평균
24	3	0	0.0	2	0	0.0			
25	4	0	0.0	4	0	0.0	3	0	0.0
26	3	1	0.3	4	0	0.0	2	0	0.0
27	4	0	0.0	4	0	0.0	4	0	0.0
28	3	0	0.0	3	0	0.0	4	0	0.0
29	4	2	0.5	2	0	0.0	2	0	0.0
30	4	1	0.3	2	1	0.5	2	0	0.0
31	3	0	0.0	3	1	0.3	3	1	0.3
32	3	0	0.0	3	0	0.0	3	0	0.0
33	4	0	0.0	3	0	0.0	4	1	0.3
34	2	3	1.5	2	0	0.0	4	0	0.0
35	2	0	0.0	3	1	0.3	6	4	0.7

〈표 6〉을 보면, YB 언어에서는 만 24개월과 만 25개월까지는 '-구나'가 관찰되지 않았고, 만 26개월에 한 번 사용하였고 다음 사용은 만 29개월에 2회 사용이 관찰되었다. 이와 같이 약 3개월에 한두 번 정도의 빈도로 '-구나'가 나타난 것으로 볼 때, YB 자료에서 관찰할 수 있는 '-구나'의 초출 시기는 만 26개월이지만 관찰 시작 시점인 24개월 이전에 이를 사용했을 가능성도 전혀 배제할 수는 없다.

TY의 경우 관찰 초기 6개월 동안은 '-구나'가 출현하지 않다가 만 30개월에 처음으로 1회 출현하고 이어서 만 31개월과 만 35개월에 각각 1회씩 출현하였다. '-구나'의 출현 빈도가 높지 않은 점은 YB의 경우와 비슷하지만, 초기 6개월이라는 긴 기간 동안 한 번도 출현하지 않은 점, 그리고 이 아동이 앞의 양태소 발달에서도 다소 느렸던 점 등을 고려할 때 만 30개월에 출현한 것을 초출 형태로 볼 수 있을 것이다.

EB도 관찰 초기 6개월 동안 '-구나'를 한 번도 사용하지 않았다. EB

의 언어에서는 '-구나'의 첫 출현이 만 31개월에 관찰되었고, 만 32개월
에는 사용이 관찰되지 않다가 다시 만 33개월에 1회 사용이 관찰되었다.

이와 같이 '-구나'의 사용 빈도가 매우 낮게 나타난 것은 양태소 '-구
나'가 쓰여야 하는 맥락이 드물다는 사실에서 찾을 수 있다. 성인 언어에
서도 '-구나'의 사용 빈도는 다른 양태소들에 비하여 훨씬 낮다.12) 따라
서 유아 언어에서 '-구나'의 사용 빈도가 매우 낮은 것은, 유아도 '-구
나'의 경우는 성인의 언어와 비슷한 사용 경향을 지니고 있다는 것으로
이해할 수 있다.13)

6.2. '-구나'의 사용 맥락

'-구나'는 '처음 앎'(장경희 1985: 101-103)을 그 본질적 의미로 파악하기
도 하고, '처음 앎' 이외에 '정보의 내면화 정도'(Lee 1991: 382-402)를 포함
하거나 여기에서 더 나아가 '정보의 획득 방법'(박재연 2004: 168-172)까지
를 그 의미로 파악하기도 한다.

이 연구에서는 '처음 앎'을 핵심으로 삼고, 정보 획득의 방법이나 내면
화 정도의 차이가 맥락에 의해 주어지는 것으로 본다. 즉, '-구나'는 시
각·청각·후각·촉각·미각 등 감각을 통해 새롭게 얻어진 앎을 나타내
는 경우, 다른 사람의 말을 듣고 알게 될 때와 같이 언어 정보에 근거한

---

12) 국립국어원(2002)의 조사에 따르면 구어 자료에서 '-구나'가 사용된 빈도는 23회로 나타났
다. 이는 동일 자료에서 조사된 다른 형태들의 사용 빈도(가령, '-지'의 경우는 469회)에
비추어 볼 때 매우 낮은 빈도이다.

13) 이정민(1997)에서는 만 23개월에 '-구나'의 출현이 관찰되었다고 보고된 반면, 이인섭(1986:
255-258)에서는 만 27개월의 아동에게서 '-구나'가 사용되지 않았고, 만 38개월의 아동에
게서 '-구나'가 사용되었다고 보고하였다. 선행 연구들에서 이와 같이 '-구나'의 출현 시
기가 다르게 보고된 것도 '-구나'가 저빈도 어휘인 점과 관련이 있다고 보여진다.

새로운 앎을 나타내는 경우, 관찰이나 언어 정보 이외에 추론 과정을 거쳐 새로운 앎을 얻게 되었음을 나타내는 경우, 실험적 조작을 통한 새로운 앎을 드러내는 경우 등에 다양하게 쓰일 수 있다.

'-구나'는 전반적으로 출현 횟수가 많지 않은데, '-구나'의 쓰임을 분석하면 아동들은 대부분 '감각적 관찰에 의한 새로운 앎'을 나타내고 있다.

> (16) 아 부뿌이(뿡뿡이) 자동차 여깄구나, 여기.(YB: 26개월)
> (17) 집도 있구나.　　　　　　　　　　　(TY: 30개월)
> (18) 곤룐이(공룡이) 다 모여구나(모였구나)?　　(EB: 31개월)

(16-18)은 모두 감각적 관찰에 의한 새로운 앎을 나타낸다. (16)은 장난감 자동차가 있는 것을 눈으로 보면서 (17)은 여러 가지 장난감 중에서 집 모양의 장난감을 보면서, (18)은 공룡 모양의 장난감을 보면서 말한 것이다. 즉, (16-18)의 '-구나'는 모두 시각을 통한 관찰 정보에 근거한 새로운 앎을 표현하고 있다.

다른 사람의 말을 듣고 깨달았음을 나타내는 '언어 정보에 근거한 새로운 앎'의 맥락에서 '-구나'를 사용한 것은 한 명의 아동(YB)뿐이다.

> (19) 유아: 엄마 밥 안 먹는데 물 먹어.
> 　　　엄마: 엄만 아까 밥 먹었어.
> 　　　유아: 기랬구나(그랬구나)-, 난 몰랐지.
>
> 　　　　　　　　　　　　　　　　　(YB: 34개월)

(19)의 '그랬구나'의 '-구나'는 엄마 말을 듣고 유아가 사실을 알게 되는 용법에 해당한다. '-구나'의 이러한 쓰임은 YB의 만 34개월에 나타난 것으로, YB가 감각적 관찰에 의한 앎을 나타내는 '-구나'를 만 26개월부터 사용한 것에 비하면 사용 시기가 늦다고 할 수 있다.

추론을 통한 새로운 앎에 대한 쓰임도 비교적 늦은 시기에 한 EB에게
서만 관찰된다.

> (20) 엄마: 우리 차 어디다 세워 놨냐고?
> 유아: 응.
> 엄마: 여기 뒤쪽 주차장에다 세워놨어요.
> 유아: 아빠가 세워놨구나.
>
> (EB: 35개월)

(20)에서 아동은 차를 주차장에 세워놨다는 엄마의 말을 듣고 '아빠가 세
워놨구나?'라고 말하고 있다. 여기서 '아빠가 차를 주차장에 세워놓았다'
는 명제는 엄마의 말을 통해서 알게 된 것이 아니라 다음과 같은 추론의
과정을 거쳐 알게 된 것이다.

> 일상 지식: 차는 아빠가 주차한다.
> 현재 정보: 지금 차를 주차장에 세워놓았다.
> 추정 정보: 아빠가 차를 주차장에 세워놓았을 것이다.

드물지만, 관찰과 추론 이외에 실험적 조작을 통하여 새로운 앎이 이
루어지는 맥락에서도 '-구나'가 관찰된다. 다음의 (21)에서는 아동이 직
접 실험적인 수행을 하고 여러 단계의 추론을 거쳐 새로이 알게 된 사실
을 '-구나'를 써서 표현하고 있다.

> (21) 그냥 그냥 이거를 꼭꼭꼭, 그냥 꽉꽉 하면 되구나(되는구나). (YB: 34
> 개월)

(21)에서 유아는 딱딱한 음식을 먹기 위해 실제로 씹어보는 방법을 여러
가지로 수행한 다음, 그러한 조작 활동을 통하여 딱딱한 음식은 꼭꼭 씹

어 먹으면 된다는 사실을 깨닫고 이를 말로 표현하였다. 이렇게 조작과 추론의 과정을 거쳐서 알게 되는 명제는 추론의 과정이 없이 획득한 명제에 비해 복잡한 사고의 과정을 거치므로 좀 더 발달된 인지 능력을 요할 것으로 생각된다. 이러한 인지 발달 과정과 관련된 탓인지 '실험에 의한 앎' 맥락에서의 '-구나'의 사용은 늦은 시기에 관찰된 것을 볼 수 있다.

7. 결론

지금까지 아동 네 명의 종적 자료를 통하여 인식 양태소 '-겠-', '-네', '-더-', '-지', '-구나'의 출현 시기와 사용 맥락을 살펴보았다. 먼저, 양태소의 초출 시기를 아동별로 정리하여 보이면 다음과 같다.

〈표 7〉 피험자별 월령에 따른 초출 형태

대상자＼월령	24	25	26	27	28	29	30	31	32	33	34	35
YB	-지 -네	-겠-	-구나	-더-								
TY		-지					-네 -구나					
MK							-지		-네			
EB		-네	-지		-겠-			-구나				

〈표 7〉에 보인 것과 같이 각 양태소의 초출 시기는 아동에 따라 차이가 있다. 따라서 네 명의 아동이 양태소를 습득하는 월령은 개인차가 있다고 볼 수 있다. 본 연구에서 관찰된 바에 의하면, 여아들이 남아들에 비해 양태소 출현 시기가 다소 빨랐고, 동일한 성별 안에서도 아동별로 차이를 보였다. 형태별 초출 시기는 아동에 따라서 6개월 이상 차이를 보이는

경우도 있었다.14)

이와 같이 네 명의 아동이 양태소를 습득한 월령은 서로 다르게 나타 났지만, 양태소를 습득하는 순서에서는 어느 정도 공통점을 보였다. 다양 한 형태의 양태소가 관찰된 YB와 EB의 경우 둘 다 '-지', '-네'가 '-겠-' 이나 '-더-'에 비해 먼저 출현하였다는 공통점이 있다. 그리고 TY는 어 말어미인 '-지', '-네', '-구나'만 관찰되고 '-더'는 관찰되지 않았으며, 네 아동 가운데 가장 늦은 발달을 보이는 MK는 양태소 가운데 '-지'(30 개월), '-네'(32개월)의 사용만이 관찰되었다.

이와 같이 인식 양태소의 습득 순서는 여러 아동에게서 비슷한 순서를 지님을 알 수 있다. 아동이 언어 발달 수준에서는 개인차를 보이지만 문 법 형태소의 습득 순서에 있어서는 공통점을 보인다는 것은 영어 습득 과정에 대한 기존 연구에서도 보고된 바 있다. Brown(1973)에서는 3명의 아동이 발달 속도는 다르지만 14개의 문법 형태소를 비슷한 순서로 습득 한다는 것을 발견하였고,15) De Villiers & De Villiers(1973)에서는 언어 발 달 수준이 다른 21명의 아동이 같은 순서의 발달을 보인다는 것을 밝힌 바 있다.

본 연구의 결과에서 또 한 가지 주목할 점은 일반적으로 어말어미 형 태의 양태소가 선어말 어미 형태의 양태소보다 출현 시기보다 앞선다는

---

14) 이러한 발달 수준의 차이는 양태 범주에서만이 아니라 전체적 문법 발달 양상에서도 동일 하게 관찰된다. 25개월 월령 당시 YB의 언어 자료에서 MLU(Mean Length of Utterances; 형태소 기준)는 5.65였고, 동일한 월령에 해당하는 EB의 언어자료는 2.33의 MLU를 보였 다. TY와 MK는 각각 30개월 월령과 32개월 월령에 2.18과 2.03의 MLU를 보였다. EB가 25개월에 '-네' 형태가 출현한 데 반해, TY와 MK가 30개월과 32개월에 '-네'의 첫 출현 을 보인 것은 이러한 MLU 증가와 밀접한 관련이 있다고 보인다.

15) -ing, in, on, -s(복수형), 불규칙과거, -s'(소유격), 축약되지 않은 계사, 관사, 규칙과거, -s(3인 칭 규칙), 3인칭불규칙, 축약되지 않은 조동사, 축약된 계사, 축약된 조동사의 순서로 습득 한다(Brown 1973).

것이다. '-지', '-네'는 모든 아동에게서 나타났고, '-구나'도 한 명을 제외한 세 명의 아동에게서 나타난 데 반해, '-겠-'은 두 명, '-더-'는 한 명 아동의 자료에서만 출현하였다. 선어말 어미 형태의 양태소의 경우도, YB에게서는 '-겠-'(25개월)과 '-더-'(27개월)의 사용이 관찰되었으나, EB의 경우는 '-겠-'(28개월)만을 관찰할 수 있었다. 이와 같이 선어말 어미 형태보다 어말어미 형태가 보다 빨리 습득된다는 사실은 아동이 문법 표지를 습득하는 데 있어 단어 말미에 주목하는 책략을 지닌다는 기존의 주장(Slobin, 1979)을 지지하는 결과로 보인다. 단어나 문장의 초두나 중간보다 말미를 더 현저하게 부각시키는 데는 아동의 주의집중 능력과 기억 등의 이유가 제시되어 왔다(이승복 1997).

어말어미 중에서는 다른 형태들에 비해 '-구나'의 출현이 비교적 늦었다. 어말어미 형태 가운데 '-구나'에 비해 '-네'나 '-지'가 먼저 습득되는 데에는 해당 양태소의 의미적 요인과 함께 구어에서의 사용 빈도가 영향을 주었을 것으로 본다. 국립국어원(2002)의 조사에 따르면, 구어 자료에서 '-지'가 사용된 빈도는 469회로 나머지 두 형태의 사용 빈도('-구나' 23회, '-네' 85회)에 비해 현저하게 높다. 즉, 아동이 '-지'라는 형태를 그만큼 자주 접했을 가능성이 높고, 이러한 환경적 요인에 의해 다른 형태에 비해 먼저 학습되었을 가능성이 있다.

다음으로 양태소 각각의 사용 맥락에 따른 발달을 정리하여 보이면 다음과 같다.

'-겠-'　　생각 》 (의도)
'-네'　　사물의 존재 및 범주 지각 》 사물의 속성 및 움직임 등 사태 지각
'-더-'　　사물의 기본 속성(크기·형태·색채 등)에 대한 인식 》 (움직임에 대한 지각)

'-지'   기지 진술, 확인 질문 》 주장, 자문
'-구나'   감각적 관찰에 의한 새로운 앎 》 언어정보 · 추론 · 실험에 근
            거한 새로운 앎

성인 언어에서는 양태소 '-겠-'이 생각(추정)의 사용 맥락 외에도 의도
를 나타내는 맥락에서 쓰이기도 하는데 본 연구 결과 35개월 이전의 유
아는 '-겠-'을 의도를 나타내는 데 사용하지 않았다. 그 대신 의도의 사
용 맥락에서는 '-ㄹ래'를 사용하는 것으로 나타났다.

현재시점의 지각을 나타내는 양태소 '-네'의 경우, '사과네', '사과가
있네'에서와 같이 사물의 존재 및 범주 지각의 경우가 사건 지각보다 먼
저 나타났다. 과거 지각을 나타내는 '-더-'는 본 연구 자료에서 극소수
의 사례만 관찰되었는데 대부분이 사물의 크기나, 형태, 색채 등 사물의
기본 속성에 대한 인식을 드러내는 것이었다. 이를 통해 유아가 현재 시
점의 지각을 표현할 때에는 사물의 존재나 범주 지각이 두드러지고 이미
지나간 과거 시점의 지각을 떠올리는 경우에는 사물의 속성 지각이 두드
러진다는 것을 알 수 있었다.[16]

'-지'는 '이미 앎'을 나타내는 양태소인데, 이러한 양태소 '-지'가 유
아 발화에서 활발하게 사용되고 있는 점은 유아들에게 있어서 자신이 어
떤 내용을 이미 알고 있다는 것을 밝히는 지적 활동이 활발하게 일어나
고 있음을 말해준다. 그리고 남의 의견 또는 현 사태와 자신의 의견이 대
립되는 상황에서 자신의 견해를 주장하는 맥락이나 스스로 정보를 찾는
자문의 맥락에서는, '-지'의 발달이 기지 진술이나 확인 질문의 경우에

---

16) 이후 시기의 양태 발달에 대한 자료 분석 결과를 보면 36개월 이후에 '-더-'의 사용이 늘
    어나는 것이 확인된다("인식 양태 발달―36개월~43개월" 내용 참조). 이런 점들을 종합해
    볼 때 아동의 인지 발달이 현재 지각에서 과거 지각으로, 과거 지각 중에서도 속성 지각에
    서 행동 지각으로 나아간다는 점을 엿볼 수 있다.

비해서 늦은 시기에 이루어진다고 보았다.

'-구나'에 대한 유아의 사용 맥락은 처음 앎이 이루어지는 방법과 관련하여 구분해 볼 수 있는데, 유아들은 현장에서 감각적 관찰에 의해 깨달은 사실을 나타내는 용법이 가장 먼저 관찰되었고 추론에 의한 용법은 보다 늦게 관찰되었다. 이러한 '-구나'의 용법도 아동의 인지 발달과 관련을 지니는 것으로 보았다.

언어 표현과 인지 발달 과정과의 체계적 연계성은 언어 습득 연구의 중요한 주제 가운데 하나이다. 이 글은 초기 언어 습득 과정에서 다양한 양태 형태소가 어떻게 사용되는지를 관찰하여 그 결과를 있는 그대로 기술하고자 노력하였다. 양태 범주 습득 문제는 양태 표현이 특히 풍부한 한국어에서 연구할 점이 많은 영역이다. 본 연구의 결과를 토대로 다양한 이론과 새로운 경험적 자료를 비교 검토하는 연구가 활발히 이루어짐으로써 인간의 인지 구조에 대한 이해가 더욱 깊어질 수 있기를 기대한다.

참고문헌

고영근(1965). "현대국어의 서법체계에 대한 연구," 국어연구 15.
고영근(1986). "서법과 양태의 상관관계," 국어학신연구 1, pp. 383-399.
국립국어원(2002). 현대국어사용빈도조사.
목정수(2000). "선어말어미의 문법적 지위 정립을 위한 형태 통사적 고찰-{었},
　　　{겠}, {더}를 중심으로," 언어학 26, pp. 137-165.
박경자(1997). 언어습득연구방법론, 고려대출판부.
박재연(1999). "국어 양태 범주의 확립과 어미의 의미 기술-인식 양태를 중심으로,"
　　　국어학 34. pp. 199-225.
박재연(2003). "국어 양태의 화·청자 지향성과 주어 지향성," 국어학 41, pp. 249-275.
박재연(2004). 한국어 양태 어미 연구, 서울대학교 박사학위 논문.
배소영(1996). "한국 아동의 언어 발달," 대한후두음성언어의학회지 7(1). pp. 98-105.
서정수(1986). "국어의 서법," 국어생활 7. pp. 116-130.
이삼형·이필영·임유종(2003). "어말어미의 습득 과정에 관한 연구," 국어교육학연
　　　구 18, pp. 320-346.
이선웅(2001). "국어의 양태 체계 확립을 위한 시론," 관악어문연구 26, pp. 317-339.
이승복(1997). "언어 습득의 책략과 발달과정," 새국어생활 7, pp. 53-79.
이인섭(1986). 아동의 언어발달-한국아동의 단계별 위상, 개문사.
이정민(1997). "언어 습득과 화용 규칙," 새국어생활 7(1), pp. 143-177.
임동훈(2008). "한국어의 서법과 양태 체계," 한국어의미학 26, pp. 211-249.
장경희(1985). 현대국어의 양태 범주 연구, 탑출판사.
장경희(1995). "국어의 양태 범주의 설정과 그 체계," 언어 20(3), pp. 191-205.
장경희(1998). 서법과 양태, 문법 연구와 자료, 태학사.
조숙환(1997). 언어습득론, 새국어생활 7(1), pp. 3-28.
조숙환(2000). "국어의 과거시제와 양태소 습득," 인간은 언어를 어떻게 습득하는가,
　　　pp. 95-120, 아카넷.

Brown, R.(1973). *A first language: The early stages.* London: George Allen & Unwin
　　　Ltd.

Choi, S. J.(1991). "Early acquisition of epistemic meanings in Korean: a study of sentence-ending suffixes in the spontaneous speech of three children," *First Language* 11, pp. 93-119.

De Villiers, J. G., & De Villiers, P. A.(1973). "A cross-sectional study of the acquisition of grammatical morphemes in child speech," *Journal of Psycholinguistic Research* 1, pp. 267-27.

Lee, C. M.(1994). "Development of mood and modality in Korean," Workshop on Speech Acts at First International Summer Institute on Cognitive Science, SUNY, Buffalo.

Lee, H. S.(1991). *Tense, Aspect, and Modality: a Discourse-Pragmatic Analysis of Verbal Affixes in Korean from a Typological Perspective*, UCLA doctoral dissertation.

Slobin, D. I.(1973). "Cognitive prerequisites for the acquisition of grammar," In C. A. Ferguson & D. I. Slobin(Eds.), *Studies of Child Language Development*, pp. New York: Holt.

Slobin, D. I.(1979). *Psycholinguistics*(2nd ed.), Glenview, Ill: Scott.

이필영 · 김정선 · 문선희

높임 표현 발달*
(31개월~43개월)

1. 서론

본 연구에서는 만 31개월부터 43개월의 아동 4명을 대상으로 하여 아동의 높임 표현의 발달 양상을 종적으로 살펴보고자 한다.[1] 높임 표현의 발달은 높임 의도를 실현하는 문법 형태 및 어휘에 대한 습득과 함께 대화 상대자와의 관계, 상황 등 화용적 요소에 대한 습득도 이루어져야 한다. 또한 단순히 상하 관계에 의해서만이 아니라 친밀도에 의해서도 높임 표현은 영향을 받기 때문에 언어 발달에서도 복잡한 양상을 보이고 있다.

---

* 이 글은 <한국어 의미학> 40호(2013)에 "아동의 높임 표현 발달에 관한 종적 연구—31개월~43개월 아동을 대상으로"라는 제목으로 게재된 논문임.

[1] 아동의 언어 습득에 대한 자료 수집은 크게 종적 연구과 횡적 연구로 나누어 볼 수 있다(박경자 1996). 종적 연구는 소수의 아동을 대상으로 장기적으로 언어 습득 자료를 수집하여 그 결과를 분석하는 것으로 자연스러운 임의 발화 수집 방법을 주로 사용한다. 종적 연구는 통시적 관점에서 발달 과정의 측정이 가능한 과정중심적, 귀납적, 질적 연구 방법이다. 반면에 횡적 연구는 여러 명의 아동을 대상으로 주어진 실험 방법을 사용하여 자료를 수집한다. 대량의 연구 대상에 대한 여러 가지 원인, 사실 규명에 중점을 두어서 통제적인 실험실 상황에서 연역적으로 검증하는 결과 위주의 연구 방법이다.

아동의 높임 표현 발달에 대한 연구 크게 관찰 연구(이인섭 1986, 문선희 2010)와 검사 도구를 이용한 연구(이순형 1999)로 나누어 볼 수 있다.[2) 이들 연구는 '께서', '-요', '-시-', '-ㅂ니다', 상대 높임 어미의 습득 시기 등 주로 문법 형태나 어휘 형태의 출현 시기에 초점을 맞추고 있다. 그러나 높임 표현의 발달은 형태의 습득과 더불어 대화 상대자, 대화 목적 등 화용적 요인에 따라 어떤 양상을 보이는지에 대한 분석도 필요하다. 본 연구에서는 높임 표현을 상대 높임, 주체 높임, 객체 높임으로 구분하고, 이들을 실현하는 문법 형태와 어휘 형태를 대화 상대자, 높임의 주체 등을 중심으로 구체적인 화용 맥락을 분석하고자 한다.

본 연구에서는 한양대학교 <연령별 대화 말뭉치> 중 일부인, 만 31~43개월의 아동 4명을 대상으로 삼아 종적으로 살펴본다.[3) 대상 아동은 서울 경기 지역에 거주하며, 정상 발달을 보이는 여아 2명과 남아 2명으로 구성하였다. 일상생활에서 사용하는 자연스러운 발화를 수집하기 위해 가정에서 부모가 1시간 동안 대화를 하며 직접 녹음하였으며, 녹음은 1주일 간격으로 12개월 동안 진행되었다.[4) 녹음 날짜, 대화 참여자, 녹음

---

2) 이인섭(1986)에서는 '-요'를 이용한 상대높임, '-시-'를 이용한 주체 높임을 2세경부터 습득하기 시작하여 3~4세경이면 원하는 바에 따라 구사한다고 한다. '-ㅂ니다'를 이용한 높임 표현은 성인의 발화를 모방하는 상황에서 많이 출현하고, 2~3세 전후로 하여 습득한 것으로 볼 수 있다. 문선희(2010)에서는 23~36개월 아동 4명의 일상 대화를 대상으로, 상대 높임, 주체 높임, 객체 높임의 범주를 설정하여 문법 형태와 어휘 형태의 출현을 중심으로 대화 맥락을 살펴 존대 표현 발달의 양상을 밝혔다. 검사 도구를 활용한 연구인 이순형(1999)에서는 조사 '께서'를 사용한 주체 높임은 60개월 이후에, 경어 어미를 사용하는 상대 높임은 24개월 이후에 비교적 쉽게 획득한다고 보고하였다.

3) <연령별 대화 말뭉치>(한양대학교 한국교육문제연구소)는 만 1세 미만의 영아부터 성인까지의 음성 자료와 전사 자료를 연령에 따라 균형적으로 구축한 말뭉치이다. 종적 자료와 횡적 자료를 모두 구축하여 언어 발달 및 연령대별 특성을 파악하는 데에 기초 자료를 활용할 수 있다. 특히 종적 자료는 조사 시작 시점에서 0~36개월 사이의 영유아를 6개월 단위로 나누어 수집하였으며, 12개월 미만의 아동은 2주 1회 120분, 12개월 이상의 아동은 1주 1회 60분 연속으로 녹음하였다. 녹음 장소는 각 가정으로 하고, 자연스러운 상황에서 양육자가 녹음을 담당하도록 하였다.

상황 등에 대한 기술적 정보는 일지에 기록하도록 하였다. 대상 아동의
월령별 파일 분포는 다음과 같다.5)

〈표 1〉 조사 대상 아동의 월령별 파일 분포

개월(만) 대상자	31	32	33	34	35	36	37	38	39	40	41	42	43	합계
SJ		2	4	4	3	6	3	4	2	6	5			39
YJ	2	4	1	2	3	5	5	5	3	5	3	1		39
DW		2	2	1	5	4	7	2	2	3	3	5	2	38
SB				3	3	3	4	3	4	5	4	4	7	40
계	2	8	7	10	14	18	19	14	11	19	15	10	9	156

녹음 자료는 지침에 따라 국어학 전공자가 3차에 걸쳐 전사하였다.6)
전사 분량은 한 파일당 2,000어절씩으로 하였다.

높임 표현의 발달에 대해 종적으로 살펴보는 본 연구는 다음과 같은
분석 원칙과 특징을 지니고 있다.

1) 높임의 범주 구분은 학교 문법 체계인 상대 높임, 주체 높임, 객체
높임을 따랐으며, 크게 '문법 형태' 실현되는 것과 '어휘 형태'로 실현되
는 것을 구분하여 분석하였다.

---

4) 아동에 따라 전체 녹음 기간에서는 차이를 보이고 있다.

5) 음영 처리된 부분은 해당 개월에 조사 파일이 없는 것을 표시한다.

6) 1차 전사는 발화자 표시와 발화 내용으로 이루어져 있는데, 대화 내용을 그대로 문자한 가
   장 기초적인 자료이다. 2차 전사는 발화자 정보, 녹음 시간, 날짜, 전사 시간 등에 대한 정보
   를 표시한 헤더를 부착하였으며, 표준어 표기, 말겹침이나 군말, 비언어적 음성, 휴지 등 발
   화 상황을 이해하는 데 도움이 되는 정보, 발화자의 특이한 어조 등의 정보를 표시하였다. 3
   차 전사는 자료의 익명성을 보장하기 위한 마크업 작업이다.

〈표 2〉 높임 범주에 따른 출현 형태

높임 범주		형태
상대 높임	문법 형태	하십시오체, 하오체, 하게체, 해라체, 해요체, 해체[7]
	어휘 형태	'저' 등
주체 높임	문법 형태	선어말 어미 '-시-', 주격조사 '께서'
	어휘 형태	'계시다, 주무시다' 등
객체 높임	문법 형태	여격 조사 '-께'
	어휘 형태	'드리다' 등

2) 총 4명의 아동을 1년에 걸쳐 종적으로 조사한 연구이기 때문에 분석 결과 제시는 개별 아동 결과를 제시하였다. 이는 아동별 언어 발달 속도에서 차이가 있고, 개별 아동의 발화를 종적으로 추적해 출현하는 형태를 중심으로 높임 표현의 발달 순서를 논의하기 위해서이다. 아동별 결과를 살펴본 후 이를 종합하면 높임 형태의 발달에 대한 전반적인 양상이 드러날 것이다.

3) 형태가 출현한 빈도를 단순히 제시하는 것이 아니라 개월별 평균 빈도를 제시하였다. 개월별 파일당 평균 빈도는 해당 개월에 출현한 빈도를 해당 개월 파일 수로 나누어 계산하였다.

4) 출현 빈도를 제시하는 정량적 연구에만 의존하지 않고, 상황에 대한 정성적 분석도 동시에 이루어졌다. 높임법은 대화 참여자의 상하 관계와 친소 관계, 대화 상황이 크게 영향을 미치는 범주이다. 따라서 대화 상대자, 대화 목적 등에 대한 분석이 함께 이루어졌다.

---

7) 아동 발화의 일반적인 경향을 고려하여 실제 발화에서 출현 가능성이 높은 '하십시오체, 해라체, 해요체, 해체'를 문법 형태에서 분석하였다.

2. 상대 높임 표현

상대 높임 표현은 말하는 이가 듣는 이를 높이거나 낮추어 말하는 표현으로 문법 형태인 종결 어미로 실현되는 경우8)와 겸양어 '저' 등의 어휘 형태로 실현되는 경우로 나눌 수 있다.

2.1. 문법 형태에 의한 상대 높임

문법 형태로 상대 높임이 실현되는 경우는 듣는 이가 누구인지에 따라, 화자의 의도가 무엇인지에 따라 다양한 화계의 종결어미를 사용하게 된다. 본 연구에서는 문법 형태에 의한 상대 높임의 사용 양상을 대화 상대자가 누구인지에 따라 구분하여 살펴보기로 한다.

분석 자료에서 아동과 대화한 상대자는 부모, 조부모, 이모, 사촌 등 다양한 관계에 속하는 사람들인데, 이를 아동별로 대화 상대자를 정리하면 다음 <표 3>과 같다.

<표 3> 아동별 대화 상대자 출현 양상

아동 \ 대화 상대자	부모	조부모	주변 어른9)	또래10)
SJ	○	○	○	○
YJ	○	-	-	○
DW	○	-	-	○
SB	○	○	-	○

---

8) 상대 높임을 나타내는 문법 형태는 종결어미에 따라 실현되는데 크게 격식체와 비격식체로 나뉜다. 격식체에는 '하십시오체', '하오체', '하게체', '해라체'가 있고, 비격식체에는 '해요체', '해체'가 있는데 이를 각기 높임과 안 높임을 중심으로 다시 구분하였다

9) 부모와 조부모 이외의 친인척인 이모, 학습지 교사 등을 포함한다.

<표 3>을 보면, 대부분의 아동이 부모와 또래와 주로 대화를 하였고, SJ 의 경우 조부모, 주변어른 등 비교적 다양한 대화 상대자가 출현하였다. 본 연구에서는 연령과 가족, 친족관계를 기준으로 '부모', '조부모', '주변 어른'으로 범주화하였다. 그리고 아동과 연령이 비슷한 형제, 자매, 친척 등은 '또래'로 범주화했다.

본 자료에서 출현한 상대 높임의 문법 형태에는 격식체의 '하십시오 체'와 '해라체', 비격식체의 '해요체'와 '해체'가 있었으며, '하오체'와 '하게체'는 출현하지 않았다.11) 이들 상대 높임 표현의 월령별 변화 양상 을 살펴보기 위해 사용 빈도를 정리해 보면 다음 표와 같다12)

〈표 4〉 아동의 상대 높임 표현의 월령별 사용 빈도

아동	높임 표현		개월(만)											
			31	32	33	34	35	36	37	38	39	40	41	42	43
SJ	격식체	하십시오체		2.0	0.5	0.3	-	1.0	0.7	1.3	1.7	-	-		
		해라체		24.5	26.0	20.5	6.0	15.3	17.0	12.0	12.5	16.0	9.8		
	비격식체	해요체		36.0	21.5	32.8	13.0	15.3	41.0	22.5	50.0	5.8	-		
		해체		245.0	212.0	214.8	72.0	125.3	207.7	12.7	179.3	-	-		
YJ	격식체	하십시오체	-	0.3	2.0	-	0.3	0.4	0.4	0.6	3.7	2.2	1.7	1.0	
		해라체	10.0	11.5	18.0	14.5	23.0	13.4	18.4	24.2	26.3	12.0	10.7	21.0	
	비격식체	해요체	55.5	8.5	5.0	12.5	12.7	22.6	8.0	10.8	19.7	45.0	2.7	21.0	
		해체	108.0	135.5	186.0	164.5	123.0	79.6	115.6	100.2	106.3	53.6	9.3	-	

10) 아동의 언니/누나, 오빠/형/사촌형, 동년배 사촌, 동생 등을 포함한다.

11) 성기철(1985)에서는 세대별 말 단계 체계를 '상층 화계 체계'와 '하층 화계 체계'로 나누었 다. 상층 화계 체계는 우선 높임과 낮춤으로 구분하여 1차 화계 '높임'에는 아주 높임, 예 사 높임이, 1차 화계 '낮춤'에는 예사 낮춤, 아주 낮춤으로 구성하였다. 2차 화계 '높임'에 는 (두루) 높임이, 2차 화계 '낮춤'에는 (두루) 낮춤을 설정하였다. 하층 화계 체계는 1차 하 계에서 높임에 하십시오체를, 낮춤에는 해라체를 두고 있으며, 2차 화계에서는 높임에 해 요체를, 낮춤에 해체를 두고 있다. 이외에 이정복(1992)은 하동 방언 '목도리' 언어 공동체 의 세대별 말 단계의 체계를 구분하기도 했으며, 이정복(1998)에서는 교육 부대 장교들의 말 단계 체계를 설정하기도 했다.

12) <표 4>에 제시된 빈도는 개월별 파일당 평균 빈도로, '해당 개월 출현 빈도/해당 개월 파 일 수'로 계산한 것이다. 이하 표의 빈도도 동일하다.

아동	높임 표현		개월(만)												
			31	32	33	34	35	36	37	38	39	40	41	42	43
DW	격식체	하십시오체		2.0	-	3.0	1.2	9.8	0.9	-	2.0	1.3	1.0	1.8	0.5
		해라체		17.5	17.5	11.0	15.4	16.5	14.3	19.0	9.5	17.0	10.6	13.2	2.4
	비격식체	해요체		12.0	8.5	24.0	26.6	5.8	5.7	2.0	3.0	13.0	13.8	4.2	7.5
		해체		91.0	100.5	156.0	115.6	97.8	91.7	154.5	101.5	86.0	118.2	88.6	28.0
SB	격식체	하십시오체				-	0.3	-	-	1.0	0.5	-	-	-	0.4
		해라체				7.3	18.7	7.3	12.3	38.9	24.0	20.0	12.3	16.8	17.1
	비격식체	해요체				7.3	0.3	1.67	2.0	16.0	2.0	0.3	8.8	0.8	3.9
		해체				114.3	140.3	162.3	119.0	263.3	138.0	1.3	47.8	27.0	18.1

<표 4>를 보면, 네 명의 아동 모두 비격식체 안높임 어미인 '해체'가 가장 높은 빈도로 사용되고 있고, 월령에 따라 일정한 경향을 보이지는 않고 있다. 위 표에서 특징적인 점은 '하십시오체'의 출현이다. 격식체 높임 표현인 '하십시오체'는 본 연구 대상 아동에게서는 빈도는 낮지만 모두 출현하고 있었고, 비격식체의 높임 표현인 '해요체'보다는 빈도가 낮았다. 즉 31개월 이상의 아동은 높임 표현으로 '해요체'와 '하십시오체'의 형태는 습득하였고, 이들의 사용 빈도에서는 차이가 났다.

위 표에서 높임 표현이 월령에 따라 일정한 경향을 보이지 않는 이유 중의 하나는 대화 상대자가 누구인지, 상황이 어떠한지에 따라 상대 높임 표현의 어미가 선택되기 때문이다. 본 연구에서는 아동의 대화 상대자를 부모, 조부모, 주변어른, 또래로 구분하여 각각의 대상자에게 사용한 상대 높임 표현의 특성을 살펴본다.

2.1.1. 부모를 상대로 한 상대 높임 표현

아동은 부모에게 격식체와 비격식체를 모두 사용하고 있다. 격식체에서는 아주 높임의 '하십시오체'와 아주 낮춤의 '해라체'를 사용하고 있고, 예사 높임의 '하오체'와 예사 낮춤의 '하게체'는 출현하지 않았다. 비격식체에서는 '해요체'와 '해체'가 모두 등장하고 있다. 조사 대상 아동의 월령에 따른 상대 높임 표현을 정리해 보이면 다음과 같다.

〈표 5〉 부모를 상대로 한 상대 높임 표현의 월령별 사용 빈도

아동	높임 표현		31	32	33	34	35	36	37	38	39	40	41	42	43
SJ	격식체	하십시오체		2.0	0.5	0.3	-	1.0	0.7	1.3	0.5	-	-		
		해라체		24.5	26.0	20.5	6.0	15.0	17.0	12.0	10.5	16.0	8.8		
	비격식체	해요체		36.0	21.5	32.8	13.0	11.7	41.0	22.5	18.5	5.8	-		
		해체		245.0	212.0	214.8	72.0	118.2	207.7	12.7	50.5	-	-		
YJ	격식체	하십시오체	-	0.3	2.0	-	0.3	-	0.2	0.2	2.3	2.0	1.7	1.0	
		해라체	7.5	9.3	18.0	9.5	12.7	3.6	5.6	9.8	12.3	10.0	10.3	21.0	
	비격식체	해요체	29.0	6.5	5.0	7.5	3.0	15.6	2.8	8.6	15.3	19.2	1.0	21.0	
		해체	67.0	116.5	186.0	56.5	78.3	28.4	70.0	62.2	74.7	39.4	5.3	-	
DW	격식체	하십시오체		1.0	-	3.0	1.2	5.3	0.9		2.0	1.3	1.0	0.4	-
		해라체		17.5	14.0	8.0	13.0	12.0	12.9	15.5	8.5	10.7	10.2	8.8	6.0
	비격식체	해요체		12.0		21.0	25.6	3.0	5.6	2.0	3.0	13.0	13.4	2.8	2.0
		해체		91.0	69.5	53.0	96.2	93.5	84.0	122.0	78.0	66.0	77.0	88.6	28.0
SB	격식체	하십시오체				-	0.3	-	-	1.0	0.5	-	0.5	-	0.3
		해라체				7.3	18.7	7.3	9.5	16.0	21.3	20.0	7.5	10.0	12.6
	비격식체	해요체				6.0	0.3	1.0	2.0	9.0	2.0	0.3	6.8	0.3	3.7
		해체				109.3	140.3	162.3	104.5	118.7	132.3	-	0.5	-	-

<표 5>를 보면, 네 명의 아동 모두에게서 '하십시오체, 해라체, 해요체, 해체'가 사용되고 있었다. 이 가운데, 비격식체의 '해체'가 가장 많은 출현 빈도를 보였으며, '하십시오체'가 가장 적은 출현 빈도를 차지하였다. 개별 아동에 따라 약간의 빈도 차이는 있지만 부모를 대상으로 높임 표현과 안 높임 표현 모두를 사용하고 있었다. 언어 습득 과정에 있는 아동은 대화에서 높임 표현과 안 높임 표현을 혼용하기도 한다.

(1) 엄마: 꽃 한번 그려봐 꽃.
아동: 알았어-. {힘차게 대답} 꽃은 이렇게- 그리고, 세바라기(해바라

　　　　기) 있어요.
엄마: 해바라기?
아동: 응. 근데요, 이렇게 이렇게 이렇게 이렇게.
엄마: 이렇게 이렇게 해바라기꽃이 있어요?
아동: 어.
엄마: ○○이 해바라기 꽃도 알아?
아동: 응.
엄마: 어디서 봤어?
아동: 아까, 꽃, 꽃에 가게 있잖아, 어~ 학교 ((-))에 있잖아, 꽃 이렇
　　　게 ((봤어)). (YJ, 35개월)

(1)에서 아동은 엄마와 대화하며 '해체'와 '해요체'를 일관성 있게 사용하지 않고 있다. 이러한 현상은 다른 아동들에게서도 발견되며, 이는 아동들의 높임 표현 학습과 사용이 아직 완벽하지 않은 과정 중이라고 해석할 수 있다.

　<표 5>에서 보듯이 아동은 '하십시오체', '하라체', '해요체', '해체' 등 다양한 화계의 높임 표현을 사용하고 있다. 언어 발달 과정에서 아동은 안 높임 표현을 먼저 습득하게 되고 '하십시오체'와 '해요체' 등의 높임 표현은 특정한 맥락에서 사용하며 습득하게 된다. 이들의 구체적인 사용 맥락을 살펴보기로 한다. 먼저, '하십시오체'는 아동의 언어 학습 교사인 부모로부터 모방 학습을 통해 습득하는 것으로 보인다.

　(2) 엄마: 회사 잘 다녀왔어요?
　　　아동: 네.
　　　엄마: 그럼 다녀왔습니다 해야지.
　　　아동: 다녀왔습니다. (YJ, 32개월)

(2)는 32개월 아동의 자료로 '하십시오체'의 출현은 엄마의 모방 학습 유

도에 의한 것임을 알 수 있다. 이때 학습하게 되는 표현은 인사와 같이 주로 관용적인 표현이 많다.

아동은 모방 학습을 통해 학습하게 된 높임 표현을 활용하는 과정에서 오류를 범하기도 한다.

> (3) 엄마: 아, 퇴근, 퇴근,
> 아동: 아 ((퇴그= 퇴그는 옵시다)). 퇴=
> 엄마: 뭘 옵시다야?
> 아동: 퇴! {어조;고함}
> 엄마: 뭐?
> 아동: 죽었어. 따라하지 마! {어조;짜증내며, 소리지른다}
> 엄마: 알았어. 알았어. 알았어.
> 아동: 퇴그는(퇴근은) 옵시다! {어조;고함, 소리지르며} (DW, 32개월)

(3)에서 아동은 '퇴근하다'와 '오다', '-ㅂ시다'의 형태가 뒤섞인 청유문의 오류 '퇴근 옵시다'를 사용한다. 이는 높임 표현의 형태 습득이 아직 완전하지 않음을 보여준다. 높임 대상에 대한 높임의 의미로 사용하는 높임 표현은 이처럼 모방 학습을 통해 주로 이루어진다.

아동이 상대를 높이기 위해 사용하는 높임 표현의 사용 맥락 중에는 단순히 높임의 의도만이 아니라 전략적 의도가 포함된 경우도 있다. 자신의 요구를 달성하기 위해 높임 표현을 사용하는 것들이 그 경우이다.

> (4) 엄마: 음. 아빠한테 깨끗한 수건 달라고 해.
> 아동: 깨끗핸(깨끗한) 수건 주세요.
> 아빠: 응?
> 아동: 깨끗핸(깨끗한) 수건.
> 아빠: [1((-))을 왜?
> 아동: [1깨끗한 수건 주세요.

엄마: 귀신 놀이 한 대요. (DW, 32개월)

(5) 아빠: 너 안 울더라.

아동: 응.

아빠: 막 그냥 꾹 참더라. 응?

아동: 그거 시져(싫어).

아빠: 응?

아동: 그거 뭐야?

아빠: 이거 솜이야 솜 (DW, 32개월)

(4)를 보면, 엄마가 '아빠한테 깨끗한 수건 달라고 해.'라고 말했지만, 아동 스스로 자신의 요구인 수건 받기를 성공하기 위해 아빠에게 '수건 주세요.'라는 해요체를 사용하고 있다. 이는 평소 아동이 아빠를 높임의 대상으로 인식하기보다는 (5)에서와 같이 친근한 대상으로 보고 '해체'를 사용하고 있었다는 점에서 자신의 요구를 달성하기 위해 전략적으로 높임 표현을 사용한 것으로 볼 수 있다.

아동의 전략적 높임 표현 사용은 자신에게 불리한 상황을 해결할 때도 볼 수 있다. 아동은 실수를 저질러 부모에게 혼이 나기도 하는데, 이때 자신에게 부가될 부모의 화를 최대한 누그러뜨리기 위해서 높임 표현을 사용하기도 한다.13)

(6) 엄마: 그거 끄지 마, ○○아!

아동: 와- 끄지 마? & {녹음 중단} 엄마 잘못했습니다. (SJ, 33개월)

(6)에서 사용하는 '하십시오체'는 자신이 잘못을 저질렀기 때문에 이를

---

13) 문선희(2010)에서는 생후 23~36개월 아동을 대상으로 존대 표현 발달에 관해 종적으로 연구하였는데, 높임 표현을 '(가) 요구 달성 전략, (나) 자신을 내세우기, (다) 불리한 상황에서 벗어나기, (라) 시점의 변화'와 같이 4가지로 사용하고 있다고 보고하였다.

용서받기 위해 사용하는 것이다.

아동과 부모와의 대화 중에는 역할극을 하는 상황이 자주 있다. 이때 아동은 역할에 준하는 높임 표현을 사용하게 된다.

> (7) 엄마: 그렇지. & 119에 전화했어요. 어흐-, 119 지요? 119 지요? & 119 아니예요?
> 아동: 119예요. {변조;아저씨 목소리로}
> 엄마: 네-, 저 아파서 그러는데요, 여기 ○○동이에요.
> 아동: [1치치치.
> 엄마: [1얼릉(얼른) 오세요. 치치치 그러면서 오는 거야?
> 아동: 네, 사다리.   (SB, 34개월)

(7)에서 아동은 역할극 속에서 '119 구조대원'을 맡아 환자에게 '해요체' 의 높임 표현을 사용한다. 즉 아동은 대화 상황에서 역할에 맞는 적절한 표현을 선택하여 사용할 줄 알고 있다.

이상의 전략적인 높임법의 사용은 부모와의 대화뿐만이 아니라 조부 모, 주변 어른 등 높임의 대상에게 두루 적용하여 사용하는 것을 볼 수 있다. 이에 대해서 다음의 조부모, 주변 어른 등의 대화 상대자별로 살펴 본다.

2.1.2. 조부모를 상대로 한 상대 높임 표현

자료에서 조부모와 대화를 나눈 아동은 SJ와 SB 2명이다. 이들의 상대 높임 표현의 월령별 사용 빈도를 정리하여 제시하면 다음과 같다.

〈표 6〉 조부모를 상대로 한 상대 높임 표현의 월령별 사용 빈도

아동	높임 표현		개월(만)											
			32	33	34	35	36	37	38	39	40	41	42	43
SJ	격식체	하십시오체	-	-	-	-	-	-	-	0.7	-	-		
		해라체	-	-	-	-	0.2	-	-	-	-	-		
	비격식체	해요체	-	-	-	-	3.7	-	-	28.5	-	-		
		해체	-	-	-	-	2.7	-	-	128.8	-	-		
SB	격식체	하십시오체			-	-	-	-	-	-	-	-	-	-
		해라체			-	-	-	-	1.3	-	-	-	0.3	-
	비격식체	해요체			-	-	0.7	-	5.0	-	-	-	-	0.1
		해체			-	-	-	-	1.0	-	-	-	-	-

조부모와의 대화에서 두 아동 모두 높임 표현과 안 높임 표현 모두를 사용하고 있다. 구체적으로 보면, SJ의 경우 '해체'의 빈도가 가장 높았으며, '해요체'가 그 다음이었고, 격식체인 '해라체'와 '하십시오체'는 빈도가 매우 낮은 편이다. SB는 '해요체'가 가장 빈도가 높고, '해라체', '해요체'의 순이었으나 빈도가 낮아 유의미한 특징이라 보기는 어렵다. 이제 이들 높임 표현의 구체적인 사용 양상을 보기로 한다.

조부모와의 대화에서 '해체'와 '해요체'가 사용된 예를 보이면 (8), (9)와 같다.

(8) 아동: 아이 내가 ((-)), 쬐끔씩 깨물어 먹어.
    할머니: 쬐끔씩 깨물어 먹어? 음! 맛있다,
    아동: 맛있어?
    할머니: 응. 되*게 맛있다. -   (SJ, 32개월)
(9) 아동: 함머니(할머니) 이거 봐요. 함머니(할머니) 이거 봐. [1야, 이것
    좀 보세요. [1야, 이것 좀 보세요.   (SB, 38개월)

(8)에서 '해체'가 사용된 상황을 보면, 아동이 할머니를 친근함의 대상으

로 인식하고 있음을 알 수 있다. 반면에 '해요체'를 사용한 (9)를 보면, 부모와의 대화와 마찬가지로 화용 목적을 위해 전략적으로 사용하고 있다. 자신의 요구 성취를 위해 높임 표현을 사용하고 있는 것이다. 아동은 할머니가 자신이 요구하는 행동을 하도록 '해요체'를 사용하고 있다.

2.1.3. 주변 어른을 상대로 한 상대 높임 표현

대화 상대자로서 '주변 어른'의 범주에는 이모나, 고모 등의 친인척, 선생님 등이 포함되는데, 자료에서는 '선생님'만이 출현하였다. 자료에서 주변 어른과의 대화가 출현한 아동은 1명이다.

〈표 7〉 주변 어른을 상대로 한 상대 높임 표현의 월령별 사용 빈도

아동	높임 표현		개월(만)									
			32	33	34	35	36	37	38	39	40	41
SJ	격식체	하십시오체	-	-	-	-	-	-	-	0.5	-	-
		해라체	-	-	-	-	0.2	-	-	2.0	-	1.0
	비격식체	해요체	-	-	-	-	-	-	-	3.0	-	-
		해체	-	-	-	-	4.5	-	-	-	-	-

<표 7>에서는, '하십시오체', '해라체', '해요체', '해체'가 모두 출현하였고, 36개월에는 '해라체', '해체'의 안 높임 표현만이 나타났고, 39개월, 41개월에는 '하십시오체', '해요체'도 나타났다.[14]

주변 어른을 상대로 한 아동의 발화를 보이면 다음 (10), (11)과 같다.

　(10) 선생님: ((에이 또 붙였어요)). 무슨 색? 네, 딩동댕, 연두-.
　　　아동: 딩동댕 [1연두.

---

14) <표 7>에 제시된 '하십시오체'의 출현 빈도는 '고맙습니다'라는 관용 표현에서 사용된 것이다.

선생님:　　　[1요거는요, #무엇이 무엇이, 똑같을까?#

아동: 어- ((-)).

선생님: 어- 그건 뭐에요?

아동: ((-)).

선생님: ((거기다 붙여줘요))? 무슨 색이에요?

아동: 보라색.　　　　　　　　　　　　　　(SJ, 39개월)

(11) 선생님: 이것이 똑같애요? 자- 어디 보자. ○○이, ((공))처럼 생겼다.
　　　　노랑!

아동: 노랑! ○○이 ((-)), 내가 이제 다섯 살 먹= 한 살 더 먹었으니
　　　까 다섯 살 돼서 ((-)) 간대요.　　　　(SJ, 39개월)

(10)은 대화 상대자인 선생님과의 학습 상황으로, 선생님의 단답형 질문에 아동이 명사로 대답하여 종결어미가 생략된 문장을 발화하고 있다. 동일한 대화 상대자인 선생님에게 (11)에서 아동은 '해요체'의 높임 표현을 쓰고 있다. 아동과의 대화에 선생님은 높임 표현을 사용하고 있어 아동이 자연스럽게 높임 표현을 학습하며 사용하는 상황이다.

2.1.4. 또래를 상대로 한 상대 높임 표현

대화 상대자로서 또래는 화자인 아동과 나이가 비슷한 형제, 자매, 친척들을 포함한다. 조사 대상 아동 가운데 세 명의 아동이 또래를 상대로 대화하였다. 이들의 상대 높임의 형태 출현 빈도를 정리하여 제시하면 다음과 같다.

〈표 8〉 또래를 상대로 한 상대 높임 표현의 월령별 사용 빈도

아동	높임 표현		개월(만)												
			31	32	33	34	35	36	37	38	39	40	41	42	43
YJ	격식체	하십시오체	-	-	-	-	-	0.4	0.2	0.4	1.3	0.2	-	-	
		해라체	-	2.3	-	5.0	10.3	9.8	12.8	14.4	14.0	2.0	0.3	-	
	비격식체	해요체		2.0	-	5.0	9.7	7.0	5.2	2.2	4.3	25.6	1.7	-	
		해체	9.0	19.0	-	108.0	44.7	51.2	45.6	38.0	31.7	14.2	4.0	4.0	
DW	격식체	하십시오체		1.0	-	-	-	-	-	-	-	-	-	1.4	0.5
		해라체		-	3.5	5.0	2.4	4.5	1.4	3.5	1.0	6.3	14.4	4.4	17.5
	비격식체	해요체		-	8.5	3.0	0.4	2.8	0.1				0.4	1.4	5.5
		해체		-	31.0	103.0	19.4	4.3	7.7	32.5	23.5	20.0	41.2	-	-
SB	격식체	하십시오체				-	-	-	-	-	-	-	-	-	0.1
		해라체				-	-	-	2.8	21.6	2.8	-	11.8	6.8	4.6
	비격식체	해요체				1.3	-	-	-	2.0	-	-	2.0	0.3	-
		해체				5.0	-	-	14.5	143.6	5.8	1.3	47.3	27.0	18.1

<표 8>을 보면, 또래를 상대로 하였기 때문에 안 높임 표현인 '해라체'와 '해체'가 세 명의 아동 모두에게서 가장 높은 사용 빈도를 보이고 있다. 위 표에서 주목할 점은 높임의 대상이 아닌데도 불구하고 대화 상대자인 또래에게 높임 표현을 사용하고 있다는 점이다. 친근한 대상으로 여겨지는 또래에게 비격식체 높임 표현뿐만 아니라 격식체 높임 표현을 사용하고 있다. 이러한 사용은 역할극이라는 특정한 대화 상황에서 발견된다.

(12) 아동: 너는, 여기는! 축구화 가겝니다(가게입니다)! ((어떤)) 집이 아닙니다!
　　　누나: 안녕하시오 쥐포아줌마! 안녕하시오 슈퍼 아저씨 나 이거 살래요
　　　아동: 여기는,
　　　누나: 슈퍼 아저씨, 이거는 얼마예요.
　　　아동: 이거요? 오백 원입니다-.
　　　누나: #여깄어요(여기 있어요) 여깄어요(여기 있어요) 여깄어요 여기=#
　　　아동: 고맙습니다. (DW, 42개월)

(12)에서 아동은 누나를 상대로 '하십시오체'와 '해요체'를 사용한다. 아동은 슈퍼아저씨가 되어 손님 역할을 맡은 누나에게 'ㅂ니다, -요' 등의 높임 표현을 사용한다. 아동은 대화 상황의 상대에 따라 높임 표현을 달리 사용해야 한다는 것을 인지하고 있으며, 이를 역할극이라는 놀이 속에서 적절하게 학습하고 있는 것이다.

2.2. 어휘 형태에 의한 상대 높임

상대를 높이는 표현은 문법 형태뿐만이 아니라 어휘를 통해서도 실현된다. 본 연구의 아동 대화에서 출현한 상대 높임의 어휘 형태에는 겸양어 '저'가 있다. 겸양어 '저'는 높이고자 하는 대상을 직접 높이는 것이 아니라, 화자가 스스로를 낮추어 상대를 높이는 표현이다.[15] 자료에 나타난 겸양어 '저'의 월령에 따른 사용 빈도는 다음 <표 9>와 같다.[16]

〈표 9〉 겸양어 '저'의 월령별 사용 빈도

아동	개월(만)												
	31	32	33	34	35	36	37	38	39	40	41	42	43
SJ		-	-	0.5	-	0.3	0.3	-	-	-	-		
YJ	-	-	-	-	0.3	-	0.4	-	-	-	-	1.0	
SB			-	-	-	-	0.3	-	-	-	-	-	-

겸양어 '저'가 출현한 빈도는 34개월에 SJ에게서 첫 출현을 보였고, 세 아동 모두 그리 높지 않았다.

---

15) 서정수(1994)에서는 주체 겸양의 형태로, 1인칭에 '저', '소생', '소인', '소자', 일반체언으로 '말씀'을, 용언으로 '드리다', '바치다', '여쭈다' 등을 들고 있다.

16) <표 9>의 수치는 한 파일에 겸양어 '저'가 출현한 빈도이며, 음영 표시는 파일이 없는 경우를 뜻하고, '-' 표시는 해당 단어가 출현하지 않은 경우를 뜻한다.

'저'의 사용 양상에 대해 구체적인 예를 통해 살펴보기로 한다.

(13) 아동: {옆방에서 동생이 우는 소리가 들린다} 운다.
　　엄마: 응. 엄만 들어가 봐야 되겠습니다.
　　아동: 내가 가야 되겠습니다. 내가 갈께-여-. 엄마 갔다 올게여-.
　　엄마: 네.
　　아동: 왜여? 왜여? 오오. & {아기 우는 곳으로 감} 제가 가봤습니다.
　　　　(SB, 38개월)

(13)에서 아동은 엄마와 대화하며 '하십시오체'와 '해요체'를 사용하고
있다. 엄마가 아동에게 '되겠습니다', '네' 등의 높임 표현을 사용하자 아
동은 '내가 가야 되겠습니다', '제가 가봤습니다'와 같이 '나'와 '저'를
혼용하며 사용하고 있다. 겸양어 '저'의 사용에 대한 인식은 있지만 실제
사용에서는 오류가 있는 것이다.

　　겸양어 '저'가 나타나는 문장에서의 위치는 주어, 부사어 등 다양하다.

(14) 아동: 조금만 그려 주세요, 제가 알려드릴 테니까. 조금만 기다리세
　　　　요, 제가 알려줄 테니까. 어, 기다리세요, 쪼끔만. 알았지요?
　　　　또 금방 갈테니까.
　　엄마: 그게 뭐에요?　　(SJ, 34개월)
(15) 엄마: 넌 누구야?
　　아동: 저요? ○○○요.　　　　(YJ, 37개월)
(16) 오빠: "우비 삼남매. [1우-와-." {변조;연예인 흉내}
　　아동:　　　　　　[1엄마 저두, 해주세요. 오빠처럼.　　(YJ, 37개월)

(14), (15)에서는 주어 위치에, (16)에서는 부사어 위치에 겸양어가 나타
나고 있다. (14)의 '제'는 '저'에 주격조사 '가'가 결합할 때의 형태로
'저'의 변이형이라는 지식이 있어야 사용할 수 있다. 그리고 '저', '제'가 출

현한 발화에, 높임법 어미가 함께 출현하고 있어 아동들은 '저'의 사용을 통해 대화 상대자를 높이고자 하는 의식이 있다는 것을 확인할 수 있다.

3. 주체 높임 표현

주체 높임 표현은 서술어의 대상인 주체를 높이는 표현으로, 말하는 이보다 서술의 주체가 나이나 사회적 지위 등에서 상위일 때 사용된다. 이 장에서는 주체 높임 표현을 선어말 어미 '-시-'로 실현되는 문법 형태와 '계시다, 드시다' 등의 어휘 형태로 구분하여 살펴보기로 한다.17)

3.1. 문법 형태에 의한 주체 높임

조사 대상 아동들의 주체 높임의 선어말 어미 '-시-'의 사용 빈도를 개월별로 정리하여 제시하면 다음과 같다.

〈표 10〉 아동별 높임 선어말 어미 '-시-'의 월령별 사용 빈도

아동	개월(만)												
	31	32	33	34	35	36	37	38	39	40	41	42	43
SJ		14.5	4.0	3.3	1.7	3.0	5.7	3.3	3.5	4.7	4.8		
YJ	1.0	1.3	-	-	1.0	2.4	0.2	2.2	6.0	4.6	2.0	3.0	
DW		3.0	1.0	1.0	2.2	-	0.1	-	-	4.3	1.8	0.6	2.0
SB				2.0	-	0.3	0.1	2.7	0.3	0.2	1.5	0.5	0.9

---

17) 주격조사 '께서'에 의해 실현되는 주체 높임은 31개월부터 43개월 아동의 자료를 분석한 본 연구에서 출현하지 않았다. 이순형(1999)에서도 '께서'의 출현은 36~41개월에 6.7%를 보이고 있고, 48~59개월이 되어서야 25%의 비율을 보이고 있어 비교적 늦은 습득 시기를 보이고 있었다.

주체 높임의 선어말 어미 '-시-'는 24개월 전후에 출현하는 것으로 보고 있는데(이인섭 1986: 240), 본 연구의 조사 대상 아동 네 명 모두 조사 시작 시점부터 주체 높임의 선어말 어미 '-시-'가 나타났고, 이후에도 꾸준한 사용 빈도를 보이고 있다.

아동의 발화에서 주체 높임 표현의 대상으로는 부모, 조부모, 주변 어른, 또래들로 분석되었다. 다음은 이들 높임의 주체 대상별로 월령에 따라 사용 빈도의 변화 양상과 사용 맥락상의 특징을 살펴보기로 한다.

3.1.1. 부모를 높임의 대상으로 사용한 주체 높임 표현

자료에서 발화의 주체가 부모가 되는 경우 사용한 주체 높임 선어말 어미 '-시-'의 월령별 사용 빈도를 보이면 다음 표와 같다.

〈표 11〉 부모를 높임의 대상으로 한 주체 높임 선어말 어미 '-시-'의 월령별 사용 빈도

아동	개월(만)												
	31	32	33	34	35	36	37	38	39	40	41	42	43
SJ		5.5	2.5	3.3	0.7	2.3	2.7	1.5	1.5	4.0	1.6		
YJ	0.5	-	-	-	0.7	1.0	0.3	2.2	2.7	1.2	1.3	3.0	
DW		3.0	1.0	-	1.6	-	0.1	-	-	3.7	0.3	0.6	-
SB			·	-	-	0.3	-	-	0.5	0.3	-	0.2	3.0

SB를 제외하고는 모두 조사 시작 시점부터 주체 높임의 선어말 어미 '-시-'를 사용하고 있고, 월령이 높아짐에 따라 증가하거나 감소하는 등의 일정한 변화 양상을 보이지는 않는다.

아동의 주체 높임 선어말 어미 '-시-'는 초기에는 단독 형태로 출현하지 않으며, 주로 '-세요' 형태로 사용된다. SJ는 32개월, YJ는 31개월, DW는 32개월, SB는 36개월에 '-세요'가 출현하고 있어, 조사 대상 아동 모두 '-시-'의 첫 출현 형태에 '-세요'가 포함되어 있었다. 이로써

'-세요'는 이전 시기에 습득되었을 것으로 추측된다.[18]

> (17) 엄마: 아줌마한테 전화할래?
> 아동: 내가 할래. & 예, 아줌마. 엄마 야뚜세여(약 주세요), 엄마
>   야뚜세여(약 주세요), 네 고맙습니다. (SJ, 32개월)
> (18) 아동: 어~ 요거 해주세요. 어~ 이거 해 주세요 어~ 이거 해 주세요.
> 엄마: 어~ 이거 감추게? 삼각 뿔 속에? (DW, 35개월)

(17), (18)에 보인 주체 높임의 선어말 어미 '-시-'는 '주세요'라는 요청
의 의미를 지닌 표현에 관용적으로 사용되는 예들이다. 특히, 존대 표현
을 부모가 아동에게 학습시키는 과정에서 인사말이나 '주세요'는 빈번하
게 사용되는 발화이다.

'주세요' 등에 나타난 '-세요'는 아동들이 주체 높임 선어말 어미 '-시-'
를 분리된 형태로 습득하는 것이 아니라 '-세요'를 높임을 위한 하나의
단위로 인식하는 것으로 보인다. 모든 아동들에게서 서술어의 의미상 주
체를 높이기 위해 '-세요' 형태를 사용하는 것을 확인할 수 있다.

> (19) ㄱ. 기(귀) 붙여주세요.   (SJ, 32개월)
> ㄴ. 엄마 집보고 있으세요.   (YJ, 31개월)
> ㄷ. 까주세요.   (DW, 33개월)
> ㄹ. 앞에 앉으세요.   (SB, 34개월)

이와 같이 주체 높임 선어말 어미 '-시-'는 인사말과 같은 관용 표현
으로 주로 습득하게 되는데, 조사 대상 아동 모두에게서 이러한 사용을

---

18) 문선희(2010)에 의하면 '-세요'의 출현 시기는 여아가 25개월 전후, 남아가 30개월 초반인
 것으로 분석되었다. '-세요'가 출현한 이후, 분리형 주체 높임 선어말 어미 '-시-'는 여아
 의 경우 27~31개월, 남아인 경우 33개월 이후에 출현한다고 하였다.

볼 수 있다. 분석 자료에서 관용 표현에 사용된 '-시-'의 첫 출현 시기는
SJ는 32개월, YJ는 36개월, SB는 39개월이다.

(20) ㄱ. 아빠 안냐세요(안녕하세요). (SJ, 32개월)
ㄴ. 안녕히 다녀오테요(다녀오세요). (YJ, 31개월)
ㄷ. 아빠 다녀오셨어요! (SB, 36개월)

관용 표현이 아닌 주체 높임의 선어말 어미의 사용 예로는 다음과 같
은 것이 있다.

(21) 아동: 아빠 오시지. (SJ, 32개월)
(22) 아동: {휴대폰이 울려서 엄마가 전화 받으러 감} 왜? 아빠 뭐라고 전
화하신거야?
엄마: 이따 전화할게요. (DW, 37개월)
(23) 아동: 어이(어디)가 아프신 건가요?
엄마: 어디가 아프냐구요?
아동: 예.
엄마: 머리가 아파요. 열이 나요.
아동: 많이 나네. 이거, 이거 많이 더= 많이 더세요(드세요). 여-. &
됐다. (YJ, 36개월)
(24) 아동: 됐다. 어때?
엄마: 좋아.
아동: 좋으시다. 다 먹었떠(먹었어)-. 아이, 엄마 ((껍질은)) 안 되지?
(SB, 41개월)

(21)과 (22)에서 아동은 문장의 주체인 아빠를 높이고 있고, (23)에서는
엄마와의 병원 역할극 놀이에서 아프다의 주체인 환자를 높이고 있다. 이
러한 높임의 양상은 아동이 문장 주체에 대한 높임 인식이 분명함을 보
여주는 예들이다. 그러나 때로는 (24)에서와 같은 오류를 범하기도 한다.

(24)에서 아동은 '좋냐'는 엄마의 물음에 '좋으시다'고 자신을 높이는 오류를 범하고 있다. 자료에서 이들이 처음 출현한 시기는 SJ는 32개월, YJ는 36개월, DW은 37개월, SB는 41개월로 이들의 출현 시기는 관용 표현보다는 약간 늦은 것으로 보인다.

3.1.2. 조부모를 높임의 대상으로 사용한 주체 높임 표현

조부모를 높임의 대상으로 한 주체 높임의 선어말 어미 '-시-'의 사용 빈도는 <표 12>에서와 같이 낮은 편이다.

<표 12> 조부모를 높임의 대상으로 한 주체 높임 선어말 어미 '-시-'의 월령별 사용 빈도

아동	개월(만)												
	31	32	33	34	35	36	37	38	39	40	41	42	43
SJ		2.5	0.3	-	-	0.2	-	-	0.5	-	-		
DW		-	-	-	0.4	-	-	-	-	0.3	-	-	-
SB			-	-	-	-	0.4	-	-	-	-	-	-

조부모를 문장의 주체로 하여 높이는 경우도 부모의 경우와 마찬가지로 관용 표현이나, 요청, 금지의 의미를 지닌 발화에서 주로 나타난다.

(25) 아동: 할머니, 걸레 그거 여기 내가 닦을게요.
    할머니: 내가 닦을게 냅 둬.
    아동: 내가,
    엄마: 여깄네요.
    아동: 할머니 닦으지 마세요. (DW, 35개월)
(26) 아동: [1이거 좀 보세요. 이거 좀 보세-요.
    할머니: 응 그래 (그러면서 안본다)
    아동: 함머니(할머니) 이것 좀 보세요. 이것 좀 보세= <웃음/흐흐흐> 이것 좀 보세요. (SB, 38개월)
(27) 아동: 할머니 안녕하세요 할*아버지는 어디 계세요? & ((-)) 아빠 회

사 가셨어요. 엄마는 ○○이 ((-)). 네. 네. 엄마 바꿔 줄게요.
엄마.

엄마: 할머니랑 얘기 더 해-, ○○아. {수화기에 대고} 여보세요 (SJ,
33개월)

조부모를 높임의 상대로 하는 발화에서도 (25), (26)의 '마세요', '보세요'
와 같이 '-세요'형이 주로 나타난다. (27)은 '안녕하세요'의 인사말과 '계
세요'에서 '-시-'를 볼 수 있으며, '아빠 회사 가셨어요'라는 발화에서
'-시-'의 사용을 확인할 수 있다. 33개월에 '-셨-'이 출현한 것으로 볼
때, 주체 높임의 선어말 어미 '-시-'는 그 이전에 습득된 것으로 볼 수
있겠다.

3.1.3. 주변 어른을 높임의 대상으로 한 주체 높임 표현

주체 높임 표현이 사용된 대상이 주변 어른인 경우는 대개 선생님으로
두 명의 아동 자료에서 나타났다.

〈표 13〉 주변 어른을 높임의 대상으로 한 주체 높임 선어말 어미 '-시-'의 월령별 사용 빈도

아동	개월(만)												
	31	32	33	34	35	36	37	38	39	40	41	42	43
SJ		2.5	-	-	1.0	0.5	-	-	1.5	-	2.2		
YJ	0.5	-	-	-	-	-	-	-	-	0.2	0.3	-	

〈표 13〉을 보면 사용 빈도가 높지 않은 것을 알 수 있다. SJ는 방문
학습 교사와의 대화에서 사용한 것이고, YJ는 엄마와의 대화 가운데 선
생님에 대한 이야기를 하며 주체 높임을 사용한 것이다. 구체적인 예는
다음과 같다.

(28) 아동: 선생님이 해 주세요.
     선생님: 이거 선생님이 해요?
     아동: 응. (SJ, 35개월)
(29) 아동: 선생님이 예쁘다고 그러셨어. (YJ, 38개월)

(28)은 선생님께 요청을 하는 상황으로 '주세요'에 주체 높임의 선어말 어미 '-시-'가 사용된 예이다. 아동은 선생님을 높여야 한다는 의식이 있어 주체 높임의 선어말 어미 '-시-'를 사용하고 있지만, 다음 발화에서 선생님의 질문에 대해 '응'으로 대답하고 있어 존대 표현의 학습 단계임을 알 수 있다. (29)는 엄마와의 대화에서 선생님의 말을 전달하며 '그러셨어'라는 표현에서 주체 높임의 선어말 어미 '-시-'를 쓰고 있다. 이 경우는 인용하는 과정에서 주체 높임 선어말 어미를 사용한 것이어서 '-시-'의 기능에 대한 인지가 확실하다고 볼 수 있겠다.

3.1.4. 또래를 높임의 대상으로 한 주체 높임 표현

형제자매, 비슷한 나이의 친척 등의 또래를 대상으로 한 주체 높임 표현은 YJ의 대화에서 36개월에 0.4회 나타났다.

(30) 아동: 왜 택(책), 왜 택(책) 안 읽어 주떼요(주세요). (YJ, 36개월)

(30)은 자신의 요구를 달성하기 위해 '주세요'를 사용한 상황으로, 읽어 주는 행위의 주체는 오빠이다. 아동과 나이 차이가 크지 않은 대상이지만 아동 자신에게 필요한 것을 요구하는 상황에서는 주체를 높이는 '주세요'를 사용하고 있다.

3.2. 어휘 형태에 의한 주체 높임

다음은 어휘 형태에 의한 주체 높임법을 살펴보기로 한다. 주체 높임의 어휘 형태 가운데 네 명 아동의 대화에서는 '계시다, 드시다, 주무시다, 돌아가시다' 등이 출현하였다. 본 연구에서는 이들 높임 표현의 사용을 이들과 대비되는 안 높임 표현과 비교하여 사용 양상을 고찰하기로 한다.

3.2.1. 계시다

'계시다'는 <표 14>에서와 같이 네 명의 아동 가운데 SJ과 SB의 대화에서만 출현하고 있다. 높임 대상 주체에 대해 어휘를 통한 높임표현인 '계시다'를 사용한 빈도와 '계시다'에 대응되는 안 높임 표현인 '있다'[19]를 높임 대상에게 사용한 빈도를 아동별로 정리해 보면 다음과 같다.[20]

〈표 14〉 '계시다'와 '있다'의 월령별 사용 빈도

아동	어휘	개월(만)											
		32	33	34	35	36	37	38	39	40	41	42	43
SJ	계시다	-	0.5	-	-	-	-	-	2.5	-			
	있다	2.5	0.3	1.3	-	0.2	-	0.8	2.0	0.2	0.6		
SB	계시다			0.3	-	-	-	-	-	-	-	-	-
	있다			1.3	-	-	-	0.7	0.8	-	-	-	-

---

19) '계시다'의 낮춤 표현인 '있다'가 출현한 발화를 분석하는 데 있어, 앞과 같이 의미상으로 계시다의 낮춤 표현이 아닌 있다 발화는 제외하였다. 그 예는 다음과 같다.
　(예) 엄마도 이거 꼭 있더야지(있어야지)? (SB, 38개월)
　(예) 엄마도 큰 거 있어? (SB, 40개월)
20) 발화 가운데서 아래와 같이 '계시다'의 낮춤 의미로 사용되지 않은 것은 제외하였다.
　(예) 엄마 있잖아요. (SJ, 32개월)
　(예) 엄마도 예쁜 사람이 될 수 있어요. (SJ, 34개월)
　(예) 칼 이떠(있어)? (SJ, 34개월)

<표 14>를 보면, 두 아동 모두 '계시다'에 비해 '있다'의 사용 빈도가 높은 것으로 나타났고, '계시다'는 SJ는 33개월과 39개월에, SB는 34개월에만 출현하고 있다.

아동은 자신보다 상위인 '엄마, 아빠, 선생님, 아저씨' 등 높여야 할 주체에 대해 (31)에서와 같이 '있다'를 사용하고 있다.

> (31) ㄱ. 아빠 ((너기)) 있다. 아빠 (SJ, 32개월)
> ㄴ. 눈 깜고 이때(있어). 엄마 (SJ, 32개월)
> ㄷ. 선생님이, 선생님이 같이 있었어. 선생님 (SJ, 41개월)
> ㄹ. 여깄다(여기 있다) 여깄다(여기 있다). 아저씨 (SB, 34개월)
> ㅁ. 큰 아빠도 있어? 큰 아빠 (SB, 34개월)
> ㅂ. 아마 집에 있을 거야. 아빠(SB, 40개월)

예문 (31)에 보인 문장의 주어는 '엄마, 아빠, 큰아빠, 아저씨' 등으로 모두 어른이다. 그러나 아동은 이들에 대해 높임 표현을 사용해야 한다는 의식이 없는 것으로 보인다.

아동의 발화에서 '계시다'가 사용된 문장을 보이면 (32)-(35)와 같다.

> (32) 엄마: 할머니 할아버지는 어디 계실까?
> 아동: 음~, 광주에 계시지 뭐~. (SJ, 33개월)
> (33) 엄마: "할머니 안녕하세요-" 해 봐.
> 아동: 할머니 안녕하세요. 할*아버지는 어디 계세요? (SJ, 33개월)
> (34) 아동: 안녕히 계세요. (SJ, 39개월)
> (35) 엄마: ○○이 손이 탔네요-. 닫아요-. 어? 안 닫쳐요. 어떡하지요?
> 아동: ((-)) 계세요.
> 엄마: 네-, 알겠습니다-. 뽀뽀뽀뽀 뽀뽀뽀뽀 뽀뽀뽀뽀 갑니다-.
> 아동: 얘가 갔네-?
> 엄마: 네-. (SB, 34개월)

(32)는 SJ의 자료에서는 33개월에 첫 출현한 예이다. 엄마의 질문에 '계시다'가 사용되고 있어 아동이 이에 대답을 하며 '계시다'를 사용하고 있어 모방 학습에 의한 사용으로 볼 수 있다. SJ는 같은 개월에 자발적인 '계시다'의 사용도 보이고 있다. (33)에서 할머니와 전화하는 상황에서 '할아버지 어디 계세요?'라는 발화에 '계시다'를 사용하고 있다. (34)는 39개월에 출현한 인사말에 사용된 '계시다'의 예이다. (35)은 SB의 자료에서 한번 출현한 '계시다'의 예이다. (35)는 '계세요'의 선행 형태가 불분명하여 관용적인 인사말의 일부인지, 주체가 있는 것인지는 확실하지 않다. 두 아동 모두 '계시다'를 써야 하는 자리에 '있다'를 쓰고 있고, 사용한 '계시다'의 경우도 선행 발화에 영향을 받거나 관용적인 인사말인 것으로 보아 아직 '계시다'의 사용이 완전한 것으로 보이지는 않는다.

3.2.2. 드시다

'먹다'의 높임 어휘인 '드시다'는 <표 15>에서 보듯이 네 명의 아동 중 2명에게서 출현하였다.

<표 15> '드시다'와 '먹다'의 월령별 사용 빈도

아동	어휘	개월(만)											
		31	32	33	34	35	36	37	38	39	40	41	42	43
SJ	드시다		2.0	-	-	-	-	-	-	-	-	-		
	먹다		2.5	0.3	-	0.3	-		0.5	-	-	-		
YJ	드시다	-	-	-	-	-	0.8	-	0.2	-	-	-		
	먹다	-	0.3	1.0	-	0.7	-	0.4	1.4	0.3	0.6	-	-	

'드시다'의 출현 빈도는 매우 낮아 SJ의 경우 32개월, YJ는 36개월과 38개월에 출현하는 것으로 그치고 있다.

'드시다'가 사용된 구체적인 예를 보면, (36)-(38)과 같이 모방 학습에 의한 것이 있다.

> (36) 엄마: 할아버지 드세요, 해 봐.
> 　　　아동: 할아버지 드세요. (SJ, 32개월)
> (37) 엄마: "먹으세요"가 아니라 드세요, 그래.
> 　　　아동: 드세요. (SJ, 32개월)
> (38) ㄱ. 삼촌 먹고 싶어? (SJ, 32개월)
> 　　　ㄴ. 선생님이 먹어. (SJ, 35개월)

(36), (37)은 모두 엄마가 모방 학습 지시에 따른 것인데, 이 아동은 32개월에 총 4회 '드시다'를 사용하였는데 이 가운데 3회가 모방 학습에 의한 것이다. 즉, '드시다'라는 형태를 학습하는 과정에 있는 것으로 추측된다. 이는 32개월 이후 자료인 (38)에서 선생님,[21] 삼촌과 같이 부모를 제외한 대상을 주체로 하는 발화에서도 '먹다'의 형태가 사용되는 것에서도 확인해 볼 수 있다.

　이와 같이 '드시다'와 '먹다'가 혼용되는 사례는 다른 아동에게서도 볼 수 있다.

> (39) ㄱ. 엄마 안, 커피 안 먹을 꺼냐? 엄마 (YJ, 32개월)
> 　　　ㄴ. 엄마도 먹어. 엄마 (YJ, 35개월)
> (40) 아동: 엄마는, 많이 먹지? (YJ, 37개월)
> (41) 엄마: 응아 했는데도 배가 아파요.
> 　　　아동: 이거 더세요(드세요). 이거 드데요(드세요).
> 　　　엄마: 근데 왜- 배가 아파요 선생님?
> 　　　아동: 밥을 많이 뜨떼요(드세요).
> 　　　엄마: 밥을 많이 먹어서 배가 아파요? (YJ, 36개월)

---

21) 다른 범주의 높임 발달에서 선생님은 다른 대화 상대(엄마, 아빠 등)보다 높임 표현이 많이 출현하였다.

(42) 아동: 커= 엄마 커피 좀 드실래요?

엄마: 아니요?

아동: 엄마 커피 더 드세요. (YJ, 38개월)

(39)-(42)에 제시한 예는 모두 엄마를 주체로 하는 발화인데, 32개월에 '먹다'를 사용하던 아동은 36개월, 38개월에 '드시다'를 사용하지만 37개월에 '먹다'를 사용하고 있어 완전한 학습이 이루어지지 않음을 알 수 있다.

3.2.3. 주무시다

'주무시다'는 <표 16>과 같이 한 아동에게서만 출현하였다.

<표 16> '주무시다'와 '자다'의 월령별 사용 빈도

아동	어휘	개월(만)									
		34	35	36	37	38	39	40	41	42	43
SB	주무시다	0.3	-	-	-	-	-	-	-	-	1.14
	자다	-	-	-	-	-	-	-	-	-	0.17

'주무시다'는 34개월과 43개월에 출현하였고, '주무시다'의 안 높임 표현인 '자다'도 43개월에만 출현하고 있다.

'주무시다'는 (43), (44)에 보인 바와 같이 인사말로 학습하고 있고, 엄마의 발화를 모방하며 익히고 있다.

(43) 엄마: 주무세요.

아동: 주무세요. (SB, 34개월)

(44) 아동: 안녕히 주무셨떠요(주무셨어요)? <웃음/헤헤> 으,

엄마: 오냐. <웃음/흐흐> (SB, 43개월)

위의 대화에 나타난 '주무시다'는 관용적 표현에서 사용된 것이고, 특히

43개월에 총 출현 빈도가 8회로 증가한 것은 놀이를 하며 동일 발화를 반복했기 때문으로 다양한 발화 형태로 '주무시다'의 출현 빈도가 증가한 것으로 보기는 어렵다.

3.2.4. 돌아가시다

'죽다'의 높임 어휘 '돌아가시다'는 두 명의 아동에게서 나타났다.

〈표 17〉 '돌아가시다'와 '죽다'의 월령별 사용 빈도

아동	어휘	개월(만)												
		31	32	33	34	35	36	37	38	39	40	41	42	43
SJ	돌아가시다		-	-	-	-	-	-	-	-	-	0.6		
	죽다		-	-	-	-	-	-	0.3	-	0.2	-		
DW	돌아가시다		-	-	-	-	-	-	-	-	0.3	-	-	-
	죽다		-	-	-	-	-	-	-	-	-	-	-	-

<표 17>을 보면, 두 아동 모두 40개월 이상에서 출현하고 있어 다른 주체 높임의 어휘에 비해 비교적 늦은 시기에 나타나고, 출현 빈도도 매우 낮은 것으로 나타났다.

'돌아가시다'가 사용된 구체적인 대화를 보이면 다음과 같다.

(45) 엄마: 우리-나라를- 지켜주셔서 감사합니다-, 그랬어?
　　　아동: 또-, 전= 기념관 아저씨가 싸우시다가 돌아가신 곳.
　　　(중략)
　　　아동: 아니, 전쟁이 나서 군인 아저씨가,
　　　엄마: 응, 칼로 싸우다가,
　　　아동: 칼로 싸우다가, 막~ 돌아가신 데야.
　　　엄마: 응, 돌아가신 데야, 거기가? 돌아가셔 가지구-, 우리-, 가서 감
　　　　　　사합니다, 했어? (SJ, 41개월)
(46) 엄마: 외할아버지 어디 가셨어?

> 누나: 하늘나라.
> 엄마: 돌아가셨잖아.
> 아동: 하늘나라, 돌아가셨어. (DW, 40개월)

위의 두 대화를 보면, (45)의 경우 아동이 전쟁기념관에 다녀온 경험을 주제로 엄마와 이야기 하는 과정에서 자연스럽게 습득된 어휘가 사용된 것으로 볼 수 있다. 아동은 전쟁기념관에 대한 설명을 듣는 과정에서 '돌아가시다'라는 어휘를 습득하게 되고 이를 엄마와의 대화에서 활용하는 것이다. (46)은 대화의 화제가 외할아버지의 죽음이고, 대화에 엄마 이외에 누나가 참여하고 있어 아동 스스로 '돌아가시다' 어휘를 사용하였다고 보기보다는 누나의 발화를 모방하여 학습하는 과정을 보여주고 있다.

'돌아가시다'에 대응되는 안 높임 표현인 '죽다'의 대화를 보면 높임의 대상이 아닌 주체에게 사용하고 있다.

> (47) 엄마: 쥐돌이가 창문 밖으로- 고개를 내밀 때, ((부리나케)) 오는 것이
> 보였어요-. 쥐돌아, 집 좀 보여줄래? 어서 들어와. 어머 예쁜
> 집이다-. & 나한테도 꼭- 맞는 집이네-? ((-))?
> 아동: 또-, 고양이랑 생쥐랑 누가 죽지? {고양이와 생쥐가 나오는 이
> 야기를 듣다가 질문함.} (SJ, 40개월)

(47)은 '고양이와 쥐'가 등장하는 이야기를 들으면서, 아동이 엄마에게 질문하며 '고양이와 생쥐'를 의미상 주어로 삼아 '죽다'라는 동사가 사용되었다. 이를 통해 죽음과 관련한 주제는 주로 놀이보다는 학습이나 일상 대화의 주제로 등장하며, 이때 부모, 교사들은 높임 표현에 대해 교육하는 것으로 보인다.

지금까지 주체 높임의 어휘 형태를 살펴보았는데, 이를 아동별로 월령

에 따라 첫 출현한 시기를 정리해 보이면 다음과 같다.

〈표 18〉 주체 높임 어휘 형태의 첫 출현 시기

아동	개월(만)												
	31	32	33	34	35	36	37	38	39	40	41	42	43
SJ		드시다	계시다								돌아가시다		
YJ						드시다							
DW										돌아가시다			
SB				계시다 주무시다									

　네 명의 아동 가운데 SJ은 모두 3개의 형태가 출현하고 있어 가장 활발하게 주체 높임의 어휘를 사용하고 있었고, SB은 2개의 형태, YJ과 DW은 각각 1개의 형태를 사용하고 있었다. 출현하는 어휘를 보면 관용 표현에 사용된 '계시다, 주무시다'가 33~34개월에 출현하였고, '드시다, 돌아가시다'는 각각 32, 40개월에 출현하고 있으며, 이들의 출현 순서가 일정하게 나타나지 않고 있어 아동들의 개별 상황에 따라 습득되는 경향이 강한 것으로 볼 수 있겠다.

4. 객체 높임 표현

　객체 높임법은 문장에서 서술의 객체인 목적어나 부사어가 지시하는 대상을 높이는 방법이다. 객체 높임법은 문법 형태에 의한 표현과 어휘 형태에 의한 표현으로 실현되는데 이에 대해 살펴보기로 한다.

4.1. 문법 형태에 의한 객체 높임

문법 형태에 의한 객체 높임 표현은 조사 '께'만이 출현하였다. 조사 '께'는 네 명의 아동 중 한 아동에게서만 41개월에 1회 출현하고 있었다.

(48) 아동: ○○이 오세요-. ○○이 왔구나, ○○이-. & 선생님 왔어요? 안
     녕하세요-? &
     안녕하세요-? 선생님께, 인사. 안녕하세요-? (SJ, 41개월)

(48)의 예는 아동이 가정에서 유치원 놀이를 하며 선생님 역할을 하며 발화하고 있는 것이다. 발화 형태로 보아, 이전 시기에 유치원에서 습득된 것으로 보이며, 위의 예 이외에 나타나지 않는 것으로 보아 아직 다른 단어를 대치해 사용하지는 못하는 것으로 생각된다.

4.2. 어휘 형태에 의한 객체 높임

객체 높임을 실현하는 어휘 형태로 아동들의 발화 중 출현한 것은 동사 '주다'의 높임 어휘인 '드리다'이다.[22]

〈표 19〉 '드리다'의 월령별 사용 빈도

아동	개월(만)												
	31	32	33	34	35	36	37	38	39	40	41	42	43
SJ		-	-	1.3	-	-	-	-	-	-	-		
DW		-	-	-	-	-	-	-	-	-	-	0.2	-
SB			-	-	-	-	-	0.3	-	-	-	-	-

---

22) 본 연구의 분석 자료에서는 '여쭙다, 모시다, 뵙다' 등은 나타나지 않았다.

'드리다'는 세 명의 아동 모두에게서 지속적인 출현을 보이지 않고 있어 아직은 활발하게 사용하지 않음을 알 수 있다.

'드리다'는 본용언으로 사용되는 경우와 보조 용언으로 사용되는 경우가 모두 볼 수 있었다.

> (49) ㄱ. 아빠 드리는 건가 봐. (SB, 38개월)
> ㄴ. 예*쁘게 색칠해 줘. 아빠 드릴 꺼(것). (DW, 42개월)
> (50) ㄱ. 조금만 그려 주세요, 제가 알려 드릴 테니까. (SJ, 34개월)
> ㄴ. 내가, 치워 드릴께요. (SJ, 34개월)

(49)는 본용언으로 사용된 것이며, 이때 높임의 객체는 '아빠'이다. (50)은 보조 용언으로 사용된 것으로, 높임의 객체가 생략되어 있다. 객체 높임의 '드리다'가 위와 같이 낮은 빈도를 보이고 있는 것은 '드리다'가 객체를 필요로 하는 복잡한 문장 구조이기 때문으로 생각된다. 또한 보조 용언으로 쓰일 때의 의미는 '시혜'로 이는 '주다'로도 충분히 가능하기 때문에 굳이 '드리다'를 사용하며 높임을 드러내지 않는 것으로 해석해 볼 수 있겠다.

객체 높임은 문법 형태인 조사 '께서'와 어휘 형태인 '드리다'가 모두 낮은 빈도로 출현하고 있어 청자 높임이나 주체 높임에 비해서 눈에 띄게 발달이 느린 것으로 나타났다.

5. 결론

본 연구에서는 만 31개월부터 43개월까지 아동 4명의 높임 표현 발달 양상에 대해 종적으로 분석하였다. 상대 높임, 주체 높임, 객체 높임의 발달을 문법적 형태와 어휘 형태로 구분하고, 이들의 출현 시기와 사용되는 화용적 상황에 대해 살펴보았다.

상대 높임 표현은 조사 대상자 모두에게서 격식체 '하십시오체'와 '해라체'가 출현하였고, 비격식체는 '해요체'와 '해체'가 출현하였다. 상대 높임을 실현하는 어휘 형태는 겸양어 '저'가 출현하였다. 아동은 대화 상대를 높이려는 의도와 자신의 목적을 달성하기 위한 의도 등 여러 화용적 목적을 위해 높임 표현을 사용하였다.

주체 높임 표현을 보면, 주체 높임 선어말 어미 '-시-'는 주로 인사말 등의 관용 표현에서부터 사용하기 시작하였고, 주체 높임의 조사 '께서'는 사용이 활발하지 않았다. 어휘 형태로는 '계시다, 드시다, 주무시다, 돌아가시다'가 출현하였으나 빈도는 그리 높지 않았다.

객체 높임은 상대 높임과 주체 높임에 비해 출현 형태가 많지 않았고, 발달 정도도 상대적으로 느린 것으로 생각된다. 객체 높임의 문법 형태에는 조사 '께'가, 어휘 형태로는 '드리다'가 출현하였다.

본 연구에서는 아동이 높임 표현을 대화 상황, 상대자에 다양하게 사용한다는 것을 확인하였다. 문법 지식의 습득뿐만이 아니라 사용상의 특징을 밝혀 아동의 화용 발달의 한 면을 볼 수 있었다. 그러나 종적 연구가 지닌 조사 대상자의 한정성으로 인해, 보다 다양한 대화 상황을 포함하지 못한 것은 아쉬움으로 남는다.

참고문헌

고영근·남기심(2004). 표준 국어 문법론 개정판, 탑출판사.

김소영(2008). "효율적인 존대법 교육 방안 연구," *Journal of Korean Studies*, vol. 9, Sofia.

김정호(2005). "국어 청자 높임의 변화에 관한 사회언어학적 연구," 한말연구 제16호, 한말연구학회.

문선희(2010). "존대 표현 발달에 관한 종적 연구," 한양대 석사학위 논문.

박경자(1996). 언어습득 연구 방법론, 고려대학교 출판부.

서울대학교 국어교육연구소(2002). 고등학교 문법 교과서, 교육인적자원부, 두산.

서정수(1980). "높임말은 어떻게 달라지고 있는가? - 청자대우 등급의 간소화-," 한 글 167, pp. 357-387

서정수(1994). 국어 문법, 뿌리 깊은 나무.

성기철(1985). 현대국어 대우법 연구, 개문사.

이경우(2003). "국어 경어법 변화에 대한 연구(1)." 국어교육 110, pp. 269-300.

이상규(1997). "높임 형태소 '-시-'의 두 가지 기능," 어문논총 제31호, 경북어문학회.

이인섭(1986). 아동의 언어발달, 개문사.

이순형(1999). "한국 아동이 초기에 획득한 문법형태소의 종류 및 획득 시기," 아동 학회지 24-1.

이정복(1998). "국어 경어법의 전략적 용법에 대하여," 어학연구 35-1, 서울대 어학 연구소, pp. 91-121.

임동훈(2005). "현대국어 경어법의 체계," 국어학 47, 국어학회.

조명한(1984). 한국 아동의 언어 획득 연구: 책략모형, 서울출판부.

최규일(2003). "'-요'에 관한 총체적 연구," 한국어 의미학 12, 한국어의미학회.

최석재(2007). "현대국어 대우법의 화계의 구분에 대한 고찰," 한국어학 37, 한국어학회.

황미하(2003). "2.5-3.5세 한국 아동의 언어습득에 관한 종단적 연구," 단국대 석사학 위 논문.

장경희 · 김태경 · 이경은

인식 양태 발달*
(31개월~43개월)

1. 머리말

모국어 습득 과정에 있는 유아들은 발음이나 어휘, 문장 구성을 비롯한 언어 사용의 모든 면에서 미숙함을 보인다. 유아들이 언어 습득 과정에서 보이는 어휘는 우연히 모방을 통해 산출되거나 제한된 의미로 사용되는 경우가 많으므로 성인의 어휘 사용과는 다른 관점에서 접근할 필요가 있다. 성인의 경우 발화 실수를 제외하면 대부분 언어 규칙과 의미에 부합하도록 어휘를 산출하지만, 유아는 규칙이나 의미가 확립되지 못한 상태에서 어휘를 선택하거나 사용 맥락을 축소해서 사용하는 일이 많으므로 어떤 형태의 사용 여부, 즉 첫 출현 시기만을 가지고 습득 단계를 가늠하기 어렵다. 즉 유아들이 보이는 형태의 목록뿐 아니라 사용 빈도와 맥락 등이 의미 습득 순서 및 정밀화 과정을 보여주는 중요한 실마리가 될 수 있다.

---

* 이 글은 <국어교육> 148호(2015)에 "유아의 인식 양태 습득 단계에 관한 연구"라는 제목으로 게재된 논문임.

조숙환(1997)은 아동이 생후 30개월 즈음 되면 의미나 화용, 문장 구조적인 면에서 보다 복잡한 발화를 하기 시작하며, 문장의 핵심 구조뿐만 아니라 문장의 기능적 구조에 속하는 양태 어미, 시제 어미 등이 체계화된다고 하였다. 이 연구에서는 생후 31~43개월의 아동 4명을 대상으로 하여 한국 유아들의 인식 양태 습득 과정을 살펴보려 한다. 인식 양태 습득 과정은 양태소의 형태 습득 시기와 의미 습득 시기로 나누어 살펴볼 것이다. 양태소의 형태 습득 시기를 알아보기 위하여 조사 대상 아동들의 양태소 사용 빈도를 아동 개인별과 월령별로 살펴보고, 양태소 의미 습득 시점을 추정하기 위해서 아동들 각각의 양태소 사용 맥락을 분석할 것이다.

양태는 '명제에 대한 화자의 태도'(장경희 1985), '화자의 심리적 태도와 관련되는 의미 영역'(고영근 1986), '상황에 대한 화자의 평가'(Lee 1991), '명제의 사실성을 화자의 주관적인 관점에서 표현하는 문법 범주'(장경희 1998), '명제에 대한 화/청자의 주관적인 한정을 표현하는 문법 범주'(박재연 2004) 등으로 정의되고 있다. 양태 범주에는 진리 양태, 행위 양태, 인식 태 등이 포함되는데, 이 가운데 인식 양태는 양태소가 문법 형태로 존재하는 영역이어서 국어 양태 범주의 핵심이 된다고 할 수 있다. 인식 양태에 포함되는 양태소의 범위에 대해서는 학자마다 견해를 달리하고 있으며 앞으로도 계속 연구되어야 할 부분이다. 이 논문에서는 현재의 인지 양태 논의에서 자주 다루어지고 있는 '-겠-', '-더-', '-네', '-지', '-구나'를 관찰 대상으로 삼았다.[1]

지금까지 한국 아동의 양태소 습득은 주로 문장 구조 또는 종결어미

---

1) 장경희(1985, 1995)에서는 '-겠-', '-더-', '-네', '-구나', '-지'를 국어의 인식 양태 범주에서 다루었고, 박재연(1999)에서는 '-더-', '-네', '-구나', '-지', '-거든'을 포함하였으며, 이선웅(2001)에서는 '-구나', '-군', '-거든', '-네', '-지', '-겠-', '-더-', '-리-' 등을 인식 양태 범주로 다루었다.

발달의 일부로 다루어졌고(조명한 1982, 이인섭 1986, Choi 1991, Lee 1991, 조숙환 1997, 2000, 이삼형 외 2004 등) 본격적인 양태소 습득 과정을 다룬 연구는 많지 않다. 장경희 외(2009)에서 23~35개월 아동을 대상으로 양태소의 첫 출현 시기와 사용 맥락을 조사한 바 있는데, 그 연구 결과에 의하면 한국 아동들은 23~35개월 무렵까지 양태소의 형태 습득이 일부 이루어지지만 의미 습득 측면에서는 매우 제한된 수준에 머무르고 있는 것으로 파악된다.

이 연구는 장경희 외(2009)의 후속 연구의 성격을 지니며, 35개월 이전까지의 양태소 습득 양상이 이후에 어떻게 달라지는지 살펴볼 것이다. 본고에서는 문법 발달의 중요한 시기로 보이는 생후 31~43개월 된 아동들을 대상으로 양태소의 사용 양상을 분석하여 의미 습득 단계를 추정해보려 한다.

분석 대상 언어 자료의 수집은 4명의 아동을 대상으로 13개월 동안 가정에서 1주일 간격으로 1회 60분씩 녹음을 하는 방식으로 이루어졌다.[2] 전체 조사 기간 동안 총 158회분의 자료가 수집되었고, 아동과 대화상대자(부모)의 발화를 시간 순서에 따라 회당 2,000어절까지 전사(transcription)하여 분석 대상 자료를 구성하였다. 분석 대상 자료의 아동별·월령별 분포는 <표 1>에 제시하였다.[3]

---

2) 본 연구의 대상 아동은 조사 시작 시점을 기준으로 할 때 장경희 외(2009)에서 대상으로 삼은 아동들보다 6개월 정도 월령이 높은 남녀 아동 2명씩으로 구성되었다. 조사 방법은 아동의 일상생활에서 나타나는 자연스러운 발화 산출을 유도하기 위하여 각 가정에서 부모와 아동이 일상적인 패턴으로 상호작용하는 상황에서 녹음이 이루어지도록 하였다. 녹음을 위탁받은 부모는 매회 녹음이 끝난 직후에 녹음 날짜와 녹음 상황, 그 밖에 아동 발달상의 중요한 변화 등을 녹음일지에 기록하도록 하였다.

3) 월령별로 수집된 자료의 수가 일정하지 않은 이유는 피험 아동의 언어를 장기간에 걸쳐 조사하는 종적 자료 수집 방법의 특성상, 아동 개인의 사정으로 인해 녹음 시기가 1-2주 뒤로 미루어지는 경우가 있기 때문이다.

〈표 1〉 대상아동별·월령별 자료 분포

기호	성별	월령													합계
		31	32	33	34	35	36	37	38	39	40	41	42	43	
A	여		2	4	4	3	5	4	4	2	6	5			39
B	여	2	4	1	2	3	5	5	5	3	5	3	1		39
C	남		2	2	1	5	4	5	4	2	3	5	5	2	40
D	남				3	3	3	4	3	4	5	4	4	7	40
합		2	8	7	10	14	17	18	16	11	19	17	10	9	158

양태소별 사용 비율은 전체 양태소 빈도에서 각 양태소 빈도가 차지하
는 비율로 계산하였고, 월령별 빈도는 해당 월령별 자료에 나타난 양태소
빈도를 분석 대상 자료 수로 나눈 수치(회당 평균값)로 계산하였다.

2. 인식 양태소의 형태 습득 과정

2.1. 양태소 사용의 아동별 분포

조사 대상 아동들의 인지 양태소 의미 습득의 단계를 관찰하기에 앞서
아동들의 인식 양태소 형태의 사용 양상을 개관해 보기로 한다. 관찰 대
상 아동 4명의 양태소 사용 빈도를 제시하면 〈표 2〉와 같다.

〈표 2〉 양태소별 출현 빈도

아동	-겠-	-구나	-네	-더-	-지	합계
A	45	18	91	0	322	476
B	44	6	56	3	375	484
C	57	8	56	1	454	576
D	70	11	116	7	595	799
	216	43	319	11	1,746	2,335

위 표를 보면, 조사 대상 아동들 가운데 한 명을 제외하고 인식 양태소 '-겠-', '-더-', '-네', '-구나', '-지'를 고루 사용하고 있다. 이러한 현상을 이전 연구에서 밝힌 24~35개월에 속하는 아동들의 양태소 사용과 대비해 보면, 31~43개월에 속하는 아동들의 양태소 사용이 이전 시기 아동들에 비해 발달된 단계임을 알 수 있다. 장경희 외(2009)에 의하면 양태소 '-지-'와 '-네-'는 조사 대상 아동(24~35개월) 모두에게서 사용되고 있었지만, '-겠-', '-구나', '-더'의 경우는 일부 아동만이 사용하고 있었다.[4]

아동들의 양태소 사용 현황을 각 양태소의 출현 비율로 관찰해 보기로 한다.

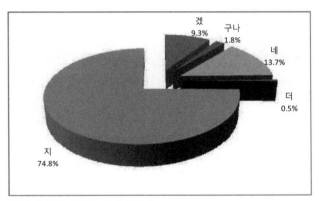

[그림 1] 전체 양태소 사용 분포도

사용 비율 면에서 볼 때, '-지'가 전체 양태소의 74.8%로 가장 빈번히 사용되었고, 이어서 '-네'(13.7%), '-겠-'(9.3%), '-구나'(1.8%), '-더-'(0.5%)의 순서로 사용되었다.

---

4) 장경희 외(2009)에서는 '-겠-'의 경우 4명 가운데 2명의 아동에게서만 관찰되었고, '-구나'는 3명, '-더-'는 1명에게서 관찰되었다.

　이러한 양태소 출현 비율을 4명의 아동 개인별로 살펴보면, 각 아동들이 동일한 유형을 보인다는 것을 확인할 수 있다.

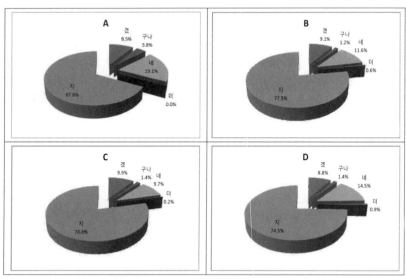

[그림 2] 아동별 양태소 사용 분포도

[그림 2]에서 보듯이, 각각의 아동별 양태소 사용 분포가 [그림 1]의 전체 사용 분포도와 동일한 유형을 보이고 있다. 4명 가운데 3명의 아동이 '-지 > -네 > -겠- > -구나 > -더-'의 순서로 자주 사용하고 있음을 알 수 있다. 아동 A의 경우는 '-더-' 사용이 관찰되지 않았는데, 다른 양태소의 분포는 일반적인 양상에서 벗어나지 않았다. 장경희 외(2009)에서 조사된 24~35개월의 아동들의 경우는 '-지', '-네'만이 관찰되는 아동도 있어서 양태소 전체의 사용 분포를 파악하기 어려운 단계였다.

　이상에서 보인 아동별 양태소 출현 빈도와 양태소별 사용 비율 등을 통해, 생후 31~43개월에 속하는 아동들은 '-더-'를 제외한 양태소 습득이 상당히 안정된 수준에 이르렀음을 볼 수 있다.

2.2. 양태소 사용의 월령별 분포

양태소의 습득 과정이 구체적으로 관찰될 수 있도록 월령별로 양태소 사용 빈도를 살펴보기로 하겠다. 이때 월령별 분포는 한 회 조사분 자료에 나타난 평균 횟수로 표시된다.[5]

아래의 <표 3>을 살펴보면 양태소 '-지'와 '-네', '-겠-'의 경우는 관찰 초기부터 후반에 이르기까지 거의 매월 출현하고 있음을 알 수 있다. '-구나'의 경우 월별로 일정하게 사용되고 있다고 보기 어렵고, '-더-'의 경우는 아동 D를 제외하고는 사용이 매우 저조한 것으로 나타났다. 양태소 사용의 총빈도가 높은 '-지', '-네', '-겠-'의 양태소들은 월별 사용 평균에서도 고른 분포를 보였고, 총빈도가 낮았던 양태소 '-구나'와 '-더-'는 월별 분포 역시 불균등하게 나타난 것을 알 수 있다.

<표 3> 월령별 양태소 빈도 평균

양태 월	겠				더				네				구나				지			
	A	B	C	D	A	B	C	D	A	B	C	D	A	B	C	D	A	B	C	D
31		1				0				0.5				0				7		
32	1.5	1.5	0		0	0.3	0		0	1	1		0	0	0		8.5	10.5	7.5	
33	1.3	1	5.5		0	0	0		0.5	2	0.5		1	0	0		7.5	26	7	
34	0.8	1	1	2	0	0	0	0	7.5	1	2	4	1.5	0.5	0	0	20	4	17	23.3
35	0	1	2	2.6	0	0	0	0.3	4.7	0	4	4.7	1	0	0	0	4.7	10	14	13.7
36	5	1.2	1.8	0.3	0	0	0	1	2.6	1.4	1.3	3.7	0.4	0	0.5	1.3	14.6	7.8	12.5	24
37	2	0.4	1.2	0.5	0	0	0	0	1.5	3.4	0.4	3.5	0	0.6	0	0.5	6	9.6	12.4	18.3

---

5) <표 1>에서 보인 것과 같이 월령별 자료 수집 횟수에 차이가 있기 때문에 단순 빈도를 비교하는 것만으로는 그 특성을 정확히 알기 어렵다. 그러므로 '월령별 사용 총빈도 / 수집 자료 수'로 산출한 월령별 평균 빈도를 살펴보았다.

양태 월	겠				더				네				구나				지			
	A	B	C	D	A	B	C	D	A	B	C	D	A	B	C	D	A	B	C	D
38	0.5	1.8	0.5	2	0	0	0	0.3	1.3	.6	1.8	4.3	0.3	0.2	0	0.7	5	10.4	8.8	12.7
39	0	0.3	1	4	0	0	0	0.3	1	1.7	1.5	5.3	0	0	0	0	5	11.3	15	20.3
40	1.2	0.8	2.3	2	0	0	0.3	0.2	1.7	1.2	0.3	2.6	0.2	0.2	0	0	5.2	11.4	10	12.6
41	1	2.3	0.6	0.8	0	0	0	0	1.8	1.3	2	1.8	0.2	0	0.8	0	4.6	12	10.6	13.3
42		2	1	2.3	2	0	0			0	0.6	1		0	0.4	0		7	12.4	9.5
43			2	1.4		0	0				0	1.1			0	0.4			8	9.4

이상과 같은 양태소 사용의 월별 평균 분포에서 파악된 '-구나'와 '-더-'의 비균형적인 사용 분포는 관점에 따라 달리 해석해 볼 수 있다. 우선은 성인 언어에서도 이들 양태소의 사용 빈도가 상대적으로 높지 않다는 점을 감안한다면 일상 언어생활에서 이들 사용 맥락이 보다 제한되어 있기 때문에 아동의 발화에서도 적게 나타난 것이라고 볼 수 있다. 다른 한편으로는 월별로 균형적인 사용을 보이는 '-지', '-네', '-겠-'에 비해 '-구나'와 '-더-'가 이 단계에 충분히 습득되지 못한 것에 기인한다고 볼 수도 있다.6) 이것은 성인 대화 자료 분석 결과와의 대비를 통해 보다 명확해질 수 있을 것이다.

이상에서 양태소 사용 빈도를 살펴본 결과, 전체적 분포와 아동별 분포 모두에서 균등한 양상을 보여, 이 시기에는 대부분의 아동이 인식 양태 형태를 안정적으로 사용하는 단계에 이른다는 것을 알 수 있었다.

---

6) 이정민(1997)에서는 '-구나'의 출현이 만 23개월에 관찰되었다고 보고되었고, 이인섭(1986)에서는 만27개월 아동은 '-구나'를 사용하지 않은 반면에 만 38개월의 아동은 사용하였다고 보고한 바 있다. 이처럼 선행 연구들에서 보고된 '-구나'의 출현 시기에는 다소 차이가 있다.

3. 인식 양태소의 의미 습득 과정

국어의 양태소들은 그것이 사용되는 맥락에 따라 그 해석이 달라지는 경우가 있다. '-겠-'은 추정, 의도 등의 해석을 지니는가 하면, '-지'는 진술, 질문, 제안 등의 맥락에서 두루 사용된다. 이 장에서는 양태소들이 사용되는 맥락을 분석함으로써 인식 양태소의 의미 습득 과정과 습득 시기를 알아보기로 한다.

3.1. 사용 맥락 분포에 따른 '-지'의 습득 단계

양태소 '-지'는 양태소 중에서 가장 높은 빈도를 보였고 다양한 맥락에서 사용되었다. 양태소 '-지' 사용의 구체적인 예를 보이면 다음과 같다.

(1) 이것도 같이 있어 삔(핀)이야. 아아찌(알았지)? (A, 32개월)
    엄마 할 때 컴퓨터 할 거야. 엄마, 알았지? (B, 31개월)
    없네 다 뺐네. 다 뺐네. 다 뺐네. 봐봐 다 뺐지? (C, 32개월)
    거기 들어 있지? (D, 34개월)

(2) 아빠 아빠 저기 가야지. (A, 32개월)
    파란불에 건너가야지. (B, 31개월)
    이걸 빼지. 이걸 빼지. (D, 34개월)

(3) 엄마 삔 찾아 오께 아빠꺼 어디 갔지? (A, 32개월)
    귀 어디 달지? (B, 31개월)
    큰 건 엄마 별하구, 누나 별하구, 아빠별, 아빠별 어딨지? (C, 33개월)
    잘 발랐는데, 또 긁으면 어떡하지? (D, 34개월)

(4) 아니 아니 이거 이거 다시 했잖아. (A, 32개월)

코 이렇게 생겼잖아요. (B, 31개월)
피 나잖아. (C, 32개월)
다리 없잖아. (D, 34개월)

위의 예 (1)은 '확인 질문', (2)는 '주장', (3)은 '자문', (4)는 '진술'의 맥
락에서 '-지'가 사용된 발화이다. 이러한 사용 맥락은 성인의 언어에서
관찰되는 맥락들과 동일하다.

조사 기간인 31~43개월 사이의 어느 시점에서 이들 의미의 습득이
이루어졌는가를 살펴볼 수 있도록 사용 맥락을 월별로 관찰해 보기로 한
다. '-지'의 사용 맥락 분포를 월별로 보이면 다음과 같다.

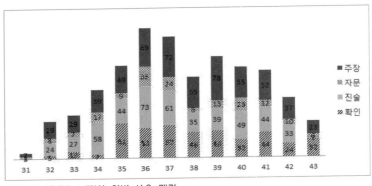

[그림 3] 양태소 '-지'의 월별 사용 맥락

위의 그림에서 볼 수 있듯이, 양태소 '-지'의 사용 맥락은 생후 32개월
시점부터 다양화하는 것을 알 수 있다. 그리고 이러한 다양한 사용 맥락의
유형은 그 이후로도 지속되었다. 즉 32개월 이후의 사용 맥락은 성인 언어
와 동일한 것으로, 이 무렵에 습득이 충분히 이루어졌다고 할 수 있다.

그러면 아동 개인별로 동일한 양상이 나타나는지 살펴보기로 한다. 양
태소 '-지'의 습득 시기가 관찰될 수 있도록 대상 아동에 따른 '-지'의

사용 맥락은 [그림 4]에 제시하였다. [그림 4]를 보면, 아동 C의 경우만 제외하고 3명의 아동 모두에게서 관찰 초기부터 '확인질문, 진술, 자문, 주장'의 맥락에 '-지'의 사용이 관찰되었다. 아동 A는 생후 32개월부터 관찰을 시작하였는데 32개월에 '확인질문, 진술, 자문, 주장'의 의미별 '-지'가 모두 나타났다. 아동 B의 경우에도 역시 관찰이 시작된 31개월 부터 '확인질문, 진술, 자문 주장'의 맥락에서 '-지'가 두루 사용되고 있었다. 아동 C는 관찰이 시작된 32개월에는 '주장, 진술, 확인'의 의미로만 사용하다가 33개월에 '자문'의 의미로 '-지'가 사용되고 35개월부터는 4가지 의미가 고르게 사용되었다. 아동 D는 34개월부터 관찰을 시작하였는데 34개월에 '확인질문, 진술, 자문, 주장'의 해석을 지닌 맥락에서 양태소 '-지'가 모두 사용되었다. 이처럼 양태소 '-지'의 사용 맥락을 아동 개인별로 살펴보았을 때에도 아동 대부분이 초반부터 다양한 맥락에서 '-지'를 사용하고 있음을 알 수 있다.

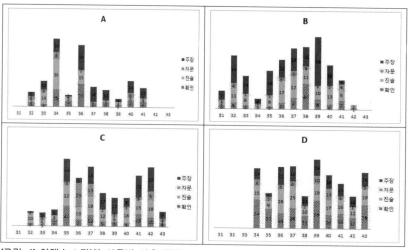

[그림 4] 양태소 '-지'의 아동별 사용 맥락

이상과 같은 아동들의 양태소 '-지'의 용법을 월령별, 아동별 사용 맥락의 관점에서 종합해 볼 때, 양태소 '-지'는 조사 기간의 초반인 32개월 정도에 비교적 안정된 습득 단계에 이르렀다고 볼 수 있다. 이러한 조사 결과는 24~35개월의 아동에 관한 연구 결과(장경희 외, 2009)와도 일치한다. 이에 따르면 24~35개월 아동의 양태소 '-지'의 사용은 아동별로 생후 24개월, 27개월, 34개월에 처음 출현하였고, 확인질문, 자문 등의 다양한 사용 맥락은 30개월로 이후로 가면서 관찰된다.

3.2. 사용 맥락 분포에 따른 '-네'의 습득 단계

'-지' 다음으로 고빈도 사용을 보이는 양태소 '-네'의 구체적인 용례들을 보기로 한다.

(5) 어, 또 여기 뿌어졌네(부러졌네)? (A, 33개월)
아저씨가 있네. (B, 31개월)
없네. 다 뺐네. 다 뺐네. 봐봐. (C, 32개월)
어. 다리도 있네? (D, 34개월)

(6) 책도 갖고 왔네? (A, 33개월)
우와. 기린이랑 똑같네. (B, 32개월)
똑= 이거랑 똑같은 거 있네. (C, 32개월)
(살이 이거) 떨어졌네? (D, 34개월)

아동들의 양태소 '-네-'가 사용되는 맥락을 정리해 보면 (5)와 같이 사물의 존재를 지각하는 경우와 (6)과 같은 사건이나 사물의 속성을 지각하는 경우로 대별된다. 아동의 '-네'의 사용 맥락은 '사물·존재 지각'과 '사건(행동)·속성 지각'으로 구분해 볼 수 있겠다.

양태소 '-네'의 사용 맥락을 월별로 관찰하여 보기로 한다.

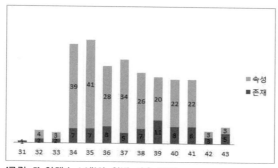

[그림 5] 양태소 '-네'의 월별 사용 맥락

위의 그림에서 보면, 32개월부터 '존재 지각'의 경우에 비해 '사건(행동)·속성 지각'의 사용 맥락이 큰 비중을 차지하는 것을 알 수 있다. 31~43개월 아동의 이상과 같은 '-네'의 사용 맥락은 24~35개월 아동들의 경우(장경희 외 2009)와 대비된다. 24~35개월의 아동들은 조사 대상 아동 두 명만이 관찰 초반에 '-네'의 용례를 보였고, 나머지 두 명은 만 30개월과 만 32개월에 이르러서야 비로소 처음으로 '-네'를 사용하였으며 사용 맥락도 대부분 '존재 지각' 맥락에 한정되었다. 31~43개월 아동들의 경우에 '사건 지각' 맥락이 우세한 것은 아동들의 인지 발달과도 관련된 것이라 할 수 있다. 아동들은 사물의 존재를 지각하는 데 관심을 가지다 점차 사건이나 속성 지각에 대한 관심으로 나아가는 데에서 나타난 현상이라 할 것이다. 또한 동시에 이러한 맥락 분포는 아동들의 '-네'의 사용 영역이 확장되었음을 보여 주는 것이라 하겠다. 즉 31~43개월의 아동들이 이전 단계의 아동에 비해 성인의 언어에 보다 접근한 '-네'의 사용 맥락을 지니는 것이다.

개별 아동에 따라서도 동일한 양상이 나타나는가를 살펴보기로 한다.

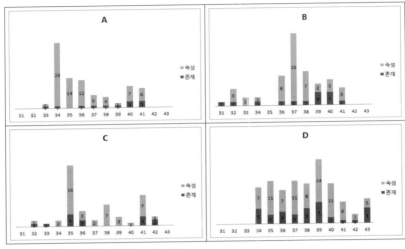

[그림 6] 양태소 '-네'의 아동별 사용 맥락

양태소 '-네'의 습득 단계가 관찰될 수 있도록 아동별로 '-네'의 사용 맥락을 도식화하여 보면 [그림 6]과 같다. 아동 A는 생후 33개월 자료에서 '존재 지각'과 '속성 지각'의 경우가 모두 관찰되었는데 '속성 지각'이 '존재 지각'보다 6배 이상 높은 빈도수를 보인다. 아동 B는 31개월에는 '존재 지각' 맥락만 관찰되고 '속성 지각'은 32개월부터 관찰되지만, 그 이후로는 지속적으로 '속성 지각' 맥락이 '존재 지각'보다 3배 이상 높은 경향을 보인다. 아동 C는 32개월에 '존재 지각'과 '속성 지각' 맥락이 관찰되었고 '속성 지각' 맥락에서 '존재 지각' 맥락보다 3배 이상 높은 사용 빈도를 보였다. 아동 D는 34개월에 '속성 지각'과 '존재 지각'이 비등하게 관찰되었지만 그 이후로는 '속성 지각'이 2배 정도 높은 빈도를 보인다.

　이상과 같은 양태소 '-네'에 대한 아동들의 월령별, 개인별 사용 맥락을 종합해 볼 때, 양태소 '-네'는 조사 기간의 초반인 34~35개월 정도에 안정된 습득 단계에 이르렀다고 볼 수 있다.

3.3. 사용 맥락 분포에 따른 '-겠-'의 습득 단계

인식 양태소 '-겠-'은 사용 맥락에 따라 '의견', '의도', '추정' 등으로 해석이 되는데, 본 연구의 조사 대상인 31~43개월 아동들의 언어에서는 다음 그림에서와 같이 '의견', '의도', '추정'의 해석이 모두 관찰되었다. 구체적인 용례를 보기로 한다.

　(7) 참 재밌겠다. (A, 36개월)
　　　오호와~ 맛있겠다. (B, 33개월)
　　　암, 맛있겠다. (C, 33개월)
　　　우아, 마딨겠다(맛있겠다). (D, 34개월)

　(8) 나는 나는, 나는 감 먹겠다. (A, 33개월)
　　　나두 뒹굴겠다. (B, 37개월)
　　　여길, 오늘 자르겠어. (C, 37개월)
　　　슉- 킥킥, 잡겠다(D, 39개월)

　(9) 안 되겠어. (A, 32개월)
　　　몰르겠다니까(모르겠다니까). (B, 31개월)
　　　응가 싸겠어. (C, 33개월)
　　　너무 커서 안 되겠어? (D, 34개월)

(7)은 추정, (8)은 의도, (9)는 의견으로 해석되는 맥락들이다. 이러한 사용 맥락의 분화는 성인 언어와 동일하다고 할 수 있다.

　이러한 맥락에 따른 사용이 어느 시점에서 이루어졌는가를 살펴볼 수 있도록 사용 맥락을 월별로 관찰해 보기로 한다.

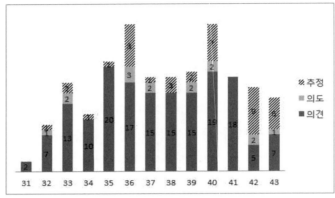

[그림 7] 양태소 '-겠-'의 월별 사용 맥락

위의 그림에서 볼 수 있듯이, 32개월부터 양태소 '-겠-'은 '의견', '추정', '의도'의 맥락에서 사용되고 있다.

개별 아동별로도 같은 양상이 나타나는지 살펴보기로 한다. 아동별로 '-겠-'의 사용 맥락별 빈도를 그래프로 보이면 다음과 같다.

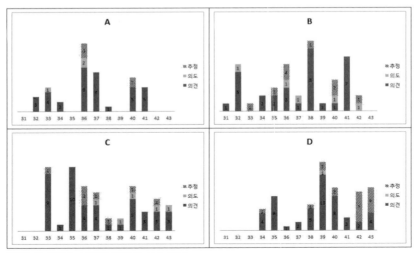

[그림 8] 양태소 '-겠'의 아동별 사용 맥락

위의 아동별 '-겠-'의 사용 맥락을 보면, 관찰 초기부터 '의견'의 맥락 이외에 '의도', '추정' 등의 맥락이 관찰된다. 아동 A는 32개월부터 41개월까지 관찰했는데 32개월에 '의견' 맥락이 관찰되었고, '의도'는 33개월에 그리고 '추정'은 36개월에 관찰되었다. 아동 B는 31개월부터 42개월까지 관찰하였는데, 마찬가지로 조사 시작 시점인 31개월에 '의견'이 처음으로 출현하였고, 37개월에 '의도'의 발화, '추정'은 33개월에 관찰되었다. 아동 C는 32개월부터 43개월까지 관찰하였는데 33개월 '의견'과 '추정'의 발화가 관찰되었고 37개월에 '의도'의 발화가 사용되었다. 아동 D는 34개월부터 43개월까지 관찰하였는데 34개월에 '의견'과 '추정'이 관찰되었고 39개월에 '의도'가 사용된다.

24~35개월의 아동(장경희 외, 2009)에서는 '의견'의 용법이 대부분이었고 '추정'과 '의도'의 맥락에서는 사용되지 않았는데, 이에 비해 본 연구에서 조사된 31~43개월 아동 자료에서는 '의도', '추정'의 맥락에서도 '-겠-'이 사용되고 있다. 이러한 사용 맥락 분포를 통해 35개월 이후 36~37개월 무렵에 양태소 '-겠-'의 다양한 의미가 습득된다고 볼 수 있겠다.

3.4. 사용 맥락 분포에 따른 '-구나'의 습득 단계

'-구나'는 '새로운 앎'을 그 본질적 의미로 지닌다. 조사 대상 아동들의 발화에 쓰인 '-구나'의 구체적인 용례를 보기로 한다.

　(10) 아~ 소리가 나는구나. (A, 33개월)

　(11) 수정이 발 좀 그려줘. 쩨끄만(조그만) 발이구나. (A, 33개월)
　　　 아. 엄= 또빨(?)도 없구나. (B, 38개월)
　　　 아구! 여기 떨어졌구나. (C, 36개월)

어~, 얘가 더 크구나. (D, 37개월)

(12) 어~, 어~, 친구가~, 어~, 안 때렸다고? 오호 그렇구나. (B, 34개월)
아~, 이런 말이었구나. (C, 41개월)
아 그렇구나. 왜 저녁밥, 밥, 먹고 자야 돼? (D, 43개월)

(13) 이거 그여쿠나(그렇구나). (A, 33개월)
오빠 밟았다 발 가렵구나. (B, 37개월)
아, 그렇구나! (C, 36개월)
수복이가 있어더(있어서), 살살 움직이구나(움직이는구나). (D, 36개월)

(10)은 실험에 의한 앎이 발생하는 맥락이고 (11)은 감각적 관찰에 의한
앎, (12)는 타인의 말을 근거로 이루어지는 앎, (13)은 추론을 통한 앎이
이루어지는 맥락이다. 이처럼 아동들의 '-구나'의 사용 맥락은 성인과 크
게 다르지 않음을 알 수 있다.

이러한 의미에 대한 습득이 조사 기간인 31~43개월 사이의 어느 시
점에서 이루어졌는가를 살펴볼 수 있도록 사용 맥락을 월별로 관찰해 보
았다. '-구나'의 사용 맥락 분포를 월별로 보이면 다음과 같다.

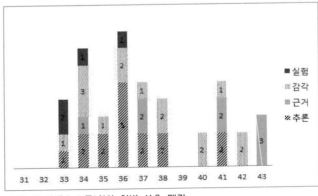

[그림 9] 양태소 '-구나'의 월별 사용 맥락

위의 그림에 나타난 바와 같이, 33개월부터 아동들은 '-구나'를 여러 가지 해석이 주어지는 맥락에서 사용하고 있음을 알 수 있다.

[그림 10]은 개별 아동별로 사용 맥락에 따른 '-구나'의 출현 빈도를 보인 것이다.

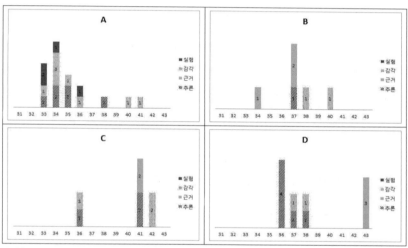

[그림 10] 양태소 '-구나'의 아동별 사용 맥락

아동 각각의 '-구나'의 의미 사용 맥락을 살펴보면, 아동 A의 경우 생후 33개월에 '추론', '감각', '실험'의 사용 맥락은 관찰된 반면, '근거'의 맥락에서는 조사 기간 내내 한 번도 사용되지 않았다. 아동 B는 34개월에 '근거'의 발화가 처음 사용되었고, '추론'은 37개월에 '감각'은 38개월에 발화되었다. 그렇지만 '실험'의 발화는 관찰기간 동안 발화되지 않았다. 아동 C는 36개월에 '추론'과 '감각'의 발화가 처음 관찰되었고 41개월에 '근거'의 발화가 관찰되었는데 '실험'의 발화는 관찰되지 않았다. 그리고 다른 아동에 비해 비교적 늦게 발화된 것을 알 수 있다. 아동 D는 36개

월에 처음으로 '추론'의 발화가 관찰되었고 37개월에 '감각' 그리고 43
개월에 '근거'의 발화가 관찰되었다. 그렇지만 '실험'의 발화는 관찰되지
않았다.

'-지'나 '-네' 등의 양태소와는 달리 '-구나'의 경우는 용례가 매월
관찰되지는 않았다. 이는 습득 단계의 문제이기보다는 '-구나'의 사용 빈
도가 전반적으로 낮은 데 기인하는 면이 크다고 볼 수 있다. 양태소 '-구
나'의 습득 시기는 다양한 맥락을 보이는 36~37개월 시기로 볼 수 있다.
24~31개월의 아동에서는 '-구나'가 '감각적 관찰에 의한 앎'의 맥락에
한정되었다는 사실(장경희 외, 2009)과 관련지어 볼 때도 본 연구 조사의
초반 시기보다는 중반 이후에 습득이 일반화되는 것으로 생각된다.

3.5. 사용 맥락 분포에 따른 '-더-'의 습득 단계

'-더-'는 양태소 중에서 가장 낮은 빈도수를 보인다. '-더-'의 용법은
과거에 지각한 내용을 확인하는 경우와 지각 내용을 상대방에게 전달하
는 경우로 구분된다. 이때 지각의 대상은 다시 사물의 존재나 속성, 움직
임이나 사건 등으로 나누어 볼 수 있다. 이들 구체적인 발화 사례를 보기
로 한다.

> (14) 응, 또 뭐 봤더라. (B, 20개월)
>   가위가 어디 있드라(있더라). (D, 38개월)
>   이거 어디에서 찾았더라? (D, 40개월)

> (15) 내가 고쳤는데 안 되더라. (B, 32개월)
>   그래, 말은 위험하더라. (C, 40개월)
>   엄마 안경 노코(놓고) 가더라. (D, 36개월)

양태소 '-더-'는 아동의 발화 용례가 매우 적어 맥락에 따른 습득 단
계를 파악하기가 쉽지 않다. 우선, 전체 아동의 '-더' 사용 맥락 분포를
월별로 보이면 다음과 같다.[7]

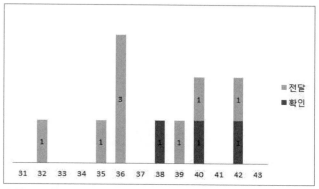

[그림 11] 양태소 '-더-'의 월별 사용 맥락

위 그림에서 보인 것처럼, 관찰 초반에는 '과거 지각 내용 전달'의 맥락
에서만 '-더-'가 간간이 사용되었다. '과거 지각 내용 확인'의 맥락에서
쓰인 '-더-'는 38개월 시기에 처음 관찰되었고, 40개월과 42개월에서 각
각 1회씩 나타났다. 이처럼 '과거 지각 내용 확인'의 의미로 '-더-'를 사
용하는 것은 이전 단계인 24~35개월 아동의 발화 자료에서는 찾아볼 수
없는 예이다. 이전 단계에는 '-더-' 사용이 극히 드물기도 하지만, 사용
된 예를 살펴보면 모두 사물의 속성이나 사태에 대한 과거의 지각을 전

---

7) 연결어미 '-더니'의 형태로 '-더-'를 사용한 예는 아동 A와 아동 C, 아동 D의 자료에서 총
11회 관찰되었다. 그러나 연결어미로 쓰이는 '-더니'에서의 '-더-'는 [감각 정보]에 대한
[알게 됨]을 핵심의미로 하는 양태소 '-더'와 의미가 다른 것으로 생각된다. '어제 내가 순
이에게 전화를 했더니 순이가 그런 말을 하더라.'에서 볼 수 있는 것처럼 '-더니'의 쓰임에
는 비동일 주어 제약이 존재하지 않는다. 즉 '-더니'에는 주어가 일인칭인 경우에 '-더라'가
지니지 못하는 [경험]의 의미를 지니고 있다(장경희 1985: 83-87). 이 연구는 인식 양태 습
득 단계를 살펴보는 것이 목적이므로 '-더니'의 출현은 논외로 한다.

달하는 데 '-더-'를 사용하고 있다(장경희 외 2009).[8] 그러므로 38~42개
월 무렵에 이러한 '-더-'의 '과거 지각 내용 확인' 의미가 습득되기 시작
한다고 볼 수 있다.

다음으로, '-더'의 사용 맥락별 분포를 아동 개인별로 보이면 [그림
12]와 같다.

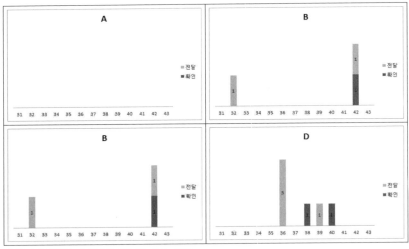

[그림 12] 양태소 '-더-'의 아동별 사용 맥락

앞서 언급한 것처럼 아동 A는 양태소 '-더-'를 사용한 사례가 나타나지
않았다. 아동 B는 32개월차에 '과거 지각 내용 전달'의 맥락에서 '-더-'
를 사용하였고, 42개월차에 '과거 지각 내용 전달'과 '과거 지각 내용 확
인'의 맥락에서 각각 1회씩 '-더-'를 사용하였다. 아동 C와 아동 D의 자
료에서도 '과거 지각 내용 전달' 맥락에서의 쓰임이 앞서 나타나고, 이어
서 '과거 지각 내용 확인'이 나타났다. '과거 지각 내용 확인'이 '과거 지

---

8) '(까마귀가) 크더라'(30개월), '동그라미가 빨간색이더라'(33개월)

각 내용 전달'에서의 쓰임에 비해 빈도가 낮게 나타나기는 했지만, 일반적인 성인 화자들의 사용 양상에 비하면 상당히 높은 비중을 차지한다는 것도 이 시기 아동에게 보이는 특징적인 현상이다.

24~35개월 아동의 조사(장경희 외 2009)에서 보인 양태소 '-더-'의 용례와 비교해 보면, 이전 단계에 비해 '과거 지각 내용 확인'의 쓰임이 추가되었고, 지각의 대상 면에서도 '크다', '빨갛다' 등 사물의 속성에 대한 지각 내용뿐 아니라 '안 되더라', '(엄마가) 놓고 가더라' 등 사태에 대한 지각 내용을 언급하는 사례가 새롭게 관찰되었다.

양태소 '-더-'는 다른 양태소들에 비해 그 빈도도 높지 않고 맥락별 분포도 제한적이어서 이상과 같은 조사 결과만으로 양태소 '-더-'의 습득 단계를 일반화하기는 어렵다고 생각된다. 그러나 24~35개월 아동의 사용 맥락에 비해 새롭게 추가된 맥락이 있고, 성인 언어에서의 쓰임과 다소 다른 양상으로 나타난 점을 볼 때 이 시기는 '-더-'의 습득이 진행되고 있는 중간 단계라고 추정해 볼 수 있다.

4. 맺음말

본 연구는 어떤 사건에 대한 화자의 심리적 태도를 나타내는 인지 양태에 대해서 31~43개월의 아동을 대상으로 그 형태 및 의미 습득 양상을 살펴보았다. 양태소 형태 습득 과정을 알아보기 위하여 '-지', '-네', '-겠-', '-구나', '-더-' 사용 총 빈도를 전체 사용 분포와 아동별 사용 분포로 구분하여 살펴보았다. 그리고 의미 습득의 단계를 파악하기 위하여 양태소가 사용되는 맥락을 월령별·아동별로 살펴보았다.

먼저, 형태 출현 빈도를 중심으로 아동의 인식 양태 습득 과정을 살펴본 결과에 의하면, 전체 사용 빈도와 각 아동의 월령별 사용 빈도를 고려할 때 양태소의 형태 습득은 개인차가 있기는 하지만 대부분 조사 시작 시점 무렵에 이미 안정된 단계에 이른 것으로 파악되었다. 이전 단계 (23~35개월) 아동의 인식 양태 사용 양상과 비교하면, 이전 단계에는 아동에 따라 양태소 형태가 모두 출현한 경우도 있고 일부 형태만 출현한 경우도 있었는데,[9) 이 연구의 분석에서는 '-더'를 제외한 모든 양태소가 골고루 사용되었다.

양태소의 의미 습득 단계를 추정하기 위한 양태소 사용 맥락을 조사한 결과, 이전 단계(23~35개월)에 비해 새로운 맥락이 추가되고 맥락별 분포가 비교적 고르게 나타나는 양상이 관찰되었다. 양태소 '-지'는 조사 초반인 32개월 정도부터 '확인 질문', '진술', '주장', '자문'의 맥락에서 고루 사용되고 있었다. 이전 단계의 분석에서는 '주장'이나 '자문'의 맥락에서 '-지'가 일부 아동의 발화에서만 관찰되고 일부 아동은 초반에 거의 쓰지 않다가 관찰 후반에 이르러 1~2회 사용했던 점과 대비된다.

양태소 '-네'의 경우도 31~45개월에는 습득이 안정된 단계에 이르는 것으로 추정하였다. 이전 단계에는 그 사용 맥락이 '존재 지각'에 치우쳤던 반면, 이후에는 '사건 지각' 맥락에서의 사용이 더 우세했다. 이러한 맥락 분포는 이 시기 아동들이 이전에 비해 성인의 언어에 보다 근접한 의미 사용을 보이고 있음을 말해준다.

양태소 '-겠-'은 '의견'의 의미를 지니는 맥락에서 빈번하게 관찰되었

---

9) 이전 단계에서 어말어미 형태의 양태소는 선어말 어미 형태의 양태소보다 출현 시기가 일렀다. '-지', '-네'는 모든 아동에게서 나타났고, '-구나'도 한 명을 제외한 세 명의 아동에게서 나타난 데 반해, '-겠-'은 두 명, '-더'는 한 명의 자료에서만 출현하였다. 이처럼 형태별 초출 시기는 아동 개인에 따라 차이가 커서 6개월 이상 빠르거나 늦게 나타나는 경우가 있었지만, 초출 순서에 있어서는 어느 정도 공통성을 보였다. 이처럼 문법 형태소 습득이 일정한 순서로 나타난다는 것은 영어가 모국어인 아동의 언어 발달 과정을 분석한 Brown(1973), De Villiers & De Villiers(1973) 등 논문에서도 밝혀진 바 있다.

고, 33~37개월에 이르러 '추정', '의도'의 용례가 관찰되었다. 이전 단계 (23~35개월)의 아동은 '-겠-'을 '의도'의 맥락에서 사용하지 않았고 의도를 드러낼 때는 '-ㄹ래'로 대신했던 데 반해, 본 연구 자료에서는 보다 확장된 맥락의 사용을 볼 수 있었다.

'-지', '-네', '-겠-' 등의 양태소와는 달리 '-구나'의 경우는 월별로 일정하게 용례가 관찰되지는 않았으나, 아동에 따라서는 36~37개월에 다양한 사용 맥락을 보이기도 하였다. 이전 연구에서 보고된 것과 같이 24~31개월 아동의 경우에는 '-구나'가 '감각적 관찰에 의한 앎'의 맥락에 한정되었다는 사실과 관련지어 볼 때, '-구나'의 의미 습득은 일반적으로 비교적 늦은 시기에 이루어진다고 생각할 수 있다. 이처럼 '-구나'의 사용 맥락이 제한되는 데에는 해당 양태소의 의미적 요인과 함께 구어에서의 사용 빈도가 영향을 주었을 가능성도 있다.[10]

인식 양태소 '-더-'는 그 쓰임이 매우 저조하고, 그 사용 맥락도 제한적인 것으로 보아 '-지', '-네', '-겠-' 등에 비해 늦은 시기에 습득이 완성될 것으로 추정하였다. 이전 단계의 사용 양상과 비교하면, '-더'가 과거 지각 내용을 전달하는 맥락뿐 아니라 과거 지각 내용을 확인하는 맥락에서도 사용되기 시작한 것을 볼 수 있었다.

이 연구에서는 소수의 아동을 대상으로 약 1년에 걸친 양태소 습득 과정을 관찰하였고, 그 결과로 양태소의 형태뿐 아니라 그 의미가 일정한 순서로 습득되고 확장되는 양상을 볼 수 있었다. 언어 발달은 장기간에 걸쳐 완성되고 개인에 따라 발달 속도에 차이가 큰 만큼, 이 연구의 분석 결과만으로 양태소의 전체적인 습득 양상을 조망하는 데에는 한계가 있

---

10) 성인 언어에서도 '-구나'의 사용 빈도는 다른 양태소들에 비하여 훨씬 낮다. 국립국어원 (2002) 조사에 따르면 구어 자료에서 '-구나'가 사용된 빈도는 23회로 나타났다. 이는 동일 자료에서 조사된 '-네'의 빈도(85회)나 '-지'의 빈도(469회)에 비추어 매우 낮은 빈도이다.

다. 또한 아이와 상호작용하는 주체인 부모가 어떤 언어 자극을 사용하는 가에 따라 형태소의 출현 양상 또는 빈도가 달라질 가능성도 있다. 이러한 내용에 대해서는 추후 연구를 계속하여 면밀한 확인이 이루어질 필요가 있다고 본다.

참고문헌

고영근(1986). "서법과 양태의 상관관계," 국어학신연구, pp. 383-399. 탑출판사.

국립국어원(2002). 현대국어사용빈도조사.

박재연(1999). "국어 양태 범주의 확립과 어미의 의미 기술—인식 양태를 중심으로," 국어학 34, pp. 199-225. 국어학회.

박재연(2004). 한국어 양태 어미 연구. 서울대학교 박사학위논문.

서정수(1986). "국어의 서법," 국어생활 7, pp. 116-130. 국어연구소.

이삼형·이필영·임유종(2004). "어말어미의 습득 과정에 관한 연구," 국어교육학연구 18, pp. 320-346. 국어교육학회.

이선웅(2001). "국어의 양태 체계 확립을 위한 시론," 관악어문연구 26, pp. 317-339. 서울대학교 국어국문학과.

이인섭(1986). 아동의 언어발달—한국아동의 단계별 위상. 개문사.

이정민(1997). "언어 습득과 화용 규칙," 새국어생활 7(1), pp. 143-177. 국립국어원.

임동훈(2008). "한국어의 서법과 양태 체계," 한국어의미학 26, pp. 211-249. 한국어의미학회.

장경희(1985). 현대국어의 양태 범주 연구. 탑출판사.

장경희(1995). "국어의 양태 범주의 설정과 그 체계," 언어 20(3), pp. 191-205. 한국언어학회.

장경희(1998). 서법과 양태, 문법 연구와 자료. 태학사.

장경희·김태경·박샛별(2009). "유아의 인지 양태 발달에 관한 종적 연구," 국어문학 47, pp. 83-110. 국어문학회.

조명한(1982). 한국아동의 언어획득연구: 책략 모형. 서울대학교 출판부.

조숙환(1997). "언어습득론." 새국어생활 7(1), 3-28. 국립국어원.

조숙환(2000). "국어의 과거시제와 양태소 습득. 인간은 언어를 어떻게 습득하는가," pp. 95-120. 아카넷.

Brown, R.(1973). *A First Language: The Early Stages.* London: George Allen & Unwin Ltd.

Choi, S. J.(1991). Early acquisition of epistemic meanings in Korean: a study of sentence-ending suffixes in the spontaneous speech of three children.

First Language 11, pp. 93-119.

De Villiers, J. G., & De Villiers, P. A.(1973). A cross-sectional study of the acquisition of grammatical morphemes in child speech. *Journal of Psycholinguistic Research* 2(3), pp. 267-278.

Lee, H. S.(1991). *Tense, Aspect, and Modality: a Discourse-Pragmatic Analysis of Verbal Affixes in Korean from a Typological Perspective.* UCLA doctoral dissertation.

이필영 · 전은진 · 장은화

시간 부사어 발달*
(32개월~43개월)

1. 서론

이 연구는 유아를 대상으로 시간 부사어의 출현 양상을 통하여 그 발달 과정을 살펴보고자 한다. 발달 과정을 통하여 아이들이 시간 개념을 습득하는 과정을 조금이나마 이해할 수 있을 것이다.[1] 아이들의 언어 발달에서 보면, 발달의 속도에서는 개인차가 있지만 그 발달 과정은 일정하게 나타난다는 것을 알 수 있다. Brown(1973)은 세 아동의 종단적 연구에서 14개의 문법 형태소의 출현을 추적하였는데, 14개 형태소의 습득 순서가 여러 아동에게서 매우 비슷하게 나타났다. 즉 각 아동이 발달 속도

---

* 이 글은 <우리말연구> 25호(2009)에 "유아의 시간 부사어 발달에 관한 연구"라는 제목으로 게재된 논문임.

1) 최근 들어 유아의 언어 치료 및 언어 진단에 대한 관심이 늘어남에 따라 사회의 관심은 처음 발화를 시작하는 영유아들에게까지 확산되었다. 또한, 유아 어휘 빈도와 어휘 습득 양상에 대한 연구의 필요성이 더욱 증가하고 있는 실정이다. 그런 의미에서 유아의 언어 습득 과정을 고찰한 이 연구는 유아의 언어 발달과 인지 능력 과정을 이해하는 데, 더 나아가 교육 과정이나 언어 발달 정도를 진단하고 치료하는 데에도 도움이 되리라 생각한다.

는 다르지만 14개의 형태소를 비슷한 순서로 습득한다는 것을 알 수 있었다. De Villiers와 de Villiers(1973)에서도 언어 발달 수준이 다른 21명의 아동이 같은 순서의 발달을 보인다는 것을 발견하였다(이현진 외 2003: 251-252).

이 연구에서는 위와 같은 언어 습득의 일환으로 유아의 시간 부사어 발달을 고찰하고자 한다. 3세가 되면, 유아들은 말에 능숙해지면서 말의 내용과 구조가 복잡해지고, 수식어의 사용도 증가한다. 또한 이 시기의 유아들은 말하는 것에 능숙해지면서, 명확하지는 않더라도 자기가 경험했던 일에 대해 말할 수 있다. 31개월 이후 80.0% 정도의 유아들이 과거 기억을 말하기 시작하고, 35개월에는 대부분의 유아들(90.1%)이 자신이 겪었던 일을 말할 수 있었다고 한다(곽금주 외 2005: 256). 따라서 이 연구는 32개월부터 43개월까지 약 1년간 4명의 대상자의 발달 과정을 종적으로 관찰하여 시간 부사어의 발달 과정을 고찰해 보기로 한다.[2]

---

2) 기존의 언어 습득 연구를 자료 수집 방법 면에서 분류하면 1) 일기 연구, 2) 대량 표본 연구(횡적 연구), 3) 종적 연구로 나누어 볼 수 있다. 일기 연구는 부모가 주 관찰자로 자기 아이의 언어 발달을 비롯한 모든 발달 과정을 기록한 일기를 바탕으로 한 연구이다. 일기 연구는 관찰자가 부모이므로 피험자의 행동 배경을 누구보다 잘 알고 있다는 장점이 있으나 일기 작성자의 자격 문제(언어학적 지식의 정도), 피험자의 한계성, 주관적 기준 등이 문제로 작용할 수 있다. 횡적 연구는 가설 확인이나 인위적인 실험 상황 하에서 대량 표본을 대상으로 단기간에 수집된 자료를 통한 연구로, 표준적인 발달 규준 자료로 사용 가능하다는 장점이 있다. 그러나 언어의 내면보다 표면적인 것에 관심을 집중시켜 개별 아동의 특정한 발달 형태를 찾아내거나 언어 습득 과정에 존재하는 규칙 또는 습득 모형을 구축하는 데에는 어려움이 있다. 종적 연구는 소수의 아동을 장기간 관찰하여 아동의 언어발달 상황이나 아동 문법을 기술하는 데 역점을 두고 있다. 피험자가 한 명인 일기 연구와는 달리 종적 연구의 특징은 피험자가 한 명 이상인데, 이것은 언어 습득의 일반적인 특징과 성격을 결정하는 데 최소한 필요조건이 되기 때문일 것이다. 왜냐하면, 만일 피험자를 한 명으로 잡았을 때 그 피험자가 전체를 대표할 수 있는 전형적인 인물인지 알 수 없으며, 만일 피험자를 두 명으로 하는 경우 두 명 중의 어떤 피험자가 전형적이고 어떤 피험자가 비정상적인지를 알지 못하지만, 그 이상의 피험자를 택하는 경우, 적어도 어떤 피험자가 전형적인지를 결정할 수 있게 된다(박경자 1997: 7-51).

2. 자료 처리와 범주 구분

2.1. 자료 처리

이 연구의 자료는 대상자와 엄마의 대화를 매주 1회 60분 연속으로 일년 이상 녹음하여 전사한 종적인 자료이다.[3] 이 연구에서 활용한 네 명의 대상자는 각 F1, F2, M1, M2로 지칭하는데, F1과 F2가 여아, M1과 M2가 남아이다. 분석한 전사 파일은 32개월부터 43개월까지의 자료이고, 각 파일은 2,000어절까지 전사되었으며, 전체 파일 수는 156개이다. 대상자별, 월령별 파일 수를 제시하면 다음과 같다.

〈표 1〉 대상자의 월령별 자료 분포

대상자＼개월	32	33	34	35	36	37	38	39	40	41	42	43	합
F1	2	4	4	3	5	4	4	2	6	5	#	#[4]	39
F2	4	1	2	3	5	5	5	3	5	3	1	#	37
M1	2	2	1	5	4	5	4	2	3	5	5	2	40
M2	#	#	3	3	3	4	3	4	5	4	4	7	40
합	8	7	10	14	17	18	16	11	19	17	10	9	156

자료 처리 과정은 다음과 같다. 전사된 발화에서 시간 부사어가 나타난 유표적 형태에 1차 태그를 달아 가공하였다. 다음으로 가공된 형태에 의미별로 범주화하여 2차 태그를 실시하였다. 1차 태그와 2차 태그에 사용된 프로그램은 울트라에디터와 자체 제작한 문장필터 프로그램이다.

---

3) 본 연구의 분석 대상이 된 자료는 한양대학교 <연령별 대화 말뭉치> 가운데 일부이다.

4) 32개월부터 43개월까지의 파일 중에서 F1 대상자의 42, 43개월 파일과 F2 대상자의 43개월 파일, M2 대상자의 32, 33개월의 파일은 대상자 사정으로 녹음이 이루어지지 않았다. 따라서 각 표에서 파일이 없는 해당 부분은 '#'로 표시하였다.

마지막으로 정리된 엑셀 파일을 피벗테이블을 이용하여 범주별, 월령별, 대상자별로 3차 가공하였다. 이때 월령별 파일 수가 대상자별로 다소 차이가 있기 때문에 한 파일당 출현 빈도수로 환산하여 제시하였고, 소수 첫째 자리까지 일관되게 나타내었다.[5)]

2.2. 범주 구분

시간 부사어는 그 분류 기준에 따라서 시제 · 상과 관련한 문법적 기능에 따른 분류와 시간 인식과 관련한 의미에 따른 분류로 나누어 볼 수 있다. 전자의 경우는 시간 부사어와 용언의 시제나 상과의 공기 관계를 살펴 문장 내에서 그것이 나타낼 수 있는 문법적 기능에 따라 부사어를 분류해 보는 것이다. 즉, 부사어 중에서 특정 시제(과거, 현재, 미래)와 관련되거나 특정 상(완결상, 미완결상)과 관련해서 부사어를 연구하는 것이다. 이러한 분류를 통해서 분류의 모호성과 임의성을 해결할 수 있을 것으로 보인다. 그러나 시간 부사어는 현재 시제 관련 부사어가 동사의 현재형뿐만 아니라 과거형이나 미래형과도 공기할 수 있다는 점에서 그 분류가 쉽지 않다.[6)] 또한 본 연구는 유아의 시간 관련 부사어 발달 과정과 사용

---

5) 이 시기의 유아들은 시간 부사어가 점차 하나둘씩 늘어나고 있기 때문에, 이 연구에서는 형태의 첫 출현에 주목하고, 그 형태가 네 대상자에게서 각 개월별 꾸준한 사용이 나타날 경우에 습득 여부를 판단하였다.

6) 본 연구의 부사어 유형 분류에서는 시제 · 상의 관점에서 부사어를 분류하지 않았다. 사실상 시간 관련 부사어 가운데는 시제와 관련된 것은 많지만, 상과 관련된 부사어는 그리 많지 않다. 가령, '아직'은 그 자체로 어떤 일이 완결되지 않았음을 뜻하므로 미완료상 표현이라고 할 수도 있겠으나, '아직'과 상적 표현들과의 공기 관계를 보면 반드시 미완료상 표현과만 공기하는 것이 아니다. 가령, 다음 (예-가)에서는 '아직'이 미완료상 '-고 있-'과 공기하지만, (나)에서는 그렇지 않다. 일반적으로 (나)의 '안 왔다'를 미완료상이라고 하지는 않으므로 결국 '아직'은 어떤 상에 관련된 부사어라고 하기 어렵다.
  예) 가. 그는 아직 자고 있다.
     나. 그는 아직 안 왔다.

양상을 관찰하기 위함이다. 이에 따라 본 연구에서는 시간 부사어를 그 어휘소가 지시하는 의미만을 고려한 하위분류를 통하여 출현 양상과 발달 과정을 살펴보기로 한다.

시간 부사어의 의미별 하위분류에 대한 시도 중 대표적인 몇 가지 예를 살펴보면 다음과 같다.

〈표 2〉기존 연구에서의 시간 부사어 유형[7)]

논문	범주	하위분류	형태
서정수 (1971)	자유부사	시점	지금, 이제, 시방, 마침
		시역	오늘, 내일, 모래, 그제, 다음날, 요즈음, 요사이, 근래, 아까
		동안	<한 시간, 하루, 이틀...>+<동안(간)>, 잠깐, 오래, 종일, 내내, 겨우내
		빈도	때때로, 종종, 가끔, 간혹, 이따금, 간간이, 또, 역시, 또한
		항시	항시, 항상, 늘, 노상, 마냥, 밤낮, 종시, 여전히, 줄곧, 날마다
		이왕	이미, 벌써, 일찍이, 상기, 아직껏, 여태, 이왕, 본래, 원래
		차서	<처음, 나중, 마지막>+<에, 으로>, 중간에, 아까, 전에, 후에, 먼저
	제약부사		방금, 금방, 즉시, 이내, 당장, 곧 갑자기, 별안간, 돌연, 느닷없이, 조만간
김민수 (1971)	과거		벌써, 이미, 아까, 어느덧
	현재		곧, 방금
	미래		장차, 이따

이처럼 상 관련 부사어가 그다지 많지 않으므로 모든 시간 부사어들을 시제와 상의 관점에서 나누는 것은 매우 어렵다. 그리고 그러한 분류는 다른 분류 기준과 잘 맞지 않는 문제도 지니고 있기 때문에 시제 관련 부사어와 상 관련 부사어의 구별을 시도하지 않았다. 이와 관련하여 성인의 언어와 구별되는 유아의 시상 관련 부사어와 문장 호응관계에 대한 연구를 추후 진행할 예정이다.

7) 이 밖에도 민현식(1990), 우인혜(1991), 임유종(1999) 등에서는 시제·상과 관련하여 시간 부사어를 다루고 있다.

논문	범주	하위분류	형태
최현배 (1973)	때의 점을 보이는 것	지난적	일찍, 이미, 아마, 벌써, 어제, 그저께
		이적	이제, 인제, 방금, 금방, 오늘
		올적	내일, 다음, 차차, 훗날
	때의 길이(동안)을 보이는 것		늘, 항상, 잠시, 잠깐, 오래, 곧, 얼핏, 영구히, 영영
	때의 앞뒤를 보이는 것	앞선 때	먼저, 일찍
		같은 때	같이, 함께, 한꺼번에
		뒤선 때	나중, 다음
	때의 번수를 보이는 것		가끔, 매일, 매번, 매양, 자주, 비로소, 처음, 아직, 드디어
이상복 (1973)	시간부사	시점	지금, 이제, 시방, 곧, 방금 내일, 모레, 글피, 요즘, 요새
		기간	종일, 내내, 겨우내, 한평생, 잠깐, 잠시
		시기의 전후	먼저, 일찍, 나중, 장차
		지나간 시기	이미, 벌써, 기왕 본래, 본시, 원래, 자고로
	빈도부사	항시	항상, 늘, 언제나, 밤낮
		계속적 반복	매일, 다달이, 매년
		불연속적 반복	때때로, 종종, 가끔가다가, 어쩌다가
		단일 반복	또, 다시, 재차, 역시
박선자 (1984)	순간		방금, 금방, 즉시, 이내, 당장, 곧, 얼핏, 돌연, 갑자기
	되풀이		가끔, 간혹, 간간이, 종종, 거푸, 연거푸, 이따금, 번번 이, 더러, 자주, 매번, 자꾸
	일정 동안		잠깐, 오랫동안, 잠시동안, 한참동안, 종일, 순식간에, 눈깜짝할사이에
	늘 때 동안		늘, 항상, 언제나, 여전히, 마냥, 노상, 줄곧
	점진		점점, 차차, 날로, 갈수록, 나날이
	지남		이미, 벌써, 아마, 아까, 일찍이
	도달		결국, 드디어, 마침내, 비로소, 급기야, 끝내
	못미침		아직, 여태, 아직껏, 여태도, 미처, 지금까지도, 이제도
김선희 (1987)	순서		다음/나중, 전/후
	양태		미리/진작, 벌써
	상		방금/이미/벌써, 때/적
	지속 과정과 간격		동안에/만에, 전에/금방

논문	범주	하위분류	형태
임채훈 (2003)	차례 부사		나중에, 천천히, 미리, 벌써, 빨리, 처음
	빈도 부사		가끔, 때때로, 이따금, 자주, 종종
	시점 부사		곧, 금방, 내일, 당장, 막, 바로, 방금, 아까, 어제, 오늘, 이따가, 이제, 즉시, 지금
	시간대/시역 부사		늘, 여태, 오래, 잠깐, 잠시, 항상
	순간 부사		문득, 갑자기, 순간적으로

　시간 부사어에 대한 지금까지의 연구를 정리하여 보면, 그 의미를 크게 시점, 과정의 순서, 속도, 반복, 기간의 5가지 범주로 나누어 볼 수 있다.[8] 시간 부사어의 5가지 범주 중에 시점은 시간적 위치의 개념이라고 할 수 있으므로 현재, 과거, 미래로 나누었다.[9] 두 번째로 과정의 순서를 나타내는 부사어는 '처음에, 중간에' 등 주로 차례를 나타내는 부사어들이 이에 속한다. 세 번째로 속도를 나타내는 부사어는 속도를 나타내는 '금방, 즉시, 당장, 천천히' 등이 이에 속한다. 네 번째는 반복을 나타내는 부사어인데, 반복을 나타내는 부사어는 다시 둘로 나누어서 시간적인 연속성을 가지고 있는 것과 그렇지 않은 것으로 분류할 수 있다. [-연속]에 해당하는 부사어는 '때때로, 틈틈이, 가끔, 또' 등이 있으며, [+연속]에 해당하는 부사어는 '항상, 늘, 언제나, 계속' 등이 있다. 마지막으로는 기간을 나타내는 부사어는 '동안'의 의미를 지니는 것이며, '잠깐, 잠시,

---

8) '속도'라는 것은 일반적으로 시간 표현에서 잘 다루지 않았던 범주이지만, 속도는 '빨리(걸리는 시간이 짧게), 얼른(시간을 끌지 아니하고 바로), 천천히(급하지 않게), 갑자기(미처 생각할 겨를도 없이 급히), 바로(시간적인 간격을 두지 아니하고 곧), 즉시(어떤 일이 행하여지는 바로 그때)' 등 시간과 밀접한 관계가 있다는 점에서 이 연구에서는 범주로 설정하였다. 또한 이 연구에서는 시간 부사를 위주로 분석하였으나, 부사적으로 곧잘 쓰이는 일부 시간성 명사들도 포함하였다.

9) 사실 시점을 나타내는 부사어에는 '요즘, 요사이, 근래, 최근'과 같이 시간 영역이 과거에서 현재까지 걸쳐지는 시점을 나타내는 부사어도 포함시킬 수가 있다. 그러나 이 연구에서 전혀 관찰되지 않았으므로 일단 유형 분류에서 제외하기로 한다.

오래' 등이 이에 속한다.10) 이상으로 시간 부사어의 의미 분류와 그에 포
함되는 부사어를 정리하면 다음과 같다.

〈표 3〉 시간 부사어의 유형

시점	현재	지금, 이제, 오늘, 이번에, 아직
	과거	방금, 아까, 아까 전에, 벌써, 일찍(이), 원래, 접때, 저번에/지난번에, 어제, 어저께, 그제, 전에/일전에, 옛날에
	미래	후에, 뒤에, 훗날, 장차, 장래(에), 앞<으로>, 다음에/다음번에, 다음날, 조만간, 언젠가(는), 내일, 모레, 이따가, 나중에
과정의 순서		(처음, 나중, 마지막/끝)+<에, 으로> 먼저, 중간에, 도중에/중도에, 뒤늦게, 미리, 다음에
속도		금방, 즉시, 이내, 당장, 곧, 갑자기, 갑작스레, 별안간, 느닷없이, 돌연, 대뜸, 단박에, 빨리, 얼른, 천천히
반복	[-연속]	때때로, 틈틈이, 드문드문, 드물게, 빈번히, 종종, 가끔, 간혹, 이따금, 간간이, 어쩌다가, 또, 다시, 자주
	[+연속]	항상, 늘, 노상, 밤낮, 자꾸, 여전히, 날마다, 언제나/언제든지, 만날,11) 계속, 종시, 마냥, 줄곧, 계속적/지속적<으로>, 끝없이, 한없이, 하염없이, 영원히/영구히
기간		(한 시간, 하루, 이틀...)+<동안(간)>, 잠깐, 잠시, 조금, 오래/오랫동안, 잠깐, 잠시, 조금, 오래/오랫동안, (온)종일,12) 내내, 겨우내, 한동안

다음 장에서는 각 의미 범주별로 출현한 형태를 중심으로 자세한 결과
를 살펴서 유아의 시간 부사어의 발달에 대해 논의해 보기로 한다.

---

10) '기간'이라는 범주는 한정된 기간 동안의 반복이라는 의미가 있으므로 달리 보면 '반복'이
    라는 의미 범주에 포함시킬 수도 있으나 여기서는 끝나는 지점이 있다는 관점에서 '반복'
    범주와 분리하여 설정하였다.
11) 유아 발화에서는 '맨날'로 나타났다.
12) 유아 발화에서는 '하루종일'로 나타났다.

3. 시간 부사어

3.1. 시점을 나타내는 시간 부사어

이 절에서는 시점과 관련된 시간 부사어를 살펴보기로 한다.13) 시점을 나타내는 시간 부사어는 현재, 과거, 미래로 나누어 살펴보았다.

3.1.1. 현재 시점

먼저 현재 시점을 나타내는 시간 부사어의 출현 빈도는 다음과 같다. 대상자별 파일 수가 월령별로 다소 차이가 있기 때문에 한 파일당 출현 빈도수로 환산하여 제시하였다.14)

〈표 4〉 현재 시점을 나타내는 시간 부사어의 출현 빈도

의미	형태	대상자	32	33	34	35	36	37	38	39	40	41	42	43	총합계
현재	이제	F1	6.5	2.8	6.3	0.3	1.0	1.0	2.3	1.5	1.0	0.6	#	#	23.2
		F2	1.0	2.0		1.3	0.6	0.6	0.2	1.0	1.2	0.7	2.0	#	10.6
		M1	2.0	0.5	1.0	0.8	0.3	0.8	0.5	1.0		0.6	3.0	1.5	12.0
		M2	#	#	0.7	1.0	2.0	1.0	1.3	1.8	1.4	0.8	2.3	0.6	12.7
	소계		9.5	5.3	7.9	3.5	3.9	3.4	4.3	5.3	3.6	2.6	7.3	2.1	58.5

---

13) '시제'라는 용어는 시간을 표시하는 문법 범주로 사용되고 있고, 선행 연구에서도 시간의 흐름 가운데 과거, 현재, 미래의 한 때를 나타낸다는 의미에서 '시점'이라는 표현을 사용하고 있으므로 본 연구에서도 '시점'이라는 용어를 사용하였다.

14) 이 연구에서는 시간 부사어의 형태를 사용 빈도가 높은 순으로 정리하였다. 이 시기 유아는 개월별로 발달차가 매우 크기 때문에 개월별로 제시해 줄 필요가 있다. 그런데 대상자마다 각 개월별 파일 수에 차이가 있기 때문에 개월별 총 출현 횟수는 의미가 없을 것으로 예상된다. 따라서 이 연구에서는 한 파일당 출현 빈도로 환산하여 제시한 것이다. 그런데 개월별로 한 파일당 출현 빈도, 파일 수, 총 출현 횟수까지 한꺼번에 보여주기는 지면상의 어려움이 있다. 이러한 이유로 이 연구에서는 한 파일당 출현 빈도만 제시한 것이다. 파일 수는 2장에 따로 제시하였다.

의미	형태	대상자	32	33	34	35	36	37	38	39	40	41	42	43	총합계
현재	지금	F1	0.5	0.3	0.3		0.8	1.8	2.0	0.5	0.2	1.2	#	#	7.4
		F2							0.3	0.6	0.7		#		1.6
		M1	1.0				0.2					0.2	0.2	0.5	2.1
		M2	#	#			1.3	1.0	0.3	0.3	0.8	0.5		0.7	4.9
		소계	1.5	0.3	0.3		2.1	3.0	2.3	1.1	1.6	2.6	0.2	1.2	16.0
	아직	F1	0.5	0.8	0.3	0.7		0.3	0.5			0.2	#	#	3.1
		F2	0.3			0.3		0.4			0.3	0.6		#	1.9
		M1	0.5			0.4					0.3			0.5	1.7
		M2	#	#					0.3			0.5	0.5		1.3
		소계	1.3	0.8	0.3	1.4		0.7	0.8	0.3	0.9	0.7	0.5	0.5	8.1
	오늘	F1		0.3	0.5			0.3	0.3		0.5		#	#	1.8
		M1		0.5	1.0								0.2	0.5	2.2
		M2	#	#		0.3			0.7			0.3	0.3	0.1	1.6
		소계		0.8	1.5	0.3		0.3	0.9		0.5	0.3	0.5	0.6	5.6
	이번	F1		0.3	1.5				0.3		0.2		#	#	2.2
		F2							0.4				#		0.4
		M1				0.8									0.8
		M2	#	#	0.3		0.3			0.3	0.2				1.1
		소계		0.3	1.8		1.1		0.7	0.3	0.4				4.4
	합계		12.3	7.5	11.8	5.2	7.1	7.4	9.0	7.0	7.0	6.2	8.5	4.4	92.6

현재 시점을 나타내는 시간 부사어는 '이제, 지금, 아직, 오늘, 이번'의 형태가 나타났으며, 현재 시점을 나타내는 부사어 중에서는 '이제'가 총 58.5회로 가장 높은 출현 빈도를 나타내고 있다. '이제'는 각 월령대에서 여아와 남아 구분 없이 고른 분포를 보이고 있는데, F1, F2, M1 대상자 모두 32개월부터 발화하고 있고 M2 대상자도 녹음된 첫 개월인 34개월 부터 발화하고 있다. 대상자 M2의 경우는 대상자 사정으로 32, 33개월 의 자료를 녹음하지 못했는데, 녹음된 첫 개월인 34개월부터 발화하고 있는 것으로 보아 모든 유아가 32개월 전에 '이제'를 이미 습득한 것으

로 추정할 수 있다.

'이제' 다음으로 높은 빈도를 보인 것은 16회가 나타난 '지금'인데, 이 형태는 대상자별로 분포와 출현 시기에 있어서 다소 차이를 보이고 있었다. F1은 32개월부터 꾸준히 높은 빈도로 발화하고 있고, F2 대상자의 경우는 39개월부터 발화하고 있다. M1 대상자의 경우는 32개월에 발화하였으나 이후에 발화하지 않다가 37개월에 잠깐 사용하고 다시 41개월부터 연속적으로 발화하였다. M2 대상자의 경우는 36개월부터 꾸준히 사용하고 있었다.

'아직'은 F1, F2, M1 대상자가 32개월부터 사용하고 있는데, F1이 가장 빈번히 사용하고 있다. M2 대상자의 경우는 38개월부터 발화하였다.[15] '오늘'은 세 대상자에게만 나타났는데, F1과 M1 대상자는 33개월부터 발화하였고, M2 대상자는 35개월부터 발화하였다. F2 대상자의 경우는 전혀 사용하지 않았다. '이번'은 F1 대상자는 33개월부터 사용하고 있는 반면에, F2 대상자와 M1 대상자는 각각 38개월과 36개월에만 사용하였다. M2 대상자의 경우는 34개월부터 사용하고 있었다. '이번'은 모든 대상자에게서 활용 빈도가 높지는 않았다.

지금까지 현재 시점을 나타내는 시간 부사어를 살펴보았는데, 현재 시점을 나타내는 시간 부사어는 총 5개의 형태가 나타났고, '이제→지금→아직→오늘→이번' 순으로 높은 빈도를 나타내고 있다.

3.1.2. 과거 시점

다음은 과거 시점을 나타내는 시간 부사어를 살펴보기로 한다. 과거

---

15) '아직'은 어떤 일이 현재 상태에서 지속되고 있거나 완성되지 않았음을 나타낸다. 즉, 어떤 일의 현재 상태에 대한 화자의 태도(완결/종결되어야 할 것이 완결/종결되지 않았다든가 하는 따위)가 개입한 것이다.

시점을 나타내는 시간 부사어의 출현 빈도는 다음과 같다.

〈표 5〉 과거 시점을 나타내는 시간 부사어의 출현 빈도

의미	형태	대상자	32	33	34	35	36	37	38	39	40	41	42	43	총합계
과거	아까	F1	0.5	0.8		0.3	0.6	0.8	0.5		0.3	0.6	#	#	4.4
		F2				1.3	0.2	0.2	0.2	0.3	0.4			#	2.7
		M1	1.0	0.5					0.5		0.3			0.5	2.8
		M2	#	#	0.3	0.3		0.8	1.7	0.3	0.6		0.3	0.3	4.5
		소계	1.5	1.3	0.3	2.0	0.8	1.7	2.9	0.6	1.7	0.6	0.3	0.8	14.3
	아까전에	F1									0.2	#	#		0.2
		F2							0.2		0.2	0.3		#	0.7
		M1						0.2	0.5		1.0	0.8	0.4	1.0	3.9
		M2	#	#							0.2			0.1	0.3
		소계						0.2	0.7		1.4	1.3	0.4	1.1	5.2
	옛날	F1	0.5	0.3			1.0						#	#	1.8
		F2	0.3		0.5	0.7	1.2	0.4	0.2			2.0		#	5.2
		M1			0.2		0.2				1.7			0.5	2.6
		M2	#	#								0.3			0.3
		소계	0.8	0.3	0.5	0.9	2.2	0.6	0.2		1.7	2.3		0.5	9.8
	어제	F1		0.5				0.5					#	#	1.0
		F2					0.2							#	0.2
		M1			0.2	0.3	0.2					0.2			0.9
		M2	#	#						0.3					0.3
		소계		0.5		0.2	0.5	0.7		0.3		0.2			2.3
	지난번에	F1					0.2			2.0		1.2	#	#	3.4
		F2						0.2						#	0.2
		소계					0.2	0.2		2.0		1.2			3.6
	저번에	F1									0.3		#	#	0.3
		M2	#	#	0.3								0.3		0.6
		소계			0.3						0.3		0.3		0.9
	전에	F1									0.6		#	#	0.6
		F2									0.7			#	0.7
		소계									1.3				1.3

의미	형태	대상자	32	33	34	35	36	37	38	39	40	41	42	43	총합계
과거	벌써	M1											0.2		0.2
		M2	#	#				0.3		0.5				0.1	0.9
	소계							0.3		0.5			0.2	0.1	1.1
	어저께	M1												1.5	1.5
	소계													1.5	1.5
	접때	F1						0.3					#	#	0.3
	소계							0.3							0.3
	일찍	M2	#	#				1.0							1.0
	소계							1.0							1.0
합계			2.3	2.1	1.1	3.1	3.7	3.7	5.1	3.4	5.1	6.9	1.2	4.0	41.3

과거 시점의 시간 부사어는 '아까, 아까 전에, 옛날, 어제, 지난번에, 저번에, 전에, 벌써, 어저께, 접때, 일찍' 등의 형태가 나타났으며, '아까'의 형태가 대상자의 월령대별로 고른 분포를 보이며 가장 높은 빈도수를 나타내고 있었다.

형태별로 살펴보면, '아까'는 이른 시기부터 출현을 하고 있었는데, F1과 M1 대상자는 32개월부터 사용하였고, 32, 33개월의 녹음 파일이 없는 M2도 첫 파일인 34개월부터 발화하였다. F2 대상자는 35개월부터 발화하였다. '아까 전에'로 태그된 것까지 합친다면 과거 시점에서 상당히 높은 빈도수를 차지한다고 볼 수 있다. '아까'의 경우는 관찰 초기인 32개월부터 나타난 데 반해, '아까 전에'의 경우는 37개월 이후에 그 형태가 관찰된다.

다음으로 많이 사용된 형태는 '옛날'인데, '옛날'은 F1, F2 대상자의 경우 32개월부터 발화하였고, M1 대상자는 35개월부터 사용하고 있다. M2 대상자는 네 대상자 중에서 가장 늦게 발화하였는데, 41개월만 사용하였다. '옛날'이 사용된 맥락을 살펴보면, 과거의 막연한 시점을 나타내는 경우와 옛날이야기를 전달하는 경우로 구분할 수 있다.

    (1) 내가 몰르고(모르고) 어~ 어~ 낙서했지, 옛날에? (M1, 40개월)
    (2) 옛날에 호랑이가 토끼 잡았어요. (F2, 41개월)

(1)은 유아가 과거의 막연한 시점을 나타낼 때 사용한 경우이고, (2)는 옛날이야기를 하는 상황이다. 유아의 발화를 살펴보면 세 명의 대상자가 사용한 '옛날'은 모두 막연한 시점의 의미를 가진 '옛날'이었으나 F2 대상자의 발화에는 옛날이야기가 포함되어 있었다. 유아들의 시간 부사어의 습득 과정을 살펴보면 현재와 가까운 시간 표현들이 불명확한 시간 표현보다 더 일찍 습득되지만, '옛날'의 경우는 동화책이나 부모의 이야기 발화를 통해 학습되거나 간접적으로 습득되어 빠른 출현 양상을 보이고 있는 것으로 추측된다.

    다음으로 '어제'는 F1 대상자는 33개월, M1 대상자는 35개월부터 발화하였고, F2와 M2 대상자는 각각 36개월, 39개월만 발화하였다. 수치상으로 보면, '아까, 아까 전에'와 '옛날' 다음으로 많이 나타난 것은 '지난번에'였으나 이 형태는 2명의 대상자에게만 나타났고, '어제'의 경우는 4명의 대상자에게서 고루 사용되고 '지난번에'보다 출현 시기도 빠르기 때문에 더 먼저 발달한 것으로 보인다.

    '지난번에, 저번에, 전에, 벌써'의 경우는 두 대상자에게서만 관찰되었는데, '지난번에, 저번에, 전에'의 경우, 그리고 F1에게만 나타난 '접때'의 경우는 특히 여아들이 많이 사용하고 있었다. 반대로 '벌써'는 남아에게서만 나타났다. '저번에'는 여아 한 명, 남아 한 명에게서 관찰되었는데, '지난번에, 전에, 접때'는 모두 여아만 사용한 것으로 관찰되었다. '지난번에'는 F1 대상자에게서 36개월에 처음 나타났고, F2 대상자에게서는 37개월에만 나타났다. '저번에'는 F1 대상자에게서 40개월에만 사용되었고, M2 대상자에게서는 34, 42개월에만 사용되었다. '전에'는 F1, F2 대상자에게서 41개월에만 나타났다. '벌써'는 F1, F2 대상자에게는 나타나지 않았고, M1 대상자는 42개월에만 사용하였으며, M2 대상자는 37개월에 처음 사용하였다.[16] '어제'와 비슷한 형태인 '어저께'는 M1에게서만 나타났는데, 43개월에 처음 출현하였다. '접때'의 경우는 F1 대상자에게서 38개월에만 나타났다. '지난번에, 저번에, 전에, 벌써, 어저께, 접때, 일찍'은 한 대상자나 두 대상자에게만 나타나고 있어서 이 시기의 유아가 습득했다고 보기 어려운 것으로 판단된다.

3.1.3. 미래 시점

다음으로 미래 시점을 나타내는 시간 부사어의 출현 빈도는 다음과 같다.

〈표 6〉 미래 시점을 나타내는 시간 부사어의 출현 빈도

의미	형태	대상자	32	33	34	35	36	37	38	39	40	41	42	43	총합계
미래	내일	F1	0.5					0.3	0.3		0.3	0.4	#	#	1.7
		F2					0.2	0.2	0.4	0.3		2.7	1.0	#	4.8
		M1	0.5	2.0	2.0							1.2		0.5	6.2
		M2	#	#						0.3					0.3
	소계		1.0	2.0	2.0		0.2	0.5	0.7	0.6	0.3	4.3	1.0	0.5	13.0
	이따	F1	0.5		0.5				0.3			0.2	#	#	1.5
		F2		2.0	0.5					0.3				#	2.8
		M1			2.0		0.8				0.7	0.4			3.8
		M2	#	#			0.3	0.5		0.3					1.1
	소계		0.5	2.0	3.0		1.1	0.5	0.3	0.6	0.7	0.6			9.2
합계			1.5	4.0	5.0		1.3	1.0	1.0	1.2	1.0	4.9	1.0	0.5	22.2

---

16) 시간 부사어 중에서 '벌써'는 단순한 시간 표현이라기보다 양태가 포함된 부사이기 때문에 다른 형태보다 늦게 발달한 것으로 보인다. 양태의 속성을 지닌 부사들은 단순한 시간 부사어들에 비해서 발달이나 활용이 늦는 것으로 보인다.

미래 시점을 나타내는 부사어로는 '내일, 이따'가 나타났는데, 그중에서 사용 빈도가 가장 높은 것은 13개가 나타난 '내일'이었다. '내일'은 F1 대상자의 경우 32개월에 사용된 후 37개월 이후에 다시 사용하였고, M1 대상자의 경우 초반부터 높은 빈도수를 보이며 사용하고 있다. F2 대상자의 경우는 36개월에 처음 발화하였고, M2 대상자는 39개월에만 사용하였다. '이따'는 F1 대상자는 32개월, F2 대상자는 33개월, M1 대상자는 34개월, M2 대상자는 36개월에 처음 발화한 후 꾸준히 사용하고 있다.

미래 시점을 나타내는 시간 부사어는 두 형태만 나타났지만, 비교적 모든 대상자에게서 고르게 나타나고 있었다. 미래 시점을 나타내는 시간 부사어를 보면, '후에, 장차, 언젠가' 등의 불특정한 먼 미래보다 현재와 가까운 미래 시점이 빨리 습득되는 것으로 보인다.

지금까지 현재, 과거, 미래로 구분하여 시점을 나타내는 부사어를 살펴보았는데, 관찰 결과 출현한 부사어들 중에서 '옛날', '벌써', '일찍'을 제외하면 의미적 특성에 따라 다시 세 가지로 분류해 볼 수 있다. '이제, 아직, 지금, 아까, 아까 전에, 이따'와 같이 하루의 시간 범위 안에서 발화 시점을 기준으로 하여 나타낸 시점 표현들과 '오늘, 어제, 내일'과 같이 발화 시점이 포함된 날을 기준으로 하여 그 앞뒤의 날을 나타낸 표현들과 '이번, 지난번에, 저번에, 전에, 접때, 다음에' 등과 같이 발화 시점을 기준으로 하여 과거, 현재, 미래의 시점을 명확하지 않게 가리키는 표현들로 나눌 수 있다. 여기서는 이들을 편의상 '이제'류, '오늘'류, '이번에'류로 나누고 그 습득 순서를 통해 유아의 언어에서 시간 부사어의 출현 양상을 설명해 보기로 한다.

습득 순서는 두 방향에서 관찰할 수 있는데, 하나는 위 세 부류 사이

의 습득 순서이고 다음은 각 부류로 분류된 형태들 중에서 과거, 현재,
미래 시점의 습득 순서이다. 우선 '이제'류··'오늘'류··'이번에'류의 습득
순서에 대하여 그것들의 첫 출현 시기를 통해서 살펴보면 다음과 같이
나타난다.17)

> (3) 현재시 부사어의 출현 순서
> 이제=아직>지금>오늘>이번18)
> (4) 과거시 부사어의 출현 순서
> 아까>어제>지난번에, 저번에, 접때, 전에, 아까 전에19)
> (5) 미래시 부사어의 출현 순서
> 이따>내일20)

(3)-(5)의 각각에서 '이제'류와 '오늘'류와 '이번에'류의 순서를 찾아 종합
해 보면 (6)과 같다.

---

17) 습득 순서를 '>'와 '>>'와 '='로 표시하였는데, '>'는 앞의 것이 뒤의 것보다 앞섬을,
'>>'는 출현하는 개월 수의 격차가 큼을, '='는 앞뒤의 것이 순서가 같거나 비슷함을 나
타낸 것이다.
18) 이 습득 순서는 다음과 같은 네 명의 유아가 사용한 부사어의 출현 순서를 종합한 것이다.
F1: 이제=지금=아직>오늘=이번
F2: 이제=아직>이번>지금
M1: 이제=아직=지금>오늘>이번
M2: 이제=이번>오늘>지금>아직
19) 이 습득 순서는 다음과 같은 네 명의 유아가 사용한 부사어의 출현 순서를 종합한 것이다.
F1: 아까=옛날>어제>지난번에>접때>저번에>전에=아까 전에
F2: 옛날>아까>어제>지난번에>아까 전에>전에
M1: 아까>옛날=어제>아까 전에>>벌써
M2: 아까=저번에>벌써>일찍>어제>아까 전에
20) 이 습득 순서는 다음과 같은 네 명의 유아가 사용한 부사어의 출현 순서를 종합한 것이다.
F1: 이따=내일
F2: 이따>>내일
M1: 내일>이따
M2: 이따>내일

(6) '이제'류 · '오늘'류 · '이번에'류의 출현 순서
'이제'류 > '오늘'류 > '이번에'류

이처럼 '이제'류가 '오늘'류에 비해 먼저 습득되는 것은 시간 위치가 발화 시점으로부터 가까운 것을 먼 것[21]보다 더 쉽게 인식하는 것이기 때문으로 해석된다. 그리고 '오늘'류가 '이번에'류보다 먼저 습득되는 것은 지시 대상이 명확한(구체적인) 것을 불명확한(추상적인) 것보다 더 쉽게 인식할 것이기 때문일 것이다.

다음으로 현재시, 과거시, 미래시 부사어들의 출현 순서를 알아보기로 한다.

(7) '이제'류의 출현 순서
이제>아까>아직=이따=지금>아까 전에[22]
(8) '오늘'류의 출현 순서
내일>오늘>어제[23]
(9) '이번에'류의 출현 순서
이번>지난번에>저번에>전에[24]

---

21) '이제'류가 '오늘'류보다 발화 상황시에서 더 가깝다고 하는 것은 '이제'는 발화 상황시 그 자체를 가리키는 데 비해 '오늘'은 발화 상황시를 포함한 하루를 가리키기 때문이다.
22) 이 습득 순서는 다음과 같은 네 명의 유아가 사용한 부사어의 출현 순서를 종합한 것이다.
　F1: 이제=지금=아직=아까=이따>>아까 전에
　F2: 이제=아직>이따>아까>>아까 전에>지금
　M1: 이제=지금=아직=아까>이따>>아까 전에
　M2: 이제=아까>지금=이따>아직>아까 전에
23) 이 습득 순서는 다음과 같은 네 명의 유아가 사용한 부사어의 출현 순서를 종합한 것이다.
　F1: 내일>오늘=어제
　F2: 내일=어제
　M1: 내일>오늘>어제>어저께
　M2: 오늘>>어제=내일
24) F1: 이번>지난번에>접때>저번에>전에
　F2: 지난번에>이번>전에

(7)의 '이제'류와 (9)의 '이번에'류에서의 현재시, 과거시, 미래시 부사어들을 찾아 종합해 보면 (10)과 같다.

(10) 현재시·과거시·미래시 부사어의 출현 순서
현재시 > 과거시 > 미래시

이는 아무래도 발화 상황 시점에서 가까운 것을 먼 것보다 더 쉽게 인식하는 경향이 있기 때문으로 풀이된다. 그런데 (8)의 '오늘'류는 특이하게도 미래시 표현이 현재시나 과거시 표현보다 더 일찍 사용된다.[25)

이처럼 시점을 나타내는 시간 부사어는 과거나 미래를 표현하는 시간 부사어보다 현재를 나타내는 시간 부사어를 많이 사용하는 것으로 나타났고, 과거나 미래에서도 현재로부터 가까운 시점을 나타내는 것이 먼 시점을 나타내는 것보다 빈도가 높고 출현 시기도 빨랐다.[26)

3.2. 과정의 순서를 나타내는 시간 부사어

이 절에서는 과정의 순서를 나타내는 시간 부사어를 살펴보기로 한다.

M1: 이번>∅
M2: 이번=저번에

25) 이러한 현상의 이유에 대하여 현재로서는 분명하게 설명하기가 어렵다. 이 문제는 앞으로의 연구 과제로 삼을 계획이다.

26) 유아의 언어 발달은 언어 경험과 분명히 밀접한 관계가 있다. Hoff(2001)에 의하면 성인이 아동과 대화할 때 성인들끼리 하는 말에 비해 아동에게 하는 말은 훨씬 더 현재 상황에 맞춰진다고 하였다. 따라서 유아의 시간 부사어 발달에서 현재 시점의 사용 빈도가 높고 현재와 가까운 시간과 관련된 부사어의 사용 빈도가 높은 것은 이러한 외부적인 영향과도 관계가 있어 보인다. Tomasello & Farrar(1986)는 실험을 통해 17개월 된 유아는 자신이 주의를 기울이지 않은 사물을 명명하는 단어보다는 현재 주의하고 있는 대상을 명명하는 단어를 더 잘 학습한다고 하였다. 이러한 실험 결과로 보아 위와 같은 결과는 성인과 구별되는 유아의 내적인 요인으로도 해석될 수 있을 것이다(이현진 2001 재인용).

과정의 순서를 나타내는 시간 부사어의 출현 빈도는 다음과 같다.

〈표 7〉 과정의 순서를 나타내는 시간 부사어의 출현 빈도

의미	형태	대상자	32	33	34	35	36	37	38	39	40	41	42	43	총합계
과정의 순서	다음	F1			0.5		0.8	2	0.8			0.2	#	#	4.3
		F2	0.3			1.3		0.4	0.4		0.2	0.3	1	#	3.9
		M1					0.3	0.4			0.3		0.2		1.2
		M2	#	#				0.5	0.3	0.5	0.8	0.3		0.1	2.5
		소계	0.3	0	0.5	1.3	1.1	3.3	1.5	0.5	1.3	0.8	1.2	0.1	11.9
	먼저	F1	0.5	1.5	1.3			0.5				0.2	0.2	#	4.2
		F2				0.3						0.2		#	0.5
		M1						0.2				0.3	0.2		0.7
		M2	#	#			0.3			0.5		0.3	0.3	0.3	1.7
		소계	0.5	1.5	1.3	0.3	0.3	0.7	0	0.5	0.7	0.5	0.5	0.3	7.1
	나중	F1						0.5	0.3			0.6	#	#	1.4
		M1				0.2									0.2
		소계				0.2		0.5	0.3			0.6			1.6
	합계		0.8	1.5	1.8	1.8	1.4	4.5	1.8	1	2	1.9	1.7	0.4	20.6

과정의 순서를 나타내는 시간 부사어는 '다음에, 먼저, 나중에'와 같은
형태가 출현했으며, 이들 중에서 가장 많이 출현한 형태는 '다음에'이다.
'다음에'의 경우, F1 대상자는 34개월에, F2 대상자는 32개월에, M1
대상자는 36개월에, M2 대상자는 37개월에 처음 사용하였다. '다음'이
"다음에 보자."처럼 미래의 막연한 시점을 나타내는 의미로 쓰였다면 시
점을 나타내는 시간 부사어가 되지만, 이 시기의 유아에게서는 기약하는
경우는 없었으며, 아래의 예와 같이 지금 하는 행위의 순서를 나타내는
표현만 나타났다.[27]

---

27) '다음에 옷을 입지 마세요.'와 같은 발화가 보였는데, 맥락을 살펴보니, "다음에는 옷을
((입지)) 마세요. 다음에는 안 더워요. & 다음에는 옷을 입어도 돼요. & 다음에는 옷을 입

(11) 간호사, 다음에 뭐지? (F1, 34개월)

(12) 이렇게, 이렇게 되고, 다음에 해바라기. (F2, 35개월)

(13) 여렇게(이렇게) 한 다음에 이렇게. (M1, 36개월)

(14) 다음에, 까만색. (M2, 40개월)

위의 예처럼 이 시기의 유아에게서는 먼 미래를 나타내는 표현은 나타나지 않았고, 과정의 순서로만 사용되었다.

　다음으로 '먼저'는 4명의 대상자 모두에게서 관찰되었으며, F1 대상자에게서 가장 높게 사용되었다. F2 대상자는 35개월, M1과 M2 대상자는 각각 37개월과 36개월 이후에 사용하기 시작하였다. '나중에'는 F1과 M1 대상자에게서만 각각 37개월과 35개월에 처음 관찰되었는데, M1 대상자의 경우 첫 발화 이후에 전혀 사용하지 않았다.

　유아가 사용하는 과정의 순서 부사어의 출현 순서를 정리해 보면 (15)와 같다.

(15) 과정의 순서 부사어의 출현 순서

　　F1: 먼저>다음>나중

　　F2: 다음>먼저

　　M1: 나중>다음>먼저

　　M2: 먼저>다음

(15)에서는 과정의 순서 부사어 출현 순서가 모든 아동에게서 동일하게 나타나지 않는데, 이는 일반적으로 앞의 시간을 뒤의 시간보다 우선하려는 인식 태도와 일치하지 않는다.[28] 그러나 여기서 살핀 시간 순서 어휘

지 마세요. & 다음에는 옷을 입어 주세요."에서 사용한 발화로서 이때에도 '과정의 순서'로 파악된다.

28) 이러한 것은 우리가 사용하는 어휘에도 반영되어 있다. 예) '선후, 앞뒤' 등

들은 동일한 상황 안에서의 선후 관계를 나타내는 것이 아니라 각각 다른 상황에서 앞의 시간과 뒤의 시간을 각각 나타내는 어휘를 조사한 것이므로 그 결과가 일반적인 시간 인식과 일치하지 않을 수도 있다.

이상으로 과정의 순서를 나타내는 부사어를 살펴보았는데, 과정의 순서를 나타내는 부사어의 경우를 보면 '중간에, 도중에' 등과 같이, 행위가 진행되는 도중의 시점을 지시하는 부사어는 전혀 출현하지 않고, 처음과 끝을 지시하는 양극적인 부사어가 먼저 나타나는 것을 알 수 있었다. 이로 보아 과정에서 양 끝점을 나타내는 시간 부사어가 진행되는 도중의 시점을 나타내는 부사어보다 먼저 습득되는 것으로 추측된다.

3.3. 속도를 나타내는 시간 부사어

다음은 속도를 나타내는 시간 부사어를 살펴보기로 한다. 속도를 나타내는 시간 부사어의 출현 빈도는 다음과 같다.

〈표 8〉 속도를 나타내는 시간 부사어의 출현 빈도

의미	형태	대상자	32	33	34	35	36	37	38	39	40	41	42	43	총합계
속도	빨리	F1		0.3	0.8				0.3		1.0	0.8	#	#	3.1
		F2	1.5	2.0	1.5	1.0	1.8	0.4	2.6	3.0	2.2	1.3		#	17.3
		M1			1.0	0.6		0.6	0.3	1.0	2.0	1.4	1.4	2.0	10.3
		M2	#	#	1.0		3.3	2.3	3.7	1.5		0.8	0.8	0.9	14.1
	소계		1.5	2.3	4.3	1.6	5.1	3.3	6.8	5.5	5.2	4.3	2.2	2.9	44.7
	얼른	F1			0.8				0.5	0.3	2.5	1.2	2.4	#	#	7.6
		F2				0.3					0.2			#	0.5
		M1				0.2									0.2
		M2	#	#						0.3		1.3	0.3		1.8
	소계				0.8	0.5		0.5	0.3	2.8	1.4	3.7	0.3		10.1

의미	형태	대상자	32	33	34	35	36	37	38	39	40	41	42	43	총합계
속도	금방	F1			0.3		0.4				0.2	0.2	#	#	1.0
		M1										0.2			0.2
		M2	#	#		0.3								0.3	0.6
	소계				0.3	0.3	0.4				0.2	0.4		0.3	1.8
	천천히	F1									0.2		#	#	0.2
		F2		1.0										#	1.0
		M2	#	#	0.3										0.3
	소계			1.0	0.3						0.2				1.5
	갑자기	F2									0.2		#		0.2
		M2	#	#	0.3						0.2				0.5
	소계				0.3						0.4				0.7
	바로	M2	#	#									0.1		0.1
	소계												0.1		0.1
합계			1.5	3.3	6.0	2.4	5.5	3.8	7.1	8.3	7.4	8.4	2.5	3.3	58.9

속도를 나타내는 시간 부사어는 '빨리, 얼른, 금방, 천천히, 갑자기, 바로'의 형태가 사용되었으며, 그중에서 '빨리'가 대상자 개별 빈도수뿐만 아니라 전체 빈도수도 매우 높게 나타났다.

'빨리'의 경우 F1 대상자는 33개월, F2 대상자는 32개월, M1과 M2 대상자는 34개월부터 발화하였고, 속도를 나타내는 다른 부사어들과 비교해 볼 때 전체 대상자의 총 빈도수도 44.7개로 월등히 높았다. '빨리'의 경우는 문장으로도 많이 사용되었고, '빨리'만 단독으로 활용되기도 하였다.

'얼른'의 경우도 네 대상자에게서 모두 나타났는데, F1 대상자는 34개월, F2와 M1 대상자는 35개월, M2 대상자는 39개월에 처음 발화하였다. '얼른'도 역시 '빨리'처럼 다양하게 활용되고 있었고, '빨리, 얼른'은 모두 명령문이나 청유문과의 호응이 많이 나타났다.

'금방'과 '천천히'는 세 대상자에게서만 관찰되었는데, '금방'의 경우

F1 대상자는 34개월에 발화하였고, F2 대상자는 전혀 발화하지 않았다. M1 대상자의 경우는 41개월에만 사용하였고, M2 대상자는 35, 43개월에만 사용하였다. '천천히'의 경우 F1, F2, M2 대상자에게서만 보이는데, F1 대상자는 40개월, F2 대상자는 33개월, M2 대상자는 34개월에만 사용하였다.

'갑자기, 바로'는 출현하기는 하였으나 사용 빈도가 매우 낮다. '갑자기'는 F1과 M1 대상자의 경우 전혀 사용하지 않았다. F2 대상자는 40개월에서만 사용하였고, M2 대상자는 34, 40개월에만 사용하였다. '바로'의 경우는 M2 대상자에게서 43개월에만 한 번 관찰되었다.

유아가 사용하는 속도 부사어의 출현 순서를 종합해 보면 (16)과 같다.

(16) 속도 부사어의 출현 순서
    빨리>얼른=금방=천천히>갑자기>바로[29)]

이러한 출현 순서를 통해서 일반적인 언어 현상과 관련된 두 가지 사실을 확인할 수 있는데, 하나는 빠른 행동 부사어가 느린 행동 부사어보다 더 일찍 출현한다는 것이다('빨리>천천히'). 이처럼 신속성을 나타내는 말로서 빠른 것이 느린 것보다 더 인지적으로 우선하는 것은 '빠르기, 속도(빠른 정도)'와 같은 어휘로도 확인할 수 있다. 다른 하나는 포괄적 용법을 지닌 말이 제한적 용법을 지닌 말보다 더 일찍 출현한다는 것이다. 즉, '빨리'는 어떤 행동(이나 사건) 처리의 속도뿐만 아니라 행동(이나 사

---

29) 이 습득 순서는 다음과 같은 네 명의 유아가 사용한 부사어의 출현 순서를 종합한 것이다.
    F1: 빨리>얼른=금방>천천히
    F2: 빨리>천천히>얼른>>갑자기
    M1: 빨리>얼른>>금방
    M2: 빨리=갑자기=천천히>금방>얼른>바로

건) 진행 과정의 속도도 나타내는 데 비해서 상대적으로 출현 순서가 늦었던 '얼른'이나 '금방'은 주로 행동(이나 사건) 처리의 속도를 나타낼 뿐이다.

3.4. 반복을 나타내는 시간 부사어

반복을 나타내는 시간 부사어는 먼저 연속성을 기준으로 '반복[-연속]'과 '반복[+연속]'으로 나누었다. 반복[-연속]의 경우는 시간적인 지속성을 가지고 있지는 않지만 횟수의 반복을 나타내는 부사어들로 '때때로, 틈틈이, 드문드문, 종종, 가끔' 등이 이에 속한다. 반복[+연속]의 경우는 시간적인 지속성을 가지고 있는 부사어들로 '항상, 늘, 계속' 등이 이에 해당된다.

3.4.1. 반복[-연속]을 의미하는 시간 부사어

먼저 반복[-연속]을 나타내는 시간 부사어의 출현 빈도는 다음과 같다.

〈표 9〉 반복[-연속]을 나타내는 시간 부사어의 출현 빈도

의미	형태	대상자	32	33	34	35	36	37	38	39	40	41	42	43	총합계
반복 [-연속]	또	F1	1.5	1.0	2.0	0.3	0.4	2.5	1.3	0.5	0.3	1.2	#	#	11.0
		F2	1.0	1.0	1.5	1.0	0.4	1.2	3.0	0.7	1.2	3.0	3.0	#	17.0
		M1		0.5		1.0	1.0	1.4	0.3	1.5		0.4	2.0	0.5	8.6
		M2	#	#		0.3		0.5	0.3	0.3	0.4	0.5	0.3		2.6
	소계		2.5	2.5	3.5	2.7	1.8	5.6	4.8	2.9	1.9	5.1	5.3	0.5	39.1
	다시	F1			0.3			0.5	0.3				#	#	1.0
		F2					0.2			0.3				#	0.5
		M1		0.5		0.2	0.3	0.2	0.3		1.3	0.2	0.2		3.1
	소계			0.5	0.3	0.2	0.5	0.7	0.5	0.3	1.3	0.2	0.2		4.7
합계			2.5	3.0	3.8	2.9	2.7	6.3	5.3	3.7	3.4	6.0	5.5	0.5	45.6

반복[-연속]을 나타나는 시간 부사어는 '또, 다시'의 형태가 나타났으며, '또'의 빈도수가 현저하게 높았다. '또'는 대상자 개별 빈도수에서도 네 대상자 모두 높은 것으로 나타났다. 전체적인 발화 시기도 F1, F2 대상자가 32개월, M1 대상자는 33개월, M2 대상자는 35개월부터 사용하고 있어 다른 형태보다 출현이 빠름을 알 수 있다. 실현 양상을 보면 사건의 기술, 명령, 청유, 자신의 의지 등을 표현하는 발화 형태가 골고루 관찰되었다.

    (17) 이거 또 보자. (F1, 32개월)
    (18) 또 어디 갔을까? (F1, 32개월)
    (19) 나 또 먹는다! (M1, 37개월)
    (20) 또 많이 그려 줘. (F1, 34개월)
    (21) 나 또 먹을래. (M1, 37개월)

'다시'의 경우 F1 대상자는 34개월, F2 대상자는 36개월, M1 대상자는 33개월에 처음 발화하였다.

유아가 사용하는 반복[-연속] 부사어의 출현 순서를 정리해 보면 (22)와 같다.

    (22) 반복[-연속] 부사어의 출현 순서
        또>다시[30)]

이 부사어들의 출현 순서로 볼 때, 역시 포괄적 용법을 지닌 것(의미의

---

30) 이 습득 순서는 다음과 같은 네 명의 유아가 사용한 부사어의 출현 순서를 종합한 것이다.
    F1: 또>다시
    F2: 또>다시
    M1: 또=다시
    M2: 또>∅

내포가 작은 것)이 제한적 용법을 지닌 것(의미의 내포가 큰 것)보다 더 일찍 사용될 가능성이 있음을 알 수 있다. 즉, '또'는 어떤 일이 반복됨을 나타내는 데 비해 '다시'는 대체로 동일한 성격을 지닌 일이 반복됨을 나타낸다.[31)]

3.4.2. 반복[+연속]을 의미하는 시간 부사어

반복[+연속]을 나타내는 시간 부사어의 출현 빈도는 다음과 같다.

〈표 10〉 반복[+연속]을 나타내는 시간 부사어의 출현 빈도

의미	형태	대상자	32	33	34	35	36	37	38	39	40	41	42	43	총합계
반복 [+연속]	맨날	F1	0.5		0.5				0.3			0.2	#	#	1.5
		M1				0.2						0.2			0.4
		M2	#	#						0.5					0.5
	소계		0.5		0.5	0.2			0.3	0.5		0.4			2.4
	자꾸	F1					0.4				0.2	0.2	#	#	0.8
		M1								0.5					0.5
		M2	#	#								0.5			0.5
	소계						0.4			0.5	0.2	0.7			1.8
	계속	F1									0.2		#	#	0.2
		M1							1.0					0.5	1.5
	소계								1.0		0.2			0.5	1.7
	언제나	M1										0.2			0.2
	소계											0.2			0.2
	합계		0.5		0.5	0.2	0.4		1.3	1.01	0.4	1.1	0.2	0.5	6.1

---

31) 가령, (예-가)는 조금 전과는 다른 노래를 불렀다는 뜻을 지니기 쉽지만, (예-나)는 조금 전과 동일한 노래를 불렀다는 의미로 해석되는 것이 훨씬 자연스럽다.
　　예) 가. 철수는 노래를 또 불렀다.
　　　　나. 철수는 노래를 다시 불렀다.

반복[+연속]을 의미하는 부사어는 '맨날, 자꾸, 계속, 언제나'의 형태가 나타났는데, 그 사용 빈도가 전체적으로 높지 않았다. F2 대상자에게서는 어떤 형태도 관찰되지 않았다. 반복[+연속]을 의미하는 부사어 중에서 가장 많이 사용된 형태는 '맨날(만날)'이다. '맨날'은 F1 대상자는 32개월부터, M1 대상자는 35개월부터, M2 대상자는 39개월만 사용하였다. 다음으로 '자꾸'와 '계속'의 형태가 나타났다. '자꾸'는 세 대상자에게만 보이는데, F1 대상자는 36개월에 처음 사용하였고, M1 대상자는 39개월, M2 대상자는 41개월에만 사용하였다. '계속'의 경우는 두 대상자에게서만 관찰되었는데, F1 대상자가 40개월, M1 대상자는 38, 43개월에서만 사용하고 있으며 활용 분포도 일정하지 않다. '언제나'의 경우에는 M1 대상자에게서 42개월에만 관찰되었다.

네 명의 유아가 사용하는 반복[+연속] 부사어의 출현 순서를 정리해 보면 (23)과 같다.

> (23) 반복[+연속] 부사어의 출현 순서
> 맨날>자꾸=계속>언제나[32)

반복[+연속]에 해당하는 시간 부사어의 빈도수가 낮은 것은 길고 영속적인 시간에 대한 개념 발달이 늦다는 것을 보여준다. 특정 시점을 나타내는 부사어 중에서도 현재가 가장 빨리 출현하고 과거나 미래를 표현하는 부사어도 현재와 가까운 것이 먼저 발달한다는 특징을 볼 수 있었는데, 그러한 결과와도 연결시켜서 생각해 볼 수 있을 것이다. 현재와 많

---

32) 이 습득 순서는 다음과 같은 세 유아가 사용한 부사어의 출현 순서를 종합한 것이다.
　F1: 맨날>자꾸>계속
　M1: 맨날>계속>자꾸>언제나
　M2: 맨날>자꾸

이 떨어져 있는 시간까지를 포괄하는 부사어인 반복[+연속]에 해당하는 부사어를 많이 활용하지 못하는 것을 보면 현재와 가까운 시간 개념이 먼저 발달하고 연속되지 않는 시점이 먼저 습득된다고 추측할 수 있다.

3.5. 기간을 나타내는 시간 부사어

기간을 나타내는 시간 부사어의 출현 빈도는 다음과 같다.

〈표 11〉 기간을 나타내는 시간 부사어의 출현 빈도

의미	형태	대상자	32	33	34	35	36	37	38	39	40	41	42	43	총합계
기간	잠깐	F1	0.5	0.3	1.3	1.0	0.2	0.3	0.3	0.5	0.7	1.6	#	#	6.5
		F2		1.0				1.8	1.6	1.7	0.4			#	6.5
		M1	0.5	1.5	2.0	0.6	1.0	1.8		0.5	0.7	0.8	0.2		9.6
		M2	#	#	0.3	0.3	0.7	0.5			0.8	0.3	0.3	0.6	3.7
	소계		1.0	2.8	3.6	1.9	1.9	4.4	1.9	2.7	2.5	2.7	0.5	0.6	26.2
	조금	F1			1.3	0.3					0.2		#	#	1.8
		F2					0.2		0.3					#	0.5
		M1				0.3									0.3
		M2	#	#									0.3	0.1	0.4
	소계				1.3	0.3	0.3	0.2		0.3	0.2		0.3	0.1	2.9
	하루종일	F1			0.5								#	#	0.5
	소계				0.5										0.5
	오래	M2	#	#						0.3					0.3
	소계									0.3					0.3
	잠시	M1									0.3				0.3
	소계										0.3				0.3
합계			1.0	2.8	5.4	2.2	2.2	4.6	1.9	3.3	3.0	2.7	0.8	0.7	30.2

기간을 나타내는 시간 부사어는 '잠깐, 조금,33) 하루종일, 오래, 잠시'

와 같은 형태들이 출현했으며, 이들 중에서 사용 빈도가 가장 높은 것은 '잠깐'이었다. 대상자 개별 빈도 역시 모든 대상자에서 가장 높은 것으로 나타났다. '잠깐'의 실제 발화를 살펴보면 짧은 기간 동안에 대한 행위의 진술보다는 아래의 발화처럼 "잠깐만."의 형태로 조금만 기다리라는 명령의 의미로 쓰인 발화가 많이 관찰되었다.

(24) 삼촌 여기 있어봐, 잠깐. (F1, 32개월)
(25) 잠깐만, 내가 끄낼(꺼낼) 거야? (M1, 32개월)
(26) 잠깐만 줘 봐. (M1, 33개월)
(27) 잠깐만 기달려(기다려). (M2, 40개월)

'잠깐'은 위의 발화처럼 문장에서도 많이 나타났고, "잠깐(만)."처럼 단독으로 사용한 경우도 많이 나타났다.

기간을 나타내는 부사어 중에서 '잠깐, 조금'이 네 대상자에게서 모두 출현했는데, 출현 시기나 출현 빈도 면에서 볼 때 '잠깐'이 '조금'보다 더 빨리 습득된 것으로 보인다. '잠깐'은 첫 발화 시기가 F1과 M1 대상자는 32개월부터, F2 대상자는 33개월, M2 대상자는 34개월부터 발화되어 꾸준한 사용을 보이고 있다. '조금'의 경우 F1 대상자는 34개월, F2 대상자는 37개월, M1 대상자는 36개월, M2 대상자는 42개월에 처음 사용되었다. '조금'이 사용된 발화를 살펴보면 '조금만 기다려.'라고 말하거나, 놀이 상황에서 '조금만 기다리세요.'라는 표현으로 가장 많이 나타났다.

그 밖에 '하루종일, 오래, 잠시'가 나타나지만 한 대상자에게만 나타나고, 각각 한 개월에만 등장했기 때문에 이들 형태의 출현에 큰 의미가 있어 보이지 않는다.

---

33) "조금만 기다리세요."와 같이 시간적 의미를 나타내는 것만 분석되었다.

네 명의 유아가 사용하는 기간 부사어의 출현 순서를 정리해 보면 (28)
과 같다.

(28) 기간 부사어의 출현 순서
　　잠깐>조금>잠시=하루종일=오래[34]

'잠깐'과 '조금'은 대부분 '기다려 달라'는 요청을 할 때 쓰이는데, '잠
깐'은 어떤 시간의 길이라는 의미보다는 상대방에게 어떤 행동을 중지해
달라는 요청의 표현으로 많이 쓰인다. 물론 이러한 표현도 본래는 '잠깐
기다려 달라'는 의미였으니까 시간의 길이와 무관하다고 할 수는 없겠지
만 유아들은 이 말을 시간의 길이 표현으로보다는 행동 중지 요청의 표
현으로 인식하고 있는 듯하다. 성인 언어에서도 '잠깐'이 '조금'보다 더
많이 쓰일 것으로 여겨지며, 그것이 '잠깐'을 '조금'보다 더 일찍 사용하
는 이유로 해석될 수 있을 듯하다.

기간을 나타내는 부사어로 분류된 형태를 비교해 보면, '잠깐, 조금'처
럼 비교적 짧은 기간을 의미하는 부사어가 '오래, 종일'처럼 상대적으로
긴 기간을 의미하는 부사어에 비해서 많이 사용되었음을 알 수 있다.

지금까지 시간 부사어를 시점, 과정의 순서, 속도, 반복, 기간으로 나누
어 살펴보았다.[35] 시간 부사어의 목록 중에서 32개월부터 43개월까지 출

---

34) 이 습득 순서는 다음과 같은 네 명의 유아가 사용한 부사어의 출현 순서를 종합한 것이다.
　　F1: 잠깐>조금=하루종일
　　F2: 잠깐>>조금
　　M1: 잠깐>조금>잠시
　　M2: 잠깐>오래>조금
35) 이 시기 유아에게서 나타나는 부사어를 모두 분석하여 시간 부사어와 비교해 보는 것도 의
　　미 있을 것으로 생각한다. 그러나 이 연구에서는 시간 표현만 태그한 후 분석이 이루어져

현한 형태 목록을 제시하면 다음과 같다.

〈표 12〉 시간 부사어 목록

의미		형태	실제 출현 형태
시점	현재	지금, 이제, 오늘, 이번에, 아직	이제, 지금, 아직, 오늘, 이번에
	과거	방금, 아까, 아까 전에, 벌써, 일찍(이), 원래, 접때, 저번에/지난번에, 어제, 어저께, 그제, 전에/일전에, 옛날에	아까, 아까 전에, 옛날, 어제, 어저께, 지난번에, 저번에, 전에, 접때, 벌써, 일찍
	미래	후에, 뒤에, 훗날, 장차, 장래(에), 앞<으로>, 다음에/다음번에, 다음날, 조만간, 언젠가(는), 내일, 모레, 이따가, 나중에	내일, 이따
과정의 순서		(처음, 나중, 마지막/끝)+<에, 으로> 먼저, 중간에, 도중에/중도에, 뒤늦게, 미리, 다음에	다음에, 먼저, 나중에
속도		금방, 즉시, 이내, 당장, 곧, 갑자기, 갑작스레, 별안간, 느닷없이, 돌연, 대뜸, 단박에, 빨리, 얼른, 천천히	빨리, 얼른, 금방, 천천히, 갑자기, 바로
반복	[-연속]	때때로, 틈틈이, 드문드문, 드물게, 빈번히, 종종, 가끔, 간혹, 이따금, 간간이, 어쩌다가, 또, 다시, 자주	또, 다시
	[+연속]	항상, 늘, 노상, 밤낮, 자꾸, 여전히, 날마다, 언제나/언제든지, 만날, 계속, 종시, 마냥, 줄곧, 계속적/지속적<으로>, 끝없이, 한없이, 하염없이, 영원히/영구히	맨날, 자꾸, 계속, 언제나
기간		(한 시간, 하루, 이틀…)+<동안(간)>, 잠깐, 잠시, 조금, 오래/오랫동안, 잠깐, 잠시, 조금, 오래/오랫동안, (온)종일, 내내, 겨우내, 한동안	잠깐, 조금, 하루종일, 오래, 잠시

〈표 12〉는 시간 부사어의 의미 분류에 따른 형태 목록이며, 32개월에서 43개월 대상 유아에게서 출현한 형태들을 오른쪽에 따로 제시하였다. 시

이 시기 유아에게서 나타나는 모든 부사어를 비교 분석해 보지는 못했다. 그러나 시제 발달과의 상관성은 살펴볼 수 있었는데, 시간 부사어처럼 시제 형태소도 과거형보다는 비과거형, 특히 현재형을 먼저 습득하는 것으로 나타났다(이필영 외 2009).

간 부사어 전체를 살펴보면, 위의 5가지 의미 분류 중에서 가장 많이 사용된 것은 시점을 나타내는 부사어였으며, 다음으로 속도, 반복, 기간, 과정의 순서를 나타내는 부사어 순으로 사용 빈도가 높게 나타났다.

4. 결론

지금까지 유아를 대상으로 시간 부사어의 출현 양상을 통하여 시간 표현의 발달 과정을 살펴보았다. 유아의 시간 부사어 발달을 살펴본 결과를 사용 빈도수가 높은 순서로 정리해 보면, 우선 시점을 나타내는 부사어가 높은 빈도를 나타내며 빠른 발달을 보이고 있었다. 또한 이미 기술한 바와 같이 시점을 나타내는 부사어 중에서 현재 시점의 사용 빈도가 가장 높았다. 과거 시점을 나타내는 시간 부사어에서도 현재와 가까운 시점을 나타내는 '아까'가 높은 사용 빈도를 보이며 활발히 활용되었다. 이러한 양상은 '이따'와 같이 미래 시점을 나타내는 부사어에서도 관찰되었다.

속도를 나타내는 시간 부사어의 경우, 이 시기에 가장 빠른 발달을 보이는 형태는 '빨리'로 나타났다. 실현 양상을 보면 사건의 기술보다는 상대방에게 행위를 재촉하거나 촉구하는 형태로 사용되었다.

반복을 나타내는 부사어는 [+연속]으로 분류된 시간적 연속성을 지니는 부사어보다는 [-연속]으로 분류된 시간적 지속성을 가지는 않는 부사어가 더 먼저 습득되는 것으로 보인다. 현재와 많이 떨어져 있는 시간까지를 포괄하는 부사어인 [+연속]에 해당하는 부사어를 많이 활용하지 못하는 것을 보면 현재와 가까운 시간 개념이 먼저 발달하고 연속되지 않는 시점이 먼저 습득된다는 것을 확인할 수 있다.

기간을 나타내는 부사어로는 '잠깐, 잠시, 조금, 오래, 하루종일' 등이 관찰되었는데, 이 중 가장 높은 사용 빈도수를 보이며 출현한 형태는 '잠깐'이었다. 이러한 결과로 유아는 상대적으로 긴 기간을 나타내는 부사어보다는 짧은 기간을 나타내는 부사어를 더 빨리 습득한다고 볼 수 있다.

마지막으로 과정의 순서를 나타내는 부사어의 경우를 보면 '중간에, 도중에' 등과 같이, 행위가 진행되는 도중의 시점을 지시하는 부사어는 전혀 출현하지 않고, 처음과 끝을 지시하는 양극적인 부사어가 먼저 나타나는 것으로 보아, 양 끝점을 나타내는 시간 부사어가 먼저 습득되는 것으로 추측된다.

이를 종합해 보면, 유아는 시간을 인식할 때 가장 가까운 시간의 시점을 기준으로 하여 원거리로 확대되어 가며, 유아에게 전형적인 시간 개념은 현재 시점이라고 할 수 있다. 유아들은 넓고 포괄적으로 의미역 어휘를 사용하다가 연령이 높아질수록 어휘수가 증가하여 시간 영역 표현이 구체화되는 것으로 보인다.

참고문헌

곽금주·성현란·장유경·심희옥·이지연(2005). 한국영아발달연구, 학지사.

국립국어원(2002). 현대국어 사용빈도 조사, 국립국어원.

김민수(1971). 국어문법론, 일조각.

김선희(1987). 현대 국어의 시간어 연구, 연세대학교 박사학위논문.

민현식(1990). "국어의 시상과 시간부사," 국어교육 69, pp. 15-42.

박경자(1997). 언어습득연구방법론, 고려대 출판부.

박선자(1983). 한국어 어찌말 연구, 부산대학교 박사학위논문.

서정수(1975). "국어 부사류어의 구문론적 연구," 현대 국어문법 연구논문선(4), 계명
　　　　　　대학출판부.

우인혜(1991). "우리말 시제/상 표현과 시간 부사," 한양어문 9, pp. 161-200.

이상복(1973). 한국어 부사류의 구문론적 연구, 연세대학교 석사학위논문.

이석규(1988). "시간부사 의미연구를 위한 시론," 선청어문 16-1, pp. 364-379.

이영자·이종숙·이정욱(1997). "1, 2, 3세 유아의 의미-통사적 발달 연구," 유아교
　　　　　　육연구 17-2, pp. 55-75.

이영자(2002). 유아언어교육, 양서원.

이재성(2009). "시간 현상 관련 문법 범주 정립을 위한 몇 가지 개념에 대한 고찰,"
　　　　　　한국어학43, pp. 29-50.

이필영·이중희·전은진(2004). "유아의 품사 범주 발달에 관한 연구," 이중언어학
　　　　　　25, pp. 285-308.

이필영·임유종(2004). "유아 초기의 문장 구조와 구성 요소에 관한 연구," 국제어문
　　　　　　31, pp. 31-62.

이필영·전은진·안정호(2009). "영아의 시제·상 형태 습득에 관한 연구," 한국어학
　　　　　　44, pp. 295-326.

이현진 역(2001). 언어발달(Erika Hoff, *Language Development*, 2001), 시그마프레스.

임유종(1999). 한국어 부사 연구, 한국문화사.

임채훈(2003). "시간부사의 문장의미 구성," 한국어의미학 12, pp. 155-170.

조성문·전은진(2004). "남녀 유아의 어휘 발달 연구," 한국언어문화 25, pp. 157-181.

최현배(1937). 우리말본, 정음사.

홍종선(1991). "국어의 시간어 연구," 민족문화연구 24, pp. 223-245.

Kim, Young-Joo (1992). "The acquisition of Korean(first draft)," In D. I. Slobin(Ed.), *The Crosslinguistic study of language acquisition*, Vol. 4, Lawrence Erbaum Associates.

Radford, A. (1991). *Syntatic theory and the acquisition of English syntax*. Cambridge, MA: Basil Blackwell.

제3장
문장 구성의 발달

이필영 · 임유종

문장 구성 능력 발달 단계*
(12개월~23개월)

1. 서론

이 연구의 목적은 24개월 이전 영·유아의 문장 구성 능력 발달 단계를 살피는 데에 있다. 영·유아들은 2세가 되면 기본적인 문장 발화가 가능하고 3세에 이르면 거의 성인의 언어에 가까운 모습을 갖추게 된다고 한다. 초기의 언어 습득이 상당히 빠른 속도로 진행됨을 알 수 있는데, 이런 점을 감안하여 24개월 이전 영·유아들이 처음 어휘를 습득한 이후 기본 문장 구성 능력을 갖추게 될 때까지의 발달 단계를 세밀하게 검토해 보려는 것이다.[1]

---

* 이 글은 <한국어교육> 14-2호(2003)에 "한국 아동의 문장 구성 능력 발달 단계"라는 제목으로 게재된 논문임.

1) 선행 연구를 보면 이인섭(1976), 이연섭·권경안·정인실(1980), 이상금·주영희(1984), 장미화(1986), 이귀옥(1997) 등에서는 품사별 발달 양상을 살핀 바 있다. 조사와 관련된 논의로 이은경(1999), 노경희(2000) 등이 있으며, 어미류에 관해서는 조명한(1982, 1985), 이정민(1997), 조숙환(2000), Patricia M. Clancy(2000), John Whitman·조숙환 (2000) 등이 있으며, 이영자·이종숙·이종욱(1997)에서는 조사와 어미를 대상으로 삼고 있다. 한편, 조명한(1982), 이승복(1997), 정태순(2001) 등에서는 1어문, 2어문, 3어문 시기로 나누어 각 단계별

이 연구에서 대상으로 삼은 주된 자료는 1주일에 1회씩 10개월 간 지속 녹음을 실시하고 있는 대상 영아 총 22명 중에서 주로 11개월 이후의 녹음 대상 14명의 발화 자료 중 일부를 대상으로 50발화씩 전사한 것이다. 개월별 자료 현황은 다음과 같다. (개월 수는 만으로 표시한다.)

〈표 1〉 월별 자료 현황

개월	12	13	14	15	16	17	18	19	20	21	22	23	합계
대상영아	5명	4명	4명	5명	5명	5명	4명	4명	5명	3명	4명	6명	
대상파일	9개	9개	7개	11개	14개	12개	9개	12개	14개	8개	9개	13개	127개
발화수	304	331	211	436	511	533	487	587	577	396	457	654	5,484

※ 대상 영아는 총 14명(남아 7, 여아 7)이다. 월별로 제시한 5명, 6명과 같은 표시는 14명 중에서 해당 개월에 포함되는 인원을 표시한 것이다.[2]

이 연구에서는 영·유아의 자연스러운 발화 자료를 대상으로 한다. 이 시기의 영·유아는 상대방과 의사소통이 불가능하거나 상당히 제한된 범위에서만 가능한 상태이기 때문에, 어떤 실험을 통하여 습득 여부를 검증한다든지 발달 단계를 밝히는 것은 어려운 일이다. 24개월 이전 영·유아의 언어 발달 양상을 처음부터 대등한 자료나 방법으로 일관성있게 기술하는 길은 관찰 방식이 가장 적합하다고 본다.

특성을 기술하는 논의가 이루어진 바 있다. 조명한(1982), 조숙환(1997), 신용진(1975), 윤일선(1975), 최봉희(1975) 등에서는 2어문 이상 시기의 구조를 소위 주축문법이나 변형생성 문법 등으로 설명하려 하였다. 기본 문장 습득이 완료된 유아 및 초등학생을 대상으로 하여서는 부정문, 피사동문, 복합문 관련 논의들도 진행된 바 있다(이인섭 1973, 1986, 이연섭·권경안·김성일 1979, 이순형·유안진 1982, 김성찬 1997).

2) 선행연구들 중 24개월 이전 영·유아를 대상으로 한 경우는 드물다. 이 시기의 아동을 대상으로 삼은 경우에도 한 명 또는 두 명의 자료만을 대상으로 연구를 진행하고 있으며, 비교적 많은 대상을 다루는 경우는 그 연령대가 3세나 4-5세로 이미 기본적인 언어 발달이 이루어진 이후 단계이다. 3-4세 유아는 유치원 등을 이용하면 짧은 시간에 자료 수집이 가능하지만, 2세 이전 영·유아는 자료 수집이 그만큼 어려웠기 때문일 것이다. 영·유아 초기의 자료가 절대적으로 부족한 상황임을 실감하게 되는데, 이 연구에서는 상대적으로 많은 아동의 발화 자료를 대상으로 하고 있어 객관성 및 신뢰성 확보에 강점이 있다고 본다.

갓 태어난 영아가 언어를 습득하기 위해서는 어휘와 문장 구조의 발달이 동시에 상호관련을 맺으면서 발전할 수밖에 없다. 용언 습득이 안 되었는데, 완성된 문장을 발화할 수는 없는 것이며, 부사나 관형사가 습득되지 않으면 부사+용언, 관형사+체언과 같은 구절이 나올 수 없는 것이다. 조사나 어미가 습득되는 것도 문장 형성에 중요하다. 어휘를 포함하여 문법형태소와 같은 문장 구성 요소의 습득과 문장의 통사적 구조 발달은 불가분의 관계에 있다고 하겠다. 따라서 이 연구에서는 문장 구성 능력의 발달 단계를 문장 구성 요소의 습득과 문장 구성 능력의 발달로 나누어 살필 것이다.

2. 문장 구성 요소의 습득

2.1. 체언류 습득기

12~16개월 시기는 주로 체언류의 습득이 두드러진 시기이다. 물론 다른 범주도 일부 습득이 이루어지지만 체언류의 습득 양상이 두드러지다는 것이다. 전체 범주의 출현 양상을 개월별로 정리해 보이면 다음과 같다.3)

---

3) 종전의 품사별 발달 논의들을 보면 대부분 6개월이나 1년 단위로 품사별 어휘 출현과 사용 빈도를 총괄적으로 계산하여 비교한 논의가 많다(이연섭 1980, 권경안 1981, 이상금·주영희 1984, 이정화·조부월 1999). 그러나 품사별 출현과 빈도가 언어 습득 양상을 직접적으로 반영한다고 보기는 어렵다. 명사나 동사같이 어휘수도 많고 문장 구성에 필수적인 요소들은 당연히 빈도가 높을 것이기 때문이다. 각 범주별 특성을 고려한 논의가 필요하다고 본다.

〈표 2〉 전체 범주별 출현 양상(12~16개월 시기)

범주	12개월	13개월	14개월	15개월	16개월
체언	2	3	16	38	21
용언				(2)	
수식언			4	4	5
독립언					1
관계언					
어미류				1	

위의 표에서 보듯이 체언류는 12개월에 2개 출현하여 14개월에는 16개 형태로 증가하는 양상을 보여준다. 15개월이 되면 38개 체언이 나타나서 빠른 속도의 습득 양상을 보여주고 있다. 16개월에는 어휘수가 줄어드는데, 모방발화가 많거나 특정 어휘만 빈번하게 사용했기 때문에 나타난 현상일 뿐이다.4) 다른 범주에 비하여 출현 시기가 빠를 뿐 아니라 그 출현 형태수나 증가 양상이 다른 범주를 압도하고 있어서 체언류가 집중적으로 습득되는 시기임을 알 수 있다.

좀더 구체적으로 체언류의 발달 양상을 살피기로 한다. 이 시기에 출현하는 체언의 하위 범주별 출현 양상을 표로 정리하면 다음과 같다.5)

---

4) 이 연구에서는 확인이 되는 모방 발화는 논의 대상에서 미리 제거하였다. 그러나 녹음 자료에서는 모방 여부가 판단되지 않은 것들 중에서도 모방은 있을 수 있다. 그 어휘나 표현을 모르면서도 그냥 평소에 엄마가 자주 표현한 것들을 기억해 두었다가 그 상황이 되면 단순히 발화하는 지연 모방이 종종 있다.

5) 표에 제시된 숫자는 출현 형태 수이다. 범주 구분은 대체로 학교 문법을 따랐으나 용언은 세밀한 고찰을 위해 존재사와 지정사를 따로 독립시켜 살폈다.

〈표 3〉 체언 하위 범주별 출현 양상(12~16개월 시기)

범주			12개월	13개월	14개월	15개월	16개월
체언	명사	일반명사	2	3	16	37	18
		고유명사					2
		의존명사					
	대명사					1	1
	수사						

위의 표에서 보듯이 이 시기에는 체언류 중에서 일반명사가 주로 습득된다. 일부 고유명사나 대명사 등이 일부 출현하고 있고 의존명사와 수사는 나타나지 않는다.

구체적으로 보면, 우선 12개월 경부터 명사 어휘가 습득되기 시작한다. 7, 8개월 정도가 되면 의미를 파악할 수 없는 '엄마'라는 음성이 산출되기는 하지만 '엄마'라는 의미를 지닌 어휘는 이 무렵부터 산출된다.6) 이 시기에 나타나는 어휘는 '엄마(빈도 32회), 까까(1회)'가 전부이다. 13개월에 나타나는 어휘는 '엄마(빈도 23회) 아빠(3회) 우유(1회)'이다.7) 14개월이 되면 어휘 수가 20개 정도 산출되어 어휘 습득의 속도가 빨라지는 양상을 보이며,8) 16개월까지 지속적인 목록 추가가 이루어지는 것으로 판단된다.9)

---

6) 12개월 이전 녹음 자료도 일일이 확인 작업을 거쳤다. 7개월부터 11개월까지에 엄마와 비슷한 '으마, 음마, 어마, 엄마' 등의 발성이 확인되지만 '엄마'의 의미를 지닌 형태소로 인정되지는 않는다.

7) 7개월 경에 '엄마'라는 발성이 나타나는 점을 감안하면 이 시기까지는 어휘 습득의 속도가 느린 편이다. 7개월 경에 나타난 '엄마'라는 음성은 주로 형태 발달 과정으로 여겨지며, 그 이후에 점차 '엄마'라는 의미를 연결짓는 발달 과정을 거치는 듯 하다. 이 시기 이후에는 어휘를 습득하는 속도가 빨라지는데, 첫 어휘인 '엄마'를 통하여 그 습득 방식을 터득했기 때문인 것으로 보인다.

8) 이 시기에 '머리고무'라는 일종의 합성어도 출현하는데, 지연모방으로 여겨진다.

9) 16개월에는 어휘 수가 줄어든 양상을 보이는데, 이는 모방발화가 많았기 때문에 생겨난 우

고유명사의 경우는 16개월에 2개 나타나는데, 자신의 이름과 아동용 캐릭터 명칭이 나타나고 있다. 전자는 자신의 존재 인식과 관련된 것이므로 인지 발달과 연관지어 생각하면 의미있는 발달이라 할 수 있다. 그러나 후자는 일반명사와 굳이 구별하여 이해하거나 분석할 필요는 없을 듯하다.

대명사의 경우는 16개월까지 인칭대명사는 출현하지 않고 사물대명사 중 일부가 출현을 한다. 15개월에 '여기', 16개월에 '이거'가 나타나고 있다. 원래 목록 수가 많지 않은 범주여서 증가 양상이 뚜렷이 드러나지는 않는다. 인칭대명사가 앞선 시기에는 나타나지 않고 있기 때문에 사물대명사가 먼저 습득되는 것으로 볼 수 있다.

의존명사와 수사의 경우는 전혀 나타나지 않는다. 뒤에서도 보겠지만 특히 수사는 상당히 습득시기가 늦은 범주이다. 적어도 24개월 이전에는 뚜렷한 습득 증거가 발견되지 않는다.

한편 이 시기에 다른 범주들도 일부 습득이 이루어진다. 우선 용언의 경우는 15개월에 2개 형태가 나타난다. '신녀[싫어], 아띠[앗 뜨거워]'라는 용언(형용사) 형태가 1회씩 출현을 하는데, 습득된 것이라기보다는 지연모방인 것으로 보인다.[10] 16개월에는 용언류가 전혀 나타나지 않는다. 습득이 거의 이루어지지 않은 것으로 여겨진다.

수식언의 경우는 부사만 습득이 이루어지고 관형사는 나타나지 않는다. 부사의 경우는 비교적 이른 14개월 시기에 출현하기 시작한다. '멍멍, 야옹, 빵빵'과 같은 상징부사들이 가장 먼저 나타나며, 16개월까지 상징

연한 현상임을 앞서 언급한바 있다.

10) 예시는 가급적 아동의 발화를 그대로 제시하고 필요에 따라 표준어 표기는 대괄호([ ])로, 의미 표시는 중괄호({ })로 표시할 것이다. 한편, 예로 제시한 '아띠'는 엄마들이 흔히 하는 '앗뜨'라는 표현을 모방한 것으로 보인다.

부사 이외의 것은 나타나지 않는다.

영·유아의 경우 독립언인 감탄사 범주를 구분하는 것이 쉽지 않다. 24개월 이전의 아동들은 엄마의 말에 '아, 어, 으'와 같은 형태로 의사소통하기 때문에 이것을 감탄사로 볼 것인지 여부가 확실하지 않다. 더욱이 엄마의 말에 '아, 어, 으'로 반응하는 경우 이것이 단순한 반사적 음성 반응인지 대답인지 여부를 판단할 수 없다. 초기의 이러한 반응들도 감탄사 범주에 포함시키면 가장 먼저 습득되는 어휘인 "엄마"보다도 다소 이른 시기에 발달하는 듯 하다. '어, 응'류의 대답을 제외하고 확실하게 감탄사로 인정되는 '아냐'와 같은 형태는 14개월 무렵에 나타난다. 15개월에 '아야, 네', 16개월에 '안녕'도 나타난다. 형태수가 많지 않으나 빈도는 높은 편이다.

2.2. 용언류 습득기

17~20개월은 용언류의 습득이 두드러진 시기이다.[11] 용언의 습득은 다양한 어미 형태의 출현을 예고하는 것이기도 하다. 물론 이전 시기에 출현한 체언류나 수식언 등도 지속적인 목록 추가가 이루어지며, 조사 형태도 습득이 새로 시작되는 시기이기도 하다. 17~20개월 시기에 나타나는 전체 범주별 출현 양상은 다음과 같다.

---

11) 이 시기를 용언 습득기로 명명한 이유는 이 시기의 여러 양상 중에서 용언의 습득이 문장 구성의 측면에서 가장 중요하다고 보기 때문이다.

〈표 4〉 전체 범주별 출현 양상(17~20개월 시기)

범주	17개월	18개월	19개월	20개월
체언	20	41	33	51
용언	4	5	10	8
수식언	7	7	6	14
독립언	0	1	4	4
관계언				1
어미류	3	3	3	6

체언류의 특징적인 발달 양상을 보면, 우선 일반명사와 고유명사의 경우는 이전 시기에 이미 어느 정도 습득이 되어 지속적인 안정세를 보여주는 양상이다. 고유명사의 경우는 물론 자신의 이름과 아동용 캐릭터 이름들이다. 의존명사의 경우에는 17개월에야 출현을 하여 체언류 중에서 비교적 늦게 습득되는 요소로 여겨진다. '아빠 거/ 엄마 거'라는 대립을 보이는 의존명사 '거'가 출현을 하여, 의존명사가 나타나지 않는 19개월을 제외하고는 지속적으로 출현을 한다. 20개월까지 의존명사는 '거[것]' 형태만 나타난다.

대명사의 경우를 보면 18개월 시기에 대명사 '여기', 19개월 시기에 '요거, 이거', 20개월에 '어디, 여기'가 나타난다. 이 시기까지는 인칭대명사가 나타나지 않는다.

수사의 경우를 보면 19개월에 '하나'부터 '열'까지 헤아리는 발화에서 나타나는데, 단순한 말놀이에 불과한 수준이다. 20개월 시기에 나타난 "둘, 셋"도 마찬가지의 양상이다. 수사의 형태는 발화할 수 있지만 그 의미 습득은 이루어지지 않은 상태이다.

이 시기는 용언 발달이 두드러진 시기라 하였다. 용언과 어미의 출현 양상을 표로 정리하여 보이면 다음과 같다.

〈표 5〉 용언과 어미류의 출현 양상(17~20개월 시기)

범주		17개월	18개월	19개월	20개월
용언	동사	2	4	6	5
	형용사	1	1	3	1
	지정사	1		1	1
	존재사				1
	보조용언				
어미류	선어말 어미	1	1	1	1
	종결어미	2	2	2	5
	연결어미				
	전성어미				

위의 표에서 보듯이 용언의 하위 범주나 수가 지속적으로 확장되고 있고 그에 따라 어미 형태도 다양화하고 있음을 볼 수 있다.

구체적으로 보면 17개월에 다음과 같은 용언들이 출현한다.

> (1) ㄱ. 가.
> ㄴ. 아포이[아파].
> (2) 다애때[다했다].
> (3) ㄱ. 모야[뭐야]?
> ㄴ. 오빠야.

(1ㄱ)은 동사의 예이고 (1ㄴ)은 형용사의 예이다. (2)는 '었' 형태가 나타난 동사의 예이다.[12] (3)의 경우는 지정사 '이다'가 포함된 예이다. 많은 수는 아니지만 전 단계에서 용언이 거의 없었던 점을 감안하면 의미있는 발달이라고 본다. 특히 지정사 '이다'와 어말어미가 결합한 '야' 형태는 비교적 많은 편이다. 어미 형태로는 서술형, 의문형, 명령형 어미 형태가

---

12) 전체 서술에서 조사나 어미가 의존형태소임을 표시하는 가운뎃줄(-)은 생략한다.

발견이 된다. 15개월에 모방발화로 여겨지기는 하지만 어떻든 서술형 어미만 출현했던 전 단계에 비해 의문형, 명령형 어미 형태가 추가되고 있다.[13] 대부분 '어' 형태이며, '다'가 1회 출현하고 있다.

18개월에는 '주다, 하다, 되다, 좋다' 등의 용언 형태가 나타난다. 동사 4개에 형용사 1개의 분포이다. '하지 마'라는 표현이 나타나는 것이 특이한데, 일종의 모방발화 상태인 것으로 여겨진다. 이 표현을 인정하면 용언 "말다"와 보조적 연결어미 "지"가 출현한 것으로 보아야 할 것이나 모방발화로 보아 제외한다. 어미류를 보면 선어말 어미류는 앞선 단계에서 나타났던 '었' 형태가 1회 나타나는데, 여전히 습득된 것으로 보기는 어렵다. 어말어미류의 경우 서술형, 명령형 어미가 나타나서 앞선 개월에 비해 오히려 의문형 어미가 줄어드는 양상을 보여주고 있지만, 그 사례를 자세히 보면 전 단계에 다소 불명확하게 나타났던 명령형 어미의 뚜렷한 출현 양상을 살필 수 있다. 전 단계에서 '가'라는 한 표현에서 명령형 어미가 출현하는 것으로 분석이 되었는데, 이 한 가지 사례만으로는 사실 명령형 어미의 발달이 이루어졌다고 확신하기는 어렵다. 그런데, 18개월 시기에는 '물 줘, 엄마 해'와 같은 표현에서 명령형 어미를 분명히 확인할 수 있기 때문에 적어도 18개월 시기에는 명령형이 습득된다는 서술이 가능하다. 어미 형태는 여전히 '어'가 대부분이고, '다'가 1회 출현하고 있다.

19개월 시기의 용언 형태는 10여 개로 전 단계에 비해 다양해진 양상

---

13) 이정민(1997)에서는 요청의 '어'가 가장 먼저 나타나는 것으로 언급되어 있다. 그러나 이 연구의 자료에서는 서술형어미가 먼저 출현하고 있다. 자료 수집 방식의 차이일 수도 있고 대상 아동의 차이일 수도 있을 텐데 추후 좀더 정밀한 보완이 요구되는 부분이다. 다만, 이정민(1997)에서도 "윤정이의 경우 1:1에 빨리와[요청]이 나타나고, 그 이전 11개월 무렵 거의 동시에 '아푸다, 아떠, 좋다'가 나타난다"고 하여 서술형이 먼저 출현한다는 설명이 있다. 또한 처음 요청 출현의 예로 제시한 '줘 봐'의 경우도 보조용언 구성이란 점을 감안하면 이것이 처음 나타나는 어미 형태는 아닐 가능성이 높다고 여겨진다.

을 보여주는데, 예를 보이면 다음과 같다.

(4) ㄱ. 다따[다했다].
ㄴ. 다칟때[다쳤다].
ㄷ. 댇따[됐다].
ㄹ. 앉어.
ㅁ. 비 안다.[비 온다.]
ㅂ. 쭤[줘].
(5) ㄱ. 아빠[아파].
ㄴ. 이러[싫어].
ㄷ. 없다.
(6) 고기야, 우와!

(4)는 동사, (5)는 형용사, (6)은 지정사가 나타난 예이다. 이 시기에는 선어말 어미류의 발달 면이 다소 두드러지게 나타난다. (4)에서 보듯이 과거시제 형태 '었'이 빈도가 높아진 것을 볼 수 있다. 또한 (4ㅁ)의 "비 온다"에서 볼 수 있듯이 '는'이 포함되어 있는 'ㄴ다' 형태가 추가되고 있다.14) 어말어미의 경우에는 서술형 어미와 명령형 어미만 나타나기 때문에 전 단계에 비해 추가된 어미 범주 유형은 없다고 볼 수 있다. 어미 '다' 형태가 전 단계에서는 1회 출현하는 데에 그쳤는데, 수차례 나타나는 점을 발달의 한 양상으로 이해할 수 있을 것이다.

---

14) '는다'의 '는'을 현재의 의미를 지닌 선어말 어미로 볼 것인지 '는다' 전체를 '어말어미'로 볼 것인지에 관한 논란이 있다. 이론적으로 볼 때 설명력은 '는다' 전체를 어말어미로 취급하는 것이 편리한 측면이 있지만, 어원적으로 볼 때 '는'이 현재와 관련된 의미를 지니고 있음도 어느 정도는 인정이 된다. 어떤 한 입장을 취하기보다는 두 가지 측면을 모두 고려하여 필요에 따라 어말어미와 함께 논의하기도 하고 또 어떤 경우는 선어말 어미에 포함시켜 논의하기도 하는 방식을 취할 것이다. 이 연구에서 중요한 것은 이것이 어말어미냐 선어말 어미냐가 아니라 이런 부류의 어미 형태들의 발달이 어떻게 이루어지는 것인가 하는 점이기 때문이다. 한편 이승복(1997)에서는 'ㄴ다'형태가 가장 나중에 나타나는 동사 형태소에 속하는 것이라고 하였는데, 그렇지는 않은 듯 하다.

20개월에는 '먹다, 보다, 타다, 싫다, 주다, 하다, 있다' 형태가 아래와 같은 예들에서 출현을 한다.

　(7) ㄱ. 우유 먹지!
　　　 ㄴ. 안 먹는다네
　(8) 땅땅땅 보까[볼까]? {'땅땅땅'은 '스티커놀이책'을 의미}
　(9) 빠빵 따[타]!
　(10) 아빠 조[줘].
　(11) ㄱ. 닥, 깍, 꼭깍 핻떠. [닭 꼬꼬댁 했어.]
　　　 ㄴ. 야옹이 냠냠했어.
　　　 ㄷ. 야옹이 냠냠했지?
　(12) 여-이따. [여기 있다.]
　(13) 시얘[싫어].

(7)-(10)는 동사, (11)은 '하다' 동사, (12)는 존재사, (13)은 형용사의 예이다. 선어말 어미의 경우 '었'이 나타난다. (7ㄴ)의 '는다네'에서 '는' 형태도 발견할 수 있다. 어말어미 형태로는 서술형 '어, 지, 다, 네', 명령형 '어', 의문형 'ㄹ까' 형태가 출현하고 있다. '어'와 '다' 형태 밖에 없었던 전 단계에 비하여, '지, 네, ㄹ까' 형태가 새로이 나타나고 있다.

한편, 수식언을 보면 부사는 지속적인 습득이 이루어지는 반면에 관형사는 전혀 나타나지 않고 있다. 부사의 경우 18개월이 되면 이전까지는 상징부사만 출현을 했었는데, '또'라는 일반부사가 처음으로 출현을 한다. 19개월 시기에는 모두 상징부사류만 나타나고 20개월이 되면, 부정의 '안'과 반복의 '또'가 나타나서 상징부사 이외의 부사 형태들이 습득되기 시작하였음을 알려 준다.

독립언인 감탄사의 경우는 대답을 제외한 전형적인 감탄사의 출현 형태수를 보인 것인데, 지속적인 목록 추가가 이루어짐을 알 수 있다. 18개월에 '아우', 19개월에 '네, 아니, 우와, 뭐', 20개월에 '네, 야, 안녕, 에취', 21개월에 '아이, 안녕'이 나타난다. 형태 수는 많지 않지만 빈도는 높은 편이다.

이 시기에는 조사가 습득되기 시작하는데, 비교적 늦은 20개월부터 출현하기 시작한다. '이모가'라는 아이의 표현에 대해 어머니가 "이모가 사줬어"라고 반응하는 경우가 있는데, 이 경우는 주격조사 '가'가 출현한 것으로 인정할 수 있을 것이다. 한편 이 시기에는 "가방이 있지"와 같이 성인의 관점에서 보기에는 주격조사 '이'가 출현하는 예가 나타난다. 그런데 이를 주격조사의 출현으로 인정할 것인지 여부는 확실하지 않다. 24개월 이후에 '가방이가'와 같은 표현이 나타나기 때문이다.15)

2.2.3. 조사 및 어미 확장기

21~23개월 시기는 조사 및 어미류의 발달이 두드러진 시기이다. 이 시기의 문장 구성 요소의 출현 양상을 표로 정리하면 다음과 같다.16)

〈표 6〉 전체 범주별 출현 양상(21~23개월 시기)

범주	21개월	22개월	23개월
체언	43	76	78
용언	8	39	22
수식언	12	19	21
독립언	2	4	7
관계언	4	11	7
어미류	10	15	10

15) 조숙환(1981), 김영주(1992), 이은경(1999) 등에서도 주격조사 '가'가 '이'보다 먼저 습득되는 것으로 알려져 있다.

16) 22개월에 비해 23개월에 몇몇 범주의 출현 형태수가 줄어든 이유는 모방발화가 많았기 때문에 생겨난 우연한 현상이다.

위의 표에서 보듯이 이전 시기에 조사 1개, 어미 3개에 불과했던 것이 이 시기에 와서는 조사가 4개에서 10여개 정도의 형태로 늘어나고 있으며, 어미의 경우에는 10개에서 15개 정도의 형태가 출현하여 상당히 발전된 모습을 보여주고 있다.

각 범주별로 구체적인 발달 양상을 보면 우선 체언의 경우는 지속적으로 목록의 추가가 이루어지고 있음을 볼 수 있다. 특징적인 점을 보면, 대명사의 경우 21개월에는 '나, 뭐, 이거, 여기, 이쪽' 형태가 나타난다. 1인칭대명사 '나'가 처음으로 나타나고 있다.[17] 이전 시기까지 자기 자신을 지칭할 때는 고유명사를 사용하다가 이 시기에 이르러 1인칭대명사를 사용하여 자신을 표현할 수 있게 된 것이다. 22개월을 거쳐 23개월이 되면 '나, 우리, 여기, 요기, 이거, 이쪽, 저쪽' 형태가 출현을 하여 비교적 많은 목록이 추가되는 양상이다. 1인칭 단수 및 복수 형태 '나, 우리'가 모두 출현하는 것도 특징적인 점이다. 의존명사의 경우, 21개월까지는 '것' 형태만 나타나는데, 22개월 시기에 이르러 '것(엄마 거), 개(두 개), 수(할 수 있어)'로 목록이 추가되는 양상을 보이며, 23개월에도 '것, 개' 형태가 나타난다. 이로 보아 23개월까지 습득되는 의존명사는 '것, 개' 정도인 듯하다. 수사는 출현하지 않고 있어 늦게 습득되는 범주임을 느끼게 한다.

용언류를 보면 21개월에는 총 20개가 출현하는데, 동사 12개, 형용사 5개, 보조용언 1개, 그리고 존재사, 지정사가 출현한다. 목록은 아래와 같다.

> (14) ㄱ. 그리다, 기대다, 되다, 뛰다, 먹다, 보다, 신다, 쓰다, 안다, 앉다, 입다, 하다
> ㄴ. 멋지다, 싫다, 아프다, 예쁘다, 좋다 / 있다 / 이다
> ㄷ. 주다

---

17) Foogengoug, F. L.에 의하면 유아는 1인칭에 자신의 이름을 많이 쓰다가 점차 '나'의 사용이 증가한다고 한다(이인섭, 1976).

(14ㄱ)은 동사, (14ㄴ)은 형용사, 존재사, 지정사, (14ㄷ)은 보조동사의 예
이다. 보조용언이 처음으로 습득되기 시작하였다는 사실이 주목할 만하
다. 22개월 시기에 출현하는 용언을 보면 동사 24개, 형용사 10개, 보조
용언 3개, 그리고 존재사, 지정사의 분포를 보인다. 목록을 보이면 다음
과 같다.

　(15) ㄱ. 가다, 그리다, 까다, 끼다, 놓다, 닫다, 되다, 떨어지다, 뛰다, 먹다,
　　　　　모르다, 버리다, 비키다, 빼다, 씻다, 안다, 알다, 오다, 읽다, 자다,
　　　　　주다, 찾다, 피하다, 하다
　　　　ㄴ. 고맙다, 길다, 놓다, 똑같다, 싫다, 아프다, 없다, 예쁘다, 이렇다,
　　　　　하얗다 / 있다 / 이다
　　　　ㄷ. 주다, 보다, 있다

(15ㄱ)은 동사, (15ㄴ)은 형용사, 존재사, 지정사, (15ㄷ)은 보조용언 목록
이다. 보조용언의 경우 '주다'만 출현했던 이전 시기에 비해 '보다, 있다'
가 더 습득된 모습이다.
　23개월 용언의 경우는 동사 14개, 형용사 5개, 보조용언 2개의 분포를
보이는데, 목록은 다음과 같다.

　(16) ㄱ. 끄다, 내리다, 눕다, 데리다, 먹다, 모르다, 안다, 알다, 오다,
　　　　　일어나다, 자다, 주다, 타다, 하다
　　　　ㄴ. 싫다, 없다, 좋다, 춥다, 크다
　　　　ㄷ. 있다, 주다

(16ㄱ)은 동사, (16ㄴ)은 형용사, (16ㄷ)은 보조용언의 목록이다.
　수식언류를 보면, 21개월에 상징부사류와 '다시, 아까, 못'과 같은 일
반 부사 형태가 나타난다. 22개월에 일반부사 '계속, 그냥, 혼자, 이따가,

요렇게, 안, 그러니까' 형태가 출현하고 23개월에 '빨리, 많이, 이만큼, 잘, 제일, 또'와 같은 일반부사가 출현하여 상징부사의 비율이 낮아지고 있음을 볼 수 있다. 한편, 관형사의 경우는 22개월 시기에 수관형사 '두' 형태가 처음으로 출현하는데, 이를 제외하고는 관형사가 전혀 나타나지 않는다. '이거, 이쪽'과 같은 대명사에서 그 발달 조짐을 발견할 수는 있지만, 어떻든 관형사는 습득 시기가 상당히 늦을 것으로 예측된다. 심지어는 수관형사 중에서도 '두'를 제외하고는 나타나지 않고 있다.

독립언의 경우 21개월에 "아이, 안녕", 22개월에 "네, 에이, 아니, 아야", 23개월에 "네, 빠이빠이, 안녕, 아이, 예, 아냐, 자장자장"과 같은 목록의 추가가 이루어진다. 이것들 역시 형태수가 많은 편은 아니지만 빈도는 높은 편이다.

관계언과 어미류를 살펴 보자. 이 시기는 관계언과 어미류의 발달이 두드러진 시기라고 하였다. 먼저 이 시기의 관계언의 출현 양상은 다음과 같다.

〈표 7〉 관계언의 출현 양상(21~23개월 시기)

범주	세부 유형		21개월	22개월	23개월
관계언	격조사	주격	1	2	1
		목적격		1	
		부사격	1	3	2
		관형격			
		호격	1		1
		공동격			
	보조사			2	2
	접속조사		1	2	1

위에서 보듯이 21개월에 4개에 불과했던 조사 형태가 상당히 증가하고

있음을 볼 수 있다.

좀더 구체적으로 보면 21개월 시기에는 주격조사, 부사격조사, 호격조사, 접속조사가 출현을 한다. 출현 형태는 다음과 같다.18)

(17) ㄱ. 주격조사: 가
ㄴ. 부사격조사: (에)다
ㄷ. 호격조사: 아
ㄹ. 접속조사: 랑

이러한 조사들이 다른 조사들보다 먼저 출현하는 이유는 이들 조사류가 자주 쓰이는 것들로 아동에게 상대적으로 자주 노출되었기 때문에 나타난 결과로 본다.19)

22개월 시기의 조사 출현 형태는 다음과 같다.

(18) ㄱ. 주격조사: 가, 서
ㄴ. 목적격조사: 을
ㄷ. 부사격조사: 에, 에다, 한테
ㄹ. 접속조사: 랑, 하고

---

18) 이승복(1997)에서는 격조사의 습득연령이 1:9-2:5 사이에 시작된다고 하였는데, 본 연구의 자료에 의하면 1개월 정도 더 빨리 격조사가 출현하고 있다.

19) 이은경(1999)에서는 주격조사와 접속조사가 비슷한 시기에 습득된다고 하고 김수영(1977)에서는 주격조사가 2세 0개월, 접속조사 '랑'은 2세 3개월에 습득된다고 하여, 주격조사와 접속조사가 비교적 이른 시기에 습득되는 것으로 서술되고 있다. 한편, 조명한(1982)에서는 공존격조사가 가장 먼저 출현하고 그것에 버금가는 것이 장소격이라고 하였으며, 주격조사는 뒤늦은 발달이 이루어진다고 하여 다소 다른 분석 결과를 내놓고 있다. 보조사인 '는'을 주격조사에 포함시켜 다루고 부사 '같이'와 보조사 '도'를 공존격 조사의 범주에 포함시켜 다루는 등 일반적인 조사 체계와는 다른 조사 체계로 분석을 한 결과로 보인다. 한편, 조명한(1982)에 제시한 주격조사의 예 중에는 장소격이나 공존격 조사와 같은 시기에 나온 것으로 표시된 경우도 있어 좀더 세밀한 분석이 필요하다고 본다. 어떻든 본 논의의 분석 자료에 의하면 같은 시기에 주격조사 '가', 접속조사 '랑', 부사격조사 '(에)다', 호격조사 '아'가 나타나고 있어 이은경(1999)의 견해와 일치하는 양상을 보이고 있다.

    ㅁ. 보조사: 는, 도

(18ㄱ)의 '서'는 '혼자서, 둘이서'와 같이 소위 인수사에 붙는 주격형태이
다. (18ㄴ)의 목적격 조사 '을'이 처음으로 출현을 하는 것은 예상치 못한
양상이다.[20] (18ㄷ), (18ㄹ)과 같이 부사격 조사로는 '에, 에다, 한테', 접
속조사로는 '랑, 하고'가 출현을 한다. (18ㅁ)의 보조사 '는, 도' 형태가
처음으로 출현을 하는 것도 눈에 띄는 발달이다. 이러한 양상은 23개월
에도 비슷하게 나타난다. 이 시기의 조사 목록은 다음과 같다.

    (19) ㄱ. 주격조사: 가
        ㄴ. 부사격조사: 에, 에다
        ㄷ. 호격조사: 아
        ㄹ. 접속조사: 하고
        ㅁ. 보조사: 는, 도

    한편 어미류의 확장 양상도 발견할 수 있다. 이 시기 어미류의 출현
양상을 표로 정리하면 다음과 같다.

〈표 8〉 어미류의 출현 양상(21~23개월 시기)

범주	세부 유형	21개월	22개월	23개월
어미류	선어말 어미	1	1	1
	종결어미	7	9	3
	연결어미	1	3	4
	전성어미		2	2

20) 목적격조사는 비교적 습득이 늦은 형태이다(조명한 1982, 김영주 1992, 이은경 1999). 그런
데 본 연구 자료에서는 비교적 이른 시기에 출현을 하고 있는 것이다. 동화책을 보면서
'곰이 어떻게 했어?'라는 말에 '춤을 빙글빙글'이라고 아동이 대답한 경우이다. 그러나 빈
도수가 1회에 불과하고 동화책을 보는 상황이어서 지연모방일 가능성이 높다. 적어도 목적
격조사가 습득되지는 않은 단계로 판단된다.

21개월 시기의 어미 출현 양상을 보이면 다음과 같다.

   (20) ㄱ. 선어말 어미: 었
       ㄴ. 종결어미: ㄴ대, 네, 다, 세요, 어/어요, 지, ㄴ데
       ㄷ. 연결어미: -어

위에서 보듯이 어미 형태가 많이 추가되는 양상을 보인다. 전 단계에서는
나타나지 않았던 '세요. ㄴ대, 네, ㄴ데'와 같은 어미류가 출현을 한다.[21]
(20ㄷ)에 나타난 연결어미 '어'는 보조용언 구성에서 본용언과 보조용언
을 연결시켜주는 어미이다. 이 연결어미는 복합문을 구성하는 전형적인
연결어미로 볼 수는 없지만, 어떻든 복합문 구성과 관련된 과도기적 발달
과정으로 볼 수 있다.
  22개월의 어미 출현 형태는 다음과 같다.

   (21) ㄱ. 선어말 어미: 었
       ㄴ. 종결어미: ㄹ게, ㄹ거야, 네, 다. 습니다. 어/어요, 어야지, 자, 지
       ㄷ. 연결어미: 어, 고, 으면
       ㄹ. 관형형 전성어미: ㄴ, ㄹ

(21)은 어미 형태인데, (21ㄱ)처럼 선어말 어미로는 여전히 '었'만 출현한
다. '모르겠어요'를 의미하는 '모-떠요'라는 표현이 나타나는데, 이 표현
에 '겠' 형태가 포함된 것으로 볼 수도 있지만, 확실하지는 않다. (21ㄴ)
과 (21ㄷ)은 종결어미와 연결어미의 형태들이다. (21ㄴ)에서 보면 청유형
어미 형태 '자'가 처음으로 출현하고 있다. (21ㄷ)의 연결어미의 경우

---

21) (20ㄴ)의 'ㄴ데'는 '엄마 건데'와 같은 표현에서 나타나는데, 성인의 문법 관점에서 형태로
    보면 연결어미이지만, 실제 연결어미 형태들이 구어에서는 종종 종결어미와 같이 사용된다
    는 점을 감안하여 종결어미류에 포함시켰다.

'어'는 보조용언 구성에 나타나는 어미이며, '고'는 '먹고 있네'와 같이 보조용언 구성에도 나타나고 '손 씻고 치카치카해'와 같이 접속문에도 나타난다. '으면'은 종속접속어미로서 이 시기에 이르면 접속문 구성도 어느 정도 이루어짐을 볼 수 있다. (21ㄹ)은 관형형 전성어미로 '할 수 있어' '하얀 거'와 같은 구성에서 출현 양상을 살필 수 있다. 복합문 구성 능력에 필요한 요소들이 습득되기 시작하였음을 알 수 있다.

23개월에는 다음과 같은 어미류가 출현을 한다.

(22) ㄱ. 선어말 어미: 었
　　 ㄴ. 종결어미: 다. ㄴ다. 어/어요.
　　 ㄷ. 연결어미: 게, 고, 어, 어서
　　 ㄹ. 관형형 전성어미: ㄴ, ㄹ

이전 단계에 비해 연결어미 '어서, 게', 종결어미 '게'가 추가되고 있다. 계기와 인과의 의미를 지닌 연결어미 '어서'의 첫 출현이 두드러진 양상이다. 단순문 문장 구성에 필요한 요소들의 습득이 어느 정도 완결된 양상을 보여주고 복합문 구성과 관련된 어미류가 출현하고 있다.

지금까지 각 개월별로 문장 구성 요소의 출현 양상을 살펴보았다. 각 범주별로 주요사항을 정리하면 다음과 같다.

〈표 9〉 문장 구성 요소의 습득 및 발달 양상

구분	범주		습득 및 발달 양상
체언	명사	일반 명사	12개월 경에 '엄마'를 필두로 하여 발달하기 시작하는데, 12~13개월은 '엄마, 아빠' 수준이고 14개월 정도가 되면 명사가 본격적으로 발달하기 시작한다.
		의존 명사	17개월에 처음으로 '것(거)' 형태가 출현을 하여, 21개월까지는 다른 형태가 추가되지 않는다. 24개월까지 발달하는 형태는 '것, 개' 정도로 보면 될 듯 하다.
		고유 명사	고유명사의 경우는 16개월부터 출현을 하는데, 그 출현 양상을 보면 두 가지로 크게 나누어 볼 수 있다. 하나는 자신의 이름을 지칭하는 것이며, 다른 하나는 인형과 같은 유아용 캐릭터의 이름을 부르는 경우이다.
	대명사		15개월부터 19개월까지는 '여기, 이거' 등 장소/사물대명사가 먼저 발달하고, 21개월에 1인칭대명사가 나타나며 2, 3인칭은 나타나지 않는다.
	수사		19개월 '하나'에서 '열'까지의 형태는 출현을 하지만 단순한 말놀이에 불과하다. 24개월까지는 수사의 형태는 발화할 수 있지만 그 의미적인 발달은 이루어지지 않는 것으로 보인다.
용언	동사 형용사 보조용언 지정사 존재사		대체로 17개월부터 발달하기 시작하여 21~22개월 경에 명사 발달 못지 않은 상당한 발달이 이루어지는 것으로 보인다. 용언 범주 중에서 형용사, 동사, 보조용언의 세부적인 발달 양상도 관심거리이다. 전체적으로 보아 동사-형용사의 발달에 이어 지정사가 발달하며, 존재사는 다소 뒤늦게 발달하는 양상을 보여주며, 보조용언이 가장 늦게 발달하는 것으로 보인다.
수식언	부사		명사 습득이 본격화되는 시기인 14개월에 의성의태어들이 출현을 한다. 17개월까지는 지속적으로 의성의태어만 출현을 하고 18개월부터 '또, 안, 다시, 아까, 못, 계속, 그냥, 이따가, 빨리, 많이, 이만큼, 잘, 제일'과 같은 전형적인 부사들이 발달한다.
	관형사		관형사 범주는 22개월에 출현하는 수관형사 '두'가 전부이다. 지시관형사나 성상관형사는 나타나지 않는다. 다만, '이거', '이쪽', '저쪽'과 같은 대명사류에서 지시관형사의 출현 징후를 엿볼 수 있을 뿐이다.
독립언	감탄사		엄마의 말에 응답하는 표현들까지 감탄사 범주에 포함시키면 가장 먼저 습득되는 어휘인 '엄마'보다도 다소 이른 시기에 발달하는 듯 하다. '어, 응'류의 대답을 제외하고 확실하게 감탄사로 인정되는 '아야'와 같은 형태가 14개월 무렵에 나타난다. 17개월에 '아니' 19개월 '네' '우와' 20개월에 '야(부름), 아냐', 22개월에 '아휴', 23개월 '빠이빠이, 안녕'과 같은 감탄사가 추가된다.

구분	범주	습득 및 발달 양상
관계언	조사 격조사 보조사 접속조사	조사의 경우는 비교적 늦은 시기인 20개월에 접어들어서야 주격조사 '가' 형태로 보이는 사례가 나타난다. 21개월 시기에는 주격조사 '가', 부사격조사 '에다', 호격조사 '아', 접속조사 '랑'이 출현을 한다. 전반적으로 '주격조사, 부사격 조사, 호격조사, 접속조사' 등이 먼저 발달하고 그 이후 '보조사'가 발달하며 '목적격조사'는 출현한 조사 형태 중에서는 가장 늦게 발달이 이루어진다고 여겨진다. 24개월까지는 관형격조사가 출현하지 않는다.
어미류	종결어미 선어말 어미 연결어미 전성어미	어미류는 용언의 출현과 더불어 나타날 수 있는 범주인데, 15개월에 처음 나타난 용언류에 포함되어 있는 어미 형태는 서술형종결어미 '어'이다. 서술형, 의문형, 명령형, 청유형의 순으로 습득이 이루어진다. 21개월까지는 종결어미 습득이 주로 이루어지고 22~23개월에는 연결어미와 전성어미가 습득되기 시작한다. 선어말 어미는 '었', '는' 형태가 습득되는 것으로 보인다.

3. 문장 구성 능력 발달

여기에서는 문장 구조의 발달 양상을 앞서 살핀 문장 구성 요소의 발달 과정과 관련지어 살피기로 한다. 앞(2장)에서 문장 구성 요소가 습득이 되면 그것들을 구조화하고 조직화하는 과정을 되풀이하면서 문장 구성 능력이 발달시켜 나간다고 하였다. 구성 요소에 관한 습득이 먼저 이루어지고 그 이후 조직화의 단계가 나타난다는 것이다. 이런 점 때문에 문장 구성 능력의 단계 구분은 2장의 단계 구분과 그 시기가 일치하지 않고 1개월 가량 늦은 양상을 보인다. 그 구체적인 발달 양상을 살피기로 한다.

3.1. 체언 습득 및 구조화 시험기

12~17개월 시기는 체언류를 습득하고 그것들의 구조화를 실험하는 시기이다. 용언 습득이 본격적으로 이루어지기 전에 이미 습득된 명사 등

을 결합시켜 표현하는 단계인 것이다.22)

　문장의 구조적인 측면에서 보면, 16개월까지는 소위 1어문 단계이다. 문장의 조직화나 구조화와 관련시킬 만한 현상을 발견하기가 어렵다. 굳이 찾아본다면 "1어"에 무엇인가 덧보태지는 '엄마 엄마'와 같은 동어 반복 현상이나, '엄마마마'와 같은 표현을 들 수 있다.23) 이러한 양상도 문장 구성 요소들을 결합시키거나 조직화하는 능력의 발달 선상에서 이해할 수 있을 듯 하다.

　이 소위 1어문 시기는 문장의 기본 구성 요소인 어휘를 집중적으로 발달시켜 가는 과정으로 볼 수 있다. 앞서 제시한 바와 같이 특히 명사류어의 출현이 대부분인데, 이러한 과정을 통하여 어휘 형태를 익히고 의미를 파악해 가는 최초 문장 구성 능력의 발달 단계이다.

　17개월 시기가 되면 이 시기에는 2어문 전단계로 알려진 '어휘+알 수 없는 표현'과 2어문이 동시에 나타난다. '어휘+알 수 없는 표현'의 몇 가지 예를 보자.24)

　　(1) ㄱ. 엄마 지이, 여
　　　　ㄴ. 엄마 무신 저예
　　　　ㄷ. 엄마 낄때 어마

---

22) 이러한 단계 구분은 2장에서 보인 단계 구분과 그 시기가 다소 다르다. 2장에서는 12~16 개월 기간을 체언습득기로 보고 17개월부터는 용언습득기로 구분하였는데, 문장 구성능력에서는 12~17개월이 한 단계로 묶이는 것이다. 이는 앞서도 언급한 바와 같이 구성 요소가 먼저 습득된 후 구조화 과정이 뒤따르는 데에 약간의 시차가 있기 때문이다.

23) '엄마 마마마'와 같은 표현을 2어문 구성의 전 단계인 '어휘+알 수 없는 표현(jargon)'으로 볼 수도 있는데, 결론적으로 말하면 그렇지는 않다고 여겨진다. '어휘+알 수 없는 표현 (jargon)'으로 볼 수 있는 사례들과 비교할 때, 비슷한 음성들이 반복되는 양상을 드러내기 때문이다. 17개월에 나타나는 표현은 '엄마 지이, 여'와 같이 다양한 음성이나 형식으로 나타난다. 다만, "어휘+알 수 없는 표현"의 초기 단계로는 인정할 수 있을 듯도 하다.

24) 이 논의의 서술 과정에서 2어문은 '소위, 선행 연구들에서 언급한'과 같은 특별한 단서가 없는 한 어절수가 2개라는 의미로 사용한다.

　　ㄹ. 아빠 빨데어

　　ㅁ. 아빠 안나나나

위의 예들은 종전의 '엄마 마마마'와는 확실히 다른 양상을 보여준다. 어
휘와는 전혀 다른 유형의 음성적인 현상들이 출현을 하고 어휘와 알 수
없는 표현 사이에 휴지도 비교적 명확한 편이다.[25]

　　한편, 앞서도 지적한 바와 같이 17개월 시기에는 2어문 표현도 출현을
한다. 관련 예시를 들면 다음과 같다.

　　(2) 새, <u>꼬꼬</u>

　　(3) ㄱ. 아빠 거

　　　　ㄴ. 엄마 거

　　(4) ㄱ. 아빠 호따이[회사] {'아빠 회사 갔다'의 의미}

　　　　ㄴ. 오빠 붕 {'오빠 붕 갔다'의 의미}

(2)는 먼저 '새'라는 표현을 했다가 '꼬꼬'로 자신의 말을 번복한 것이므
로 선행 연구들에서 일컫는 2어문으로 보기는 어렵다. 그렇지만 소위 2
어문 시기로 접어드는 과도기적 현상으로 이해가 된다. (3)은 수식 구성
인데, '명사+명사'의 수식 구성이 아니라 '명사+의존명사'의 수식 구성
이라는 점이 특징이다. 이 시기에 의존명사 '(것)거'가 출현을 하는데, 바
로 수식 구성에 나타나고 있다. 이는 성인의 관점에서 보면 의존명사의
성격상 당연한 일이지만, 아동의 경우 이러한 점을 분명히 인식한다고 여
겨지지는 않는다. 아마도 '아빠 거'라는 표현 전체를 하나의 낱말처럼 인
식하고 발화하는 단계일 가능성이 많다. 그러나 '아빠 거', '엄마 거'라는

---

25) 그런데, 이러한 관점이 지나치게 성인의 입장에서 살핀 결과가 아닌가 하는 우려는 있다.
　　아동은 무엇인가 의미를 전달하려 한 것인데, 성인이 이해를 못한 것일 수 있다.

대립쌍이 나타나는 것으로 보아 '거'라는 의존명사의 존재를 어느 정도 인식하고는 있는 듯하다. 선적으로만 생각하면, 16개월 시기에 나타난 대명사 '이거'와 연관지어 볼 수도 있을 듯 하다. '이거'가 품사로는 대명사이지만 원래 지시관형사 '이'와 의존명사 '것(거)'가 결합된 것이다. 이렇게 보면 '엄마 거'라는 표현이 갑자기 나왔다기보다는 '이거'라는 표현에서 좀더 발달된 구성인 것으로 이해할 수도 있을 듯 하다. 어떻든 이 예는 명사구절의 발달과 관련된 첫 사례라는 점에서 의미가 있다. (4)의 경우가 소위 2어문에 해당하는 것으로 용언이 출현하지 않은 상태의 2어문이다. 문장 구조로 치면 '주어+장소부사어', '주어+부사'의 구성이다. 용언 형태가 포함된 2어문은 보이지 않는다. 앞의 문장 구성 요소의 발달 과정에서 이 시기에 용언 형태가 비교적 본격적으로 산출된다고 하였는데, 용언 습득이 시작되는 시기이기 때문에 2어문에 용언이 출현하지 않는 것으로 여겨진다. 이 경우 용언이 문장 구성의 핵임을 감안하여 용언 1어문으로 볼 수 있을 것이다.26) 결과적으로 이 시기의 의미있는 발달 양상은 명사구절과 소위 전보문 구성, 용언 1어문 구성의 세 가지 양상이라고 하겠다.

　　문장 구성 요소의 발달 양상과 관련지어 보면, 명사와 일부 상징부사

---

26) 종전 연구에서는 2어문이라는 표현 속에 용언이 포함된 경우와 포함되지 않은 경우를 함께 다루고 있다(조명한 1982, 이승복 1997, 조숙환 1997). 이런 관점에서 보면 (3)은 '소유자-소유', (4ㄱ)은 '행위자-장소', (4ㄴ)은 '행위자-행위'의 의미 관계가 될 것이다. 이 세 가지 유형의 의미 관계가 소위 2어문 의미관계 중에서 가장 먼저 발달한다고 할 수 있다. 그러나 발달 단계를 파악하는 데에는 이러한 분석이 한계를 지니고 있다고 여겨진다. '오빠 붕'과 이 이후에 출현하는 '엄마 먹어'가 의미 관계로는 '행위자-행위'로 동일한 것이지만, 발달 단계로 보면 아주 다른 구성이다. 사실 의미 관계나 격관계라는 것이 모든 언어에 포함되어 있는 공통성을 추출하기 위해서 만들어진 포괄적인 개념이기 때문에 이러한 개념으로 발달 단계를 세밀하게 기술하기는 어렵다. 발달 과정을 검토하려면 오히려 더욱 세부적인 의미 자질을 설정하여 어떤 유형의 의미를 지닌 어휘나 형태들이 결합하는가를 살펴야 할 것이다.

류가 발달하는 시기에 이어 나온 구성으로 구성 요소의 발달 후 구조화라는 본 연구의 가설에 부합되는 양상이다. 한편, '엄마 거'와 같은 명사구절에서 의존명사 '거'는 그 이전에 나타나지 않는다. 이 성분이 의존성분임을 감안하면 당연한 결과이다. 다만, 이것이 명사구절이라기보다는 전체적으로 한 낱말과 같은 발달 양상을 보여주는데, 이렇게 의존성이 강한 요소들은 전체적인 결합을 하나의 어휘처럼 인식한 뒤 점차 분리해 나가는 과정을 거치는 것으로 보인다. 흥미로운 것은 이 시기에 전 단계에 거의 출현하지 않았던 용언류가 일부 출현하고 있는데도 아직은 결합된 형식으로는 나타나지 않는다는 점이다. 용언류의 발달이 본격적으로 이루어지지 않았기 때문에 나타난 결과로 보인다.

3.2. 용언류 습득 및 단순문 구성기

18~21개월 시기에는 용언류가 습득되고 조사가 습득되면서 단순문 구성이 나타난다. 용언 습득의 과정을 거치면서 이제 문장 구성 능력이 발달하기 시작한 것이다.

18개월 시기가 되면 2어문 구성에 용언 형태가 나타나기 시작한다. 이 시기에 발견되는 2어문 구성은 다음과 같다.

    (5) 압뻐 꺼. [아빠 거.]
    (6) 엄마 곰부. [엄마 공부.] {'엄마가 공부한다'의 의미}
    (7) ㄱ. 무 저. [물 줘]
        ㄴ. 엄마 애. [엄마 해] {'엄마가 해라'의 의미}

(5)와 (6)은 이미 17개월에도 나타났던 2어문 구성이다. (7)의 경우는 용언이 포함되어 있는 2어문 예로 처음 출현하고 있다. (7ㄱ)은 주어가 없

는 '목적어+동사' 구성이고 (7ㄴ)은 목적어가 없는 '주어+동사' 구성이
다. (7ㄱ)의 경우 성인의 관점에서 보면 명령문의 주어 생략은 당연한 것
이므로 완전한 문장으로 볼 수도 있지만, 아동의 경우에는 아직 주어가
출현하는 양상이 나타나지 않았기 때문에 성인의 표현인 '물 줘'와는 다
르게 보아야 한다. 성인의 표현인 '물 줘'는 완전한 문장이지만 이 시기
의 아동 단계에서는 미완성문으로 보아야 한다는 것이다. 결국 아직까지
는 필수 성분이 모두 포함된 완전한 문장 형태는 나타나지 않는다고 할
수 있다.

(7ㄱ)의 경우는 '목적어+동사'라는 동사구절의 첫 출현이라는 의미도
있다. 동사구절의 대표적인 형태로 '목적어+동사' '부사어+동사' 구성
이 있는데, 그 중 '목적어+동사' 구성이 먼저 나타나고 있는 것이다. 18
개월 시기의 2어문 구성 유형을 보면, 전 단계에 나타났던 명사구절, 소
위 전보문이 나타나고 '목적어+동사'인 동사구절, 용언 형태가 포함되어
있는 미완성문장이 새로이 나타나고 있다.[27]

문장 구성 요소의 발달과 관련지어 볼 때, 17개월부터 일부 용언이 출
현하고 있는데, 이러한 용언들이 본격적으로 구조화에 참여하는 시기로
보인다. 필수 성분이 빠져 있기는 하지만 적절한 명사와 용언을 결합시킴
으로써 일종의 하위범주화 정보도 발달하기 시작했음을 보여준다. 한편
17개월에 용언이 출현하고 18개월에 이것에 관한 일정한 구조화가 시작
되는 것은 상당히 빠른 속도이다. 체언의 경우 12개월에 처음으로 체언
이 나타나고 20여개의 어휘 목록이 출현하는 시점까지도 소위 2어문 구

---

27) 조명한(1982), 이승복(1997)과 같이 의미 관계로 보면 (5)는 '소유자-소유', (6)은 '행위자
-행위', (7ㄱ)은 '행위대상-행위', (7ㄴ)은 '행위자-행위' 관계라 할 수 있다. 이전 시기
와 비교할 때, (7ㄱ)의 '행위대상-행위'의 의미 관계 구성이 새로이 나타나고 있으며, 이
의미 관계가 아직 출현하지 않은 의미 관계 표현보다 일찍 습득될 가능성이 많음을 의미
한다. 다만, 이러한 분석의 한계는 앞서 지적한 바 있다.

성이 출현하지 않았음을 보면 그 급속한 발전 속도를 알 수 있다. 이는 소위 전보문 시기를 거치면서 문장 구성 요소들의 구조화 방식을 터득했기 때문인 것으로 보인다. 이는 처음에 '엄마'라는 형태가 출현한 후 4-5개월여 동안 어휘 발전을 보여주지 못하다가 그 이후 갑자기 어휘 목록이 증가했던 것과도 동일한 양상이다. 처음 발달하는 어휘를 통하여 어휘 습득의 방식을 터득하게 되면 발달 속도가 빨라지는 것처럼 구조적인 측면에서도 처음 결합 방식을 터득하기까지는 시간이 다소 소요되지만 일단 그러한 방식을 터득한 후에는 짧은 시간 안에 다양한 결합 유형을 발달시켜 간다는 것이다.

19개월 시기에는 18개월 시기에 비해 좀더 다양한 2어문 구성이 나타나며, 또한 필수 성분이 다 갖추어진 완전한 문장의 형식을 갖춘 경우들이 나타난다.

    (8) ㄱ. 요거 바지
       ㄴ. 요거 패띠[팬티]
       ㄷ. 요거 꼬까. {꼬까는 '옷'의 의미}
       ㄹ. 이거 오빠
       ㅁ. 요거 양말
    (9) ㄱ. 양말 없다
       ㄴ. 빨래 업쩌[없어]
    (10) 비 안다[온다]
    (11) ㄱ. 아빠, 엉아 {'엉아'는 아동 이름}
       ㄴ. 아빠, 엄마
    (12) ㄱ. 아야파 [아야, 아파]
       ㄴ. 고기야, 우와!

(8)은 지정사 구문(A는 B이다)의 전 단계로 볼 수 있는 '이다' 없는 주어+

보어 구성이다. (9)는 주어＋형용사서술어, (10)은 주어＋동사서술어의 구성이다. (11)은 문장 구성이 아니라 낱말 접속 구성으로 명사를 대등하게 나열하고 있는 예이다. (12ㄱ)은 감탄사＋형용사 구성이다. (12ㄴ)은 주어 없는 지정사구에 감탄사가 결합된 일종의 도치문 형태를 띠고 있다. (8)은 지정사가 나타나지 않은 미완성 문장 형태이고, (9), (10)의 예는 완전한 문장의 형태를 갖추고 있음을 볼 수 있다. 전 단계와는 다른 구성들이 출현하고 있음을 알 수 있다. 한편, (11)은 낱말 접속의 예인데, 접속문 구성 능력 발달의 전조로도 이해할 수 있을 듯 하다. (12ㄱ)의 경우는 사실 거의 한 덩어리 표현으로 볼 수도 있는 것이며, (12ㄴ)의 경우는 두 발화로 보는 것이 합당할 듯 하다. 어떻든 이런 구성들도 문장의 구조화와 관련된 일정한 징후로 볼 수 있는데, (12ㄱ)의 경우는 상징부사＋용언과 같은 동사구절과 연계성을 지닐 듯 하다. 구조나 의미적인 측면에서 '꿀꿀 운다'와 같은 표현과 대등한 것으로 볼 수 있기 때문이다.[28] (12ㄴ)의 경우는 이 사례만으로 단언하기는 어렵지만 어순과 관련된 징후로 볼 수 있다. 문장의 어순에 익숙해지고 문법 형태소에 대한 습득이 이루어진 단계에 이르면 '뿡뿡이 데려와, 엄마가'와 같은 도치 현상이 일어나기 시작하는데, 그러한 현상과 관련지어 생각해 볼 수 있을 듯 하다. 이 시기의 가장 뚜렷한 특징은 완전한 2어문 문장을 발화하기 시작했다는 점과 그러면서도 아직은 격조사가 나타나지 않는다는 점이다.[29]

---

[28] '아야'는 감탄사이고 '꿀꿀'은 상징부사로 문법에서 품사 유형은 다르게 취급이 되지만, 둘 다 소리를 본 딴 것이라는 점에서는 동일하다.

[29] 의미 관계로 보면 (8)은 '지시－실체'의 관계이다. (9)는 X-부정(비존재, nonexistence), (10)은 무생물 주어가 동사와 함께 나타난 경우로 선행연구에서 제시한 의미 관계로는 무생물도 행위자로 보면, '행위자－행위'로 볼 수 있고, 아니면 '행위대상－행위' 관계로 볼 수 있다. (11)은 낱말 접속의 예로 "X＋X(접속관계, conjunction)"이다. (8)의 '지시－실체', (9)의 "X-부정(비존재, nonexistence)", "X＋X(접속관계, conjunction)"가 새롭게 추가되고 있는 양상이다. 그러나 이런 분석의 한계는 앞서 언급한 바 있다.

이 시기의 자료를 보면, 어미류는 그 습득 여부를 떠나 다양한 형태들이 출현하는데, 조사는 출현을 하지 않고 있다. 조사가 어미류보다 늦게 발달하는 것은 어미와 조사의 범주 성격이 다소 다르기 때문에 나타나는 현상으로 여겨진다. 우리말에서 어미는 용언 어간과 결합하는 의존 성분이다. 어미가 없으면 용언이 출현하지 못하고, 용언이 없으면 어미가 출현할 수 없다. 그러나 명사는 이보다는 좀 더 독립성이 강하다. 조사가 없어도 명사는 독립적으로 문장 성분이 될 수 있기 때문이다. 또한 그 습득 필요성의 측면에서도 차이가 있다고 본다. 격관계는 어순으로 어느 정도 표출이 가능하며, 특히 구조격인 주격과 목적격은 완전히 어순만으로 표현이 가능하기 때문에 굳이 조사를 습득하지 않아도 된다. 이러한 차이점이 조사와 어미의 발달 순서에 영향을 미치고 있다고 본다.

20개월 시기에는 2어문이 대부분이지만 3어문도 출현하고 있어 점진적인 발전이 이루어지고 있음을 짐작케 한다. 이 시기의 구문 출현 양상은 다음과 같다.

(13) ㄱ. 아빠 거
　　ㄴ. 오빠 거
(14) 여-이따. [여기 있다]
(15) 땅땅땅 보까[볼까]? {'땅땅땅'은 '스티커놀이책'을 의미}
(16) ㄱ. 아빠 죠[줘].
　　ㄴ. 엄마 먹어.
(17) ㄱ. 야옹이 냠냠핻떠[냠냠했어].
　　ㄴ. 야옹이 냠냠했지?
　　ㄷ. 닥, 깍, 꼭깍 핻떠 [닭 꼬꼬댁 했어]
(18) ㄱ. 꾸꾸이 빠빵 따. [꿀꿀이 빵빵 타]
　　ㄴ. 고미 우유 먹찌. [곰 우유 먹지]
(19) ㄱ. 안 먹어.
　　ㄴ. 고기 안 먹는다네.

(20) ㄱ. 야! 맘마-!

　　 ㄴ. 얌얌, 야옹이 [냠냠 야옹이]

(13)은 명사구절, (14)는 부사어＋서술어(존재사), (15)는 목적어＋동사서술어구성, (16)은 목적어가 없는 주어＋동사서술어 구성이다. (17)의 경우는 '얌얌'이라는 유아어가 포함되어 있어서 분석의 가능성이 여러 가지일 수 있는데, '얌얌하다'를 하나의 동사로 보면 주어＋동사서술어인 2어문 구성이고, '얌얌'을 의성의태어인 상징부사로 보면 주어＋상징부사＋동사서술어의 3어문 구성이다. (18)의 경우는 주어＋목적어＋동사서술어의 완전한 3어문 문장 구성이다. (19)의 경우는 처음으로 부정문 형식이 나타나고 있다. (19ㄱ)에서 보듯이 엄마가 "너 먹어"라고 하자 "안 먹어"라는 거부의 표현을 하고 있다. 한편, (19ㄴ)과 같은 경우는 그 어미 종류 등으로 보아 일종의 모방 발화인 것으로 여겨지는데, 어떻든 부정부사 '안'의 출현은 눈여겨 볼 대목이다. (20)의 경우는 기타 유형으로 (20ㄱ)은 감탄사와 명사가 연속적으로 나타나고 있는데, 2개의 1어문 발화가 연속된 것이다. (20ㄴ)은 "야옹이 어떻게 하고 있어?"라는 질문에 대한 대답인데, 일종의 도치문 형식이다. 문장 구조 유형으로 보면, 전 단계의 목적어＋동사 구성에 이어 부사어＋용언인 동사구절이 나타나고 있으며, 주어＋목적어＋동사의 3어문이 처음으로 나타난다. 부정문이 출현하며, 일종의 도치문 구성도 새로이 나타나고 있다.[30]

　　문장 구성 요소의 발달과 관련지어 보면, 앞선 단계에서 이미 문장 구성

---

30) 의미 관계로 보면 (13)은 '소유자－소유', (14)는 '장소－행위', (15)는 '행위대상－행위', (16)은 '행위자－행위'이다. (17)는 2어문 구성으로 보면 '행위자－행위' 관계이다. (18)은 '행위자－행위대상－행위'의 구성이고 (19)은 '행위대상－행위'의 관계이다. 전 시기와 비교하면 2어문 구성에서는 '장소－행위'가 추가되고 있고, 3어문 구성에서 '행위자－행위대상－행위'의 관계가 처음 출현하고 있다.

요소에 필요한 범주들은 조사를 제외하고는 어느 정도 발달이 이루어진 상황이다. 따라서 조사가 없는 기본 단순문 출현은 자연스러운 결과이다.

21개월 시기의 문장 구성을 보면, 소위 삼어문 구성의 빈도가 훨씬 높아지고 주격조사를 비롯한 일부 격조사도 포함된 양상을 보인다. 기본적인 문장 구성 능력의 발달이 어느 정도 완성된 것으로 보인다. 특징적인 몇 예문을 보이면 다음과 같다.

> (21) 아나 줘? [안아 줘]
> (22) 엄마가 기린 그림 떠. [엄마가 기린 그림 써] {'써'는 '그려'의 의미}
> (23) 나 아까 포도 먹었지?
> (24) 꾸꾸양 토끼양 떠. [꿀꿀이랑 토끼랑 써] {'써'는 '그려'의 의미}
> (25) 아빠 못 바떠. [아빠 못 봤어.]
> (26) 고기 아야한대. {'아야하다'는 '아프다'의 의미}

(21)은 처음으로 나타나는 본용언+보조용언 구성이다. (22)는 앞서 출현한 전형적인 3어문 예인데, 앞선 시기와 다른 점은 주격조사 '가'가 포함되어 있다는 것이다. '기린 그림'이라는 구성에서 명사+명사의 명사구절이 출현함도 볼 수 있다. 앞서 '엄마 거'와 같은 의존명사가 포함된 명사구절이 이후 나타난 새로운 유형의 명사구절이다. (23)은 처음으로 출현한 주어+부사어+목적어+동사의 4어문 예이다. (24)의 경우는 목적어 위치에 낱말 접속 형태가 나타난 예이다. 심층적으로 보면 2개의 문장이 결합된 것으로 볼 수 있다. (25)는 '못'에 의한 부정문의 첫 사례이다. (26)은 특이한 경우로 여겨지는데 'ㄴ대'가 'ㄴ다고 해'의 줄임말이므로 복합문 구성으로 볼 수 있다. 그러나 그렇게 보기는 어렵고 아동의 경우는 'ㄴ대'를 하나의 통합된 어미로 보는 것이 합당하다고 본다. 앞 시기와 비교할 때, '명사+명사'의 명사구절이 출현하고, (23)의 '아까 포도

먹었지(부사+목적어+동사)'와 같은 표현에서 동사구절의 확장을 읽어낼 수 있다. '못'에 의한 부정문이 새로이 나타나고 있으며, 주격조사 등이 포함된 3어문 구성이 출현한다. 또한 4어문 구성도 새로이 나타나서 이 시기 정도가 되면 어느 정도 단순문 구성에 관련한 기본 능력은 습득이 완료된 상태로 볼 수 있다.

문장 구성 요소의 습득과 연관지어 보면 20개월 시기에 주격조사의 습득 조짐을 볼 수 있었는데, 곧바로 이어서 21개월 시기에 일부 격조사들이 포함된 문장이 나타나고 있어서 점진적인 발달의 과정을 읽어낼 수 있다. 보조용언 구성의 출현이 눈에 띄는데, 이미 18개월에 본용언 '주다'가 발달하고 있으므로, 이 시기의 '본용언+주다'의 출현도 예측할 수 있는 현상이다. '부사+목적어+용언'과 같은 동사구절의 확장도 이미 그러한 구성 성분들이 앞 시기에서 이미 다 나타난 것들이기 때문에 가능한 결과로 본다.

3.3. 구절의 확장 및 복합문 출현기

22~23개월 시기는 동사구절이나 명사구절의 확장이 이루어지며 복합문 구성이 출현하는 시기이다. 21개월 무렵에 단순문 구성 능력이 어느 정도 완성된 후 예견할 수 있는 자연스러운 발달 과정이다.

22개월 시기에는 구문상의 특징도 다양해지는데, 명사구절과 동사구절이 현저히 발달하는 양상을 보인다. 아래의 예를 보자.

(27) ㄱ. 아빠 곰/아가 곰, 악어 아저씨/오리 아저씨
    ㄴ. 큰 멍멍이야.
    ㄷ. 하얀 거

(28) ㄱ. 꼭 안내[안아].

ㄴ. 요렇게 줃떠[주었어].

ㄷ. 계속 먹구 있네. [계속 먹고 있네.]

ㄹ. 핑그핑그 추믈 추떹떠. [빙글빙글 춤을 추었어].

(29) ㄱ. 찾아 줘.

ㄴ. 강아지가, 찾아 왇쩌[왔어].

ㄷ. 딴땅 기유와 바. [사탕 그려 봐]

ㄹ. 먹구 있네. [먹고 있네.]

(27)은 명사구절의 예들이고, (28)은 부사가 포함되어 있는 동사구절의 예이다. (29)는 '본용언+보조용언' 구성의 예이다.[31] 우선 (27ㄱ)의 '아빠 곰', '아가 곰', '악어 아저씨, 오리 아저씨' 등은 성인의 관점에서는 명사구절이지만 아동에게는 하나의 합성어처럼 인정될 수도 있는 사례이다. 그러나 '아빠곰/아가곰', '악어 아저씨/오리 아저씨'의 대립쌍에서 볼 수 있는 것처럼 적어도 선행 명사를 구분해낼 수 있기 때문에 명사와 명사의 결합구조로 볼 수 있다. (27ㄴ, ㄷ)의 경우는 형용사 '크다, 하얗다'에 관형형 전성어미 'ㄴ'이 포함된 관형어가 후행 명사류어를 수식하는 명사구절의 예로서 이전에는 출현하지 않았던 새로운 구성 유형이다. (28)의 경우는 주로 부사가 동사를 수식하는 사례를 모아 제시한 것이다. 물론 이 구성이 앞서도 출현한 것이기는 하지만 상당히 다양한 양상으로 출현하고 있으며, (28ㄹ)과 같은 경우는 '부사+목적어+동사' 구성에 볼 수 있듯이 동사구절의 확장 예도 볼 수 있다. '부사+동사'의 구성이 본격적으로 출현하고 있음을 알 수 있다. (29)의 경우는 보조용언 구성인데, 21개월 시기에 '주다'만 출현했던 것에 비해 '오다, 보다, 있다' 등이 사

---

31) (29)의 경우는 단순문으로 보아 동사구절로 보는 견해도 있고, 복합문으로 보는 견해도 있으며, 심지어 '아, 게, 지, 고'를 부사형어미로 보는 전통 문법에서는 '부사어+용언' 구성으로 보기도 하는데 어떻든 동사구절과 연관되므로 여기에 제시한다.

용되고 있어 보조용언 구성도 본격적으로 발달한 양상을 보여준다.

한편, 이 시기의 문장 구성을 보면 앞서 나왔던 단순문 구성 외에도 아래와 같은 다양한 구문 양상들이 나타난다.

> (30) 뚠 찌구, 우유 먹구, 찌까찌까 해. [손 씻고 우유 먹고 치카치카해.]
> (31) 어웅이 어뜨녕 자. [어홍이 없으면 자]
> (32) 여우는 떵동핸 거야. [여우는 떵동한 거야.]
> (33) 엄마 쭈룩해요, 네? {'쭈룩해요' '오줌누다'의 의미}
> (34) 모래가 있었어, 여기에.
> (35) 쭉쭉 안 해. {'쭉쭉'은 '다리주무르기'의 의미}

(30)과 (31)은 각각 계기의 '고', 조건의 '면'이 사용된 종속접속문의 예이다. (32)는 일종의 내포문 구성과 관련된 예들이다. 문장 구성 능력 발달이 복합문으로 이행하고 있음을 알 수 있게 해준다. (33)의 경우는 부가 의문문의 예이고, (34)는 도치문, (35)는 부정문의 예이다. 이러한 유형들은 이전 단계에서는 볼 수 없었던 새로운 구성들로, 복합문까지를 포함한 다양한 문장 구성 방식이 시험되고 있는 단계라 여겨진다.

23개월이 되면 아래와 같은 완전한 복합문 구성이 나타난다.

> (36) 엄마 이거 번 책이져? [엄마 이거 본 책이죠?]
> (37) 던 안져떠 하예. [변기에 앉아서 할래.]

(36)은 관형절이 포함된 복합문 구성이며, (37)은 계기의 '어서'가 사용된 종속 접속문의 예이다. 이 시기가 되면 복합문 구성도 구성적인 측면에서는 어느 정도 습득이 이루어지고 있음을 알 수 있다.

지금까지 24개월의 이전의 문장 구성 요소 발달과 문장 구조 발달을

상호 관련지어 살펴보았다. 문장 구성 요소 습득과 구성 능력 발달 측면
을 관련지어 지금까지 논의한 주요 내용을 표로 정리하면 다음과 같다.

〈표 10〉 문장 구성 요소의 습득 및 문장 구성 능력의 발달

체언 습득 및 구조화 시험기	명사 습득		12-16개월
	상징부사 습득		
		어휘+알 수 없는 표현	17개월
		명사+명사	
		명사+상징부사	
	의존명사 습득	명사+의존명사	
	용언 습득	용언 1어문	
용언 습득 및 단순문 구성기	용언 '주다'	낱말 접속	18-19개월
	일반부사	목적어+용언	
	감탄사 '네'		
		부사+용언	20-21개월
		격조사 없는 완형문장	
	보조적 연결어미	본용언+보조용언	
	부정부사	부정문	
	격조사	격조사 포함 문장	
어미 확장 및 복합문 출현기	종속적 연결어미	내포문 출현	22-23개월
	관형형 어미	접속문 출현	
		도치문	
		부가의문	

위에서 보듯이 문장 구조의 발달은 문장 구성 요소의 발달 단계와 맞물
려서 발달해 가는데, 주로 문장 구성 요소의 습득이 먼저 이루어진 후 그

것과 관련된 다양한 결합 구성이 발달하는 양상을 보인다.32) 출현 시점
은 다소 차이가 있어서 자립성이 강한 어휘의 경우는 구성 요소가 먼저
출현한 이후에 결합 구성에 나타나는데 반해, 의존성이 강한 의존명사,
어미류, 조사 등은 처음부터 결합 구성에 포함되어 출현을 하는 양상이
다. 그러나 이러한 의존 성분들도 일단 구성 요소가 먼저 습득되고 그 결
합 구성은 나중에 이루어진다고 볼 수 있다. 발달 순서는 요소에 관한 발
달이 먼저 이루어지는데, 그 의존성을 감안할 때, 결합 구성으로 출현할
수밖에 없는 측면이 있다. 이 경우에 초기의 출현은 결합 구성이라기보다
는 전체적인 한 덩어리의 낱말처럼 나타나다가 이것이 점점 분리되어 그
의존 성분의 존재가 확인되면 본격적인 결합 구성으로 나타난다는 것이다.

4. 결론

지금까지 24개월까지 영·유아의 문장 구성 능력 발달 단계를 문장 구
성의 발달과 문장 구조의 발달 양상을 상호 관련지어 살펴 보았다. 논의
내용을 요약하면 다음과 같다.

1) 문장 구성 요소의 습득 단계를 그 출현 양상에 근거하여 검토하였
다. 우선 어휘범주를 보면, 14개월까지는 명사가 가장 먼저 습득되고, 일
부 상징부사(의성의태어)가 발달한다. 이후 15~16개월에 극소수의 용언,
대명사, 고유명사, 감탄사가 출현한다. 17개월에 이르면 명사와 부사의
습득이 어느 정도 이루어진 양상을 보인다. 용언의 유형이 비교적 다양해
지며, 극소수 의존명사도 출현한다. 18~20개월에도 용언 수가 다소 추

---

32) 이런 점 때문에 2장과 3장의 단계 구분이 1개월 정도 차이가 있음을 앞서 언급한 바 있다.

가되면서 비슷한 발달 양상을 보인다. 21개월에 이르면 용언이나 대명사도 명사 못지 않은 발달이 이루어져서 수사와 관형사를 제외하고는 대부분의 어휘 범주가 어느 정도 발달한 양상을 보여준다. 22~23개월에는 보조용언의 습득이 이루어진다. 또한 수관형사 '두'가 출현을 하지만, 여느 관형사 범주는 나타나지 않는다.

문법 형태소를 보면, 우선 조사의 경우는 비교적 늦은 시기인 20개월에 접어들어서야 주격조사 '가' 형태로 보이는 사례가 나타난다. 21개월 시기에는 주격조사 '가', 부사격조사 '에다', 호격조사 '아', 접속조사 '랑'이 출현하여 본격적인 습득이 이루어지기 시작한다. 22~23개월에 접어들면 주격조사, 목적격조사, 부사격조사, 접속조사, 보조사가 나타나서 어느정도 조사 체계가 완성된 양상을 보인다. 전반적으로 '주격조사, 부사격조사, 호격조사, 접속조사' 등이 먼저 발달하고 그 이후 '보조사'가 발달하며 '목적격조사'는 출현한 조사 형태 중에서는 가장 늦게 발달이 이루어진다고 여겨진다. 24개월까지는 관형격조사가 나타나지 않는다.

어미의 경우, 15개월에 처음 나타난 용언에 포함되어 있는 어미 형태는 서술형종결어미 '어'이다. 비교적 본격적인 용언 출현 시기로 보이는 17개월에는 서술형 '어, 다', 의문형 '어', 명령형 '어'가 나타나며, 과거 시제 선어말 어미 '었'도 1회 출현한다. 19개월에는 선어말 어미 현재 '는'이 출현한다. 24개월까지는 이런 발달 선상에서 다양한 종결어미 형태가 추가되는 양상을 보인다. 한편 21개월 시기에 보조적 연결어미 '어'가 출현하며, 22개월에는 종속적 연결어미 '고, 으면' 형태가 나타나며 23개월에도 이런 발달 양상은 지속되어 '어서' 연결어미 형태가 추가되는 양상을 보인다. 또한 22개월에 이르면 '하얀 거'와 같은 표현에서 관형형 어미 'ㄴ'의 출현도 살필 수 있다.

2) 문장 구성 능력의 발달 단계를 보면, 17개월까지는 체언류 습득 및

구조화 시험기로서, 이 시기에 발달하는 어휘류는 대부분 명사이고, 일부 상징부사(의성의태어)가 발달하는 양상이다. 17개월 시기는 체언 결합 출현기로 이 시기에는 '어휘+알 수 없는 표현'과 '명사+명사'가 결합된 구조가 출현을 한다. 용언이 결합된 종결형 문장은 나타나지 않는다.

18~21개월 시기는 용언류 습득 및 단순문 구성기로 18~19개월 시기에는 용언이 포함되어 있는 2어문 구성이 나타나며, '목적어+용언서술어' 구성으로 되어 있는 동사구절의 첫 출현 시점이기도 하다. 19개월이 되면 낱말 접속 구성도 나타난다. 20개월에는 격조사 없는 3어문 출현, 동사구절 '부사+용언' 출현, 부정 표현(안) 등의 발달 단계를 보인다. 21개월 시기에는 격조사가 포함되어 있는 문장 출현, '본용언+보조용언' 구성 출현, 동사구절의 확장(부사+목적어+용언), 부정 표현(못) 등의 발달 양상을 보여준다. 단순문 구성 능력이 어느정도 갖추어진 양상이다.

22~23개월 시기는 구절의 확장 및 복합문 출현기로서, 22개월에는 '명사+명사', '용언의 관형형+명사'와 같은 명사구절의 확장, 동사구절의 다양화 양상이 나타난다. 종속접속문(계기 '고', 조건 '면')이 출현하고 'ㄴ 거야'와 같은 내포문 관련 구성도 나타난다. 이밖에 부가의문문, 도치문과 같은 표현도 출현한다. 23개월에는 종속접속문(인과관계 '어서'), 관형절 구성("엄마 이거 본 책이죠")이 나타나서 복합문 구성 능력의 발달을 보여준다.

이 연구에서는 종전 선행연구들과는 달리 영·유아의 문장 구성 능력을 문장 구성 요소의 습득과 구조 발달 측면의 상호작용으로 보고, 두 영역을 관련지어 살폈다. 주로 단순문 구성 능력의 발달이 이루어지고 복합문이 출현하기 시작하는 24개월 시점까지의 문장 구성 능력의 발달 단계를 1개월 단위로 세밀하게 살펴보았다. 이 이후 시기의 문장 구성 능력의 발달 양상은 복합문 구성 능력의 발달 단계가 될 것이다. 이런 점에 관해서는 추후 연구를 지속하여 보완해 갈 계획이다. 연구 범위가 다소 종합적이고 포괄적이어서 논의가 부족한 부분이 많다. 남겨진 연구 과제는 후일을 기약한다.

참고문헌

권경안(1981). 한국아동의 언어발달연구: 음운발달 및 어휘발달을 중심으로, 한국교육
　　　개발원.

김성찬(1997). "통사 규칙 발달," 새국어생활 제7권 1호, pp. 125-142.

김영주(1992). "동사의 움직임 융합 유형과 공간어 습득," 인간은 언어를 어떻게 습
　　　득하는가, pp. 19-38.

김현주(1994). 아동 언어의 통사구조 발달, 연세대 석사학위논문.

노경희(2000). "격의 습득과 격층위 이론," 서울: 인간은 언어를 어떻게 습득하는가,
　　　pp. 39-61.

박낭자·조인숙(2001). "유아의 구어발달에 관한 연구: 표현언어와 문장이해력, 어휘
　　　력을 중심으로," 한국영유아보육학 27, pp. 189-207.

신용진(1975). "유아 후기의 한국어 습득에 관한 연구," 응용언어학 7권 1호, pp.
　　　1-10.

오원춘(1994). 초기 아동 언어 습득의 특성에 관한 연구: 동사와 의미역을 중심으로,
　　　한국교원대 석사학위논문.

윤일선(1975). 문법의 측면에서 본 아동의 언어발달에 관한 연구, 서울대 석사학위논문.

엄태식(1996). "유아의 언어 발달에 관한 연구," 수원여자전문대학 논문집 22, pp.
　　　179-204.

이귀옥(1997). "언어의미와 통사 지식이 아동의 언어 발달에 미치는 역할: 국어 분류
　　　사 습득 연구," 아동학회지 18. pp. 73-85.

이상금·주영희(1984). "유아기 언어의 특성 및 기능에 대한 연구," 인간 발달, pp.
　　　1-135.

이순형·유안진(1982). "한국아동의 언어 획득에 관한 연구," 서울대학교 가정대학
　　　논문집 7권, pp. 51-68.

이승복(1991). "초기 어린이 말에서의 상위 언어 발달," 충북대 사회과학연구 8, pp.
　　　183-230.

이승복(1994). 어린이를 위한 언어획득과 발달, 정민사.

이승복(1997). "언어 습득의 책략과 발달 과정," 새국어생활 제7권 제1호, pp. 53-79.

이승복 (번역)(2001). 언어 발달(Robert E. Owens, Jr, *Language Development*, 1988) 서

울: 시그마프레스.

이연섭・권경안・김성일(1979). 한국아동의 구문발달(Ⅰ). 한국교육개발원.

이연섭・권경안・정인실(1980). 한국아동의 어휘발달연구(Ⅰ), 한국교육개발원.

이영자・이종숙・이종욱(1997). "1, 2, 3세 유아의 의미-통사적 발달 연구," 유아교육연구 17-2, pp. 55-75.

이은경(1999). 2~4세 유아의 격조사발달에 관한 연구: 대구・경북지역을 중심으로, 대구대 석사학위 논문.

이인섭(1973). "유아어에서의 부정현상: 현영(2;3)의 문법," 노산 이은상 박사 고희기념 논문집, pp. 335-354.

이인섭(1976). "유아어휘: 현영(2;3), 현주(3;2)의 어휘연구," 서울여대논문집 5호, pp. 17-45.

이인섭(1977). "아동어에서의 피동과 사동," 서울여대 논문집 6호, pp. 25-38.

이인섭(1986). 한국아동의 언어발달 연구, 고려대 박사학위논문.

이정민(1997). "언어 습득과 화용 규칙," 새국어생활 제7권 1호, pp. 143-178.

이정화・조부월(1999). "유아의 언어 발달에 관한 연구: 놀이장면에서의 품사별 어휘 사용 양상을 중심으로," 미래유아교육학회지 6, pp. 209-237.

이현진・박영신・김혜리(공역)(2001). 언어발달(Erika Hoff, *Language Development*, 2001), 서울: 시그마프레스.

이현진(2000). "동사 의미 획득과 의미적 구성 요소," 서울: 인간은 언어를 어떻게 습득하는가, pp. 71-93.

장미화(1986). 2세아의 어휘사용에 관한 사례 연구, 이화여대 석사학위논문.

정태순(2001). 유아 언어 습득 연구, 인하대학교 교육대학원 석사학위논문.

조명한(1982). 한국아동의 언어 획득 연구: 책략모형, 서울: 서울대출판부.

조영화(1992). "아동의 사동・피동 언어 발달 연구," 중앙대 교육논총 9, pp. 145-163.

조숙환(1997). "언어 습득론," 새국어생활 제7권 제1호, pp. 3-28.

조숙환(2000). "국어의 과거 시제와 양태소 습득," 서울: 인간은 언어를 어떻게 습득하는가, pp. 95-120.

최봉희(1975). 언어 습득 초기의 어린이 문법, 서울대 석사학위논문.

John Whitman・조숙환(2000). "동사 굴절어 습득과 발달의 불연속성," 서울:인간은 언어를 어떻게 습득하는가, pp. 173-192.

Patricia M. Clancy(2000). "한국어의 주격, 목적격 조사의 습득," pp. 149-171.

Yukio Otsu(2000). "일본어 격조사와 후치사의 구조 습득에 대한 소고," 서울: 인간은 언어를 어떻게 습득하는가, pp. 63-70.

이필영 · 임유종

문장 구조와 구성 요소*
(17개월~24개월)

1. 서론

이 연구의 목적은 유아 초기 2어문 시기의 문장 구조와 그 구성 요소에 관하여 살피는 데에 있다. 유아는 17~8개월 무렵이 되면 1어문에서 2어문 시기로 접어든다. 2어문 발화가 나타난다는 것은 문장 구성 요소들의 결합 방식에 관한 능력이 싹트기 시작하였음을 보여주는 것으로 성인과 같은 문장 구성 능력을 갖추게 되는 첫 출발점이라 할 수 있다. 이 시기 발화의 구조와 그 구성 요소에 관하여 살펴봄으로써 유아가 어떤 과정을 거쳐 성인과 같은 문장 구성 능력을 갖추게 되는지를 밝혀 보려는 것이다.

유아 초기의 2어문 이상의 발화를 다룬 선행 연구들을 보면, 그 의미 관계에 따라 유아의 문장을 유형화하거나 그 문장 구조적인 측면에서의

---

* 이 글은 <국제어문> 31호(2004)에 "유아 초기의 문장 구조와 구성 요소에 관한 연구"라는 제목으로 게재된 논문임.

일반화를 시도한 논의들이 대다수이다. 전자는 조명한(1982), 조숙환(1997) 등에서 이루어진 바 있으며, 후자는 신용진(1975), 윤일선(1975), 최봉희 (1975), 이인섭(1986) 등에서 이루어진 바 있다. 전자의 논의들에서는 "엄마 맘마"와 같은 표현을 "행위자−대상"과 같이 유형화하는 것이며, 후자는 "엄마 맘마"와 같은 경우를 주축어−개방어, 주제−해설과 같이 유형화하거나 유아 발화의 구절구조 규칙을 제시한 논의이다.[1]

그러나 이런 분석 방법은 유아의 언어 능력 발달을 세밀하게 보여주는 데에는 한계가 어렵다. 가령, 유아의 표현을 "행위자−행위"로만 일반화시켜 버리면 "오빠 공부"라고 발화하는 단계와 "엄마 공부해"라고 표현하는 단계를 구분할 수 없다. 두 경우 모두 "행위자−행위" 관계이기 때문이다. 유아의 경우에는 조사가 나타나지 않다가 조사가 포함되는 것도 하나의 발달이고, 주어 자리에 [인간]만이 나타나다가 [동물]이나 [무생물]이 나올 수 있는 것 등도 하나의 발달 과정이라 할 수 있다. 문장 구조 유형별로 특정 어휘만 사용되다가 다른 어휘들이 출현하는 것도 발달의 과정이다. 이러한 변화 과정을 일반화 방식으로는 포착하기 어렵다는 것이다.

이 연구에서는 문장 형식과 그 구성 요소의 범주, 의미적 특성을 함께 살펴볼 것이다. 유아에게서 "물 줘"라는 표현이 나왔다고 하여 "목적어−서술어"로 이루어진 모든 문장을 발화할 수 있는 것은 아니다. 또는 "대상−행위"의 의미 관계를 지닌 모든 문장을 발화할 수 있는 능력이 생겼다고 볼 수는 없다. 물론 이런 발화가 "목적어−서술어"나 "대상−

---

1) 주축문법에서는 2어문을 주축어−개방어로 유형화하고 있는데, 주축어와 개방어를 구분하기가 쉽지 않다. 주제−해설로 2어문을 분석한 경우는 T-C문법이라고도 하는데, "엄마 맘마"와 같은 경우를 주축어−개방어가 아니라 주제−해설 관계로 보아야 한다는 것이다. 이러한 것들은 전보문과 같은 유아의 특이한 발화 양상 설명하기 위한 이론적인 접근법이다.

행위"의 구조로 된 모든 문장을 발화할 수 있는 성인의 문장 구성 능력
으로 나아가는 과정이기는 하지만 처음부터 성인과 비슷한 수준의 능력
을 갖추게 되는 것은 아니다. 유아는 초보적인 수준에서 점진적으로 성인
의 언어와 비슷해져 가기 때문에 이러한 점을 분석할 수 있는 방법론이
필요하다고 하겠다. 단순히 문장 형식을 유형화하는 것만으로는 유아 언
어의 실체 규명에 부족한 면이 있으며, 이를 극복하는 방법은 각 문장 구
조 유형별로 그 구성 성분에 나타나는 어휘까지도 아울러 검토할 필요가
있다.2)

이 연구에서는 유아 3명(남아 1명, 여아 2명)의 초기(24개월 이전) 발화 자
료를 대상으로 한다.3) 각 유아별로 1주일에 1회 1시간 동안 부모와의 대
화 상황을 녹음한 자료에서 50발화씩을 전사한 것이다. 대상 유아들의
발화에서 17~24개월까지의 2어문 이상 발화의 유형을 분석 기술할 것
이다.4)

---

2) 유아들의 언어 습득은 인지발달과 깊은 연관을 맺고 있음은 주지의 사실이다. 그러나 본 연
구는 문장의 구조적 측면에서의 발달 양상을 살피는 데에 초점을 맞추고 있으므로 인지발달
과의 관련성 등은 후일을 기약한다.

3) 대상 아동들은 서울 지역의 중산층 가정의 자녀로 부모가 모두 생존해 있고, 모두 대학 교
육 이상의 교육을 받은 경우이다. 모든 녹음은 부모(주로 어머니)와 노는 상황에서 동일하게
실시되었다.

4) 당초에는 5명(남아 3명, 여아 2명)을 대상으로 분석하였으나 그 결과 2명을 제외한 3명의 아
동에게서 2어문 표현이 나타났다. 5명의 아동 중 2어문이 나타나지 않는 2명은 상대적으로
언어습득이 다소 늦은 경우로 볼 수 있다. 2어문이 발견되지 않는 경우가 남아에 편중된 점
은 여아가 남아에 비해 언어 습득이 빠르다는 선행 연구의 견해를 지지해주는 증거가 될 수
있을 것이다. 또한 이 연구의 자료에서는 첫 2어문 발화가 14개월 무렵에 발견되며, 17~18
개월 정도가 되면 3명의 아동에게서 2어문이 나타난다는 점을 감안하면, 유아 언어습득의
개인간 편차는 2-3개월 정도의 차이가 아니라 적어도 6개월 이상의 편차가 있음을 알 수 있
다. 한편, 익명의 심사자는 대상이 적어서 일반화하기 어렵다고 하였는데, 타당한 지적이라
고 본다. 논의 과정에서도 그러한 점을 감안하여 객관적인 사실 분석에 치중하였다. 다만 언
어 습득 연구 분야의 자료 수집상의 특수성은 인정이 되어야 할 것이다. 언어 습득 분야에
서는 대부분 1-2명의 아동을 관찰하여 연구하는 경우가 많다. 자료 수집이 그만큼 어렵기
때문이다.

2. 유아의 문장 구조 유형과 구성 요소

유아 초기의 2어문 이상의 발화는 아래와 같이 수식 구성, 서술 구성 및 병렬 구성으로 크게 구분하여 유형화할 수 있다.

(가) 수식 구성: 엄마 거
(나) 서술 구성: 물 줘
(다) 병렬 구성: 엄마, 아빠

수식 구성은 관형어가 체언을 수식하거나 부사가 용언을 수식하는 경우이다. 서술 구성은 성인의 문장에 준하는 구성으로서 서술어가 포함되어 있는 경우를 일컫는다. 병렬 구성은 체언을 대등하게 나열한 경우 등을 일컫는다. 그런데, 이 연구에서 살핀 유아 자료의 경우 병렬 구성은 "엄마, 아빠"와 "엄마하구 아빠하구"의 예가 전부이므로 따로 다루지 않고 수식 구성과 서술 구성을 중심으로 논의하기로 한다.

2.1. 수식 구성

여기에서는 수식 구성을 체언 수식 구성과 용언 수식 구성으로 나누어 살피기로 한다. 유아 초기의 표현을 보면 체언 수식 구성이 용언 수식 구성에 비해 일찍 발달하는 양상을 보여준다. 이는 유아가 명사류어를 먼저 습득하기 때문에 나타나는 당연한 결과이다.

2.1.1. 체언 수식 구성

유아 초기의 발화에서 나타나는 체언 수식 구성의 예는 다음과 같다.[5]

(1) 남아 A:

ㄱ. 아빠 꺼(거) {소유자-소유물} (20개월)[6]

ㄴ. 내 꺼(거)! {소유자-소유물} (21개월)

ㄷ. 어흥 사자 {행위-행위자} (22개월)

ㄹ. 음마(엄마) 머이티(머리띠) {소유자-소유물} (22개월)

ㅁ. 우아! 겨차아찌빙기다(경찰아저씨 비행기이다) {소유자-소유물} (22개월)

ㅂ. 함머니(할머니) 집 {소유자-소유물} (23개월)

ㅅ. 내 방구 {행위자-행위 대상} (23개월)

(2) 여아 B:

ㄱ. 엄마 꺼(거) {소유자-소유물} (18, 20, 21, 22, 23개월)

ㄴ. 아바(아빠) 꺼(거) {소유자-소유물} (18, 21개월)

ㄷ. 오빠 꺼(거) {소유자-소유물} (18, 20, 21개월)

ㄹ. 윤경이 꺼(거) {소유자-소유물} (21, 22, 23개월)

ㅁ. 오빠 땡(동생). {가족-가족} (22개월)

ㅂ. 엄마 시(신발) {소유자-소유물} (23개월)

ㅅ. 엄마 마이(맘마) {행위자-행위 대상} (23개월)

ㅇ. 잉이 시(신발) {소유자-소유물} (23개월)

(3) 여아 C:

ㄱ. 엄마 꺼(거) {소유자-소유물} (16, 17, 20개월)

ㄴ. 아빠 꺼(거) {소유자-소유물} (17, 18개월)

ㄷ. 아빠 따(딸) {가족-가족} (17개월)

ㄹ. 엄마 타(딸) {가족-가족} (17, 21개월)

ㅁ. 내 꺼야(거야) {소유자-소유물} (20개월)

ㅂ. 아고(아가) 자장고(자전거) {소유자-소유물} (20개월)

ㅅ. 쥬디 꺼(거) {소유자-소유물} (20, 21개월)

ㅇ. 푸우 딸 {가족-가족} (21개월)

ㅈ. 코꾸(꿀꿀) 대지(돼지) {행위-행위자} (22개월)

---

5) 이 이후의 논의에서는 3명의 유아를 각각 A, B, C로 표현하는데, 유아 A는 남아이고 유아 B, C는 여아이므로 남아 A, 여아 B, C와 같이 제시하기로 한다.

6) 예는 개월순으로 제시한다. 변화의 양상을 살피기 위함이다. 중괄호({})는 의미 관계를 표시한 것이다.

위에서 보듯이 유아 발화에 나타난 체언 수식 구성은 대부분 '체언+체언' 구성이며, 일부 '수식언+체언(어흥 사자)' 구성이 나타나기도 한다.

그 의미적인 관계를 보면 {소유자-소유물} 관계가 가장 많고, {가족-가족}, {행위자-행위대상} 및 {행위(의성어)-행위자} 관계와 같은 유아적인 표현도 나타난다. '[[경찰 아저씨] 비행기]'같은 복합 수식 구성도 출현을 하고 있는데, '경찰 아저씨'를 한 낱말로 인식하고 있을 가능성이 높다. 이 시기의 체언 수식 구성의 의미 관계는 대부분 {소유자-소유물} 관계를 표현하는 양상을 보여주고 있다. 의미 관계의 개월별 변화 양상을 통하여 발달 양상을 추정해 보면 {소유자-소유물} 관계가 먼저 출현하고, 나머지 것들이 그 뒤를 이어 나중에 발달하는 양상이다.

체언1 위치에 출현하는 어휘를 보면 앞선 시기에는 부모인 '엄마, 아빠'만 나타나고 있고, "내"와 같은 자신을 지칭하는 대명사, 자신을 지칭하는 고유명사, '오빠, 할머니'와 같이 다른 가족을 지칭하는 명사류 등이 출현하고 있다. 체언2의 위치에는 의존명사 "거"와 일반명사가 출현하고 있다. 각 아동별로 보면, 남아 A의 경우에는 체언1 위치에 '아빠(일반명사) → 내(대명사)'와 같은 범주의 변화를 읽어낼 수 있다. 체언2 위치에서는 '거(의존명사) → 집(일반명사)'와 같은 변화가 있음을 알 수 있다. 여아 B의 경우에는 체언1 위치에 '엄마(일반명사) → 윤경이(고유명사)'와 같은 범주의 변화가 일어나고 있고, 체언2 위치에는 남아 A의 경우와 마찬가지로 '거(의존명사) → 신(일반명사)'와 같은 변화가 나타나고 있다. 여아 C의 경우에는 체언1 위치에 '엄마(일반명사) → 내(대명사), 쥬디(고유명사)'와 같은 범주의 변화가 일어나고 있고, 체언2 위치에는 다른 아동들과 마찬가지로 '거(의존명사) → 딸(일반명사)'와 같은 변화가 나타나고 있다. 예가 많지 않아서 확언하기는 어렵지만, '엄마/아빠+거(가족명사+의존명사)'라는 구성이 가장 먼저 출현을 하고 있고, 그 이후에 다른 범주들로 확대되는 발달 양상을 살필 수 있다. 특히 체언 2위치에 '의존명사(거) → 일반명사(집, 딸)'과 같은 변화는 모든 아동에게서 공통적으로 발견되기 때문에 일반화 가능성이 높다고 하겠다.

2.1.2. 용언 수식 구성

24개월 이전 시기에 부사가 용언을 수식하는 예는 별로 많지 않다. 예를 보이면 다음과 같다.

> (4) 남아 A: 음마 믈(물) 뜨(또) 즈제여(주세요) (22개월)
> (5) 여아 B:
> > ㄱ. 응가 안 해쩌여(했어요). (22개월)[7]
> > ㄴ. 안 돼(22개월)
> > ㄷ. 안 먹어!(23개월)
> > ㄹ. 또 있다(23개월)
> (6) 여아 C:
> > ㄱ. 안 먹어! (20개월)
> > ㄴ. 엄마, 다 먹었다. (20개월)
> > ㄷ. 안 입으예(입을래). (20개월)

남아 A의 경우는 부사 "또"가 사용되는 예만 발견이 되는데, 여아 B, C의 경우는 상대적으로 많은 용언 수식 구성이 발견된다. 여아 B의 경우는 "안, 또"와 같은 구성을 발견할 수 있다. 여아 C의 경우는 부사 "안"과 "다"가 용언을 수식하는 예들이 출현한다. 전반적으로 보아 부정부사 "안"에 의한 용언 수식과 "또, 다"와 같은 극히 제한된 일부 부사에 의한

---

7) 여아B의 경우 '다했다 (17, 19개월) 다했지 (21개월), 똑같지(19개월)'와 같은 예들도 나타난다. 이들도 '부사+용언' 구성으로 분석될 소지가 있으나, 유아들의 경우는 전체를 하나의 용언으로 인식할 가능성이 높기 때문에 제시하지 않는다.

용언 수식 구성만 출현하고 있음을 볼 수 있다. 체언 수식 구성에 비하여 다양하지 못한 모습을 보이는데, 이는 체언보다 용언이 늦게 습득되기 때문에 나타나는 결과라 할 수 있다.

2.2. 서술 구성

유아의 서술 구성을 문형에 따라 분류하면 다음과 같다.[8]

    (가) 지정사 구문: X(가) Y이다.
    (나) 존재사 구문: X(가) Y(에) 있다.
    (다) 자동사 구문: X(가) 어찌하다.
    (라) 타동사 구문: X(가) Y(를) 어찌하다.
    (마) 형용사 구문: X(가) 어떠하다.

위의 문장 구조 유형은 한국어 기본 문형으로 인정되는 것들이다.[9] 지정사구문과 존재사 구문의 경우는 동사나 형용사 구문에 포함시켜 다루는 경우도 있고, 자동사 구문과 타동사 구문을 한꺼번에 묶고 하위유형으로 구분하는 등 그 체계나 형식이 다소 다른 경우들이 있으나 일반적인 한국어 기본 문형으로 인정되는 것들이다. 부사어가 포함되어 있는 경우는 위의 기본문형 중 해당 문형의 확장형으로 보아 해당 기본 문형에 포함시켜 다룬다.[10]

---

8) 이 부류에 포함시키기 어려운 것들은 기타 유형으로 따로 취급한다.

9) 언어 습득이 비교적 빠른 아동의 경우에는 20~21개월 무렵이 되면 주격조사 '-가', 부사격조사 '-(에)다', 호격조사 '-아', 접속조사 '-랑'이 나타나기도 한다(졸고 2003). 그런데, 이 논의에서 대상으로 삼은 자료들에서는 '이게'처럼 주격조사 결합형을 제외하고는 조사가 나타나지 않고 있다.

10) 위의 문형 제시 순서가 발달의 순서를 의미하는 것은 아니다. 분석의 편의를 위한 가름일 뿐이다. 한편, 평서문, 의문문과 같은 서법에 따른 문장 유형별 분석도 가능할 것이다. 그

2.2.1. 지정사 구문

24개월 이전 시기에 나타나는 [X가 Y이다] 유형을 표면형을 중심으로 세분하여 보이면 아래와 같다.

<1> Y
<2> Y이다
<3> X Y
<4> X Y이다

성인의 관점에서는 일부 성분이 생략된 것으로 볼 수 있지만 유아들의 경우는 생략 여부가 분명하지 않으므로 표면적으로 생략된 것처럼 보이는 경우도 하나의 유형으로 구분하여 제시한 것이다.

⟨1⟩ [Y]

이 유형은 원래 [X가 Y이다]에서 'X가'와 '이다'가 없이 [Y]만 나타난 것으로서, 그 중에서 2어문 구성을 추출한 것이다. 성인의 관점에서 보면 나머지 성분들이 생략된 것으로 볼 수 있지만 처음 언어를 습득하는 단계에서는 이를 생략으로 보기는 어려운 면이 있다. 아동별로 첫 출현 예와 시기를 보이면 다음과 같다.

(7) 남아 A: 아빠 꺼(거) (20개월)
(8) 여아 B: 엄마 꺼(거) (18, 20, 21, 22, 23개월)
(9) 여아 C: 엄마 꺼(거) (16, 17, 20개월)

러나 이는 문장의 구조 유형에 초점을 맞추고 있는 본 연구의 관심사가 아니므로 후일을 기약한다. 이와 관련해서는 졸고(2003)에서 서술형 어미, 의문형 어미 등 어미 유형별 출현 양상을 분석한 바 있다.

지정사 구문 중에서 가장 일찍 나타나는 유형이다. Y의 내부 구성을 보면 대부분 "체언1＋체언2"의 수식 구성을 보이는데, 이러한 구성은 이미 앞의 체언 수식 구성에서 살핀 바 있으므로 재론치 않는다.

〈2〉 [Y이다]

이 유형은 앞의 유형과 비교하여 "이다"형태가 함께 나온다는 것만 다른 점인데, 성인의 관점에서는 대등한 것이지만 앞의 유형에 "'이-'＋어미" 형태가 추가된 것이므로 습득의 과정으로 보면 다른 단계에 속하는 것으로 볼 수 있다. 실제로 모든 아동에게서 앞의 [Y] 유형이 발화된 후 1~2개월 이후에 나타난다. 예를 보이면 다음과 같다.

> (10) 남아 A: 우아 겨차아찌빙기다(경찰아저씨 비행기다) (22개월)
> (11) 여아 B:
>   ㄱ. 엄마 꺼야(거야). (20, 21개월)
>   ㄴ. 오빠 꺼야(거야). (20개월)
>   ㄷ. 엄마 껀데(건데) (21개월)
>   ㄹ. 오빠 꺼네(거네)! (21개월)
>   ㅁ. 잉이(윤경이) 꺼야(거야). (23개월)
> (12) 여아 C:
>   ㄱ. 엄마 꺼다(거다) (17개월)
>   ㄴ. 내 꼬야(거야) (20개월)

위와 같은 구성의 내적 의미 관계나 각 성분 위치별 특성에 관해서는 앞의 수식 구성에서 다룬 바 있으므로 재론치 않는다.

〈3〉 [X Y]

이 유형은 성인 언어의 [X가 Y이다]에서 X와 Y만 나타나는 경우이다.

예를 보이면 다음과 같다.

> (13) 여아 B:
> ㄱ. 이거 오빠 (19개월)
> ㄴ. 이거 뭐? (21, 23개월)
> ㄷ. 이게 엄마 꺼(거). (22개월)11)
> (14) 여아 C:
> ㄱ. 요거 바지(19개월)
> ㄴ. 요거 패띠(팬티) (19개월)
> ㄷ. 요거 꼬까(옷) (19개월)
> ㄹ. 요거 얌마(양말) (19개월)
> ㅁ. 요꼬(요거) 슈곤(수건) (20개월)
> ㅂ. 요고(요거) 꽃 (20개월)
> ㅅ. 이고(이거) 엄마 꼬(거)? (20개월)

위의 예를 보면 X가 쓰일 때는 사물에 대하여 서술하는 경우이다. X의 위치에 모두 지시대명사 '이거, 요거' 형태가 출현하고 있다. 두 아동이 '이거'와 '요거'라는 다른 형태를 사용하고 있는데, 이는 부모들의 발화 습관과 관련이 있을 것으로 보인다. Y가 복합 구성으로 나타날 때에는 주로 소유 관계 구성('~ 거' 형식)으로 나타나고 있다.

각 아동별로 보면, 주로 여아 C의 발화에서 많은 예가 나타나며 남아 A에게서는 발견되지 않는다. 여아B의 경우는 Y 위치에 일반명사(오빠), 대명사(뭐), 명사구(엄마 거) 등이 나타나고 있다. 여아 C의 경우는 일반명사(바지, 옷 등), 명사구(엄마 거) 등이 나타나고 있다. 공통점은 Y 위치의 성분에 일반명사가 가장 먼저 나타난다는 점이다.

---

11) 성인의 관점에서 보면 "이게"라는 표현에서 주격조사를 추출해 낼 수도 있으나, 유아의 경우 이를 주격조사의 구현으로 보기는 어렵다.

〈4〉 [X Y이다]

이 유형의 특징은 Y자리에 선, 후행 성분이 모두 대명사 형태가 빈번하게 사용된다는 점이다. 예를 보기로 한다.

    (15) 남아 A:
        ㄱ. 어? 저거 머야(뭐야)? (22개월)
        ㄴ. 이거 무야(뭐야)? (22개월)
        ㄷ. 이거 공이야. (22개월)
    (16) 여아 B: 이거 뭐야? (21, 22, 23개월)

이 문형은 〈3〉 문형과 마찬가지로 X 자리에 언제나 지시대명사("이거, 저거")가 사용되고 있다. 그리고 Y자리에는 남아 A의 경우, "공"이라는 일반명사가 출현하기도 하지만, 두 아동 모두 "뭐"라는 대명사 형태를 사용한다. 따라서 이 문형은 주로 사물에 대한 호기심을 가지고 질문할 경우에 사용되고 있음을 알 수 있다.

지금까지 살핀 지정사 구문에서 〈1〉, 〈2〉, 〈4〉 유형은 세 아동 모두에게서 발견되며, 〈3〉 유형은 두 아동에게서만 나타난다. 그 첫 출현 시기를 보면 절대적인 시기는 다소 차이가 있지만 상대적인 순서는 〈1〉 -〈2〉-〈4〉의 순으로 나타난다. 〈3〉 유형까지 발견되는 경우를 보면 다소 복잡한 양상을 보인다. 한 유아의 경우는 〈1〉-〈2〉-〈3〉-〈4〉의 양상을 보이는데, 다른 유아의 경우는 〈1〉-〈3〉-〈2〉-〈4〉의 순서를 보이기 때문이다. 이 자료만으로는 그 상대적인 순서를 파악하기 어려운 면이 있는데, 일반적으로 어휘형태에 비해 문법형태는 뒤늦게 발달하는 점을 감안하면 〈1〉-〈3〉-〈2〉-〈4〉의 순으로 발달할 가능성 높다고 판단된다.

2.2.2. 존재사 구문

24개월 이전 시기에 나타나는 [X가 Y에 있다] 유형에 속하는 문장들을 표면적인 출현 성분을 중심으로 나누면 다음과 같다.[12]

    <1> Y 있다
    <2> X 있다
    <3> X Y 있다

각 세부 유형별 특성을 좀더 구체적으로 살펴보면 다음과 같다.

⟨1⟩ [Y 있다]

이 유형은 성인 언어의 [X가 Y에 있다]에서 [Y 있다]만 출현하는 경우이다. 출현 예를 보이면 다음과 같다.

    (17) 남아 A: 여이때(여기 있다) (20, 23개월)
    (18) 여아 B: 여잍때(여기 있다) (21, 22개월)

위에서 보듯이 "여기 있다"라는 표현만 나타나고 있는데, 빈도가 높은 편이다.

아동별로 보면 남아 A의 경우는 20, 23개월에, 여아 B의 경우에는 21, 23개월에 출현을 한다. Y자리에 장소 지시대명사 '여기'가 나타나는 공통점을 발견할 수 있다. 다른 경우가 발견되지 않으므로 발달 과정을 살필 수 없다.

---

12) '없다'는 형용사 구문에서 다루기로 한다. 존재 여부에 따라 '있다'와 '없다'를 존재사로 볼 수도 있지만, '있다'와 '없다'는 그 구문론적 성격이 다르기 때문에 동사성과 형용사성을 함께 지니고 있는 '있다'만을 존재사 구문으로 취급한다.

〈2〉 [X 있다]

이 유형은 성인 언어의 [X가 Y에 있다]에서 [X 있다]만 출현한 경우
이다. 예를 보이면 다음과 같다.

  (19) 남아 A: 곤농곤농(공룡 공룡) 했다(있다) (21개월)

위에서 보듯이 이 유형은 다른 아동에게서는 나타나지 않고, 남아 A의
발화에서만 발견이 된다. 예가 적어서 발달 양상을 가늠하기는 어렵다.
다만, 뒤의 형용사문에서 제시되는 바와 같이 "없다"가 동일한 시기에 출
현하는 것으로 보아 "있다"와 "없다"를 구별하고 있음을 읽어낼 수 있다.

〈3〉 [X Y 있다]

이 유형은 [X가 Y에 있다]에서 격조사만 쓰지 않은 것이다. 예를 보이
면 다음과 같다.

  (20) 남아 A:
      ㄱ. 노금(녹음) 여기따(여기 있다) (23개월)
      ㄴ. 엄마 공 어디떠(어디 있어)? (23개월)
  (21) 여아 B:
      ㄱ. 오빠 여기지(여기 있지). (17개월)
      ㄴ. 또끼(토끼) 어찌(어디 있지)? (21개월)
      ㄷ. 뼈 어찌(어디 있지)? (21)

위에서 보듯이 특징적인 점은 Y항목에 장소대명사만 나타난다는 것이
다. (20)은 남아의 예이고, (21)은 여아의 경우인데, X 위치를 보면 여러
일반명사가 출현을 하고 있는 반면에 Y 위치에 "여기, 어디"와 같은 장
소대명사가 나타나고 있는 특징을 발견할 수 있다.

지금까지 살핀 존재사 구문을 보면 <1>, <3> 유형은 남아 A, 여아 B 두 아동에게서만 발견되며 <2> 유형은 남아 A에게서만 나타난다. 그 첫 출현시기를 보면 서로 일치하지 않는 양상을 보여준다. 남아 A의 경우에는 <1>-<2>-<3>의 순서로 나타나는 데 반해, 여아 B의 경우에는 <3>-<1>의 순서를 보인다. 유아가 2어문에서 3어문으로 발달해 간다는 점을 생각해 보면 남아 A에서 나타나는 발달 순서가 가능성이 더 높다고 보인다.

2.2.3. 타동사 구문

24개월 이전 시기에 나타나는 [X가 (Z에게) Y를 어찌하다] 유형에 속하는 문장들을 표면적인 출현 성분을 중심으로 나누면 다음과 같다.

<1> X(호격어), Y
<2> X 어찌하다
<3> Y 어찌하다
<4> X(호격어) Y 어찌하다
<5> X Y 어찌하다
<6> Z Y 어찌하다
<7> 보조용언 구성

각 세부 유형별 특성을 좀더 구체적으로 살펴보면 다음과 같다.

⟨1⟩ [X(호격어), Y]

이 유형은 호격어 X가 나오고, 동작의 대상인 Y만 제시되는 경우로 아래와 같은 예들이 나타난다.

(22) 남아 A: 엄마 물, (22개월)

(23) 여아 B: 음마(엄마) 삐(편) (19개월)

(24) 여아 C: 엄마 맘마(14개월)

위의 예에서 X 자리에 나타나는 '엄마'는 주어가 아닌 부름말인 것으로 판단된다.[13] 이 유형이 요청 화행, 곧 명령형에 준하는 문장에서만 나타나기 때문이다. 다른 존재사 구문이나 자동사 구문에서는 부름말이 나타나지 않는 반면 요청 표현에서는 부름말이 나타나는 경우가 많다는 점은 유아 표현의 한 특성이라 할 수 있을 듯 하다. X 위치에 "엄마"만 출현을 하고 있고, Y 위치에는 요구하는 실체 명사가 출현하고 있다.

아동별로 보면, 남아 A의 경우 22개월에 '엄마 물'이라는 소위 전보문 형식이 나타나기는 하지만 이는 전보문으로 보기는 어렵다. 전보문은 2어문의 초기 단계로 완전한 문장을 발화하기 이전에 나타나는 표현들의 특성을 표현한 이름인데, 남아 A의 경우에는 이미 같은 시기에 "엄마 물 주세요"와 같은 표현이 나타나므로 '엄마 물'은 '엄마 물 주세요'에서 용언을 생략하여 표현한 경우로 보아야 한다는 것이다. 여아 B의 경우는 '엄마 편'이라는 전보문으로 인정이 된다. 이를 생략문으로 볼 어떤 근거도 발견하기 어려우며 뒤에서 볼 수 있는 바와 같이 21개월 시기에 이르러서야 '양말 신어'와 같은 '목적어+서술어'문이 나타나기 때문에 이보다 앞선 시기에 나타난 '엄마 편'은 전형적인 전보문으로 인정함직하다

---

13) 조명한(1982)에서는 유아의 말을 분류할 때 부름말과 주어의 구별이 쉽지 않음을 다음과 같이 언급하고 있다. '우리가 실제로 '행위자-행위'로 어린이 말을 분류할 때 부딪친 어려움은 행위의 주역의 기능이 행위자의 범주인지 부르기 범주인지를 분간하기 어려웠다는 점이다. 그리하여 그것이 최초의 두 단어 조합인 과도기적인 두 단어인지 격의 2어 관계인지가 혼동되기 십상이었다. 이를 위해 우리는 어떤 언어 표현이 요구하기의 실용적인 목적으로 말하여진 것인가 아니면 교훈적인 목적으로 말하여진 것인가를 가름할 수밖에 없었다. 그리하여 전자는 부르기이고 후자는 행위자격이라 판단하는 방법이다. 실제로 이 판가름을 위해 필자가 꼼꼼히 작업하였다. 애쓰는 도중 깨달은 것은 부르기이냐 행위자이냐의 판단이 중요한 것이 아니라, 부르기에서 행위자로 언어가 발달한다는 사실 자체였다.'

는 것이다. 출현한 발화를 보면 선행 요소는 일반명사 '엄마'이고 후행요
소 역시 일반명사 '판'이다. 주축문법으로 말하자면 선행요소는 주축어가
되고 후행요소는 개방어의 성격을 지닌 것으로 보인다. 여아 C의 경우도
이러한 점은 마찬가지이다. 출현한 발화를 보면 선행 요소는 일반명사
"엄마"만 나타나고 있고, 후행요소는 일반명사 '맘마'가 출현하고 있음을
볼 수 있다.

〈2〉[X 어찌하다]

이 유형은 [X가 Y를 어찌하다]에서 [X 어찌하다]만 나타난 경우이다.
예를 보이면 아래와 같다.

   (25) 여아 B: 엄마 해 (18개월)
   (26) 여아 C: 엄마 먹어. (20개월)

성인의 관점에서 보면 목적어가 생략된 것으로 볼 수 있지만, 이 유아
의 경우에는 목적어를 포함한 발화가 출현하기 이전에 이런 표현이 나타
나므로 생략문으로 보기 어렵다. 공통점은 X자리에 "엄마"만 출현한다는
점이다.[14] 아동별로 예가 적어서 변화 양상을 살필 수 없다.

〈3〉[Y 어찌하다]

이 유형은 [X가 Y를 어찌하다]에서 [Y 어찌하다]만 나타난 경우인데,
예를 보이면 아래와 같다.

---

14) 이것이 주어인지는 명확하지는 않다. 부름말일 가능성도 없지 않다.

(27) 남아 A:

ㄱ. 무(물) 저(줘) (18개월)

ㄴ. 따까(사과) 주지요(주세요) (21개월)

ㄷ. 째(책) 지지야(주세요). (21개월)

ㄹ. 응가 안 해쪄여(했어요)! (22개월)

(28) 여아 B: 맘마(양말) 치어(신어) (21개월)

(29) 여아 C:

ㄱ. 쥬디 바(봐) (20개월)

ㄴ. 옷 입어 (20개월)

ㄷ. 곤책(공책) 죠(줘) (21개월)

ㄹ. 뿌요(과자명) 주(줘) (22개월)

ㅁ. 에삐씨디(비디오명) 바(봐) (22개월)

ㅂ. 이거 따까주(닦아 줘) (22개월)

ㅅ. 이빨(이) 따까죠(닦아 줘) (22개월)

ㅇ. 테비(텔레비전) 바(봐) (22개월)

위의 예에서 Y 위치에 나타나는 어휘를 보면 남아 A의 경우 물, 사과/책, 응가" 등이 나타나고 있으며, 여아 B의 경우는 "맘마"만 등장하고 있다. 여아 C의 경우는 "본인이름/옷, 공책, 뿌요(음식)/에비씨디(놀이도구)/이거/ 텔레비전" 등으로 다양하다. 눈에 띄는 변화는 앞선 시기에는 일반명사 가 나오다가 그 이후 대명사 "이거"가 출현하는 것을 볼 수 있는데, 앞의 [X가 Y이다] 유형에서는 19개월 무렵에 나타났던 대명사이지만, 이것이 목적어 위치에 등장하는 것은 22개월이므로 문형별로 선호되는 어휘류가 따로 존재하는 양상이 있음을 읽어낼 수 있다.

한편, 남아 A의 경우 용언 형태를 보면 대부분 "주다"가 나타나고 있 고,15) (27ㄹ)에서 보듯이 22개월이 되면 "아니+하다" 형태가 출현하여

---

15) 이 아동은 같은 시기에 "업어 줘"와 같은 발화도 출현하고 있어서, 보조용언 "주다"를 습 득한 것으로 보인다. 한편 청자존대법도 발달하고 있음을 볼 수 있다. 18개월에는 "물 줘"

발전된 양상을 보여주고 있다.16) 여아 B의 경우는 예가 많이 나타나지 않고 있어서 상대적으로 발달이 다소 늦은 양상을 보인다. 여아 C의 경우는 개월 수가 증가하면서 보조용언 구성이 나타나는 것이 눈에 띄는 발달이다.

〈4〉 [X(호격어), Y 어찌하다]

이 유형은 한 아동에게서만 나타난다. 예를 보이면 아래와 같다.

  (30) 남아 A:
      ㄱ. 엄마 빵빵 듀테요(주세요) (22개월)
      ㄴ. 음마(엄마) 믈(물) 뜨(또) 즈제여(주세요) (22개월)

(30)에서 보듯이 X 위치에 부르는 대상인 "엄마"가 출현을 하고 있고, 목적어인 Y 위치에는 "물, 빵빵"이라는 명사가 출현을 하고 있다. 서술어로는 "주다"만이 사용된다.

〈5〉 [X Y 어찌하다]

이 유형도 한 아동(남아 A)에게서만 발견된다.

  (31) 아부지(할아버지) 머해(뭐해)? (22개월)

이 문장은 유아가 어머니와 대화하면서 그 장소에 없는 '할아버지'에 관해 어머니에게 질문하는 표현이므로 이때의 '아부지(할아버지)'는 확실히

라는 반말체로 발화하다가 21개월이 되면서 "-어요" 형태가 출현하고 있음을 볼 수 있다.
16) 여아 B의 경우는 "채됴 보다"라는 발화가 나타나는데, 이것이 "채소 보자"의 의미인지는 확실치 않다.

주어로 인정이 된다.

⟨6⟩ [Z Y 어찌하다]

이 유형은 성인 언어의 [X가 Z에게 Y를 어찌하다]라는 타동사 문형에서 주어가 생략되고 그 대신에 여격 부사어가 출현하는 경우이다. 예를 들면 다음과 나타난다.

(32) 남아 A:
    ㄱ. 엄마 빵 주까(줄까) (22개월)
    ㄴ. 경차아저찌(경찰 아저씨) 빵 주까(줄까) (22개월)

위의 예를 보면 Z위치에는 "엄마, 경찰아저씨"가 출현을 하고 있고, Y위치에는 "빵"이 나타나고 있다. 용언 형태는 '주다'만 나타난다. 다른 유아들의 경우는 예가 나타나지 않는다.

⟨7⟩ 보조용언 구성

타동사 구문의 보조용언 구성을 보면 다음과 같다.

(33) 남아 A:
    ㄱ. 아쁘죠(업어 줘) (21개월)
    ㄴ. 해 죠(줘) (21개월)
    ㄷ. 엄마! 해 죠(줘). (21개월)
(34) 여아 B: 까 져(줘) (22개월)
(35) 여아 C:
    ㄱ. 하지 마(18, 21개월)
    ㄴ. 이거 따까주(닦아 줘) (22개월)
    ㄷ. 이빨 따까조(닦아 줘) (22개월)

예상과 같이 "-어 주(다)" 형태가 일찍 출현하여 발달하는 양상을 살필
수 있다. 또한 "-지 마" 구성도 발견이 되는데, "안, 못" 부정의 경우에
는 장형부정의 습득시기가 다소 늦게 발달을 하지만 "말다"에 의한 부정
은 상당히 이른 시기일 가능성을 보여주고 있다.[17]

지금까지 살핀 타동사 구문을 보면, <1>, <3>, <7> 유형은 세 아동
모두에게서 발견이 되고 <2> 유형은 두 아동에게서 발견이 되며, <4>,
<5>, <6> 유형은 한 아동에게서만 나타난다. 출현 순서를 보면 남아 A
의 경우는 <3>-<7>-<1><2><4><5>의 순을 보이고, 여아 B의
경우는 <2>-<1>-<3>-<7>, 여아 C의 경우는 <1>-<7>-<2>
<3>의 양상을 보인다. <1>, <2>, <3>, <7>만 놓고 보면 상대적인
출현 순서에 일정한 경향성을 파악하기가 어려운 양상을 보여준다. 문형
습득 순서에도 개인간의 편차가 적지 않음을 느끼게 해주는 대목이다. 다
만, <4>, <5>, <6>과 같은 발화가 세 아동 중에서 한 명에게서만 발
견되므로 다른 구성들에 비해 늦게 습득되는 구조 유형이라는 점을 추론
해 볼 수 있다. 실제 구조로 보아도 <1>, <2>, <3>보다는 <4>,
<5>, <6>이 좀더 복잡한 문장 구조임을 감안하면 <1><2><3><7>
-<4><5><6>으로 발달해 간다는 정도의 일반화는 가능하다.

2.2.4. 자동사 구문

24개월 이전 시기에 나타나는 [X가 (Y에) 어찌하다]라는 자동사 문형
에 속하는 문장들을 표면적인 출현 성분을 중심으로 나누면 다음과 같다.

<1> X 어떻게

---

17) 부정 표현과 연관지어 보면 단형부정에 비해 장형부정은 비교적 늦게 습득된다는 일반 이
론과는 정면으로 배치되는 양상이라 할 수 있다.

<2> X Y
<3> X 어찌하다
<4> X Y 어찌하다
<5> 보조용언 구성

각 유형별로 구체적인 사례를 검토하기로 한다.

〈1〉 [X 어떻게]

자동사 형태가 나타나지 않고 상징부사만 나타나는 경우도 있다.

(36) 남아 A:
　　　ㄱ. 벙구(방구) 붕붕 (23개월)
　　　ㄴ. 내 방구 붕붕 (23개월)
(37) 여아 B: 오빠 붕. (17개월)

위의 예를 보면 [X(가) 어떠하다] 유형에서 "어떠하다" 자리에 상징부사만 나타나는 경우임을 알 수 있다. "X가 어떠하다"에서 "하다"가 생략된 형태로 볼 수 있다.[18] X 위치에 일반명사 "방구, 오빠"가 출현하고 있으며, 후행 요소로 상징부사만 나타나고 있다.

〈2〉 [X Y]

성인 언어에서 "X가 Y에 가다"에서 X와 Y만 나타난 경우로 소위 전보문에 해당이 된다. 예를 보이면 다음과 같다.

(38) 여아 B: 아빠 호따이(회사) (17개월)

---

18) '붕붕'은 타동사 구성인 '방귀를 붕붕 뀌다'에서 '방귀를 뀌다'가 생략된 것으로 보기보다 '붕붕하다'에서 '하다'가 생략된 것으로 본 것이다.

위의 예는 전형적인 전보문의 예로서 '아빠가 회사에 갔다'는 의미로 발화한 것이다.19)

〈3〉 [X 어찌하다]

[X 어찌하다]의 예를 보이면 다음과 같다.

  (39) 남아 A:
    ㄱ. 경차아저찌(경찰 아저씨) 감니다(갑니다) (22개월)
    ㄴ. 아빠 감니다(갑니다) (22개월)
    ㄷ. 애기 감니다(갑니다) (22개월)
  (40) 여아 C:
    ㄱ. 엄마 곰부(공부) {'엄마가 공부한다'의 의미} (18개월)
    ㄴ. 비 안다(온다) (19개월)

남아 A의 경우, 주어 자리에 행위자인 "경찰아저씨, 아빠, 애기"와 같은 어휘들이 같은 시기의 발화에서 발견이 된다. '-ㅂ니다'와 같은 청자 대우 방식을 사용하고 있는 점이 특징인데, 이 세 발화는 연속 발화된 것으로, 대치(치환) 실험을 통한 문형 학습 발화로 보인다. 여아 C의 경우는 주어 자리에 '엄마'라는 행위 주체와 '비'라는 무생물 주어가 나타나는 것이 특징이다. 앞서 살핀 타동사 구문과는 달리 모두 주어로 인정이 된다.

〈4〉 [X Y 어찌하다]

성인 언어의 "X(가) Y(에) 어찌하다"와 같은 문형은 여아 B에게서만

---

19) 이러한 의미해석은 어머니의 '아빠 회사 갔어요?'라는 되물음에 기댄 것이다. 이후의 논의에서도 제시된 의미들은 추정에 의한 것이 아니라 발화 상황이나 어머니의 선후행 발화 등을 통해 확인한 것들이다. 논의의 객관성 확보를 위하여 의미가 분명하지 않거나 추정만 가능한 경우는 연구 대상 자체에서 제외시켰다.

발견이 된다.

    (41) 여아 B: 엄마 여기 앉어. (22개월)

X자리에 "엄마"가 나타나고 있고, Y자리에 "여기"가 출현하고 있다. 이 두 어휘는 모든 이른 시기에 습득되며, 다른 문형에서도 빈도가 높은 어휘들이라는 특징이 있다. 다만 예가 많지 않은 것은 다른 대부분의 문형들은 2어문인데 반해 3어문 구성이라는 복잡성 때문인 것으로 보인다.

  ⟨5⟩ 보조용언 구성

  자동사와 보조용언이 결합한 예는 아래와 같은 예가 유일하다.

    (42) 남아 A: 엄마 올라가고시프(올라가고 싶어) (22개월)

다른 아동들에게서는 발견이 되지 않는다.

  지금까지 살핀 자동사 유형을 보면, 남아 A는 ⟨3⟩⟨5⟩−⟨1⟩, 여아 B는 ⟨1⟩⟨2⟩−⟨4⟩의 순서를 보이며, 여아 C의 경우는 ⟨2⟩의 예만 발견된다. 성인의 관점에서 보면 ⟨1⟩−⟨2⟩−⟨3⟩−⟨4⟩−⟨5⟩의 양상으로 발전할 듯 한데, 자료에 의하면 ⟨1⟩, ⟨2⟩, ⟨3⟩보다 ⟨4⟩ 유형이 가장 늦게 나타나는 것만을 확인할 수 있을 뿐이다.

  2.2.5. 형용사 구문

  성인 언어의 "X(가) 어떠하다"라는 형용사 구문은 세 아동 모두에게서 발견이 된다. 예는 아래와 같다.

(43) 남아 A:

ㄱ. 공농공농(공룡 공룡) 업따(없다) (21개월)

ㄴ. 엄마, 엄마 아퍼(아파)? (21개월)

ㄷ. 개미 아퍼(아파) (22개월)

(44) 여아 B:

ㄱ. 운경이(인명) 아야. (22개월)

ㄴ. 엄마 아포(아파) (22개월)

(45) 여아 C:

ㄱ. 쥬디(인명) 아야(16개월)

ㄴ. 주디(인명) 어서(없어) (17개월)

ㄷ. 양말 업따(없다) (19개월)

ㄹ. 빨래 업쪄(없어) (19개월)

X위치에는 일반명사와 고유명사가 출현을 하고 있다. Y에는 '아야'와 같은 유아어와 형용사가 출현을 하고 있다.

아동별로 보면 남아 A의 경우는 X위치에 "공룡, 엄마, 개미" 등 일반명사가 출현하고 있다. 여아 B의 경우는 자신의 이름인 고유명사와 "엄마"가 같은 시기에 나타난다. 여아 C의 경우는 X위치에 고유명사가 출현한 이후 "양말, 빨래" 등이 출현하고 있다. 여아들의 경우 고유명사가 일반명사보다 일찍 나타나는 것이 특이하다. 또한 위의 예를 보면 Y 자리에 유아어 '아야'와 "아프다, 없다" 정도의 형용사만 출현하고 있는 특징을 읽어낼 수 있다. '아야'의 경우는 여아들에게서 발견이 되는데, 이 경우에는 X 자리에 고유명사가 나타나는 공통점을 찾아 볼 수 있다. 형용사 '없다, 아프다'의 경우, 한 아동에게서는 두 형태 모두 발견이 되며, 다른 아동에게서는 "아프다"만 나타나고 또다른 아동에게서는 "없다" 형태만 나타나고 있다. "아프다"와 "없다"는 "있다"와 더불어 비교적 일찍 습득되는 형용사일 가능성이 높다고 하겠다.

3. 결론

이상으로 유아 초기의 문장 형식과 구성 요소에 관한 논의를 마치기로 한다. 총 3명의 유아를 대상으로 24개월까지의 발화 중에서 2어문 발화만을 대상으로 분석을 실시하여 유형화시킨 바 있으며, 각 유형별로 상대적인 습득 순서에 일반화된 경향성이 있는지, 또한 각 유형별로 구성 요소에 해당하는 구체적인 어휘의 범주적 특성은 무엇인지 등을 세밀하게 검토하였다. 지금까지의 논의를 요약하면 다음과 같다.

(1) 유아의 발달 특성을 고려한 분석이 이루어지기 위해서는 유아의 발화를 단순히 문장의 형식 등으로 일반화시키는 데에서 한 걸음 더 나아가 각 유형별 구성 요소의 특징을 아울러 살펴야 한다. 앞서 살핀 3명의 아동의 발화에 나타난 문형의 출현 양상을 표로 정리하면 다음과 같다.

〈유아 발화의 출현 문형 비교〉

구성 유형		세부 유형	남아A	여아B	여아C
수식 구성		체언 수식 구성	○	○	○
		용언 수식 구성	○	○	○
서술 구성	X가 Y이다	Y	○	○	○
		Y이다	○	○	○
		X Y	×	○	○
		X Y이다	○	○	×
	X가 Y에 있다	Y 있다	○	○	×
		X 있다	○	×	×
		X Y 있다	○	○	×

구성 유형		세부 유형	남아A	여아B	여아C
서술 구성	X가 Z에게 Y를 어찌하다	X Y	○	○	○
		X 어찌하다	×	○	○
		Y 어찌하다	○	○	○
		X Y 어찌하다	○	×	×
		Z Y 어찌하다	○	×	○
		보조용언 구성	○	○	○
	X가 Y에 어찌하다	X 어떻게	○	○	○
		X Y	×	○	×
		X 어찌하다	○	×	×
		X Y 어찌하다	×	○	○
		보조용언 구성	○	×	×
	X가 어떠하다	X 어떠하다	○	○	○

(2) 수식 구성의 경우 체언 수식 구성과 용언 수식 구성으로 나누어 볼 수 있는데, 체언 수식 구성이 용언 수식 구성에 비해 앞서 습득되는 양상을 보여준다.

(3) 체언 수식 구성에서는 체언1 위치에 나타나는 구성 요소를 보면 엄마, 아빠가 먼저 나타나고 개월 수가 증가하면서 대명사 "나"와 "오빠, 할머니" 등의 다른 가족, 자신을 지칭하는 고유명사 등으로 변화하는 양상을 보여준다. 체언2 위치에는 의존명사 "거"가 먼저 출현을 하고 개월 수가 증가하면서 일반명사로 발달해 가는 과정을 보여준다.

(4) 용언 수식 구성의 경우에는 부정부사 "안"에 의한 용언 수식과 "또, 다"와 같은 극히 제한된 일부 부사에 의한 용언 수식 구성만 출현하고 있어서 아직 본격적인 용언 수식 구성이 발달하지 못하였음을 알 수 있다.

(5) 서술 구성의 경우 문장 형식과 구성 요소의 범주적 특징을 세부적으로 정리하였다.

이상으로 유아 초기의 2어문 이상 발화의 형식 및 구성 요소에 관한 논의를 마치기로 한다. 유아의 초기 2어문 발화는 문장 형식이나 의미 관계의 일반화를 통한 유형화가 중요한 것이 아니라 유형별 구성 요소를 구체적으로 살펴야 유아의 언어의 발달 특성을 밝힐 수 있다는 관점에서 논의를 진행하였다. 3명에게서 공통적으로 나타나는 발달 과정을 살필 수 있는 부분도 있었으나, 체계적인 일반화에는 한계가 있음도 사실이었다. 가장 이상적으로는 3명의 유아에게서 상대적인 발달 순서나 단계가 일관되게 나타나는 것인데, 실제 자료를 보면 그러한 이상적인 분석은 불가능한 면이 있었다. 자료로만 보면 각 아동별로 개인적인 편차가 적지 않다. 이것이 언어 습득 과정에서 나타나는 정상적인 현상인지 아니면 자료의 공백으로 인한 우연적인 현상인지는 좀 더 연구가 필요하다고 본다.

참고문헌

권경안(1981). 한국아동의 언어발달연구: 음운발달 및 어휘발달을 중심으로, 한국교육
　　　개발원.

김성찬(1997). "통사 규칙 발달," 새국어생활 제7권 1호, pp. 125-142.

김영주(1992). "동사의 움직임 융합 유형과 공간어 습득," 서울: 인간은 언어를 어떻
　　　게 습득하는가, pp. 19-38.

김현주(1994). 아동 언어의 통사구조 발달, 연세대 석사학위논문.

노경희(2000). "격의 습득과 격층위 이론," 서울: 인간은 언어를 어떻게 습득하는가,
　　　pp. 39-61.

박낭자 · 조인숙(2001). "유아의 구어발달에 관한 연구: 표현언어와 문장이해력, 어휘
　　　력을 중심으로," 한국영유아보육학 27, pp. 189-207.

신용진(1975). "유아 후기의 한국어 습득에 관한 연구," 응용언어학 7권 1호, pp.
　　　1-10.

오원춘(1994). 초기 아동 언어 습득의 특성에 관한 연구: 동사와 의미역을 중심으로,
　　　한국교원대 석사학위논문.

윤일선(1975). 문법의 측면에서 본 아동의 언어발달에 관한 연구, 서울대 석사학위논문.

엄태식(1996). "유아의 언어 발달에 관한 연구," 수원여자전문대학 논문집 22, pp.
　　　179-204.

이귀옥(1997). "언어의미와 통사 지식이 아동의 언어 발달에 미치는 역할: 국어 분류
　　　사 습득 연구," 아동학회지 18. pp. 73-85.

이상금 · 주영희(1984). "유아기 언어의 특성 및 기능에 대한 연구," 인간 발달, pp.
　　　1-135.

이순형 · 유안진(1982). "한국아동의 언어 획득에 관한 연구," 서울대학교 가정대학
　　　논문집 7권, pp. 51-68.

이승복(1991). "초기 어린이 말에서의 상위 언어 발달," 충북대 사회과학연구 8, pp.
　　　183-230.

이승복(1994). 어린이를 위한 언어획득과 발달, 정민사.

이승복(1997). "언어 습득의 책략과 발달 과정," 새국어생활 제7권 제1호, pp. 53-79.

이승복 (번역)(2001). 언어 발달(Robert E. Owens, Jr, *Language Development*, 1988) 서

올: 시그마프레스.

이연섭 · 권경안 · 김성일(1979). 한국아동의 구문발달(Ⅰ). 한국교육개발원.

이연섭 · 권경안 · 정인실(1980). 한국아동의 어휘발달연구(Ⅰ). 한국교육개발원.

이영자 · 이종숙 · 이종욱(1997). "1, 2, 3세 유아의 의미−통사적 발달 연구," 유아교
　　육연구 17-2, pp. 55-75.

이은경(1999). 2~4세 유아의 격조사발달에 관한 연구: 대구 · 경북지역을 중심으로,
　　대구대석사학위 논문.

이인섭(1973). "유아어에서의 부정현상: 현영(2;3)의 문법," 노산 이은상 박사 고희기
　　념 논문집, pp. 335-354.

이인섭(1976). "유아어휘: 현영(2;3). 현주(3;2)의 어휘연구," 서울여대 논문집 5호, pp.
　　17-45.

이인섭(1977). "아동어에서의 피동과 사동," 서울여대 논문집 6호, pp. 25-38.

이인섭(1986). 한국아동의 언어발달 연구, 고려대 박사학위논문.

이정민(1997). "언어 습득과 화용 규칙," 새국어생활 제7권 1호, pp. 143-178.

이정화 · 조부월(1999). "유아의 언어 발달에 관한 연구: 놀이장면에서의 품사별 어휘
　　사용 양상을 중심으로," 미래유아교육학회지 6, pp. 209-237.

이필영 · 임유종(2003). "어말어미의 습득 과정에 관한 연구," 국어교육학연구 18, 국
　　어교육학회. pp. 319-345.

이현진 · 박영신 · 김혜리 (공역)(2001). 언어발달(Erika Hoff, *Language Development,*
　　2001). 서울: 시그마프레스

이현진(2000). "동사 의미 획득과 의미적 구성 요소," 서울: 인간은 언어를 어떻게 습
　　득하는가, pp. 71-93.

장미화(1986). 2세아의 어휘사용에 관한 사례 연구, 이화여대 석사학위논문.

정태순(2001). 유아 언어 습득 연구, 인하대 석사학위논문.

조명한(1982). 한국아동의 언어 획득 연구: 책략모형, 서울: 서울대출판부.

조영화(1992). "아동의 사동 · 피동 언어 발달 연구," 중앙대 교육논총 9, pp. 145-163.

조숙환(1997). "언어 습득론," 새국어생활 제7권 제1호, pp. 3-28.

조숙환(2000). "국어의 과거 시제와 양태소 습득," 서울: 인간은 언어를 어떻게 습득
　　하는가, pp. 95-120.

최봉희(1975). 언어 습득 초기의 어린이 문법, 서울대 석사학위논문.

John Whitman · 조숙환(2000). "동사 굴절어 습득과 발달의 불연속성," 서울: 인간은
　　언어를 어떻게 습득하는가, pp. 173-192.

Patricia M. Clancy(2000). "한국어의 주격, 목적격 조사의 습득," pp. 149-171.

Yukio Otsu(2000). "일본어 격조사와 후치사의 구조 습득에 대한 소고," 서울: 인간
　　은 언어를 어떻게 습득하는가, pp. 63-70.

장경희 · 김정선 · 한정희

호응 표현 발달*
(24개월~6세)

1. 서론

본 연구의 목적은 유아의 호응 표현을 통사적·의미적 관점에서 구체적인 발달 양상과 특징을 살펴보는 데에 있다.[1] 만 24개월에서 만 6세까지의 아동의 대상으로 하여 유아의 언어에 호응 표현이 존재한다고 말할 수 있는 초기 발달의 시점을 추정한다. 그리고 점차 확대 되어 가는 호응 표현의 발달 과정을 형태 발달의 관점에서 먼저 살펴본 다음 의미 범주별 발달 과정을 살펴본다.

호응 표현이 언어 발달의 관점에서 접근된 논의는 많지 않다. 이필영·임유종(2004, 2005)에서 호응 표현을 언어 발달의 관점에서 다루었는데, 이들 연구에서는 호응의 습득이 언어 발달 과정에서 비교적 늦게 이

---

* 이 글은 <우리말글> 46호(2009)에 "유아의 호응 표현 발달에 관한 연구"라는 제목으로 게재된 논문임.

1) 본 연구에서 논의하고 있는 '호응 표현'은 문장 내에서 언어 형식으로서의 한 대상 A와 특정한 다른 대상 B가 함께 짝을 맺어 고정적인 형태 관계로 실현되는 표현을 말한다(송현정 2007: 14).

루어진다고 보고 만 4세 이상의 아동을 대상으로 하였으며, 호응의 범위
도 '부정'과 호응하는 부사, 연결어미와 호응하는 부사로 제한하여 다루
고 있다.[2]

선행 연구들에서 지적되었듯이, 호응 표현은 오랜 기간에 걸쳐 발달하
는 언어 현상에 속하기 때문에 무엇보다도 연구 대상인 언어 자료를 수
집하는 데 큰 어려움을 지닌다. 특정 시점이나 이른 시기에 발달하는 언
어 연구에 비해서, 언어에 대한 관찰 기간이 길어서 분석 대상 언어량이
방대하며 자료 수집은 물론, 자료 분석 절차도 단순하지 않는 등 연구 수
행에 많은 어려움이 따른다.

본 연구에서는 횡적 조사 방법과 종적 조사 방법을 병행하여 이러한
문제점을 가능한 극복해 보고자 하였다. 횡적 조사와 종적 조사에서 동일
월령 또는 연령이 겹치도록 조사 대상 아동을 선정하고 조사 방법에 따
른 결과들을 분석하고 이들의 상이점을 해석해 봄으로써 장기간에 걸치
는 호응 표현의 발달 과정을 보다 사실에 근접하여 살펴볼 수 있도록 하
였다.

---

2) 호응 표현에 대한 일반적인 논의에서도 대부분이 '부사'를 중심으로 호응 현상을 분석하고
있다(김경훈 1996, 채희락 2002). 김경훈(1996)은 호응의 개념을 두 언어 표현이 아무리 멀
리 떨어져 있더라도 긴밀한 관계를 맺을 수 있으며 이 둘이 필수적으로 공기한다는 사실을
포착하기 위한 개념이라고 정리하며, 부사어와 관련된 현상으로 보았다. 채희락(2002)는 호
응 표현을 중점적으로 분석하기보다는 부사어를 일반 부사어와 호응 부사어로 분류하는 것
이 논의의 초점이 되었었다. '부사'에 제한되지 않고 국어 호응 현상 전반을 다룬 논의로는
송현정(2007)이 있다. 송현정(2007)에서는 국어 호응 표현의 구체적인 목록으로 제시하면서
국어의 호응 현상을 통사/의미 구조, 원리, 유형 등을 다루고 있다.

2. 연구 대상 및 연구 방법

2.1. 연구 대상과 자료 수집 방법

본 연구는 만 24개월부터 만 6세까지의 아동을 연구 대상으로 삼았다. 연구 대상 언어는 만 2세에서 만 6세 즉 5년에 걸치는데, 자료 수집 및 조사 기간을 이렇게 오랜 기간으로 설정할 수 없었다. 이러한 어려움을 극복하기 위하여 자료 조사를 종적 자료 수집과 횡적 자료 수집을 병행하여 실시하였다.

조사 집단을 [집단 1], [집단 2], [집단 3]으로 구분하여 [집단 1]과 [집단 2]에 대해서는 종적으로 자료 수집이 이루어졌고, [집단 3]에 대해서는 횡적으로 자료 수집이 이루어졌다.3)

〈표 1〉 연구 대상 집단

집단 구분	자료 수집 방법	월령/연령
조사 집단 1	종적 자료 수집	만 24개월~36개월
조사 집단 2		만 31개월~43개월
조사 집단 3	횡적 자료 수집	만 3세~6세

종적 자료 조사를 두 유형으로 구분한 것도 자료 조사 연구 기간이 1년으로 한정되어 있었고, 정해진 1년에 가능한 종적 관찰을 많이 하기 위해서이다. 또한 각 집단 간에 월령대, 연령대가 겹치게 함으로써 상이한 조사 방법에 따른 관찰이 이루어지게 하였다.

수집된 말뭉치가 보다 표준적이 될 수 있도록 종적 조사에서 대상 아동은 원칙에 따라 선정하였다. [조사 집단 1]과 [조사 집단 2]는 아동의

---

3) 본 연구는 〈연령별 대화 말뭉치〉(한양대학교 교육문제연구소)의 자료를 사용하였다.

성별 분포를 동일하게 구성하였고, 아동의 언어 외적 환경을 가능한 동질적으로 유지하기 위하여, 부모를 서울·경기 지역에 거주자, 학력은 대졸 이상, 표준어 사용자로 한정하여 아동을 선정하였다. [조사 집단 1]과 [조사 집단 2]에 대한 종적 자료 조사는 녹음 방식으로 이루어졌고, 엄마와 가정에서 자유롭게 놀이를 하면서 나눈 대화를 어머니가 녹음하는 방식으로 이루어졌다. 그리고 1주일에 1회씩 1시간 동안 녹음하였고 10개월 동안 지속하였다.[4]

　조사 집단 1과 2의 종적 조사 자료의 현황을 개월별 파일 수로 보이면 <표 2>, <표 3>과 같다.[5]

〈표 2〉 [조사 집단 1]의 개월별 자료 분포[6]

개월(만) 대상자	24	25	26	27	28	29	30	31	32	33	34	35	36	합계
YB(F)	3	4	3	4	3	4	4	3	3	4	2	2		39
UB(F)		3	2	4	4	2	2	3	3	4	4	6	1	38
TY(M)	2	4	4	4	3	2	2	3	3	3	2	3	2	37
MG(M)	5	4	5	4	4	5	4	4	5					40
합계	10	15	14	16	14	13	12	13	14	11	8	11	3	154

〈표 3〉 [조사 집단 2]의 개월별 자료 분포

개월(만) 대상자	24	25	26	27	28	29	30	31	32	33	34	35	36	합계
SJ(F)		2	4	4	3	5	4	4	2	6	5			39
YJ(F)	2	4	1	2	3	5	5	5	3	5	3	1		39
DU(M)		2	2	1	5	4	7	2	2	3	5	5	2	40
SB(M)				3	3	3	4	3	4	5	4	4	7	40
합계	2	8	7	10	14	17	20	14	11	19	17	10	9	158

---

4) 아동에 따라 10개월 이상을 녹음한 경우도 있다.

5) 1회 1시간 동안 녹음한 것을 한 파일로 저장하였다.

6) 음영 처리된 부분은 해당 개월의 조사 파일이 없는 것을 표시한다.

[조사 집단 1], [조사 집단 2]의 대상 아동은 남녀 2명씩이며, 아동별로 40개 정도의 파일로 구성되어 있다.

횡적 자료는 만 3세에서 만 6세 아동을 대상으로 서울 지역의 9개 기관의 유치원과 어린이집에 방문하여 수집하였다. 녹음 환경은 빈 교실에 두 명씩 짝을 지어 40분 동안 자유롭게 놀이를 하며 대화를 하도록 하였으며, 디지털 녹음기로 녹음하였다. 조사원은 대화 현장에 참여하여 아동의 이름을 확인하면서 이를 녹음하여 자료 분석 시에 아동별 구분이 원활히 이루어질 수 있도록 하고, 녹음 관련 주의 사항을 알려준 다음, 대화 현장에서 물러나 있도록 하였다. 그러나 조사 대상자의 연령이 낮아 아동들만으로는 언어적인 상호작용이 거의 이루어지지 못하거나, 녹음 시작 전부터 대상자들이 긴장하여 대화나누기를 꺼려하는 경우에는 조사원이 참여하여 대화를 유도하였다. 횡적 자료 조사를 수행한 아동의 연령별, 성별 분포는 다음 <표 4>와 같다.

〈표 4〉 [조사 집단 3]의 아동 분포

나이	여자	남자	합계
만 3세	8	12	20
만 4세	46	45	91
만 5세	55	58	113
만 6세	40	39	79
합계	149	154	303

2.2. 연구 방법

조사 수집된 대화 자료는 3차에 걸쳐 파일 당 2,000어절씩 전사되었다.[7] 본 연구는 이와 같이 전사된 파일은 대상으로 삼아 출발하였다. 이들 자료를 대상으로 호응 표현의 발달 과정을 조사하기 위한 자료 처리 작업 및 분석 절차가 이루어졌다. 세부적인 과정을 정리하면 다음과 같다.

① 자료 처리 이전에 국어의 호응 표현을 정리한다.
② 전체 자료를 텍스트 파일로 전환하여 호응 표현을 포함하는 발화를 태
   깅한다.
③ 호응 표현 포함 발화를 추출하여 엑셀 파일로 저장한다.
④ 관찰을 위한 세부 태깅을 실시한다.: 호응 표현별 식별 태깅, 의미 유
   형별 식별 태깅
⑤ 종적 조사 결과 분석
⑥ 횡적 조사 결과 분석
⑦ 종적 조사와 횡적 조사 결과의 대비와 종합

　호응 표현의 발달 과정은 호응 표현의 출현 시기와 사용 분포를 관찰
함으로써 살펴보았는데, 이때 본 자료의 특성을 고려하여 몇 가지 점에
유의하여 다음과 같은 방식으로 자료 분석 및 해석이 이루어졌다.[8] 첫째,
출현 시기는 분석 대상 아동에 대한 지속적인 자료 관찰이 가능한 종적
자료를 중심으로 분석하였다. 본 연구에서 말하는 출현 시기는 해당 형태
가 처음으로 출현한 시기로 '초출'이라 부르기로 한다.
　둘째, 발달 순서를 밝히기 위해 출현 형태와 의미 범주를 유형화하여
월령/연령에 따른 변화 양상에 주목하였다. 귀납적 연구 방법을 취한 본

---

7) 어린 단계의 유아들의 언어 자료를 전사하는 일은 성인의 언어 전사보다도 어려움이 많다.
　따라서 국어학 전공자들이 참여하여 전사하였고 일정한 전사 원칙에 따랐다. 유아의 1차 전
　사는 발화자 표시와 발화 내용으로 이루어져 있는데, 대화 내용을 그대로 문자한 가장 기초
　적인 자료이다. 2차 전사는 발화자 정보, 녹음 시간, 날짜, 전사 시간 등에 대한 정보를 표시
　한 헤더를 부착하였으며, 표준어 표기, 말겹침이나 군말, 비언어적 음성, 휴지 등 발화 상황
　을 이해하는 데 도움이 되는 정보, 발화자의 특이한 어조 등의 정보를 표시하였다. 3차 전
　사는 자료의 익명성을 보장하기 위한 마크업 작업이다.
8) 언어를 계량적인 관점에서 분석하는 많은 연구들이 단순 출현 빈도를 제시하고 있는데, 이
　는 조사 대상 자료의 특성에 따라 빈도가 달라진다는 대전제를 고려하지 않은 것으로 문제
　가 있는 태도로 본다.

연구에서는 월령/연령에 따른 형태와 의미 범주를 목록화하여 유형을 분류하고 유형의 사용 분포를 조사하였다. 종적 자료의 경우는 본 연구에서 수집량이 대상 아동에 따라 약간의 차이가 있고, 출현 빈도도 낮아 단순 빈도 제시보다는 월령에 따른 호응 표현의 사용 여부를 중심으로 제시하였다. 횡적 자료의 경우는 연령별 사용 양상을 조사하였다.

셋째, 일시에 조사된 횡적 자료 분석에서도 단순 빈도에 의존하지 않았다. 대화의 주제 등에 따라 동일한 호응 표현이 반복적으로 사용될 수 있기 때문에 단순 빈도를 통하여 사용 분포를 이해하는 것은 어려움이 있다고 보고, 총 빈도수 대신 호응 표현별 '사용 화자 수'를 기준으로 결과를 산출하였다. 조사 집단에서 몇 명의 화자가 사용하는 지를 조사함으로써 사용 분포를 살펴본 것이다. 또한 본 연구에서는 연령별 조사 대상자 수가 다르기 때문에 '사용 화자 수'에서도 단순 통계가 아니라, 비율을 산출하였다. 해당 형태/의미를 사용한 화자 수를 조사 집단 전체 대상자 수로 나누어 사용 화자 비율 산정하였다.

조사 대상자를 월령별, 연령별로 일정하게 한정하여 처리할 수도 있다. 그러나 대화 자료는 녹음 자체가 많은 시간을 요하며, 특히 영아의 자료는 단 한 번의 출현도 의의 있는 현상을 보여 주는 경우가 많아서 본 연구에서 조사된 파일을 모두 활용하는 것이 사실에 가까이 접근하는 것이라 볼 수 있어 위와 같은 연구 방법을 사용한 것이다.

3. 유아의 호응 표현 출현 시기

호응 표현의 형태 발달을 종적 자료를 중심으로 초출 시기와 사용 분포를 분석하여 유아 호응 표현의 형태적인 면에서의 특징을 논의하기로 한다.

3.1. 조사 집단별 호응 표현의 출현 양상

유아의 호응 표현의 발달이 이루어지는 시기를 살펴보기로 한다. 종적 자료를 중심으로 관찰해 보면, 만 24~36개월이 관찰된 [조사 집단 1]의 자료에서는 26개월부터 호응 표현이 관찰된다.

(1) 아= 아무것도 없더(없어). (26개월, YB)
(2) 이거는 아무것도(아무도) 안 깠더(깠어)? (27개월, YB)
(3) 돌멩이가 하나밖에 안 넣어. (28개월, YB)
(4) 뿡뿡이는 아무꺼도 아무것도 몬(못) ((-)). (29개월, YB)
(5) 아무도 안 만드어서(만들어서) 없지-. (30개월, YB)
(6) 근데 신발,이 하나밖에 없더(없어). (31개월, YB)
(7) 하나밖에 없는데-? (32개월, YB)
(8) ○○이 손이 더 길어요. (33개월, UB)
(9) 나도 수염을 달으면 얼마나 좋을까? (34개월, UB)
(10) ○○이 소리가 얼마나 커졌는지. (35개월, YB)

31~43개월의 언어가 관찰된 [조사 집단 2]의 자료에서는 32개월의 경우만 제외하고 모든 개월에서 호응 표현이 사용되는 것을 볼 수 있다.

(11) 엄마보다 작아지(작지)? (31개월, YJ)
(12) 이건 별류(별로) 소리가 안 난다. (33개월, SJ)
(13) 두 개밖에 없네-. (34개월, SB)
(14) 얼마나 무서운 데요. (35개월, DU)
(15) 아무도 없으니까. (36개월, SJ)
(16) 꼭 가야 돼? (37개월, SB)
(17) 요건 아무것도 없는 거예요. (38개월, SJ)
(18) 뱀이 얼마나 무서운지 알아? (39개월, SB)
(19) 만화 세 개 밖에 엄마 못 보게 했어. (40개월, YJ)
(20) 별로 안 죽= 안 움직이는 사람이다. (41개월, SJ)

(21) 내가 먼= 내가 더- 많이지-? (42개월, SB)
(22) 으와 아무것도 몰라. (43개월, DU)

이상과 같은 자료로부터 우리는 유아의 호응 표현 발달을 시기적으로 어느 시점으로 파악해야 할 것인가를 생각해 보기로 한다. 만 24개월부터 조사를 시작하였는데, 26개월부터 호응 표현이 관찰되었다. 그렇다면 26개월 무렵을 호응 표현의 보편적인 발달 시점으로 잡을 것인가 하는 것이 문제이다. 이에 대한 답을 찾기 위해서는 호응 표현의 출현이 얼마나 보편적인 현상인가를 살펴보는 일이 필요하다.

3.2. 조사 집단별의 호응 표현의 사용자 분포도

언어 습득 내지 발달의 일반성은 일차적으로 조사 대상 화자의 사용 분포를 통하여 접근할 수 있다. [조사 집단 1]의 경우, 조사 대상 아동 네 명 가운데, 2명에게서만 호응 표현이 관찰되었다. 이를 개월별로 나타내 보이면 다음과 같다.

〈표 5〉 [조사 집단 1]의 월령별 호응 표현 출현과 사용자 분포도

대상자 \ 개월(만)	24	25	26	27	28	29	30	31	32	33	34	35	36
YB(F)			○	○	○	○	○	○	○	○		○	
UB(F)										○	○		
TY(M)													
MG(M)													
사용자 분포도	0/3	0/4	1/4	1/4	1/4	1/4	1/4	1/4	1/4	2/3	1/3	1/3	0/2

다른 아동들은 33개월이 될 때까지 호응 표현을 사용하지 않는데 반해,

YB만이 26개월부터 호응 표현을 사용하고 있어 [조사 집단 1]의 호응 표현 사용자 분포는 정상 분포라고 보기는 힘들다. 이러한 현상은 [조사 집단 2]의 결과와 더불어 해석되어야 할 것이다.[9)]

[조사 집단 2]에서는 네 명의 아동 모두가 호응 표현을 사용하고 있음을 볼 수 있다. 이들 언어에서 관찰되는 호응 표현의 월별 출현도를 정리하면 다음과 같다.

〈표 6〉 [조사 집단 2]의 월령별 호응 표현 출현과 사용자 분포도

개월(만) 대상자	31	32	33	34	35	36	37	38	39	40	41	42	43
SJ(F)			○	○	○	○	○	○		○	○		
YJ(F)	○					○	○	○	○	○	○		
DU(M)						○	○	○	○		○		○
SB(M)				○	○	○	○	○	○	○		○	○
사용자 분포도	1/1	0/3	1/3	2/4	4/4	4/4	4/4	4/4	2/4	4/4	2/4	1/3	2/2

[조사 집단 2]에서는 31개월에서 43개월에 속한 아동들을 대상으로 하였는데, YJ에서는 31개월부터 호응 표현이 관찰되었고, SJ에서는 33개월에 관찰되었다. SB는 34개월에 관찰되었지만, 관찰을 시작한 시점이 34개월이어서, 그 이전에 이미 호응 표현을 사용했을 가능성이 있다. 4명의 아동 모두 늦어도 34개월에는 호응 표현을 사용했다고 보아야 한다. 또한 관찰 조사가 1개월에 단 4시간 동안만 이루어진다든지, 호응 표현이 다른 언어 현상보다 빈번하게 나타나는 것이 아닌 점을 고려한다면, 호응 표현의 발달 시점은 34개월보다 이른 시기로 볼 수도 있다. [조사 집단 1]에서 뒤늦게 호응 표현을 사용한 아동의 경우, 33개월에 초출이 이루

---

9) 물론 이에 대해서는 보다 많은 유아를 대상으로 다시 확대 조사될 수 있는 부분이기도 하다.

어진 점 등을 볼 때, 일반적인 언어 발달을 보이는 아동들은 30개월 정도에 호응 표현의 발달이 이루어지는 것으로 생각된다.

[조사 집단 1]에서 다른 아동보다 훨씬 시기에 호응 표현을 사용하고 있는 YB의 경우는 다른 아동에 비해 언어 발달이 빠르게 진행되는 경우라 하겠다. YB의 언어에서 출현하는 호응 표현 형태들은, 형태 발달에 대한 논의에서 보게 되겠지만, [조사 집단 2]에서 주류를 이루는 호응 표현들이다. 이런 점에서도 아동 YB는 [조사 집단 2] 단계의 언어에 근접한 발달을 보이고 있다고 본다.

4. 유아의 호응 표현의 형태 발달

유아의 호응 표현의 발달 과정을 살펴보기 위해 출현하는 형태 목록을 월령/연령별로 정리해 보기로 한다.

4.1. 종적 조사에 따른 호응 표현의 형태 발달

4.1.1. 호응 표현의 형태와 유형

국어의 호응 표현에는 여러 가지 형태가 존재하는데 유아의 호응 표현은 그 형태가 다양하지는 않다. 종적 조사가 이루어진 두 유아 집단에서 사용되는 호응 표현의 형태 목록을 정리하면 다음과 같다.

〈표 7〉 종적 조사 집단별 호응 표현의 형태 목록

조사 집단 1	조사 집단 2
1. 밖에 ~ 없다	1. 밖에 ~ 없다
2. 보다 ~ 더	2. 보다 ~ 더
3. 아무 ~ 아니다	3. 아무 ~ 아니다
4. 얼마나 ~ ㄴ지 모른다	4. 얼마나 ~ ㄴ지 모른다
5. 꼭 ~ 어야 되다	5. 별로 ~ 않다
	6. 만약 ~ 라면
	7. 제발 ~ 어요
	8. 절대로 ~ 안
	9. 아마 ~ ㄹ 것이다

위의 목록을 보면, [조사 집단 2]에서 보다 많은 호응 표현이 사용되고 있다. 호응 표현의 형태별로 보면, 1-4의 형태들은 두 집단에서 모두 사용되고 있고, 나머지 형태들은 어느 하나의 집단에서만 사용되고 있다. 이러한 호응 표현 형태들의 사용 상황을 구분하여 다음과 같이 유형화해 볼 수 있다.

    (1) 종 A 형태 유형: 두 집단에서 사용된 형태
       1. 밖에 ~ 없다
       2. 보다 ~ 더
       3. 아무 ~ 아니다
       4. 얼마나 ~ ㄴ지 모른다
    (2) 종 B 형태 유형: [조사 집단 1]에서만 사용된 형태
       5. 꼭
    (3) 종 C 형태 유형: [조사 집단 2]에서만 사용된 형태
       5. 별로 ~ 않다
       6. 만약 ~ 라면
       7. 제발 ~ 어요
       8. 절대로 ~ 안
       9. 아마 ~ ㄹ 것이다

두 조사 집단에서 쓰이고 있는 이상과 같은 호응 표현의 유형들 사이에는 발달의 시점에 차이가 있을 것으로 예상된다. 이들 유형을 기초로 하여 호응 표현의 발달 순서를 찾아보기로 한다.

4.1.2. 호응 표현의 발달 순서

종적 조사를 통하여 나타난 형태 유형 가운데, 두 집단에서 모두 사용되고 있는 종 A 유형이 초기의 발달 형태라고 할 것이다. [조사 집단 1]의 호응 표현 목록인 종 A 유형이 그 시기의 아동을 대표하는 일반적이 목록일 경우, 당연히 가장 초기에 발달된 호응 형태 유형일 것이다. 종 A 유형은 이른 시기에 출현하였고, 보다 후대인 [조사 집단 2]에서도 주류를 형성하고 있기 때문이다. [조사 집단 2]에서는 [조사 집단 1]에서 발달된 종 A 유형이 그대로 쓰이고 여기에 종 C 유형 형태들이 추가로 더 쓰이고 있다고 정리할 수 있다.

두 집단에서 공동으로 사용되는 종 A 유형에 속하는 호응 표현들 사이에도 발달의 시점에 차이가 있다고 생각된다. [조사 집단 1]의 네 명의 아동 가운데 호응 형태가 출현한 아동은 두 명의 아동(YB와 UB)인데, YB에게서는 '보다, 아무, 밖에, 꼭, 얼마나' 5개의 형태가 26개월부터 35개월까지 꾸준히 출현하고 있지만, UB는 33개월이 되어서야 처음 출현하고 있고, '보다, 얼마나' 2개의 형태만이 나타나고 있다.

〈표 8〉 [조사 집단 1]의 호응 형태별 초출 시기

개월(만) 대상자	26	27	28	29	30	31	32	33	34	35
YB(F)	보다 아무		밖에		꼭					얼마나
UB(F)								보다	얼마나	

<표 8>에서와 같이, YB 언어에서는 26개월에 '보다'와 '아무'가 사용되고 있다. YB에 비해 호응 표현이 비교적 늦게 출현한 UB 언어에서도 출현 순서로 보면, '보다'가 가장 이른 시기에 나타난다. 두 아동에게서 '보다'가 가장 먼저 출현한 호응 형태라는 공통점이 발견된다.

조사 대상 모두 호응 표현이 사용되고 있어 유아의 호응 표현 발달이 일반화된 시기로 보이는 [조사 집단 2]의 언어에서도 호응 표현의 발달 순서에 대하여 동일한 경향을 찾아 볼 수 있다.

〈표 9〉 [조사 집단 2]의 호응 형태별 초출 시기

개월(만)\n대상자	32	33	34	35	36	37	38	39	40	41	42
SJ(F)			밖에\n별로	보다\n만약		아무\n꼭					
YJ(F)	보다				밖에	아무	얼마나\n제발	별로			절대로
DU(M)					얼마나	보다	밖에	아마			
SB(M)				밖에	보다	아무	얼마나\n꼭			아마	

[조사 집단 2]의 네 명 모두의 언어에서 호응 표현 출현 초기에 '보다', '밖에'를 관찰할 수 있다. '아마', '절대로' 등은 보다 후기에 나타난다. [조사 집단 1]과 [조사 집단 2]의 결과를 종합해 보면, 호응 형태 가운데 '보다', '밖에' 등이 가장 먼저 발달하고, '아무', '얼마나' 등의 순으로 출현한다고 정리해 볼 수 있겠다.

호응 표현의 발달 순서를 지지해 주는 현상으로 호응 표현의 형태별 사용자 분포를 살펴볼 수 있다. 시간적 관점에서 접근할 때 관찰되는 형태 발달의 시기나 순서 등이 유의미한 가치를 지니려면, 습득자 전반에 걸쳐 발달이 이루어졌는지의 여부, 즉 사용자 분포가 확인되어야 한다.

특정 아동 하나에게서만 어떤 형태가 출현한다면, 이러한 출현을 근거로 아동의 호응 표현 발달의 일반적인 사실을 정립하기는 어렵기 때문이다. 따라서 발달의 관점에서 관찰하는 형태의 출현 시점에 대한 논의에서는 얼마나 많은 화자들이 그 형태를 사용하고 있는가 하는 사용자 분포를 살펴볼 필요가 있다

호응 표현의 형태 출현 양상을 사용자 분포의 관점에서 정리해 보면 다음과 같다.

〈표 10〉 [조사 집단 1]의 월령별 호응 형태 사용자 분포

개월(만) 형태	24	25	26	27	28	29	30	31	32	33	34	35	36
보다			○			○	○	○	○	○		○	
										◎			
밖에					○	○	○	○	○	○			
아무			○	○		○	○						
얼마나												○	
											◎		
꼭							○						

YB=○, UB=◎

〈표 10〉에 의하면, 초출 시기가 빨랐던 '보다'가 33개월에 두 명의 화자에게서 사용되고 있고, '밖에'와 더불어 관찰 기간 동안 꾸준히 출현하는 모습을 보여주고 있다. 그러나 이들 기간에서는 관찰 대상 아동 중 두 명의 아동에게서만 호응이 나타났고, 그것도 YB에 집중되어 있어 본격적인 호응 표현의 발달 시기가 아님을 다시 한번 확인해 볼 수 있다.

다음으로 만 31개월에서 43개월에 속하는 [조사 집단 2]의 형태별 사용자 분포를 보기로 한다.

〈표 11〉 [조사 집단 2]의 월령별 호응 형태 사용자 분포

형태 \ 개월(만)	31	32	33	34	35	36	37	38	39	40	41	42	43
보다				○									
보다	◎						◎						
보다						◇	◇						
보다					△		△	△	△	△		△	
아무						○		○					
아무						◎	◎		◎		◎		◇
아무						△			△				△
밖에			○	○		○	○				○		
밖에					◎					◎	◎		
밖에							◇	◇		◇			◇
밖에					△	△	△	△					△
꼭						○		○					
꼭						△							
얼마나											○		
얼마나							◎						
얼마나					◇		◇						
얼마나							△		△				
별로			○					○			○		
별로								◎		◎			
만약				○									
제발							◎						
절대로											◎		
아마								◇					
아마										△			

SJ=○ YJ=◎, DU=◇, SB=△

앞서 유형 종 A에 속하는 형태인 '밖에, 보다, 아무, 얼마나'는 35개월을 시작으로 비교적 사용자 분포가 넓어진 것을 볼 수 있다. 또한 이들 형태는 월령이 증가하는 데에 따라 꾸준히 출현하고 있어 호응 표현 중 발달

시기가 이른 형태라고 볼 수 있겠다. [조사 집단 2]에서만 출현하였던 종 C 유형은 사용자 분포에서도 한두 화자에 지나지 않아 아직은 활발하게 사용되지 않는 형태임을 보여주고 있다.

4.2. 횡적 조사에 따른 호응 표현의 형태 발달

4.2.1. 호응 표현의 형태와 유형

43개월 이상 아동의 호응 표현 발달을 살펴보기 위해서 만 6세까지의 아동을 대상으로 횡적 조사를 실시하였다. 이들 자료에서 관찰된 형태 목록을 정리해 보면 다음 <표 12>와 같다.

<표 12> [조사 집단 3]의 호응 표현 출현 형태 목록

나이(만)	3세	4세	5세	6세
형태	밖에~없다 보다~더 아무~아니다	밖에~없다 보다~더 아무~아니다 얼마나~ㄴ지 별로~없다 꼭~어야 되다 아마~ㄹ 것이다 아무리~안 왜냐하면~니까 절대로~안	밖에~없다 보다~더 아무~아니다 얼마나~ㄴ지 별로~없다 꼭~어야 되다 아마~ㄹ 것이다 아무리~안 왜냐하면~니까 절대로~안 도저히~안 부터~까지	밖에~없다 보다~더 아무~아니다 얼마나~ㄴ지 별로~없다 꼭~어야 되다 아마~ㄹ 것이다 왜냐하면~니까 절대로~안 다시는~못 만약에~면
목록수	3개	10개	12개	11개

위 <표 12>를 보면, 횡적 조사 집단에서도 호응 표현은 연령이 높아짐에 따라 출현 형태의 목록이 증가하는 것을 알 수 있다. 3세에 3개, 4세

에 10개, 5세에 12개, 6세에 11개로 점차 증가하고 있다. 대체로 앞선 연령에 출현하였던 형태 대부분이 다음 연령에 출현하고 있어 연령이 증가함에 따라 호응 표현 형태가 발달하는 것을 확인할 수 있다. 횡적 조사를 통해서도 호응 표현이 유형별로 발달의 순서와 단계를 보인다고 볼 수 있다. 따라서 호응 표현을 다음과 같이 유형화해 볼 수 있다.

(1) 횡 A 형태 유형: 3, 4, 5, 6세에 공통으로 출현하는 호응 표현
- **밖에~없다**
- **보다~더**
- **아무~아니다**

(2) 횡 B 형태 유형: 4, 5, 6세에 공동으로 출현하는 호응 표현
- *얼마나~ㄴ지*
- *별로~없다*
- *꼭~어야 되다*
- *아마~ㄹ 것이다*
- *아무리~안*
- *왜냐하면~니까*
- *절대로~안*

(3) 횡 C 형태 유형: 5세만 출현하는 호응 표현
- 도저히~안
- 부터~까지

(4) 횡 D 형태 유형: 6세에만 출현하는 호응 표현
- 다시는~못
- 만약에~면
- 제발~어요

횡 A 유형은 3, 4, 5, 6세 모두에서 공통으로 쓰이고 있고, 횡 B 유형은 4, 5, 6세, 횡 C 유형은 5세만, 횡 D 유형은 6세에만 사용되고 있어 43개월까지의 종적 조사 이후의 호응 표현 발달 순서가 있음을 짐작하게

한다. 특히 종적 조사와 관찰 기간이 겹치는 만 3세의 출현 목록은 앞서 논의한 호응 형태의 발달 순서를 지지해 주는 근거로 볼 수 있겠다. 이제 이들 유형을 근거로 만 6세까지의 호응 형태 발달 순서를 논의해 보기로 한다.

4.2.2. 호응 표현의 발달 순서

횡적 조사 집단에 대해서도 발달 순서는 이른 시기부터 사용된 횡 A 형태 유형이 가장 먼저 발달되었다고 본다. 연령대별로 출현하는 순서에 따라 횡 B 형태 유형, 횡 C 형태 유형 순으로 발달한다고 예상할 수 있다.

이러한 근거는 우선, 앞에서 언급하였듯이 시간적인 순서에 따른 출현 형태들이 모두 후대에도 쓰이고 있기 때문이다. 그리고 또 하나는 횡적 조사에 근거한 호응 표현의 발달 순서가 종적 조사 결과와 부합한다는 점이다. 이밖에도 종적 조사에서와 같이 사용자 분포도가 이러한 결과를 지지해 준다.

[조사 집단 3]의 호응 표현의 사용자 분포를 보기로 한다. 사용자 분포는 조사 대상 아동들 가운데 몇 명의 화자가 해당 형태를 사용했는지를 조사하여 분석하였다.[10]

---

10) 사용 화자 수 조사는 단순 빈도 조사를 할 경우 발생하는 특정 화자나 주제에 따라 빈도가 좌우되는 문제를 극복할 수 있는 방법으로, 조사 대상 집단에서 해당 형태를 사용한 화자의 수를 통해 사용 분포를 밝히는 방법이다. 이 연구에서는 연령별 조사 대상 화자 수가 일정하지 않아 비율을 함께 보이도록 한다.

〈표 13〉 연령별 호응 표현의 사용 빈도(사용 화자 수 분포)

순위	만 3세			만 4세			만 5세			만 6세		
	형태	화자 수	비율	형태	화자 수	비율	형태	화자 수	비율	형태	화자 수	비율
1	보다	2	10.0%	밖에	20	22.0%	밖에	29	25.7%	밖에	18	22.8%
	아무	2	10.0%				보다	19	16.8%	보다	16	20.3%
2	밖에	1	5.0%	아무	12	13.2%	아무	15	13.3%	아무	9	11.4%
3				보다	5	5.5%	아마	5	4.4%	얼마나	7	8.9%
4				왜냐하면	2	2.2%	왜냐하면	5	4.4%			
				꼭	2	2.2%	절대로	5	4.4%			
				얼마나	2	2.2%	별로	4	3.5%	별로	6	7.6%
5				별로	1	1.1%	얼마나	4	3.5%			
				아마	1	1.1%	부터	2	1.8%	꼭	5	6.3%
				아무리	1	1.1%	도저히	1	0.9%	왜냐하면	4	5.1%
				절대로	1	1.1%	아무리	1	0.9%	절대로	4	5.1%
6							꼭	1	0.9%	제발	4	5.1%
7										만약에	3	3.8%
8										다시는	1	1.3%
9										아마	1	1.3%

위의 표를 보면, 만 3~6세에 공통으로 사용되는 호응 형태들이 비교적 사용자 분포가 높게 유지되거나 더욱 확대되어 가는 것을 볼 수 있다. 만 3세에서 '보다'의 사용자 분포는 약 10%이나 4세에 5.5.%, 5세에 16.8.%, 6세에 20.6%로 확대되는 경향을 보이고 있고, '밖에'의 경우도 3세에 5%, 4세에 22%, 5세에 25.7%, 6세에 22.8%로 확대 경향을 보인다. 횡 A 유형과 횡 B 유형이 사용 화자 분포에서 비교적 상위를 차지하고 있고, 횡 C 유형, 횡 D 유형은 사용자 분포도가 낮게 나타나고 있다. 이와 같이 이른 시기에 발달하는 호응 형태들은 여러 화자들 사이에서 널리 쓰이는 것을 볼 수 있는데, 이것은 횡 A 유형이 이른 시기에 발달이 완성된 형태로 보게 한다.

지금까지 살펴본 종적 조사 결과와 횡적 조사 결과를 종합해 보면 다음과 같이 정리해 볼 수 있겠다.

〈표 14〉 호응 표현 형태 발달의 종적 조사와 횡적 조사 비교

	만 2세	만 3세	만 4세	만 5세	만 6세
종적 조사	보다~더 밖에~없다 아무~아니다 얼마나~ㄴ지 별로~없다 만약~면	보다~더 밖에~없다 아무~아니다 얼마나~ㄴ지 별로~없다 꼭~어야 되다 아마~ㄹ것이다 절대로~안 제발~어요			
횡적 조사		보다~더 밖에~없다 아무~아니다	보다~더 밖에~없다 아무~아니다 얼마나~ㄴ지 별로~없다 꼭~어야 되다 아마~ㄹ 것이다 절대로~안 <u>왜냐하면~니까</u> <u>아무리~안</u>	보다~더 밖에~없다 아무~아니다 얼마나~ㄴ지 별로~없다 꼭~어야 되다 아마~ㄹ 것이다 절대로~안 <u>왜냐하면~니까</u> <u>아무리~안</u> 도저히~안 부터~까지	보다~더 밖에~없다 아무~아니다 얼마나~ㄴ지 별로~없다 꼭~어야 되다 아마~ㄹ 것이다 절대로~안 <u>왜냐하면~니까</u> 다시는~못 만약에~면

조사 기간이 중첩되는 만 3세와 만 4세의 결과를 보면, '밖에, 보다, 아무'가 공통으로 출현하고 있어 호응 형태 가운데 가장 먼저 발달한다고 볼 수 있겠다. 여기서 주목해야 할 점은 종적 조사의 만 2, 3세에 '얼마나, 별로, 꼭, 만약, 아마, 절대로'가 출현한다는 사실이다. 즉 종적 조사의 결과가 횡적 조사보다 더 빠른 발달 양상을 보여주고 있는데, 이러

한 결과는 두 조사 간의 양적 차이에서 비롯된 것으로 보인다. 종적 조사의 경우 36개월까지의 녹음 분량이 총 212시간에 달하고 있지만, 횡적 조사는 20시간에 지나지 않고 있다. 더욱이 녹음 상황이 종적 조사는 엄마와 대화하고 있고, 횡적 조사는 또래끼리 대화하고 있어 대화의 질에서도 차이가 있다. 이와 같은 연구 방법의 한계를 극복하기 위해서는 후속 연구를 통해 본 연구 결과를 검증해 보는 것이 필요하다고 본다.

본 연구가 지닌 한계에도 불구하고, 분석 결과에서는 호응 표현 형태의 발달 양상을 다음과 같이 수립해 볼 수 있었다.

〈표. 15〉 호응 표현 형태의 발달 단계

1단계	2단계	3단계	4단계	5단계
밖에~없다 보다~더 아무~아니다	얼마나~ㄴ지 별로~없다 꼭~어야 되다 아마~ㄹ 것이다 아무리~안	왜냐하면~니까 절대로~안	도저히~안 부터~까지	다시는~못 만약에~면 제발~어요

5. 유아 호응 표현의 의미 발달

이 장에서는 유아 호응 표현의 의미 발달에 대해 살펴보기로 한다.

5.1. 종적 조사 결과에 따른 호응 표현의 의미 발달

5.1.1. 의미 범주의 유형

만 24개월~43개월 아동을 대상으로 한 종적 조사 결과에 의하면, 두 집단의 호응 표현 의미 범주는 다음과 같다.

〈표 16〉 종적 조사 집단별 호응 표현의 의미 범주

의미 범주	조사집단 1	조사 집단 2
	부정 비교 정도 당위	부정 비교 정도 당위 가정 명령/요청 추측

위의 의미 범주를 다음과 같이 유형화 할 수 있다.

(1) 종 A 의미 범주 유형: 집단 1과 집단 2에서 모두 관찰되는 호응 의미 범주-부정, 비교, 정도, 당위
(2) 종 B 의미 범주 유형: 집단 2에서만 관찰되는 호응 의미 범주-가정, 명령/요청, 추측

형태 발달과 마찬가지로 의미 발달에서도 [조사 집단 1]과 [조사 집단 2]에 공동으로 사용된 의미 범주가 있고, [조사 집단 2]에서만 쓰인 의미 범주가 있어 의미 범주의 발달 시점에도 차이가 있는 것을 알 수 있다.

5.1.2. 의미 범주의 발달 순서

[조사 집단 1]의 호응 표현의 의미 범주 출현 분포를 월령별로 정리해 보면 다음 <표 17>과 같다.11)

---

11) 이 연구의 의미 범주는 송현정(2007)에서 구분한 것을 바탕으로 하였다.

〈표 17〉 [조사 집단 1]의 월령별 호응 표현 의미별 사용 빈도(사용자 분포)

개월(만) 형태	24	25	26	27	28	29	30	31	32	33	34	35	36
비교			○			○	○	○	○	○			
										◎			
당위							○						
부정			○	○	○	○	○	○	○	○		○	
정도											◎	○	

YB=○, UB=◎

〈표 17〉을 보면, [조사 집단 1]에서는 종 A 의미 범주 유형인 부정, 비교, 정도, 당위의 의미 범주가 확인된다. YB는 26개월에 '부정'과 '비교'가 출현하여 지속적으로 나타나고 있으며, '당위'가 30개월, '정도'가 35개월에 각각 출현하고 있고, UB는 33개월에 '비교'가, 34개월에 '정도'가 각각 한번씩 출현하고 있다. 그러나 사용자 분포가 YB에 집중되어 있어 일반적인 의미 범주의 발달 양상이라고 말하기에는 무리가 있다.

[조사 집단 2]의 의미 발달을 보기로 하자. [조사 집단 2]에서는 종 A 의미 범주 유형 이외에 종 B 의미 유형도 출현하고 있는데 사용자 분포에서는 차이가 있다.

〈표 18〉 [조사 집단 2]의 월령별 호응 표현 의미별 사용 빈도(사용자 분포)

개월(만) 형태	31	32	33	34	35	36	37	38	39	40	41	42	43
가정				○									
당위						○		○					
							△						
명령							◎						

형태 \ 개월(만)	31	32	33	34	35	36	37	38	39	40	41	42	43
부정			○			○	○	○		○	○		
					◎	◎	◎	◎	◎	◎	◎		
							◇	◇		◇			◇
				△	△	△	△		△				△
비교	◎			○			◎						
						◇	◇						
					△		△	△	△	△		△	
정도							◎				○		
					◇		◇						
									△				
추측								◇					
									△				

SJ=○ YJ=◎, DU=◇, SB=△

[조사 집단 1]에서부터 쓰이던 종 A 의미 유형은 35개월 이상에서는 2명 이상의 사용자가 사용하며 월령에 따라 비교적 꾸준한 사용 양상을 보이고 있다. 종 A 의미 유형 가운데에서도 '부정'이 [조사 집단 1]에서부터 [조사 집단 2]까지 가장 넓은 분포를 차지하며 꾸준히 나타나고 있다. '부정'이 출현한 아동 가운데 26개월에 '부정'이 나타난 YB를 제외하고는 34~37개월 사이에 '부정'이 출현하고 있어 '부정' 범주의 출현 시기를 30개월 정도로 예상할 수 있겠다. 그리고 '부정' 범주 다음으로는 '비교', '정도'의 순으로 사용자 분포가 넓은 것으로 나타나고 있었다. 그러나 종 B 의미 유형인 '가정', '요청', '추측' 등은 한 명의 화자가 관찰 기간 동안 1, 2회 사용하고 있어 아직은 발달 초기임을 알 수 있었다.

5.2. 횡적 조사 결과에 따른 호응 표현의 의미 발달

5.2.1. 의미 범주 유형

횡적 자료인 [조사 집단 3]에서의 연령별 호응 표현의 의미 범주 사용 분포를 정리하면 다음 <표 19>와 같다.

<표 19> [조사 집단 3]의 호응 표현의 의미 범주

나이(만)	3세	4세	5세	6세
의미범주	**부정** **비교**	**부정** **비교** *정도* *당위* *이유* *추측*	**부정** **비교** *정도* *당위* *이유* *추측* *범위*	**부정** **비교** *정도* *당위* *이유* *추측* *요청* *가정*
목록수	2개	6개	7개	8개

위의 의미 범주는 다음과 같이 유형화될 수 있다.

(1) 횡 A 의미 범주 유형: 3세에서부터 관찰되며 4, 5, 6세에도 지속적으로 관찰되는 의미 범주–부정, 비교
(2) 횡 B 의미 범주 유형: 4세부터 관찰되는 의미 범주–정도, 단위, 이유, 추측
(3) 횡 C 의미 범주 유형: 5세 또는 6세에 관찰되는 의미 범주–범위, 요청, 가정

의미 범주에서도 이전 연령에 출현하였던 의미 범주들이 사용되고 해당 연령에서 의미 범주가 추가되는 양상을 보이고 있다. 만 3세에는 '부

정, 비교' 단 두 개의 범주가 쓰이다가, 4세에는 횡 B형 의미 범주인 '정도, 당위, 이유, 추측'이 보이고, 5세, 6세에는 횡 C형 의미 범주가 추가되어 연령에 따라 단계적으로 의미 범주의 발달이 이루어지는 것을 볼 수 있다. 이러한 발달 양상을 사용자 분포 조사를 통해 확인해 보기로 한다.

5.2.2. 의미 범주 발달 순서

연령이 증가함에 따라 사용자 분포의 변화를 알아보기 위해 의미 범주별 사용 화자 수 분포를 정리해 보이면 다음과 같다.

〈표 20〉 [조사 집단 3]의 의미범주별 사용 화자 수 분포

순위	만 3세			만 4세			만 5세			만 6세		
	의미	화자 수	비율	의미	화자 수	비율	의미	화자 수	비율	의미	화자 수	비율
1	**부정**	2	10.0%	**부정**	30	33.0%	**부정**	43	38.1%	**부정**	29	36.7%
	비교	2	10.0%				**비교**	19	16.8%	**비교**	16	20.3%
2				**비교**	5	5.5%	*이유*	5	4.4%	*정도*	7	8.9%
3				*이유*	2	2.2%	*추측*	5	4.4%			
				정도	2	2.2%	*정도*	4	3.5%	*당위*	5	6.3%
				당위	2	2.2%	*범위*	2	1.8%	*요청*	4	5.1%
4				*추측*	1	1.1%				*이유*	4	5.1%
5							*당위*	1	0.9%	*가정*	3	3.8%
6												
7										*추측*	1	1.3%

3세부터 출현한 횡 A 의미 유형에 속하는 '부정', '비교' 두 범주는 사용자 분포에서도 상위를 차지하고 있으며, 연령이 증가함에 따라 확대되는 양상을 보여주고 있다. '부정'의 경우, 3세에는 10%를 보이던 것이 4세 이후에는 30% 이상의 화자가 사용하는 것으로 나타나고 있어 의미 범주 중 가장 먼저 발달하는 것이라 볼 수 있겠다. '비교' 범주 또한 3세에 10%대를 보이던 수치가 5세, 6세에 이르러서는 20%로 높아지고 있어

'부정' 다음으로 발달하는 범주라 할 수 있겠다. 횡 A 의미 유형에 뒤이어 횡 B 의미 유형이 사용 분포에서 다음 순위들을 차지하고 있지만 그 비율이 10% 미만을 보이고 있어 아직은 발달 초기임을 알 수 있다. 특히나 현실과 가상 세계를 인지해야 하는 '가정'의 범주는 만 6세가 되어서야 쓰이고 있어 비교적 늦게 발달하는 범주임을 확인할 수 있었다.[12]

마지막으로 호응 표현 의미 발달에서의 종적 조사와 횡적 조사 결과를 종합해 보면 다음과 같다.

〈표 21〉 호응 표현 의미 발달의 종적 조사와 횡적 조사 비교

구분		만 2세	만 3세	만 4세	만5세	만6세
종적 조사		**부정** **비교** *정도* *당위* 가정	**부정** **비교** *정도* *당위* 가정			
횡적 조사			**부정** **비교**	**부정** **비교** *정도* *당위* <u>이유</u> <u>추측</u>	**부정** **비교** *정도* *당위* <u>이유</u> <u>추측</u> 범위	**부정** **비교** *정도* *당위* <u>이유</u> <u>추측</u> 요청 가정

---

12) 다음은 횡적 자료에서 관찰한 가정의 예 전부이다. 모두 6세에 출현하고 있고, 출현 빈도도 낮아 '가정'의 의미 범주는 아직 습득되지 않은 것으로 파악된다.

(예) ㄱ. 야, 그런데 ○○○이 똥싼다면, 만약에 똥싼다면. (6세, 여자)
ㄴ. 만약에 사차전에서, 이거, 이게 안 되면, 이거라도 좀 해야돼 (6세, 여자)
ㄷ. 만약에 오래 기달렸을(기다렸을) 때 안 오면. (6세, 남자)

<표 21>을 보면, 만 3세에 '부정'과 '비교'가 종적 조사와 횡적 조사에서 공동으로 출현하고 있어 가장 먼저 발달하는 범주라고 할 수 있겠다. 그 다음으로 발달하는 범주는 '정도'와 '당위'이고, '이유, 추측'의 순으로 발달한다고 할 수 있겠다. '가정'이 종적 조사에서 만 3세에 출현하고 있지만, 조사 기간 가운데 단 1회 출현하고 있어 이 시기에 습득되었다고 보기에는 무리가 있다.

위의 결과를 정리해 보면, 호응 표현의 의미 발달은 다음과 같은 순서로 이루어진다고 볼 수 있겠다.

〈표 22〉 호응 표현 의미의 발달 단계

1단계	2단계	3단계	4단계	5단계
부정 비교	당위 정도	이유 추측	범위	가정 요청

4. 결론

본 연구의 목적은 유아의 호응 표현을 통사적·의미적 관점에서 구체적인 발달 양상과 특징을 밝히는 데에 있다. 본 연구에서는 만 24개월에서 43개월의 아동 4명으로 구성된 종적 자료 집단과 만 3세~만 6세의 아동 303명으로 이루어진 횡적 자료 집단을 대상으로 하여 호응 형태의 첫 출현 시기와 사용자 분포를 조사하여 호응 표현의 습득 과정을 살펴보았다.

호응 표현의 형태 발달은 종적 집단에서는 '보다, 밖에'가 가장 먼저 발달하였고, '아무, 얼마나'의 순이었고, 횡적 집단에서는 종적 집단의 출현 목록에 '도저히, 부터, 아무리, 다시는, 제발'이 추가되었다.

호응 표현의 의미 범주는 종적 집단에서는 '부정' 범주가 가장 일찍 발달하였고, '비교, 정도'의 순으로 나타났다. 횡적 집단에서도 여전히 '부정'이 가장 많이 나타났으며, '비교, 정도, 이유' 등의 의미 범주의 출현 빈도가 증가하는 추세를 보였다.

유아의 호응 표현은 30개월 전후를 시작으로 출현하기 시작하여 연령이 증가함께 따라 발달하는 것을 볼 수 있었다. 그러나 아직 유아 시기에는 호응 표현의 습득 초기 단계라 할 수 있어, 이후 초등학생을 대상으로 한 연구가 필요하다.

참고문헌

김경훈(1996). 현대국어 부사어 연구, 서울대 박사학위 논문.

김종택(1971). "국어의 의미호응 범주에 대한 연구," 국어교육연구 제2권, 국어교육학회, pp. 1-30.

송현정(2007). 호응 관계 연구, 한국학술정보(주).

이인섭(1986). 아동의 언어발달, 개문사.

임유종·이필영(2003). "한국 아동의 문장 구성 능력 발달 단계," 한국어교육 제 14권 2호, 한국어 교육학회, pp. 257-293.

임유종·이필영(2004). "부정 표현과 호응하는 부사의 사용 양상과 언어 발달," 한국어 의미학 15, 한국어의미학회, pp. 227-248.

임유종·이필영(2005). "연결어미 호응 부사의 사용 양상과 한국어 교육," 국제어문 제33집, 국제어문학회, pp. 79-101.

채희락(2002). "한국어 부사어의 분류와 분포 제약: 일반 부사어와 호응 부사어의 차이를 중심으로," 언어와 언어학 29, 한국외대 언어연구소, pp. 283-323.

찾아보기

저자(가나다순)

권미정	한양대학교 국어교육학과 대학원
김수현	겨레말큰사전남북공동편찬사업회 연구원
김정선	한양대학교 국어교육과 조교수
김태경	한양대학교 에리카캠퍼스 창의·융합교육원 조교수
문선희	한양대학교 국어교육학과 대학원
박샛별	겨레말큰사전남북공동편찬사업회 연구원
심민희	한양대학교 국어국문학과 대학원
안정호	한양대학교 국어국문학과 대학원
이경은	한양대학교 국어국문학과 대학원
이삼형	한양대학교 국어교육과 교수
이상숙	한양대학교 국어국문학과 대학원
이우연	한양대학교 국어교육학과 대학원
이필영	한양대학교 에리카캠퍼스 한국언어문학과 교수
임유종	한양대학교 에리카캠퍼스 한국어문화원 연구원
장경희	한양대학교 국어교육과 교수
장은화	한양대학교 국어국문학과 대학원
전은진	한양대학교 창의·융합교육원 조교수
한정희	한양대학교 국어국문학과 대학원

취학 전 아동의 문법 능력 발달

초판1쇄 인쇄 2015년 9월 1일
초판1쇄 발행 2015년 9월 10일

지은이 장경희 외
펴낸이 이대현
편 집 이소희
디자인 이홍주
펴낸곳 도서출판 역락
　　　　 서울시 서초구 동광로 46길 6-6 문창빌딩 2층
　　　　 전화 02-3409-2058(영업부), 2060(편집부)
　　　　 팩시밀리 02-3409-2059
　　　　 이메일 youkrack@hanmail.net
　　　　 역락블로그 http://blog.naver.com/youkrack3888
　　　　 등록 1999년 4월 19일 제303-2002-000014호

ISBN 979-11-5686-222-2 93710
정 가 34,000원

* 파본은 구입처에서 교환해 드립니다.

이 도서의 국립중앙도서관 출판예정도서목록(CIP)은 서지정보유통지원시스템 홈페이지(http://seoji.nl.go.kr)와
국가자료공동목록시스템(http://www.nl.go.kr/kolisnet)에서 이용하실 수 있습니다.(CIP제어번호 : CIP2015024305)